한국산업보안연구학회

기술이전계약론

윤선희 · 조용순 공저

法 文 社

머 리 말

최근 국가핵심기술이 해외로 유출되어 국가경쟁력이 약화되는 등 심각한 사회문제로 대두되고 있다. 이러한 문제를 해결하기 위하여 정부는 「부정경쟁방지 및 영업비밀에 관한 법률」 및 「산업기술의 유출방지 및 보호에 관한 법률」을 제정하였다. 그리고 국가정보원의 업무를 국가안보와 더불어 산업보안에 역점을 두어 산업기밀보호센터의 설립 등 산업기밀 유출 방지를 위한 노력을 다하고 있다. 하지만 아직 산업보안 관련 전문인력은 물론 국민적 관심도 부족한 실정이다.

정부의 노력뿐만 아니라 학계 차원에서도 산업보안을 학문적으로 체계화하고 산업기밀 보호를 통한 국가경제 및 기업의 성장과 경쟁력 강화를 위하여 2008년 한국산업보안연구학회를 설립하였고, 「산업보안학」이라는 개론서를 2011년 출판하였다. 그러나 산업보안학을 체계적으로 이해하기 위해서는 법학, 범죄학, 경영학, 정보통신, 전자공학 등 개별학문 분야를 이해하여야 하는 어려움이 있으며 이러한 문제를 해결하여 줄 산업보안과 융합된 심화 교재가 전무한 실정이다. 이는 기존 개별 전문분야별로는 심화되어 있지만 산업보안이라는 학문과 연계되어 있지는 못한 것이다. 그러다보니 기술이 합법적으로 이전되는 경우에도 우리의 첨단기술이 유출되는 경우가 있고 어느 단계에서 유출되었는지 파악하기도 어렵다. 이러한 문제를 해결하기 위해서는 어떻게 기술이전계약서를 작성할 것인가에서부터 기술이전 후 그리고 연구원의 퇴직 후 관리까지 어떠한 계약을 하여야 하는지에 대해 구체적인 연구검토가 부족하였다.

본서는 이러한 문제를 해결하기 위하여 산업보안 법률 이론을 바탕으로 기술도입, 기술이전, 취업, 이직, 견학, 기술자 파견 등 실무에서 발생할 수 있는 기술유출 문제를 계약단계에서 방지하여 분쟁을 최소화 하고 기밀유출시에는 이에 대응할 수 있도록 내용을 구성하여 집필하였다.

본서는 제1장 기술이전 일반론, 제2장 산업보안과 기술이전 계약, 제3장 우리나라 및 주요국의 기술이전 관련 법률, 제4장 기술이전계약의 절차 및 작성, 제5장 기술이전계약 유형별 모델 계약서, 제6장 기술이전에 따른 문제로 구성되어 있다. 특히, 기술의 사업화에 병행되는 기술이전과 관련한 절차, 비밀유지 등 산업보안과 관련된 사항에 중점을 두어 실무에서 직접 응용할 수 있도록 집필하였다. 또한 이론적인 설명뿐만 아니라 관련 계약서 견본 서식을 충실히 제공하여 현장에서 바로 활용할 수 있도록 한 것이 특색이다.

앞으로 산업보안 전문가가 많이 양성되어 국 · 공립연구기관, 기업체, 기술이전기관 등 다양한 현장 분야에 진출하여 국가안보는 물론 국가경쟁력 강화에 일익을 담당할 수 있기를 바란다.

본서가 출판되기까지 국가정보원 산업기밀보호센터 관계자와 한국산업보안연구학회 역대 회장을 비롯한 회원, 한국산업기술보호협회 회장님의 선도적 역할이 있기에 가능했다. 또한 본서의 출판을 허락해주신 법문사 사장님을 비롯하여 편집부 김용석과장님, 기획영업부의 장지훈차장님의 노고에 감사드리며, 한양대학교 대학원 지적재산권법 전공자 여러분께도 감사드린다.

2013년 6월 25일
행당동 연구실에서

차 례

표 차례

예시 차례

그림 및 참고 차례

제1장

기술이전 일반론

제1절 기술의 개념 및 분류

1. 기술의 개념

기술이전에 대하여 논하기에 앞서 먼저 "기술"이란 무엇인지 살펴보자. 먼저, 국어사전에서는 "기술"이란 "과학 이론을 실제로 적용하여 자연의 사물을 인간 생활에 유용하도록 가공하는 수단"이라고 하고 있으며,[1] 백과사전에서는 "기술"이란 "무엇인가를 만들어내거나 또는 성취하는 방법보다 넓은 의미로는 인간의 욕구나 욕망에 적합하도록 주어진 대상을 변화시키는 모든 인간적 행위"라고 하고 있다. 기술의 어원은 그리스어(語) '테크네(technē)'에 유래되는 유럽계 언어의 번역어에서 비롯된 것으로서, 어원적(語源的)으로는 예술 · 의술 등도 포함하나 오늘날은 주로 생산기술의 뜻으로 사용된다.[2] 사전적 의미에서의 『기술(技術)』이란 ① 경영관리 방법, ② 기예, ③ 사람을 설득하는 테크닉, ④ 컴퓨터 소프트 웨어 등이 포함된 개념이라고 할 것이다.[3]

또한 UN 무역개발회의(UNCTAD)[4]는 기술을 "세계시장에서 자본 및 중간재,

---

1) 네이버 국어사전(http://krdic.naver.com/detail.nhn?docid=5738500).

2) 즉, 보통 물적 재화(物的財貨)를 생산하는 생산기술의 뜻으로 사용되고 있다. 이러한 의미의 기술은 자연의 생성(生成)이나 인간의 생산적 사고 등과는 구별된다. 이러한 의미로서의 기술의 개념을 체계적으로 고찰한 최초의 철학자는 고대 그리스의 아리스토텔레스로서, 그는 인간정신의 진리를 파악하는 한 방법으로 테크네를 프로네시스[思慮] · 에피스테메[認識] · 소피아[知慧] · 누스[理性]와 같은 선상에 놓고 그 이동(異同)을 논하여, 테크네를 외적인 것의 생산을 목적으로 하는 프래크시스[製作]라고 정의하였다(두산백과사전 http://www.doopedia.co.kr/doopedia/master/master.do?_method=view&MAS_IDX=101013000809979).

3) 永野周志, 『技術開發の管理と契約の法務』, KYOSEI, 2011, 1頁.

4) UN 무역개발회의(United Nations Conference on Trade and Development: UNCTAD)는 국제연합(UN)의 여러 직속기구 가운데 하나로, 선진국과 후진국 사이의 무역 불균형을 시정하고 남북문제를 해결하기 위해 1964년 설치되었다. 1960년대에 들어서 UN의 저개발국가들은 당시 세계무역을 지배하고 있던 '관세 및 무역에 관한 일반협정', 즉 GATT체제가 경제선진국들의 이해에만 초점이 맞춰져 있다고 주장하였다. 1962년 7월에는 아시아, 아프리카, 중남미의 국가대표가 모여 새로운 무역기구의 설립을 요구하는 카이로 선언을 발표하기에 이르렀다. 이의 결과로 1964년 3월부터 6월까지 제네바에서 UN 주최하에 사상 최대의 국제경제회의가 개최되었는데 이것이 제1회 유엔무역개발회의이다. 여기에는 121개국이 참가하여 선진국 시장에 대한 후진국의 접근문제, 저개발국 수출품에 대한 특혜관세 부여문제, 교역조건의 개선문제 등이 논의되었다. 이 성과를 바탕으로 1964년 12월 UN총회는 UNCTAD를 UN 직속기구로 설치할 것을 결정하였다. 한국은 1964년에 가입했으며, 2004년 현재 회원국은 192개국이다. 본부는 스위스 제네바에 있다.
주요 기능은 회원국의 경제개발 및 무역촉진, 다자간 무역규범의 협상 및 채택을 위한 논의이다. 최고 의사

숙련기능노동력, 청사진, 공정방식, 기타 독점 및 비독점정보로 구체화되어 상품과 같이 매매될 수 있는 생산요소"라고 하였다.[5] 또한 어떤 학자는 기술은 "인간, 기계장치, 정보의 세 가지로 구현되는 경제적 욕구를 충족시키는 수단이며 인간생활의 질을 개선하는 수단"이라고 정의하기도 한다.[6]

한편, 「기술의 이전 및 사업화 촉진에 관한 법률」 제2조 제1호에서 "기술"은 ① 「특허법」 등 관련 법률에 따라 등록 또는 출원된 특허, 실용신안, 디자인, 반도체집적회로의 배치설계 및 소프트웨어 등 지식재산, ② ①의 기술이 집적된 자본재, ③ ① 또는 ②의 기술에 관한 정보, ④ 그 밖에 대통령령으로 정하는 것으로, 여기에는 이전 및 사업화가 가능한 기술적 · 과학적 또는 산업적 노하우가 포함되는 것으로 정의하고 있다.[7]

이와 같이 기술의 개념은 다양하다. 본고에서는 광의적 의미의 기술이 아니라 협의적 의미의 기술에 대해서 살펴보기로 한다.

2. 기술개념의 분류

협의적 의미의 기술이란 소위 "재화(물건)를 생산하기 위한 수단"이다.[8] 따라서 제품기술, 제조기술 등이 재화를 창출하기 위한 것이 기술이다. 제품기술이란 기본적으로 어떠한 기능을 가진 재화의 설계 · 개발기술이며, 비용, 성능 등을 상품화하기 위한 기본적인 것이라고 말할 수 있다. 제조기술이란 제품을 생산하기

결정 기구인 총회는 4년마다 개최되며, 총회 개최 주기 사이에 매 4년마다 총회결과 이행을 점검하는 중간검토회의를 개최한다. 또 산하에 무역개발이사회(TDB)와 3개 위원회, 사무국 등이 있다. 회원국은 이해관계를 달리하는 지역적 비공식 GROUP으로 A Group(아시아 및 아프리카), B Group(선진국), C Group(라틴아메리카), D Group(공산국), 기타가 있어 Group내의 의견을 조종하고 있다.

(네이버 지식사전 참조, http://terms.naver.com/entry.nhn?docId=71072&mobile&categoryId=2057, 2012년 8월 7일 방문)

5) 이장희, "技術移轉에 관한 國際法的 硏究: UNCTAD의 技術移轉에 관한 行爲法典과 國際工業所有權保護協約을 中心으로", 국제법학회논총(32권1호), 1987, 149면.

6) 小林達也, 『技術移転 −歴史からの考察 · アメリカと日本−』, 文真堂, 1986, 11頁.

7) 2010년 법 개정 이전에는 "등록된" 특허 · 실용신안 · 디자인 · 반도체집적회로의 배치설계 및 소프트웨어 등에 한정되었으나, 법 개정에 따라 "출원된" 지식재산도 기술의 범위에 포함되어 결국 기술이전의 대상이 확대되었다. 다만, 등록된 특허 등은 안정성이 있는 권리라고 할 수 있겠으나, 출원 계속 중인 특허 등의 경우에는 기술이전시 등록 가능성 등에 대한 고려가 필요하다고 할 것이다. 비록 등록 등을 받지 못하더라도 사업성이 있는 경우에는 이와 관련하여 노하우나 영업비밀에 대한 이용은 생각해 볼 수 있다.

8) 谷浦孝雄, 『アジアの工業化と技術移転』, アジア経済研究所, 1990, 6頁.

위한 기술이며 가공기술, 조립기술 등 재화를 생산하기 위한 기술이라고 할 수 있다. 제조기술에는 품질관리, 노하우 등 단지 재화를 생산할 뿐만 아니라 일정한 품질을 유지시키기 위한 기술 또는 생산성을 향상시키기 위한 기술 등도 포함된다.[9)]

한편, 기술은 그 라이프사이클(Life Cycle)에 대응하여, "성숙기술", "첨단기술", "하이테크(Hi-Tech)기술" 등으로도 구분할 수 있다. "성숙기술"이란 제품이 개발되어 이미 시장도 성숙단계에 도달한 기술이며, "첨단기술"이란 기술개발이 되고 나서 얼마 되지 않은 기술이라고 할 수 있다. "하이테크(Hi-Tech)기술"이란 말 그대로 고도(高度)기술을 말하는데 "첨단기술"과 동의어로 사용되는 예가 많다. 개발도상국의 기술이전과 관련하여서는 "적정기술"이라고도 한다. "적정기술"은 60년대부터 국제기구에서 개발도상국으로의 기술이전과 관련하여 논의된 것으로, 이에 대한 정확한 정의가 있는 것은 아니지만 개발도상국의 기술수준에서 흡수 가능한 기술이라고 할 수 있을 것이다.[10)]

9) 谷浦孝雄, 前揭書, 6頁.
10) 谷浦孝雄, 前揭書, 6頁.

제2절 기술이전의 의의 및 필요성

1. 기술이전 개념의 형성

기술이전(technology transfer)이라는 단어는 1960년대에 등장하였다. 개도국 원조의 새로운 비전을 내세우고자 했던, '피어슨위원회 보고'(1969년)[11]에서는 개도국의 자립적 성장은 신지식 및 신기술의 획득에 크게 의존하고 있는데, 지식이나 노하우가 부유국의 기술 및 교육에 대한 견해를 그대로 기계적으로 옮기는 데 그치는 경우가 종종 있어, 저소득국이 바라는 그 특유의 문제에 대한 새로운 독자적인 해결에는 도움이 되지 않는다고 지적하였다. 즉, 개도국들의 자립적 성장 속에서 독자적인 기술의 중요성과 그것을 이전시키는 선진공업국들의 원조가 단적으로 문제시된 것이다. 그 즈음 개발원조 업무에 종사하고 있는 사람들의 마음속에는 자신의 업무를 의미하는 개념에 대하여 공백이 있었다. 자본이나 인간이나 지식 등을 제공함으로써 낙후된 국가들의 경제이륙을 돕는 국제적인 업무이며, 투자, 교육훈련 등 여러 형태로 나누어져 있기는 하지만 쌍방에 공통된 어떤 개념이 존재할 것이라 생각했다. 그것은 물적 자본의 효율적인 운영과 부를 만드는 토착적인 힘을 생성하는 것이며, 한마디로 말하면 '기술'이었다. 이 기술은 종전의 기술이라는 관념보다도 폭넓은 것이다. 그리고 그 이동을 파악하는 개념으

11) 피어슨 보고(Pearson report)는 1970년대에 있어서 개발도상국의 개발을 위한 원조를 둘러싼 문제점을 지적하고 방향을 제시한 보고서를 말한다. 1969년 가을 세계은행 연차 총회에 제출되어 채택되었다. '개발의 파트너'라고 제목을 정하고 68항목으로 되어 있는데, 주된 내용은 ① 선진각국 정부는 1957년부터 80년 대까지의 기간에 개발도상국을 위한 정부원조(민간투자는 제외)를 GNP의 0.7%까지 확대한다. ② 정부원조의 금리는 2%이하로 한다. ③ 제2세계은행의 기능을 확대하기 위하여 자금을 확대한다 등이다. 맥나마라 세계은행 총재가 1968년 여름 개발도상국을 중심으로 하는 세계개발전략을 검토하기 위하여 피어슨 전 캐나다 수상을 위원장으로 하는 자문위원회를 발족시켰다. 그리하여 이 보고의 제출을 요구한 데서부터 피어슨 보고라 불렀다.
(네이버 지식사전 참조, http://terms.naver.com/entry.nhn?docId=11539&mobile&categoryId=520, 2012년 7월 6일 방문)

로서 '기술이전'이라는 단어가 생겨난 것이다.[12)]

한편, 이와 같은 용어의 기원 외에 기술이전의 개념에는 또 하나의 기원이 있다고 한다. 제2차 세계대전 이후 선진공업국의 기술은 주로 전쟁 중 군사의 요구에 자극 받은 원자력, 제트엔진, 전자기기 등을 축으로 하여 막대한 국가의 연구개발비에 의존하며 발전했다. 이노베이션은 산업혁명시대와 같이 증기기관, 철강, 자동차라는 민간기업의 공정 · 제품의 혁신과 직결되지 않고, 고도부문인 군사 · 우주산업에서 생긴 특수한 기기, 재료, 소자 등이 선택적 · 유추적으로 민간에 응용이 되는 경우가 많았다. 경제성 혹은 안전성이라는 민간 목적에 적합하기 위해서는 2차적 이노베이션의 비용과 상당히 장기간의 시간을 포함하는 상당한 노력이 요구되게 되었다. 이와 같은 전용(轉用)의 곤란함이 증대함에 따라 종전과는 다른 방식으로 기술 이용이 필요하게 되었다. 기술의 전용을 '일으키는' 어떤 인위적 메커니즘을 필요로 한다는 생각이 "기술이전"이라는 특별한 용어를 탄생시켰다. 이 두 가지 기원의 어느 쪽이 먼저였는지는 확실히 알 수는 없으나 어느 것이나 1960년대 중반 경이며 거의 동시에 사용되기 시작했다는 것은 확실하다고 한다.[13)]

2. 기술이전의 의의

기술이전은 기술자체의 양도, 이용허락, 투자, 교육훈련, 정보교류 등 다양한 형태로 이루어지고 또한 기술혁신을 포함한 활동이기도 하므로 그 정의는 매우 어렵다.

하버드 대학의 로젠브룸(Rechard S. Rosenbloom)은 기술이전을 "기술이 그 기원과 다른 문맥으로 획득되고 개발되고 이용되는 것"이라 정의했다. 이 정의는 기술의 응용적 이동을 잘 일반화한 것이라고 할 수 있다. 예를 들어 18세기 산업혁명기의 증기기관은 본래 탄광의 양수를 위해서 사용되었으나, 와트 이후의 개량에 의해 공장동력이나 수송기관의 동력으로 이용되게 되었다. 이와 같은 기술

12) 小林達也, 前揭書, 2~3頁.
13) 小林達也, 前揭書, 3~4頁.

전용 예가 이 정의에 포함된다. 이 정의는 현재뿐만 아니라 과거의 사례도 포함하는 광범위한 기술의 환경에 대한 적응현상을 일반화한 것이다. 이는 시간 · 공간이 넓은 차원에서 이 문제를 고찰하는 데에는 편리한 정의라 할 수 있다. 이것과는 별도로 기술이전 개념의 현대성을 강조하는 정의로서 다음의 D.L. 스펜서(D.L. Spencer)의 해석이 있다. 그는 기술이전을 "단순하건 복잡하건 어떤 일을 수행하는 데 필요한 기술 · 정보의 계획적, 합리적인 이동"이라 정의하고 있다. 스펜서는 기업이나 정부가 하는 계획적, 합리적인 기술의 이동만이 기술이전의 개념에 상당한다는 한정을 두었다. 이것은 어떤 제도나 시스템이 개입해서 비로소 가능해지는 기술이동의 현대적 의미를 강조하는 것이다.[14] 서더(Wm. E. Souder) 등은 기술이전을 '특정조직이 보유하고 있는 기술을 또 다른 조직에 적용하기 위해서 기술에 대한 통제권을 조직 간에 체계적으로 넘겨주기 위한 사람과 사람 간의 접촉이 전제되는 관리 과정'이라고 하였다.[15]

사전적 의미에서 기술이전(技術移轉, Technology Transfer)이란 "특정 기술을 가지고 있는 기업이 그렇지 못한 다른 기업으로 기술을 넘겨주는 일"[16]을 말하며, "한 지역 혹은 국가에서 축적된 기술의 다른 지역 혹은 국가로의 이전"으로 이해하기도 한다.[17] UNCTAD 보고서에서는 기술이전이란 "노하우의 공유를 증진시키는 합작투자(joint venture), 기술을 제공받는 기업에 대한 교육훈련, 현지인의 채용, 기술원조, 공공 또는 민간부문의 공동연구, 기술라이선스계약 등"을

14) 小林達也, 前揭書, 6頁.

15) Wm. E. Souder, Ahmed S. Nashar, Venkatesh Padmanabhan, "A guide to the best technology-transfer practices", *The Journal of Technology Transfer*, Winter-Spring 1990, Volume 15, Issue 1-2, p. 5.

16) http://krdic.naver.com/search.nhn?query=%EA%B8%B0%EC%88%A0%EC%9D%B4%EC%A0%84&ie=utf8.

17) 경제활동의 기반이 되는 기술은 숙련된 노동력과 끊임없는 개량이 합쳐진 생산재, 중간재, 자본재에 의존하여 체계화되었다. 이른바 선진공업국이란 산업혁명 이후 나름대로 고도의 기술을 축적한 나라를 말한다. 개발도상국이라고 일컫는 남부지역 국가는 공업 입국화를 위하여 선진공업국으로부터 기술이전이 필요하지만 아직까지 그리 간단하게 기술이전이 이루어지지는 않고 있다. 유엔환경개발회의(UNCED)는 생물다양성협약과 의제21(21세기 행동계획), 환경과 개발에 관한 리우선언 등 3개 문서에서 '기술이전'에 대해 언급하고 있다. 각 선언에서는 개발도상국, 특히 최빈국에 '개발의 최우선순위가 주어져야만 한다'고 지적하고 이를 위해 의제21에서는 개발도상국으로 기술이전을 촉진시키기 위해 그 조건을 개발도상국에 유리하게 한다고 밝히고 있다. 그리고 생물다양성협약에서는 열대림 등 생물다양성이 풍부한 개발도상국에 선진국의 일부 지적소유권을 무상으로 제공하여야 한다는 조항도 포함하고 있다(출처 외교통상용어사전, 외교통상부, 대한민국정부, http://terms.naver.com/entry.nhn?docId=637099).

의미한다고 하고 있다.[18] 한국산업기술진흥원의 「기술이전 업무매뉴얼 및 표준계약서 I」에서는 '기술이전'이란 연구개발로 취득한 권리 또는 기술을 실시하고자 하는 자에게 이전하거나 실시를 허여하는 것을 의미하며, 포괄적인 의미에서의 기술이전은 권리이전, 라이선싱, 노하우 전수 등을 모두 포함하는 것이라고 한다.[19] 한편, 기술이전에 대한 법률적 의미는 「기술의 이전 및 사업화 촉진에 관한 법률」에 정의되어 있는데, 동법에서 "기술이전"이란 "양도, 실시권 허락, 기술지도, 공동연구, 합작투자 또는 인수 · 합병 등의 방법으로 기술이 기술보유자(해당 기술을 처분할 권한이 있는 자를 포함한다)로부터 그 외의 자에게 이전되는 것"을 말한다고 규정하고 있다(제2조 제2호).

기술이전이란 위에서 살펴본 것과 같이 여러 가지의 의미를 포함한 개념으로 명확하게 정의하기는 곤란하다. 즉 『기술』이 다의적(多義的)인 개념으로, 장치나 설비에 화체된 지식이나 장치 · 정비 그것을 기술이라고 부르는 경우도 있고, 그러한 것들을 개발하는 능력, 생산하는 능력, 그리고 그것을 조작할 능력이 있는 사람이나 조직에 화체된 노하우도 기술이라고 보고 있다.[20]

기술이전은 크게 국내이전과 국외이전으로 나누고, 통상 국내기술이전은 선발기술기업에서 후발기업으로 기술이 이전되며, 국외기술이전은 기술선진국에서 기술후진국으로의 이전이 상정되지만, 가끔은 선진국간이나 개도국간 또는 개도국에서 기술선진국으로 기술이 이전되는 경우도 있다.

일반적으로 기술이전이라고 하면 기술선진국에서 기술후진국으로의 이전을 생각하게 된다. 본고에서는 국외기술이전을 중심으로 살펴본다. 국외기술이전은 전통적인 라이선스계약에 의한 경우 외에도 직접투자, 기술지도, 현지생산, 무역, 모방 등 다양한 형태로 기술이 이전된다.

---

18) UNCTAD, *TECHNOLOGY AND INNOVATION REPORT 2011*, UNITED NATIONS PUBLICATION, 2011, p. 88.

19) 한국산업기술진흥원, 「기술이전 업무매뉴얼 및 표준계약서 I」, 2010, 11면.

20) 上野貴弘, "技術移転と知的財産権巡京都議定書の国際交渉" 『知財研』 Vol. 82, 2010, 16頁.

3. 기술이전의 필요성

지식기반사회에서 기술은 국가경쟁력을 좌우하는 요소로 매우 중요하다. 기술이전이 이루어지면 자국 기술의 경쟁우위의 확보, 기술혁신, 시장의 확보 등의 효과가 또한 발생하기 때문에 대단히 중요하다. 기술이전의 필요성은 다음과 같다.

첫째, 자국의 경쟁우위의 확보를 위해서 기술이전이 필요하다. 이는 주로 국책연구기관이나 대학 등의 기술이 기업 등에 이전되는 경우와 관련이 있다. 연구기관 또는 대학의 R&D를 통하여 개발된 기술이 국가정책 등에 의하여 기술이전을 통하여 상용화되면 벤처기업, 중소기업 나아가 대기업의 기술발전이 이루어지고 이러한 기술 확산(Diffusion)을 통하여 기술경쟁력이 높아지며 다른 나라와의 경쟁에서 우위를 점할 수 있게 된다.

둘째, 기술이전을 통하여 기술혁신이 이루어질 수 있다. 기술혁신은 산업사회의 발달에 중추적 기능을 담당하며, 기술혁신[21]은 제품의 부가가치를 높이는 요소로서 생산비용을 절감시키며 새로움 품질의 재화를 개발하는 과정이다. 기술혁신은 일반적으로 기업의 수익성을 향상시키며, 사회전체의 후생을 증가시킨다. 기술혁신의 중요성은 현대산업의 정보화와 개방화가 이루어지면서 더욱 가속화되고 있다. 기술혁신은 기술의 도입과 기술이 보급되는 과정, 즉, 기술이전을 포함하고 있는 것으로 기술이전을 통하여 기술혁신이 이루어질 수 있다.

셋째, 기술이전을 통하여 기술발전이 이루어지면 새로운 시장의 확보가 가능하다. 최첨단 기술분야의 경우 특히 기술방벽이 높기 때문에 기술이전을 통하여 기술력이 향상되면 이것이 생산단가, 기업마케팅 등과 결합하여 새로운 시장개척이 가능한 원동력이 될 수 있다.

넷째, 기술이전을 통하여 기업 등의 국제화가 이루어질 수 있으므로 기술이전에 대한 필요성이 있다고 할 것이다. 다른 나라에 자국기업이 진출한 경우 기업

21) 기술혁신이란 말은 슘페터(J.A. Schumpeter)가 사용한 Neuerung(innovation)의 역어로 쓰이고 있다. 슘페터는 이 말을 기술의 발전뿐만 아니라, 새로운 시장의 개척, 상품공급 방식의 변경 등 경제에 충격을 주어 변동을 야기시키고, 이것에 의해 동태적(動態的) 이윤을 발생시키는 모든 계기를 뜻하는 것이라고 하고 있다. (네이버 지식백과 http://terms.naver.com/entry.nhn?docId=1071198&mobile&categoryId=200000141)

내 즉, 조직 간의 기술이전이 이루어질 수 있으며, 외국기업이 다른 나라에 기술 라이선싱 등을 통한 기술이전의 경우에도 국제화가 이루어질 수 있다. 또한 합작투자 등의 경우에는 다른 국가 기업간 공동 R&D를 통한 기술개발 또는 이전도 이루어질 수 있다.

제3절 기술이전의 연혁 및 유형

1. 기술이전의 연혁

기술이전의 대상은 "기술"이다. 기술은 인간, 기계장치, 정보로 구현되는 경제적 욕구를 충족시키는 수단이며 인간생활의 질을 개선하는 방법이다. 기술이 생산되고 이동하며 기능하는 형태는 다음과 같다.[22]

〈표 1〉 기술의 이동과 기능

구 분		생산장소	이동형태	기능형태
기술 ↗	인간	교육훈련 종제(從弟)제도	기술자 교류 통상노동이동	생산조직의 운용과 경영 기술자의 지도
기술 →	기계장치	공장	통상 상거래 자본원조	공장의 생산성 요소부존(賦存)조건과의 적응
기술 ↘	정보	교육· 연구기관	특허, 노하우 출판물, 회의	요소결합의 변경 신제품의 설계

출처: 小林達也, 前揭書, 12頁.

산업혁명기까지는 직인(職人)과 직인이 발명한 기계가 기술의 중심이었다. 경험과 육감에 의해 축적된 직인의 기능은 작품인 기계나 제품 이외에는 객체화되지 못했다. 물론 와트의 증기기관이 1800년까지 영국 특허법에 의해 보호되었다고 하는 사실에서 특허라는 정보로서의 기술이 존재하고 있었으나 이러한 기술이 일반화된 것은 19세기 말 이후 R&D 조직을 통한 발명이 가능해지면서부터다. 정보로서의 기술은 이노베이션 개념의 출현과 커다란 관계가 있다. 이노베이션은 반드시 신발명에 의거한 혁신은 아니다. 산업혁명 이후 19세기 말까지 다양한 기술요소가 갖추어지고 축적되었다. 그러한 것들의 결합을 적당히 변경함으

22) 小林達也, 前揭書, 12頁.

로써 완전히 새로운 공정을 만드는 것이 가능해졌다. 그 요소들의 결합을 컨트롤 하는 역할을 하는 것이 정보로서의 기술 기능의 하나이다. 20세기 초의 대량생산 방식은 그러한 의미에서 전형적인 "이노베이션(Innovation)"이었다. 다만 이노베이션의 개념도 기술이전의 개념과 마찬가지로 정의가 어렵다. "발명의 기업화, 실용화"를 이노베이션이라 하기도 하며, 광의적 개념으로 "역사상 경제발전의 자극요인이 된 획기적인 기술변화"를 이노베이션이라 총칭하기도 한다. 또한 이노베이션을 "공학뿐만 아니라 경영이나 관리의 정보에 의해 기계, 노동력, 원재료의 배치를 제어하고 사회적 요구에 응하는 것"이라고 이해할 수도 있다.

신지식 · 신기술의 창출과 그 사회화의 과정은 「발견(Discovery)→발명(Invention)→발명의 기업화(Innovation)→보급(Diffusion)→이전(Transfer)」으로 나눌 수 있다. 그러나 발견 · 발명에 의존하지 않는 기술의 창출, 가령 차용해온 기술을 완전히 이해하고 이를 이용하는 경우 또는 기존의 기술을 재구성하는 경우도 있다. 즉, 혁신(Innovation)이나 기술의 이전(Transfer)은 인간, 기계, 정보가 일체가 되어 작용하는 것이며 현대사회에서는 그 측면의 현상을 더욱 중요시할 필요가 있다. 경영정책, 국가계획 등을 포함한 넓은 의미의 정보적 기술이 오늘날에는 큰 역할을 하고 있는 것이다.[23]

우리나라에서의 기술이전은 과거부터 존재하여 왔지만 관심의 대상에서 제외되어 있었다. 그러나 최근 특정 기술분야가 국제적 경쟁력을 확보함으로써 기술이전 및 유출에 대한 관심을 갖게 되었다. 사실 1908년 우리나라에 특허법이 도입되었지만 내국인에 의한 특허출원은 거의 없었다. 6 · 25 전쟁 후 1970년대까지는 기술선진국으로부터 기술을 도입하여 1980년대의 공업화로 수출주도형 경제성장을 실현하였고, 1990년대에 들어 국내사회환경의 변화로 국내기업들이 국외로 진출하면서 분업화가 시작되면서 기술이전이 본격화되기 시작하였다. 기술이전에 기초하여 국가와 기업이 R&D에 투자하면서 기술발전과 기술혁신을 거듭한 결과 2010년대에는 특허출원 세계 3~4위를 하고 있다.

---

23) 小林達也, 前揭書, 12頁.

2. 기술이전의 유형

기술이전의 유형은 다양하다. 여기에서는 모든 유형을 모두 열거하기 어려우므로 여기에서는 범위에 따른 분류, 메커니즘에 따른 분류, 대상 · 단계에 따른 분류, 방향성에 따른 분류, 기술체화 유형에 따른 분류, 시스템체계화 정도에 따른 분류로 나누어 설명한다.

가. 범위에 따른 분류

기술이전은 그 범위에 따라 ① 국가간 기술이전, ② 글로벌 기술이전, ③ 조직간 기술이전, ④ 조직 내 기술이전으로 분류할 수 있다. "국가간 기술이전(international technology transfer)"은 선진국에서 개도국으로의 기술이전, 개도국에서 선진국으로의 기술이전, 선발개도국에서 후발개도국으로의 기술이전 등이라고 할 수 있으며, "글로벌 기술이전(global technology transfer)"은 다국적 기업이 여러 국가에 설립 · 운영하고 있는 연구소 또는 공장 등 그 기업망 내에서의 기술이전이라고 할 수 있다. "조직간 기술이전(interorganizational technology transfer)"은 대학 또는 연구기관에서 기업으로의 기술이전, 기업에서 기업으로의 기술이전 등 하나의 조직에서 다른 조직으로의 기술이전을 의미하며, "조직 내 기술이전(intraorganizational technology transfer)"은 기업의 연구소 또는 연구개발부서에서 생산부문 또는 설계부문으로의 기술이전이라고 할 수 있다.[24)]

한편, 국가간 기술이전, 글로벌 기술이전은 ① 기업 내 기술이전, ② 기업 간 기술이전, ③ 기술원조에 의한 기술이전 형태로 나타날 수 있다. 기업 내 기술이전은 기업의 해외직접투자로 인하여 진행되는 기술이전의 형태이다. 기업은 생산비용의 삭감, 우회생산을 목적으로 해외에서 현지생산을 활성화시키고 있으며, 현지의 생산공장을 설립하고 노동력을 활용하여 생산활동을 진행함으로써 기술이 이전되고 있다. 본사는 단기간에 일정의 품질수준을 확보한 제품을 생산

24) 현재호 · 오재건, 「기술이전사업의 전략적 추진에 관한 연구– 출연(연) 보유기술 중소기업 기술 무상양허사업을 중심으로–」, 과학기술정책관리연구소, 1996, 16면 참조.

하기 위하여 노동자에 대하여 기계의 조작이든지 생산관리, 품질관리기술을 배우게 하고 수익을 얻는다. 기업 내의 기술이전은 국제분업의 일환으로 전개되기 때문에 기술을 이전해도 기술의 은닉이 가능하기 때문에 성숙기술뿐만 아니라 첨단기술의 이전도 추진되는 특징이 있다. 기업은 국제경제환경의 변화에 따라 현지생산을 강화하는 경향이 있지만 전 세계적 산업화 현상에 따라 개발과정을 나누는 경우도 나타나고 있으며 단순한 제조기술뿐만 아니라 설계기술의 이전도 진행되고 있다. 그런 의미에서 기업 내의 기술이전은 산업화를 추진함에 있어서 대단히 효과적인 형태라고 할 수 있다.[25)]

기업간의 기술이전은 기술라이선스계약으로 실현된다. 기술이 필요한 해외기업은 대가를 지불하고 기술을 도입하지만 기술을 도입하는 국가의 기술수준, 산업발전단계에서 그 내용과 효과는 다르다. 만일, 그 국가에 기술을 도입하는 체제가 정비되어 있다면 상당히 상승효과가 큰 형태라고 할 수 있다. 실제 기업 간 기술이전에 있어서는 기술을 도입하는 측인 라이선시가 지역 제조자(local maker)인 상황이 압도적으로 많으며, 이것이 진정한 의미에 있어서 국제 간 기술이전이라고 할 수 있다. 그러나 기술라이선스계약은 기간, 로열티의 지불, 수출시장의 제한 등 제약조건도 있으므로 기술의 도입을 진행할 수 있는 조건이 라이선시 측에 있는지 없는지가 대단히 큰 문제로 된다. 그리고 기업 내의 기술이전과는 달리 기업 간 기술이전에 있어서는 라이선서가 기술의 우위성, 지배력을 유지하고 가는 것이 전제로 되기 때문에 첨단기술이 쉽사리 공여되지 않고 이미 성숙된 기술, 진부화된 기술이 이전되는 사례가 많다.[26)]

기술원조에 의한 기술이전은 정부 간의 기술원조가 활성화되어 있는 경우 기술자 파견, 기계설비의 공여, 기술연수 등을 통한 이전이다. 특히 기술연수는 기술제공 국가가 경비를 부담하고 기업에서 훈련을 진행하고 있기 때문에 연수에 의한 기술이전은 기술수준의 향상에 있어서 대단히 유용한 기술이전의 형태라고 할 수 있다.[27)]

25) 谷浦孝雄, 前揭書, 7~8頁.
26) 谷浦孝雄, 前揭書, 8頁.
27) 谷浦孝雄, 前揭書, 8~9頁.

나. 메커니즘에 따른 분류

메커니즘에 따른 분류로는 ① 공식적 기술이전, ② 비공식적 기술이전으로 분류할 수 있다. "공식적 기술이전(formal technology transfer)"은 기술을 패키지 형태로 도입하는 기술구매, 부분적 기술을 도입하는 등의 라이선싱 등이라고 할 수 있으며, "비공식적 기술이전(informal technology transfer)"은 역분석(reverse engineering) 등 모방기술을 통한 기술획득이라고 할 수 있다.[28)]

다. 대상 · 단계에 따른 분류

대상 또는 단계에 따라서는 ① 원자재 기술이전, ② 생산능력이전, ③ 설계기술이전, ④ 연구개발역량이전으로 분류할 수 있다. "원자재 기술이전(material technology transfer)"은 제품 또는 원재료의 판매 형태의 기술이전으로 이는 시장수준(market level)의 기술이전을 말한다. "생산능력이전(production capacity transfer)"은 생산기술의 이전을 의미하며, 곧 생산수준의 기술이 이전됨을 의미한다. "설계기술이전(design technology transfer)"은 도면 등의 제품설계기술의 이전을 말하며, "연구개발역량이전(capacity technology transfer)"은 말 그대로 연구개발 능력의 이전으로 연구개발 수준 향상과 관련된 기술이전을 의미한다.[29)]

라. 방향성에 따른 분류

방향성에 따라서는 ① 수직적 기술이전, ② 수평적 기술이전으로 분류할 수 있다. "수직적 기술이전(vertical technology transfer)"은 「기초연구 → 응용연구 → 개발연구 → 상업화」 등의 경로를 따라 발전되는 기술이전을 말하며, "수평적 기술이전(horizontal technology transfer)"이란 프로젝트간, 조직간, 산업간 또는 국가간 등 수평적으로 나타나는 기술이전을 말한다.[30)]

---

28) 현재호 · 오재건, 앞의 보고서, 16면 참조.
29) 현재호 · 오재건, 앞의 보고서, 16면 참조.
30) 현재호 · 오재건, 앞의 보고서, 17면 참조.

마. 기술체화 유형에 따른 분류

기술체화 유형에 따라서는 ① 설비이전, ② 정보이전 ③ 지식이전 등으로 분류할 수 있다. "설비이전(hardware transfer)"은 설비, 장비, 부품, 원재료, 정보시스템 등 재화에 체화되어 있는 형태의 기술이전이다. "정보이전(information transfer)"은 데이터, 서류, 소프트웨어, 표준규격, 사양, 라이선스, 서비스계약, 매뉴얼, 가이드라인 등의 정보 이전을 통한 기술이전을 말한다. "지식이전(knowledge transfer)"은 스킬(skill)이나 노하우의 이전, 개선능력 등의 이전 등을 의미한다.[31)]

바. 시스템체계화 정도에 따른 분류

시스템체계화 정도에 따라서는 ① 제1세대 기술이전, ② 제2세대 기술이전, ③ 제3세대 기술이전으로 분류할 수 있다. "제1세대 기술이전(1st generation technology transfer)"이란 특별한 기술이전 메커니즘과 노력이 필요 없고, 기술보유자가 전적으로 기술이전활동을 담당하고 기술수요자는 피동적 역할을 하는 기술이전 형태를 말한다. "제2세대 기술이전(2nd generation technology transfer)"이란 기술이전을 위한 협력관계, 즉 보유자와 수요자 간의 연계관계의 구축에 의해서 일방향(one way)의 기술이전이 이루어지는 형태를 말한다. "제3세대 기술이전(3rd generation technology transfer)"이란 새로운 기술의 가치창출을 위해서 기술공급자와 기술수요자가 협력하고 기술이전 과정을 경영 · 관리하는 쌍방향 형태의 기술이전을 말한다.[32)]

31) 현재호 · 오재건, 앞의 보고서, 17면 참조.
32) 현재호 · 오재건, 앞의 보고서, 17면 참조.

제4절 기술이전을 통한 사업화

1. 기술이전의 방법[33)]

기술이전은 특정한 방법으로 진행되는 것이 아니라 복합적인 방법으로 기술이전이 실현되어 산업화, 기술수준의 향상이 이루어진다. 아래에서는 기술이전이 어떤 방법에 의하여 이루어지는지 살펴본다.

첫째, 기계설비, 플랜트 등의 수출을 통한 기술이전 방법이다. 기계설비, 플랜트의 수출은 생산능력의 이전이지만 실제로는 단지 기계설비, 플랜트를 설치하는 것으로는 생산 이외에는 그 어떤 의미도 가지지 못한다. 그러나 제품을 생산하기 위해서는 일반적으로는 설비나 플랜트의 조작을 위한 기술지도가 따르고 또한 이를 이용하는 노하우가 이전되기 때문에 이것이 기술이전의 중요한 방법이라고 볼 수 있다. 기계설비, 플랜트의 이전은 가장 기본적인 기술이전의 방법이며 산업화의 초기단계에서는 대단히 유용한 방법이라고 할 수 있다. 과거 우리나라도 이러한 방법으로 기술을 습득하는 사례가 많았다. 특히 철강업, 석유화학공업 등의 예에서 볼 수 있듯이 "풀 턴키(full turn key)"[34)] 방식으로 플랜트를 도입하는 경우에는, 플랜트의 이용과 관련된 기술도 동시에 이전되어 산업화가 촉진된다.

둘째, 해외직접투자를 통한 기술이전 방법이다. 이는 선진국의 기업이 후진국이나 개발도상국의 현지생산거점을 설립함에 따라 기술이전이 진행되는 방식이다. 직접투자에 의한 기술이전은 기술의 라이프사이클에 따라 새로운 기술이 이전됨과 동시에 국제적인 품질수준의 기술이전이 진행되는데, 기술이 필요한 국

---

33) 이하의 내용은 谷浦孝雄, 前揭書, 9~12頁 참조 및 재구성.

34) 풀 턴키(full turn key)방식은 기획 · 계획부터 설계 · 시공까지 프로젝트의 일체를 맡는 계약 방식이다. 이는 주문자는 완성한 기계, 플랜트 등의 키를 돌리기만 하면 된다는 뜻에서 나온 명칭이다.

가나 기업에게는 아주 중요한 방법이라고 할 수 있다. 단지 직접투자라도 그 출자형태로 기술이전은 다른 것이라고 할 수 있다. 즉 100%출자, 머조리티(majority)출자, 마이너리티(minority)출자인지에 따라서 이전기술의 내용이 다르다. 100%출자의 경우에는 본사가 완전하게 컨트롤하고 있기 때문에 첨단기술의 이전도 적극적으로 진행된다. 이에 대하여 합병회사에서는 기술이전에 의하여 "부메랑현상"이 일어나 본사의 시장, 기술지배의 우위성이 무너지는 가능성도 있기 때문에 기술이전은 제한적으로 될 수밖에 없다. 특히 마이너리티출자의 경우에는 이런 경향이 강하다.

셋째, 기술라이선스계약을 통한 기술이전 방법이다. 이는 주로 기업간에 이루어지는 경우가 많다. 기술을 제공하는 측인 라이선서가 그 기술을 기술의 라이프사이클에 따라 라이선시에게 제공하는 것이 일반적이다. 라이선서는 소위 부메랑현상으로 시장, 기술지배력을 잃을 수 있는 전략은 취하지 않는 경우가 많고 이미 성숙되거나 진부화한 기술을 공여하는 경향이 강하다. 과거 우리나라가 일본기업에게 "일본은 첨단기술을 공여하고 싶어 하지 않는다"고 볼멘소리를 한 적도 있지만 이는 일본기업이 기술을 숨기고 시장, 우리나라에서의 기술의 우위성을 유지하고자 하는 전략을 선택했기 때문이다. 지금 우리나라의 기술력은 매우 뛰어나다. 우리 기업의 기술을 중국 등의 기업에 이전하는 경우 기술이 유출되지 않을지, 그들이 최신기술을 습득하여 우리의 기술수준에 근접하지는 않을지, 시장우위를 점하지 않을지 경계하고 있다. 물론 해외직접투자에 따라 본사가 해외의 지사에 기술을 이전하는 경우도 있다. 해외지사로의 기술이전은 국제 분업의 일환으로 이루어지는 기업 내의 기술이전이므로 기술의 은닉이 이루어지는 다른 국가의 기업간의 기술이전과는 달리 최신 기술이 이전되는 경우가 많다.

넷째, OEM(Original Equipment Manufacturer)협력에 따른 기술이전 방법이다. 이는 최근 전 세계적인 기술수준의 향상에 따라 증대하고 있는 기술이전의 방법이라고 할 수 있다. 예컨대 우리기업이 중국의 현지 기업에 대하여 생산을 위탁하고 OEM(주문자 상표부착)하는 경우이다. 우리기업은 국제 분업의 일환으로 가격경쟁력 확보 등을 위하여 중국 등에 생산을 위탁하고 공급을 받아 우리나라 기업의 자사브랜드로 판매하는 경우가 많이 있다. 이러한 OEM협력에 있어서 우리

기업은 자사브랜드로 국제시장에 판매하기 위하여 품질 수준도 높은 수준을 요구한다. 그러므로 우리기업은 자사제품과 같은 수준을 확보하기 위하여 기술자 파견, 자사공장에서 상대국의 기술자, 기능자에 대하여 기술연수를 적극적으로 추진한다. 또한 현지기업은 기술이전비용이 크게 없이도 기술을 흡수하고, 주문기업은 필요한 제품의 생산량을 확보할 수 있기 때문에 상호 플러스효과가 큰 기술이전의 방법이라고 할 수 있다.

2. 기술이전의 내용[35)]

실제로 기술이전은 어떤 내용과 방법으로 진행되고 있을까? 일반적으로 "도면의 제공"이란 방법을 취한다. 그러나 도면을 제공하는 것만으로는 기술을 받아들이는 측의 기술자, 기능자의 수준 등의 차이가 있어 충분하게 기술이 이전되지 않는 사례가 많다. 기술은 기본적으로 노동자에 체화되는 것이기 때문에 실제로는 기술자의 파견, 기능자를 받아들이는 연수 등이 실시된다. 직접투자이든 기술라이선스계약이든 기술자를 파견하여 생산기술의 지도를 진행함과 동시에 기술도입 기업의 기술자 · 기능자를 받아들여서 생산기술, 노하우를 연수시킴에 있어서 기술은 이전되는 것이다. 그리고 연구자 등의 교류 등에 의한 정보교환 등도 기술이전의 방법으로 된다. 이 경우에도 단지 학술지의 교환 수준이 아니라 실질적인 인적 교류가 가장 중요하다. 그런 의미에서 기술이전은 Face to Face 방식으로 진행되는 것이 기본이며 사람에게 기술이 체화되어 축적, 전파되어 가는 것이라고 할 수 있다.

한편, 국제적으로 살펴보면 기술이전에서의 경영시스템, 생산시스템이 달라서 일본과 우리나라 그리고 유럽, 미국 등의 경우가 조금 다르다. 우리나라와 일본은 기업이 자사 내의 기술이전을 사람을 매개로 하여 주로 진행하고 있고, 유럽과 미국기업은 매뉴얼을 통하여 기술이전을 주로 실시하고 있다. 예컨대 기술라이선스 제공에 있어서 유럽과 미국기업은 도면을 제공하는 것을 기본으로 하고 있는 것에 대하여 우리나라와 일본은 도면을 제공함과 동시에 기술자가 기술

35) 이하의 내용은 谷浦孝雄, 前揭書, 12~13頁 참조 및 재구성.

을 지도하는 것이 많아 상대적으로 효율적이라고 평가되고 있다. 따라서 앞으로 모바일, 정보통신기술 등의 기술이전에 있어서 우리나라 기업의 역할이 매우 크다고 할 수 있다.

3. 기술의 사업화

기술사업화의 일반적 개념은 "개발된 기술의 이전, 거래, 확산과 적용을 통해 부가가치를 창출하는 제반 활동과 그 과정"이라고 할 수 있다.[36] 한편 기술의 이전 및 사업화 촉진에 관한 법률 제2조 제3호에서 "사업화"[37]란 "기술을 이용하여 제품을 개발·생산 또는 판매하거나 그 과정의 관련 기술을 향상시키는 것을 말한다"고 하고 있다.[38]

기술사업화의 유형으로는 ① 기술의 양도, ② 실시권 허락, ③ 기술지도, ④ 공동연구, ⑤ 기술창업, ⑥ 합작투자(joint venture), ⑦ 기술지주회사의 설립, ⑧ 인수·합병(M&A), ⑨ 크로스라이선스, ⑩ 특허풀 등의 형태로 진행된다. 특히, 기술보유자가 공공연구기관인 경우에는 대부분의 경우 기술이전을 통해 간접사업화를 추진하나, 최근에는 합작투자, 기술지주회사 설립 등 기술출자 방식을 통해 직접사업화를 활성화시키고 있는 추세이다.[39] 주요내용을 언급하면 다음과 같다.[40]

① 기술양도는 연구기관, 민간기업 등 기술보유자가 기술도입자에게 기술의 소유권을 이전하는 방식의 사업화를 말한다.

② 실시권 허락은 기술보유자가 기술도입자에게 기술에 대한 전용실시권 또

36) 박종복, "한국 기술사업화의 실태와 발전과제- 공공기술을 중심으로 -", 「ISSUE PAPER 2008-233」, 산업연구원, 2008. 2, 13면.

37) 일반적인 의미의 사업화(Commercialization)란 생산과 영리를 목적으로 하는 지속적인 경제활동을 의미한다고 할 수 있을 것이다.

38) 기술사업화와 유사한 의미로 사용되는 상용화, 실용화, 산업화, 기업화 등의 개념은 연구자나 적용분야의 특성에 따라 그 의미가 조금씩 다를 수 있지만, 공통적으로 'R&D 성과의 이전, 확산과 적용을 통한 가치창출의 활동 및 그 과정'의 의미로 해석할 수 있다. '실용화'는 과학기술부 및 관련기관에서, '사업화'와 '산업화'는 지식경제부 및 관련기관에서, '상용화' 또는 '기업화'는 기업 및 민간기관에서 주로 사용되고 있다(박종복, 앞의 논문, 15면).

39) 박종복, 앞의 논문, 16면.

40) 이하의 내용은, 박종복·조윤애·류태규, 「신성장동력 창출을 위한 기술시장 활성화 방안」, 산업연구원, 2009. 12, 55면의 〈표Ⅱ-2〉를 참고하였다.

는 통상실시권을 허락하는 방식의 사업화를 말한다.

③ 기술지도는 기술보유자가 기술도입자에게 기술의 적용을 위한 교육 · 훈련을 제공하여 사업화가 이루어지는 것인데, 기술양도 또는 실시권 허락과 병행하여 이루어지기도 한다.

④ 공동연구는 공공연구기관 등 기술보유자가 기술도입자에게로 기술이전을 목적으로 공동연구를 수행하면서 사업화가 이루어지는 것이다.

⑤ 기술창업은 기술보유자의 연구자 등 소속직원이 직무발명 등을 이전받아 창업하거나 창업에 참여하는 방식의 사업화이다.

⑥ 합작투자는 기술보유자와 기술도입자가 합작하여 제3의 기업을 설립하고 사업화를 추진하는 것으로, 기술보유자가 공공연구기관인 경우는 주로 보유기술을 현물출자하여 참여한다.

⑦ 기술지주회사의 설립[41]은 기술보유자가 기술지주회사를 설립하고, 보유기술을 자본금 형식으로 출자하여 기술사업화를 목적으로 하는 자회사를 운영하는 방식이다.

⑧ 인수 · 합병(M&A)은 기술도입자가 사업화 추진을 위해 필요한 기술과 경영 인프라를 보유한 민간기업 등의 기술보유자를 인수 · 합병하여 사업화를 진행하는 방식이다.

⑨ 크로스라이선스는 특허실시 계약 당사자들이 자기가 가진 특허권 등에 관하여 상호간에 실시권을 상호 부여하는 방식으로서, 특허상호실시허락이라고도 한다.

⑩ 특허풀(Patent pool)[42]은 복수의 특허권 등 기술보유자 간에 결성된, 복수의 기술을 상호간 또는 제3자에게 라이선스하기 위한 계약 또는 그 대상이 되는 특허권의 집합체로 이를 이용한 사업화 방식도 있다.

---

41) 기술지주회사의 설립, 출자회사, 기술지주회사의 업무 등에 대해서는 기술의 이전 및 사업화 촉진에 관한 법률 제21조의3~제21조의7 참조.

42) 특허 풀(Patent pool)은 특허에 대한 공동의 이익(라이선싱)을 목적으로 결성한 단체로 회사의 성격을 갖는다. 특히 표준화 대상 기술에 포함된 특허를 대상으로 관련 회사가 모여 풀을 만들고 풀에 포함된 회사는 권리를 상호 공유하지만 포함되지 않은 회사는 실시료(라이선싱 비용)를 지급하고 사용하여야 한다.

제2장

산업보안과 기술이전 계약

제1절 산업보안의 의의 및 중요성

제2절 기술이전 계약의 유형

제3절 기술이전계약과 산업보안

제1절 산업보안의 의의 및 중요성

최근 세계 각국은 첨단산업기술 확보를 위해 소리 없는 전쟁을 벌이고 있다. 우리나라는 1960~70년대까지 해외기술의 도입정책을 통하여 국가 기간산업의 기틀을 마련하였으며, 1970년대를 기점으로 경공업 중심에서 중화학공업 중심으로 전환되었다. 또한 1980년대에는 기술도입을 통한 산업화 과정이 더욱 활성화되어 기계 · 전자와 같은 조립가공 산업의 비중이 크게 증가하였다. 1990년대 중반부터는 정보통신 기술의 발달에 따라 IT 관련 산업이 발전하여 지식정보화사회가 도래하였다. 2000년대에도 지속적인 성장을 이루기 위하여 모바일 · 디스플레이 · 로봇 · 바이오 등의 신성장동력 산업을 중심으로 산업구조의 개편이 추진되고 있다. 특히 최근 우리나라가 모바일 및 디스플레이 분야를 필두로 세계시장에서 초일류 기술로 인정받고 있는 일이 많아지면서, 산업스파이[1]들의 표적이 되고 있다. 따라서 우리의 산업기밀이 해외로 유출되는 것을 차단하고 국가 경쟁력을 높이기 위하여 "산업보안"은 매우 중요하다.

산업보안의 개념과 관련하여, 먼저 광의적 개념은 "산업전반을 모든 형태의 범죄로부터 보호하는 일체의 노력"이라고 할 수 있으며, 이는 범죄로부터 산업을 보호하는 활동이며 구체적으로 유 · 무형의 모든 자산을 지키는 자산보호와 피해를 막는 손실방지의 활동을 의미한다.[2] 협의적 개념은 "산업활동에 유용한 기술상, 경영상의 모든 정보나 인원, 문서, 시설, 자재 등을 산업스파이나 경쟁관계에

1) 스파이의 역사는 길다. 서양에서는 그리스의 트로이 전쟁에 등장하는 '트로이의 목마'가 스파이의 원조란 설도 있다. 동양에선 춘추전국시대에 쓰인 손자병법에 5종류의 간첩을 쓰는 법이 나온다. 손자는 '용간편'을 마무리하며 "간첩이야말로 전쟁의 가장 중요한 요소"라고 강조했다. 제2차 세계대전과 냉전시대 스파이를 통한 첩보전은 수많은 영화의 소재로 쓰이기도 했다. 스파이의 활동 무대는 비단 군사 분야뿐만이 아니다. 새로운 기술을 선점하기 위한 개인, 기업, 국가 간의 스파이전도 치열하다. 고려 말기인 1363년 원나라에서 붓두껍에 목화씨를 숨겨 우리나라로 들여온 문익점도 일종의 산업스파이라고 볼 수 있다. 농경사회에서 새로운 작물이나 품종은 최고의 산업 비밀이었다. 2차 산업혁명이라 불리는 영국의 산업혁명도 산업스파이에서 출발했다. 토머스 롬브는 18세기 초 비단기술을 독점하던 이탈리아 볼로냐의 기술과 공장도면을 빼돌렸다. 품질 좋은 기술을 접한 영국은 신기술을 쏟아냈고 결국 산업혁명으로 이어졌다(중앙일보, "Special Knowledge〈472〉 진화하는 산업스파이", 2012. 9. 27, B10면).

2) 한국산업보안연구학회, 「산업보안학」, 박영사, 2011, 6면.

있는 자는 물론이고 특정한 관계가 없는 자에게 누설 또는 침해당하지 않도록 보호 관리하기 위한 대응방안이나 활동",[3] 또는 "산업체 · 연구소에서 보유하고 있는 기술 · 경영상 정보 및 이와 관련된 인원 · 문서 · 시설 · 통신 등을 경쟁 국가 또는 업체의 산업스파이나 전 · 현직 임직원, 외국인 유치과학자 등 각종 위해요소로부터 침해되지 않도록 보호하는 활동"[4]으로 정의된다.

국가정보원의 산업기밀보호센터의 통계에 따르면 최근 7년간 무려 264건으로 줄잡아 350조원 규모의 경제적 손실이 발생하였다고 한다. 국내 산업스파이 적발건수는 지난 2005년 29건에 불과했으나 2006년 31건, 2007년 32건, 2008년 42건, 2009년 43건, 2010년 41건 등 매년 꾸준한 증가세를 보이고 있다.

◈ 〈그림〉 산업스파이 해외 기술유출

(단위:건)

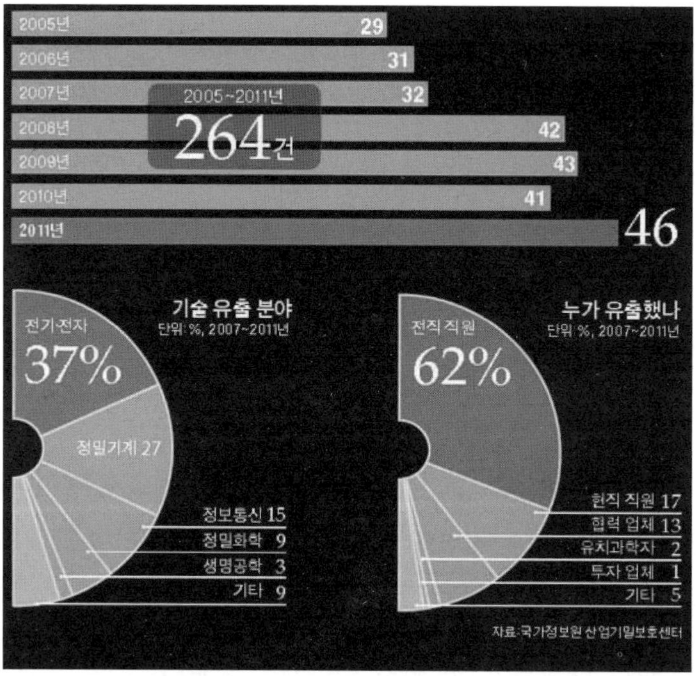

출처: 국가정보원, 산업기밀보호센터, 기술유출통계[5]를 중앙일보가 재구성.[6]

3) 국가정보원, 「산업보안실무」, 국가정보대학원, 1999, 1면; 한국산업보안연구학회, 앞의 책, 2011, 6면.
4) 국가정보원, 앞의 책, 3면; 한국산업보안연구학회, 앞의 책, 6~7면.
5) http://service4.nis.go.kr/servlet/page?cmd=preservation&cd_code=outflow_1&menu=AAA00.
6) 중앙일보, 2012. 9. 27, B10면.

한편, 한국산업기술보호협회에 따르면 기술유출동기 중 개인영리가 61%, 금전유혹이 20%를 차지했다고 한다. 일례로 2006년 삼성전자의 최신 휴대전화기술 유출 미수사건의 범인은 대가로 19억원을 받기로 했었다. 산업스파이가 모두 전문 스파이는 아니다. 다수의 산업스파이는 옆자리에서 근무하는 동료이거나 내부자였다. 국정원 통계에 따르면 산업기밀 유출의 주체 중 79%가 전 · 현직 직원이었다. 특히 스카우트 등 이직 과정에서 핵심 정보를 빼돌리는 경우가 많았다.[7)]

국가정보원의 산업기밀보호센터에 따른 연도별 주요 기술유출사례는 다음과 같다.

◈ 〈표 2〉 연도별 주요 기술유출사례

연 도	사 례
2003	09월 미생물 발효장비 제작기술 유출 기도 10월 PDP 핵심기술 대만유출 기도
2004	01월 메모리 반도체 핵심기술 해외유출 기도 04월 LCD 생산장비 제조기술 해외유출 기도 05월 첨단 휴대폰 제조기술 해외유출 기도 06월 바이오 환경기술 해외유출 기도 09월 초음파 진단기 제조기술 해외유출 기도 09월 반도체 웨이퍼 검사장비 운용기술 해외유출 기도 11월 TFT-LCD 제조기술 해외유출 기도
2005	07월 반도체 제조공정기술 해외유출 기도 07월 광통신부품 핵심 공정기술 해외유출 기도 07월 고성능 셋톱박스 제조기술 해외유출 기도
2006	01월 TFT-LCD 컬러필터 제조기술 중국유출 기도 03월 첨단 휴대폰 제조기술 카자흐스탄 유출 기도

7) 대표적으로 2002년 하이닉스 소속 핵심 인력 50여 명이 중국과 대만 등으로 이직한 사례가 있다. 이들은 스파이카메라 등 첨단 기술을 동원하는 경우보다 주로 신발 깔창이나 벨트 등에 USB 등을 숨기는 단순한 방법으로 손쉽게 산업기술을 훔쳤다. 복사와 휴대가 쉬운 디지털 형식의 자료가 주요 타깃이었다. 기업 인수합병(M&A)을 통해 산업기밀이 유출되는 경우도 있다. 합법적으로 회사 주인이 바뀌는 것이라 해외로 기밀이 유출돼도 손쓸 방도가 없다. 중국 상하이자동차의 쌍용차 인수가 대표적이다. 2000년 대우자동차를 인수하려 했던 포드자동차의 경우 기업정보만 입수한 뒤 인수를 포기하기도 했다(중앙일보, 2012. 9. 27, B10면).

연도	사 례
2007	05월 자동차 핵심기술 유출 기도 05월 세계 최초개발 와이브로 기술, 해외유출 기도 07월 수조원 가치의 조선기술, 해외유출 기도 11월 H사 자동차 자동변속기 기술 중국유출
2008	01월 K사 아연 제련공법 호주유출 기도 03월 L사 첨단 PDP 제조기술 중국유출 07월 태양광 차단 신소재 기술 일본유출 기도 09월 신호소자 반도체 공정기술 대만유출
2009	08월 D자동차 핵심 제조기술 러시아유출
2010	02월 양문형 냉장고 설계기술 중국 유출기도 03월 반도체 핵심기술 해외 유출사건 04월 국내 3D기술 중국 유출사건 08월 D자동차 핵심 제조기술 러시아유출

출처: 국가정보원, 산업기밀보호센터, 기술유출사례[8)]

이와 같이 산업기술의 부정한 유출을 방지하고 산업기술을 보호함으로써 국내산업의 경쟁력을 강화하고 국가의 안전보장과 국민경제의 발전에 이바지하기 위하여 「산업기술의 유출방지 및 보호에 관한 법률」이 2006년 제정되었다. 이 법에서는 산업기술과 국가핵심기술[9)]에 대하여 정의하고 있으며,[10)] 국가핵심기술의

8) http://service4.nis.go.kr/servlet/page?cmd=preservation&cd_code=outflow_2&menu=AAB00.

9) 2007년 8월 21일 국무총리 주재로 제1차 「산업기술보호위원회」를 개최하여 전기 · 전자분야 4개 기술, 자동차분야 8개 기술, 철강분야 6개 기술, 조선분야 7개 기술, 원자력분야 4개 기술, 정보통신분야 6개 기술, 우주분야 5개 기술 등 7개 분야 총40개 기술을 국가핵심기술을 분야별로 선정하였으며, 2011년 2월 23일 자동차 기준변경, 정보통신 추가지정 등 8개 분야 총50개 기술로 국가핵심기술을 재조정하였고, 2012년 1월 30일 전기전자 추가지정, 정보통신 기준변경 및 추가지정 등 8개 분야 총58개 기술로 국가핵심기술을 재조정하였다(국가정보원, 산업기밀보호센터(http://service4.nis.go.kr/servlet/page?cmd=preservation&cd_code=tech_01&menu=ABA00).

10) 산업기술의 유출방지 및 보호에 관한 법률 제2조 (정의) 이 법에서 사용하는 용어의 정의는 다음과 같다.

1. "산업기술"이라 함은 제품 또는 용역의 개발 · 생산 · 보급 및 사용에 필요한 제반 방법 내지 기술상의 정보 중에서 관계중앙행정기관의 장이 소관 분야의 산업경쟁력 제고 등을 위하여 법률 또는 해당 법률에서 위임한 명령(대통령령 · 총리령 · 부령에 한정한다. 이하 이 조에서 같다)에 따라 지정 · 고시 · 공고 · 인증하는 다음 각 목의 어느 하나에 해당하는 기술을 말한다.
   가. 「산업발전법」 제5조에 따른 첨단기술
   나. 「조세특례제한법」 제18조 제2항에 따른 고도기술
   다. 「산업기술혁신 촉진법」 제15조의2에 따른 신기술
   라. 「전력기술관리법」 제6조의2에 따른 신기술
   마. 「부품 · 소재전문기업 등의 육성에 관한 특별조치법」 제19조에 따른 부품 · 소재기술
   바. 「환경기술 및 환경산업 지원법」 제7조 제1항에 따른 신기술
   사. 그 밖의 법률 또는 해당 법률에서 위임한 명령에 따라 지정 · 고시 · 공고 · 인증하는 기술

지정, 국가핵심기술의 해외매각 등에 대한 승인 · 신고 등, 산업기술 유출행위 등의 금지 및 신고의무, 산업기술분쟁조정위원회의 설치, 비밀유지의무, 산업기술의 유출행위 등에 대한 벌칙 등에 대하여 규정하고 있다.[11]

---

2. "국가핵심기술"이라 함은 국내외 시장에서 차지하는 기술적 · 경제적 가치가 높거나 관련 산업의 성장잠재력이 높아 해외로 유출될 경우에 국가의 안전보장 및 국민경제의 발전에 중대한 악영향을 줄 우려가 있는 기술로서 제9조의 규정에 따라 지정된 산업기술을 말한다.

11) 자세한 내용은 제3장 우리나라 및 주요국의 기술이전 관련 법률에서 살펴본다.

제2절 기술이전 계약의 유형[12)]

1. 기술창출형계약

기술창출형계약이란 당사자 쌍방 또는 일방의 연구개발 활동에 의해 신기술(개량기술 포함)을 창출하는 것을 직접의 목적으로 하는 계약을 의미한다. 이런 점에서 당사자의 일방이 상대방에게 어느 기술의 사용을 허락하는 것을 목적으로 하는 라이선스계약과 구별된다. 그런데 실제로 체결되는 기술창출형계약에는 신기술의 개발에 관해서뿐만 아니라, 장래 개발될 신기술의 실시허락에 관해서도 규정하는 것이 통상적이고 이러한 라이선스 허락에 관한 부분은 라이선스계약에 해당한다고 할 수 있다. 기술창출형계약에는 공동연구개발계약과 위탁연구개발계약이 있다.[13)]

가. 공동연구개발계약

공동연구개발계약(Joint Research and Development Agreement)이란 당사자 쌍방이 공동으로 신기술의 연구개발을 하는 것을 목적으로 하는 계약을 의미한다. 공동연구개발계약의 주요사항은 연구주제의 분담, 연구개발의 목적, 대상, 정보 · 자료의 상호개시, 개발업무 및 비용의 분담, 위험의 분산, 정기적 회합, 비밀유지, 개발성과의 취급 등이다. 계약의 측면에서는 연구개발 주제의 분담 및 연구개발 성과에 관하여는 미리 명확하게 정하여 놓는 것이 일반적이다. 일반적으로 성과는 각자 개발한 것은 각자가 단독소유하고 공동 개발한 것은 공동소유로 한다.

12) 石田正泰 監修, 『ライセンシンス契約実務ハンドブック』, 社団法人 発明協会, 2001. 3頁 이하; 김경선, 「라이선스契約上 実施権者의 権利保護에 관한 研究」, 한양대학교 박사학위 논문, 2007. 2, 42~53면 참조.
13) 野口良光, 『国内実施契約の実務-理論と作成-』, 発明協会, 1985, 70~71頁.

나. 연구개발위탁계약

연구개발위탁계약(consignment Agreement for Research and Development)이란 당사자 일방(위탁자)이 상대방(수탁자, 기술자, 연구자, 전문가 등)에게 신기술의 연구개발을 일정의 요금 및 비용을 지불하여 위탁하는 계약을 말하며, 통상 위탁자는 수탁자의 연구개발에 필요한 약간의 정보 · 자료를 수탁자에게 제공하지만 연구개발 활동 자체는 수탁자만이 수행한다. 연구개발수탁자가 뛰어나다고 하는 분야에 연구개발을 위탁하면 비용의 경감 및 조기 개발을 예상할 수 있어 유리하다. 연구개발위탁계약의 주요한 사항은 위탁의 목적, 대상, 대가, 비용, 개발경과의 연차보고, 개발의 완성시기, 개발성과의 평가, 비밀보호, 개발성과 및 그 실시권의 취급 등이다.

2. 기술양도형계약

기술양도형계약이란 직접 또는 간접적으로 기술의 소유(지분을 포함)의 이전을 수반하는 계약을 말하며, 이 점에서 기술의 소유권을 자기에게 유보하면서 그 실시권만을 상대방에게 허락하는 라이선스계약과 구별된다. 기술의 양도는 기술의 존재형태의 차이에 따라 특허권의 양도, 특허를 받을 수 있는 권리의 양도(특허출원의 양도, 출원전 발명의 양도), 노하우의 양도 등으로 구별된다. 이 중에서 특허권의 양도는 등록에 의하여(특허법 제101조 제1항 제1호), 특허출원의 양도는 특허청장에 대한 출원인명의변경신청에 의하여(특허법 제38조 제4항) 각각 그 효력이 생긴다. 출원전의 발명(특허를 받을 수 있는 권리)의 승계는 그 승계인이 특허출원을 하지 않으면 그 양수를 가지고 제3자에게 대항할 수 없다(특허법 제38조 제1항). 노하우의 양도는 계약과 동시에 그 효력이 발생하며 제3자에게 대항하기 위한 등록, 신청 등의 제도는 존재하지 않는다. 다음의 계약이 기술양도형계약에 속한다.

가. 기술양도계약

기술양도계약(Technology Transfer Agreement)은 당사자 일방(양도인)이 기술의 소유권을 상대방에게 이전하는 것을 직접의 목적으로 하는 계약을 말하며, 특히 유상의 양도를 기술매매라고도 한다. 양도대상인 기술이 특허권 등 지적재산권을 포함하는 경우의 기술양도계약에서는 특허권의 양도도 포함하는지를 명확하게 규정할 필요가 있다.

나. 합병계약

합병계약(Joint Venture Agreement)은 둘 이상의 회사를 하나의 회사로 합병하는 것을 목적으로 하는 계약을 말하며, 합병이 되면 기술을 포함한 소멸회사의 재산은 포괄적으로 당연히 신설회사에 귀속하는데 특허권도 합병과 동시에 이전등록 없이도 귀속의 효력이 발생하고 제3자에게 대항할 수 있다(특허법 제101조 제1항 제1호). 합병은 통상 경쟁회피, 비용절약, 시장독점 등을 목적으로 행해지며 기술의 이용이나 결과만을 목적으로 하는 경우는 드물다.

3. 기술담보형계약

기술담보형계약이란 기술을 금전채무의 담보로 제공하기 위해 체결되는 계약, 즉 기술의 담보가치의 이용을 목적으로 하는 계약을 말한다. 현행 특허법 등 지적재산권법에서는 지적재산권에 대한 담보방법으로 질권만을 규정하고 있고, 양도담보에 대해서는 규정을 두고 있지 않다. 그러나 실무상으로는 실행이 용이한 양도담보를 많이 이용하고 있는 상황이기 때문에 여기서는 질권설정계약과 함께 양도담보계약에 대해서도 알아보기로 한다.

가. 질권설정계약

특허권뿐만 아니라 전용실시권 또는 통상실시권에 관해서도 질권을 설정할 수 있다(특허법 제121조). 다만, 전용실시권 또는 통상실시권에 질권을 설정하는 경우에 특허권자의 동의(전용실시권에 대한 통상실시권에 질권을 설정하는 경우에는 특허권자 및 전용실시권자의 동의)를 받아야 한다(특허법 제100조 제4항, 제102조 제6

항). 질권은 채무변제를 받을 때까지 그 목적물을 점유하는 권리이기는 하나 그 것은 어디까지나 채무의 변제를 간접적으로 촉구하는 본래의 목적범위에 그쳐야 하고 채무변제가 불가능할 경우에 법에 의한 압류, 경매, 권리양도의 실행이 가능하며 그 이상의 행위, 즉 질권자가 특허권을 직접 실시하는 것 등은 타 권리에 대한 압박이 되므로 특허법은 이를 금하고 있다. 따라서 특허권, 전용실시권, 통상실시권을 목적으로 하는 질권을 설정한 때에는 질권자는 계약서에서 별도로 정한 경우를 제외하고는 질권 설정의 대상인 특허발명을 실시할 수 없다(특허법 제21조).

나. 양도담보계약

양도담보계약이란 기술의 소유자(채무자)가 그 금전채무를 담보하기 위해 기술의 소유를 상대방(채권자)에게 양도하고 채무자가 채무를 변제한 때에 채권자로부터 그 기술의 소유권을 반환받을 것을 약정하는 계약을 말한다. 양도담보의 경우에는 채권자인 담보권자에게 특허등록원부상 소유권이 이전되므로 채무자인 원특권자는 담보자로부터 특허라이선스계약에 의한 실시권의 설정이 필요하다.

양도담보에 의한 경우 이의신청이나 무효심판이 제기되었다거나 또는 당해 특허권이 침해된 경우에 담보권자 스스로 당사자로서 대응하여야 하는지가 문제된다. 따라서 담보권자로서는 양도담보설정계약에 이러한 경우를 대비하여 채무자(또는 물상보증인)가 자기의 비용과 책임으로 대응하여야 한다는 사항과 소송 등의 수행 및 종결에 대해서는 담보권자의 서면에 의한 사전 승낙을 얻어야 한다는 것 등을 명기해 두는 것이 필요하다.

4. 기술대여형계약

기술대여형계약이란 기술의 소유를 자기에게 유보하면서 그 사용권만을 상대방에게 허락하는 계약을 말한다. 이에는 라이선스계약, 재라이선스계약, 상호라이선스계약, 패키지 라이선스계약, 하도급라이선스계약, 옵션계약이 있다.

가. 라이선스계약

라이선스계약이란 당사자 일방이 상대방에게 특정기술 등에 대하여 실시권을 허락하는 계약을 말하며, 실시권자는 실시허락자와는 별개의 독립사업으로서 자기를 위해 당해 기술을 실시할 권리를 가진다. 따라서 특허권 자체를 완전히 이전하는 계약인 특허권양도계약과는 구별된다. 특히 국제기술이전계약은 기술도입국에서 취득한 특허권이나 노하우를 현지기업에서 실시허락 하는 라이선스 계약이 가장 중요한 형태가 되고 있다.

특허법은 특허권에 관해서만 라이선스의 허락을 할 수 있다는 취지의 규정을 하고 있지만, 특허발명 이외의 기술에 관해서도 마찬가지로 라이선스의 허락을 할 수 있는 것으로 해석된다. 라이선스계약은 내용면에서 분류해 보면 아래와 같이 구분할 수 있다.

(1) 묵시적 라이선스와 명시적 라이선스

특허라이선스는 특허제품을 판매하는 경우와 같이 묵시적으로 주어지는 묵시적 라이선스(Implied License)와 계약에 의하여 주어지는 명시적 라이선스(Expressed License)로 나뉜다. 때로는 어떤 특허에 관하여 명시적 라이선스를 주는 것과 동시에 다른 특허에 대해 묵시적 라이선스를 주는 경우가 있는데 제1특허의 실시에 의하여 제2특허가 침해되는 것을 예상할 수 있음에도 불구하고 제1특허의 라이선스를 주는 경우가 이에 해당한다. 묵시의 라이선스는 전용실시권에 관하여는 불가능하고 통상실시권에 관하여만 허용된다.

(2) 독점적 라이선스와 비독점적 라이선스

독점적 라이선스(Exclusive License)의 경우에는 실시허락자가 실시허락자 자신은 물론 실시권자 이외의 자에게도 동일한 라이선스를 주지 않을 것을 약속하는 것인데 반해, 비독점적 라이선스(Non-Exclusive License)의 경우에는 실시허락자가 동일한 특허발명 또는 노하우에 기해 당해 실시권자(제1실시권자)에게 부여한 것과 동일한 내용의 라이선스를 타인(제2실시권자)에 대하여도 줄 수 있는 권리가 있는 라이선스로 제2실시권자에 대하여 제1실시권자가 침해책임을 물을 수 없다.

우리나라의 특허법에서는 전용실시권(특허법 제100조)과 통상실시권(특허법 제102조)을 규정하고 있다. 독점적 라이선스는 우리 특허법상 전용실시권에 상당하고 비독점적 라이선스는 통상실시권의 허락에 상당하다. 그러나 채권적 성질을 가지고 있는 통상실시권을 독점적 통상실시권과 비독점적 통상실시권으로 구분하여 보면 독점적 통상실시권도 독점적 라이선스에 가깝고, 비독점적 통상실시권만이 비독점적 라이선스에 해당하게 된다.

(3) Sole License

독점적 라이선스와 비독점적 라이선스의 중간적 성질을 지니고 있는 Sole License는 1인의 실시권자에게만 라이선스를 주지만 실시허락자 자신은 한정적으로 또는 일반적으로 특허발명을 실시하는 권리를 유보하는 라이선스이다.

나. 재라이선스계약

재라이선스계약(Sublicense)이란 실시권자가 제3자에게 특허권자로부터 실시허락을 받은 특허발명을 다시 실시허락(Grant of sublicense)하는 것을 말한다. 이때 제3자를 재실시권자(Sublicensee)라 한다. 실시권자의 권리는 허여된 내용에 한정하여 라이선스계약 중에 재실시가 허여(동의)된 경우에만 실시권자는 제3자에 대하여 재실시를 할 수 있다. 재실시권은 원라이선스 계약의 범위 내에서만 발생한다. 만약 라이선스계약이 종료되는 경우 재실시권을 받은 자의 권리도 소멸되는가에 대해 명문의 규정이 필요하나 특단의 사유가 없는 한 종료되는 것으로 보아야 한다.

다. 크로스 라이선스계약

크로스 라이선스계약(Cross License)이란 특허 또는 노하우와 같은 무형재산을 가진 자가 그 실시허락(license)을 상호 부여하는 것을 의미한다. 같은 종류 · 분야에 속하는 특허권이 몇 개씩 존재하고, 두 당사자의 입장이 대등하며, 특허권의 평가가 적절한 때는 영업상 · 기술상의 이익을 위해 서로 실시권을 허여한다. 이것은 상호보완적인 특허 또는 노하우를 라이선스하는 것이고, (i) 그것의 대상인 기술 등의 성과를 개량하기 위해 행하는 경우, (ii) 양 특허가 저촉되는 관계에 있어 특허분쟁을 회피하기 위해 행하는 경우, (iii) 가격협정, 시장분할 등 경쟁 제한적 협정을 은폐하기 위해 행하는 경우 등이 있다. 선진국 기업간에는 라이선스계약의 당사자가 상호 개량기술을 제공하는 상호실시 조항이 약정되는 경우가 많다. 특히 미국의 경우 특허 라이선스계약시에 개량(Improvements)에 대하여 별도로 합의함으로써 이용관계 여부를 떠나 허여된 특허와 일정한 의존관계를 갖는 개량발명에 대하여 크로스 라이선스가 설정될 수 있으며, 이러한 포괄적인 의미로서 크로스 라이선스라는 용어가 사용된다. 크로스라이선스의 경우 양 당사자가 서로 실시허락자와 실시권자의 입장을 갖기 때문에 복잡한 지위에 서게 되고 이들의 권리의무관계 또한 다면적으로 된다.

라. 패키지 라이선스계약

패키지 라이선스계약(Package License)이란 수개의 특허를 하나의 계약에 의해 서로 허락하는 계약을 말한다. 패키지 라이선스계약은 거래비용을 줄이는 효과가 있어 일반적으로는 합법하다. 이 실시권에는 강제적 패키지 실시권(Compulsory Package License)과 임의적 패키지 실시권(Voluntary Package License)이 있다. 전자에는 라이선스계약의 교섭에 있어서 특허권자가 소유하고 있는 특허 전부를 패키지로 계약하지 않으면 실시권을 주지 않는다는 조건이 붙는 경우와 그 중의 일부만 라이선스계약을 해도 패키지 전부를 라이선스 계약한 것과 동일하게 취급한다는 조건이 붙는 경우를 말하며 일괄방식(Block Booking)이라고도 한다. 이러한 강제적 패키지 실시권은 독점규제법에 위반될 소지가 있다. 그러므로 강제와 임의의 구별 기준은 실시권자에게 패키지 라이선스를 받아들이도록 실시허락자가 경제적 압력을 행사했는가의 여부가 된다.

마. 하도급계약

하도급계약(Subcontract)은 당사자의 일방(하도급위탁자)이 상대방(하도급자)에게 특정기술을 제공하고 상대방에게 자기의 기관으로서 당해 기술을 실시하게 하는 계약을 말하며, 이 경우에 하도급자의 실시는 하도급위탁자의 실시와 동일시된다.

이는 하도급실시의 기본 요건을 갖추었을 때에는 특허를 허여받은 실시권자가 타인에게 하도급실시를 하도록 하는 경우에는 실시허락자의 승낙을 받을 필요가 없으며, 공개출원발명의 실시권자도 실시허락자의 승낙을 받지 않고 타인에게 하도급을 줄 수 있다는 의미이다. 이에 대하여 비밀성을 갖는 노하우의 실시권자는 당해 기술을 타인에게 개시하지 않을 비밀유지의무를 부담하므로 당사자 간에 별도의 합의가 없는 한 실시허락자의 승낙 없이는 당해 노하우를 타인에게 하도급을 줄 수 없다고 보아야 한다.

바. 옵션계약

옵션계약(Option Agreement)이란 당사자 일방이 상대방에게 일정기간 후에 라이선스계약을 체결할 수 있는 권리를 주는 것을 말한다. 즉 당사자 일방이 상대방에 대하여 특정기술의 사업화 가능성에 대한 평가 · 검토에 필요한 정보 · 자료 등을 제공 · 사용할 수 있게 하고, 옵션행사기간 내에 당해 기술의 실시여부에 대한 선택권을 주는 계약을 말한다. 따라서 상대방은 옵션행사기간에 한하여 계약목적을 위해서만 당해 정보 · 자료 등을 사용할 권리를 가지며 옵션행사기간의 경과 후에는 원칙적으로 그 권리를 상실한다.

옵션계약은 체결시에 이미 장래 체결한 기술라이선스계약의 내용이 모두 확정되어 있는 경우와 그렇지 않은 경우가 있다. 전자의 경우에는 장래 체결할 본 계약의 내용을 기재한 서면이 옵션계약에 첨부되며 상대방이 옵션권을 행사하면 바로 본 계약이 성립하지만, 후자의 경우에는 본 계약의 내용이 확정되어 있지 않으므로 옵션권행사 외에 당사자간의 교섭에 의해 본 계약의 내용을 확정하여야 한다.

옵션계약의 주요 검토사항은 제공하는 평가용 정보 · 자료 등의 범위, 비밀유지, 사용제한, 실시료, 옵션행사기간과 방법, 옵션을 행사하지 않은 경우의 조치 등이다.

제3절 기술이전계약과 산업보안

1. 기술이전계약 등에 따른 기술유출

기술이전 계약을 맺거나 영업비밀 라이선스계약을 맺은 경우, 또는 하청업체의 경우에는 영업비밀 보유자로부터 정당한 권원에서 영업비밀을 취득 · 사용하게 된다. 이 경우에 영업비밀 보유자는 라이선시 또는 하청업체에게 영업비밀을 보호하도록 요구하여야 한다. 그럼에도 불구하고 계약상의 의무를 위반하여 제3자에게 영업비밀을 공개하거나 사용 또는 계약종료 이후에도 라이선시의 비밀이용 등에 따른 기술유출이 발생할 수 있다. 성공적으로 체결된 기술이전 계약관계 또는 종료한 계약관계에서뿐만 아니라 계약 준비단계에서도 기술유출이 문제될 수 있다.

기술이전계약은 당해 기술을 가지고 있는 자와 가지고 있지 않은 자와의 사이에서 이루어진다. 이러한 점에서 라이선시는 계약을 체결하기 전에 제공되는 기술이 어떠한 것인지를 알려고 하고, 반면 라이선서는 계약이 체결되기 전까지는 그 이전대상이 되는 기술내역 공개에 소극적인 입장을 취하게 된다. 대체적으로 기술이전은 특허 등으로 공개된 기술뿐만 아니라 이와 관련된 영업비밀을 포함하게 되는데, 영업비밀은 그 범위를 확정할 수 없는 문제가 발생한다. 또한 기술이전계약이 성사되지 못하는 경우에는 기술유출에 따른 분쟁가능성이 높아진다. 예를 들어 계약을 체결할 의사가 없으면서 계약을 제안하고 관련 제품을 받아 기술을 습득한 후 계약을 맺지 않는 경우이다. 이러한 점에서 계약체결을 준비하는 단계에서 당사자는 영업비밀 또는 기술정보에 대한 비밀유지의무와 이의 위반에 따른 손해배상 등에 대하여 항상 염두할 필요가 있다.[14)]

---

14) 윤선희 · 김지영, 「영업비밀보호법」, 법문사, 2012, 263~264면 참조.

2. 계약교섭에서의 기술정보개시와 비밀유지

기술이전 라이선싱과 관련한 교섭에서는 기술평가를 위하여 견본, 기술자료의 개시, 공장 견학 등을 수반하는 경우가 있다. 그것들에는 노하우 등이 포함되어 있는 경우가 많아 비밀보호를 위한 관리가 필요해진다. 개시 상대에게 기밀보호의 주의를 환기시켜두지 않으면 개시한 노하우의 법적 보호가 어려워진다. 통상은 개시에 앞서 기밀유지계약(Secrecy Agreement)이 맺어진다. 기밀유지계약을 서로 체결함으로써 기술정보 등 노하우 수령자가 수령한 노하우를 부정개시, 부정사용한 것이 발각된 때에는 개시자는 이를 근거로 부정경쟁방지법 등에 의한 법적 구제를 받을 수 있기 때문이다.[15)]

가. 노하우(Know-How)의 보호관리[16)]

(1) 노하우(Know-How)와 영업비밀

국제기술라이선스계약에서 계약교섭, 계약기간 중에 개시, 제공되는 기술정보에는 노하우가 포함되어 있는 경우가 많다. 노하우의 성격, 법적 보호의 근거, 그리고 노하우의 보호관리를 인식하는 것은 국제계약라이선스를 수행하는 데 있어서 매우 중요하다.

노하우(Know-How)의 정의와 관련하여 「지적재산권보호국제합동사무국(BIRPI)」의 모델법에서는 "기술적 노하우란 제조공정 및 공업기술의 사용 및 응용에 관한 지식을 의미한다"고 정의하고 있다. 국제상공회의소(International Chamber of Commerce: ICC)가 채택한 노하우 보호 기본조항에는 "노하우란 단독 또는 결합하여 공업 목적에 도움이 되는 어떤 종류의 기술을 완성하거나 또는 그것을 실제에 적용하는 데 필요한 기밀의 기술적 지식과 경험 또는 그러한 것이 집적된 것을 말한다"고 정의하고 있다.

노하우는 일반적으로 '기술비결'이라고도 불리기도 하는데, 비밀성을 가지고

---

15) 大貫雅晴, 「国際技術ライセンス契約」, 同文舘出版株式会社, 2008, 91頁.
16) 大貫雅晴, 前揭書, 92頁.

있고 이 비밀성이 영업비밀로서의 법적 보호의 근거이기도 하다. 우리나라에서 "영업비밀"이란 "공공연히 알려져 있지 아니하고 독립된 경제적 가치를 가지는 것으로서, 상당한 노력에 의하여 비밀로 유지된 생산방법, 판매방법, 그 밖에 영업활동에 유용한 기술상 또는 경영상의 정보"라고 정의되고 있으며,[17] 법령, 판례에서는 영업비밀이란 용어가 사용되고 있어 기술적 노하우보다 폭넓은 개념으로 정의되고 있다.

기술이전 라이선스 계약에서 일반에게 자주 제공되는 유형, 무형의 기술정보로 노하우를 포함하는 기술정보에는 견본, 모형, 사양서, 설계도, 금형, 야구(冶具),[18] 기계설비의 레이아웃 및 운전 · 조작 매뉴얼, 재료배합표, 제조공정표, 품질관리 매뉴얼, 또 기술자에 의한 구두의 기술 어드바이스 등이 있다.

(2) 각국의 노하우의 법적 보호수단의 체크

노하우의 법적 보호의 근거는 비밀유지계약이나 계약서의 비밀유지조항에 의한 계약법상의 보호가 있으나 노하우의 가장 중요한 법적 보호 근거는 "부정경쟁방지 및 영업비밀보호에 관한 법률"이다. 세계무역기구(WTO)의 무역관련 지적재산권에 관한 협정(TRIPs) 제39조에는 개시되지 아니한 정보(미공개 정보)의 보호 규정이 마련되어 있으며, 파리조약 제10조의 2에 규정하는 부정경쟁으로부터의 유효한 보호를 확보하기 위하여 WTO 가맹국에는 개시되지 아니한 정보를 보호한다는 취지의 규정이 있다. 또한 노하우 및 영업비밀 보호에 각국 독자의 보호법이 있어 보호의 운용, 해석이 다르므로 국제거래 시에는 관련 국가의 보호제도를 조사, 검토할 필요가 있다.[19]

(3) 노하우의 누설, 부정사용의 위험에 주의

산업기밀은 부정한 방법으로 누설, 탈취되는 경우도 있거나 정당한 기술이전 계약과정에 있어서 노하우, 영업비밀 등 산업기밀이 부정한 방법으로 누설되고 부정하게 사용되어 기업이 피해를 입는 사례가 있음에 유념해야 한다.

---

17) 부정경쟁방지 및 영업비밀보호에 관한 법률 제2조 제2호

18) 대장일에 드는 여러 가지 연장, 야금(冶金)에 필요한 여러 가지 연장을 말한다(네이버 한자사전).

19) 영업비밀 보호에 대한 미국, 독일, 영국, 프랑스, 일본, 중국, 대만 등 외국의 입법례는 윤선희 · 김지영, 앞의 책, 14~50면에 자세히 기술.

기술이전계약과 관련하여 산업기밀이 유출되는 유형을 예로 들면, ① 계약교섭단계에서 기술 노하우를 개시했지만 계약은 성립되지 않았고 그 후에도 기술 노하우의 개시를 받은 당사자가 해당 노하우를 노하우 개시자의 양해 없이 무단으로 이용하여 단독으로 사업을 하는 경우, ② 노하우 개시자의 양해 없이 라이선시가 무단으로 특허출원을 하는 경우, ③ 라이선시의 제조실시에서 제3자에게 하도급생산의 위탁을 한 그 하도급업자가 라이선스 기술을 부정하게 사용하여 라이선스제품을 생산하여 제품을 부정 유출하는 경우, ④ 노하우를 개시, 제공한 라이선시의 종업원이 해당 노하우를 부정취득 하는 경우, ⑤ 종업원이 퇴직하여 노하우를 반출하여 경업회사에 취직하는 경우, ⑥ 라이선스 계약 완료 후 라이선시가 무단으로 노하우를 계속적으로 사용하는 경우, ⑦ 합병회사에 대한 노하우 라이선스에 의거하여 제공 · 개시한 노하우를 합병사업의 상대방 파트너가 해당 노하우를 이용하여 별도로 사업을 실시하는 경우 등이 있다.[20]

이와 같은 산업기밀의 누설, 부정사용을 예방하기 위해서는 노하우 등의 비밀보호관리대책이 계약에 있어서 중요한 과제가 된다. 국제기술라이선스계약 교섭에서는 노하우의 개시를 수반하는 경우가 많으며, 당연히 노하우 개시 시에는 비밀유지계약의 체결과 개시되는 노하우의 특정이 중요해진다. 따라서 이러한 위험을 방지하기 위해서는 비밀유지서약서를 받거나, 별도의 비밀유지계약을 체결하거나, 여의치 않은 경우 비밀유지조항을 계약서에 두는 경우 등이 중요한 대응책이 될 수 있다. 이와 같이 기술이전계약에 있어서는 산업보안을 항상 염두하고 계약이 체결될 수 있도록 하여야 할 것이다.

나. 개시되는 기술정보의 특정

라이선스 교섭에서 제공되는 기술정보에는 유형(tangible)의 기술정보와 기술자에 의한 구두로의 무형(intangible)의 기술정보가 있다. 제공되는 정보 중에 비밀로 취급하는 비밀정보와 일반적인 정보를 명확하게 구분하고, 비밀정보를 특정하여 비밀정보문서에는 전부 비밀취급의 경고문 또는 마크를 붙인다. 또 구두

20) 大貫雅晴, 前揭書, 94頁.

에 의한 무형기술정보의 개시일 경우에는 후일 신속하게 서면으로 확인하는 것이 중요하다. 이와 같이 비밀정보를 명확하게 특정한 다음 그 비밀보호대책을 취하여야 한다. 비밀정보문서에 표시되는 마크와 경고문의 영문서식 예는 다음과 같다.

〈예시 1〉 **경고마크**

"SECRECY" "CONFIDENTIAL" "PROPRIETARY"

〈예시 2〉 **경고문**

NOTICE

THIS IS TRADE INFORMATION OF (name of the company). DO NOT DISCLOSE TO ANYONE WITHOUT PRIOR WRITTEN PERMISSION OF (name of the company).

경 고

본 건은 (회사명)의 영업비밀입니다. (회사명)의 서명에 의한 사전 허가가 없는 한 어떠한 것에도 개시해서는 안 됩니다.

3. 비밀유지 · 유용금지의무[21)]

라이선스 계약에 있어서 기술유출의 방지측면에서 고려해야 할 것이 비밀유지 · 유용금지의무 관련 조항이다. 이 조항은, 노하우 · 라이선스의 경우 그 기술적, 재산적 가치를 가지기 위해 필수불가결한 것이지만, 라이선시로서도 현재 및 장래의 사업활동에 관계가 깊기 때문에 가장 중점을 두어야 하는 사항 중 하나이다. 노하우는 이 조항 이외에는 이를 지킬 방법이 없다. 즉, 이러한 규정을 충분히 규정하지 않으면 노하우는 그 가치가 떨어지거나 소멸될 우려마저 있는 것이다.

21) 五月女正三,『ライセンシング · ビジネス』, 発明協会, 1987, 155~159頁 참조.

따라서 "계약기간중과 계약 종료 후에도 라이선서로부터 제공되었던 일체의 정보(문서 또는 구두를 묻지 않음)의 비밀을 유지하고, 이것을 어떠한 제3자에게도 개시하는 것을 금지한다"는 내용의 조항을 규정할 필요가 있다. 다만, 상기 일체의 정보 중에 다음의 정보는 제외하도록 규정해야 한다.

① 개시를 받았을 때 이미 공지였던 것

② 개시를 받은 후 공지로 된 것으로, 공지로 된 것에 대해 라이선시에게 책임이 없는 것

③ 개시를 받았을 때 이미 라이선시가 소유하고 있었던 것일 것 및 직접적으로도 간접적으로도 라이선서로부터 입수한 것이 아닌 정보인 것을 적법하게 입증할 수 있는 것

④ 개시를 받은 후, 라이선시가 제3자로부터 입수하고, 게다가 이 제3자가 직접적으로도 간접적으로도 라이선서로부터 입수한 것이 아닌 정보라는 것을 적법하게 입증할 수 있는 것

그러나 노하우를 구성하는 요소의 일부 또는 상당 부분이 상기 각 제외사항에 해당한다고 해도 곧바로 허락된 노하우 전체가 제외되었다고 단정하는 것은 위험하다. 기술에 따라 다르지만, 노하우의 핵심이 최적 조건인 경우는 그 조건을 포괄하는 일반개념이 제외되었다고 하더라도, 이 최적조건 자체에 해당하지 않는 한 제외되었다고는 할 수 없다. 이 조항의 해석을 안이하게 생각하면 오해나 분쟁을 초래할지도 모르기 때문에 주의를 요한다.

다음으로, 제공된 정보가 실시화를 위해 유효하게 활용되도록 한정적 개시를 인정하는 조항을 둔다. 즉, "개시된 정보를 그 담당 임원과 종업원, 재실시권자, 엔지니어링 회사, 기기(機器)제작업자, 도급업자, 대리점, 배급업자에게 라이선스 제품의 제조, 배급, 판매 및 사용을 위해 필요한 한도에서 전달할 수 있다. 다만, 정보를 알게 된 사람들은 라이선서의 비밀유지의무에 상응하는 의무를 가진다." 이 조항은 경우에 따라서는 상기의 자에게 개시함에 있어서, 각 상대별로 개시내용, 인명을 지정하고 또한 상대방과의 계약내용을 검토할 수 있도록 정하는 방법도 있다. 하지만, 이들 규정이 지나치게 엄격하면 경우에 따라 생산, 판매 등의 영업활동에 지장을 초래할지도 모르기 때문에 계획 수행상의 폐해가 발생하지

않도록 적법한 배려가 행해져야 할 것이다.

더욱 중요한 것은, 비밀유지와 동시에 비밀정보를 계약범위 이외의 목적에 사용하는 것을 금지하는 것. 즉, 유용금지의 규정을 두고 있는 것이다. 이들의 규정에 대응하는 것으로서, 비밀정보란 무엇인지를 명확하게 정의해 둘 것이 요청 된다. 비밀정보가 라이선서 자신 또는 제3자에 의해 공개 또는 공지로 된 경우는 해당사항을 비밀정보로부터 제외하는 것도 필요하다. 종업원, 임원 등이 퇴직 후에도 비밀정보를 유지하고 이 정보를 활용할 수 있는 직장에 재취직하지 않는다고 하는 조항을 "Hold over clause"라고 한다. 물론, 이미 종업원이 다른 사용자의 아래에서도 취득할 수 있는 일반적 지식이나 기능을 퇴직 후 활용하지 못하도록 금지하는 것과 같은 계약은 허용되지 않지만, 고객 등과의 인적 관계, 제품제조상의 재료, 제법 등에 관한 기술적 비밀과 같은, 일반적 지식이나 기능과 다른 특수한 지식은 일종의 객관적 재산이며, 일정기간 영업금지 의무를 지게 하는 것은 적법 유효하다는 판결이 있다.[22] 이후 경쟁의 격화가 예상되는 첨단기술분야에서는 이런 종류의 규정을 둘 필요성이 증가될 것이다. 그러나 지나치게 부적당 또는 무제한적인 비밀유지 의무, 종업원의 경쟁금지뿐만 아니라 권리남용의 우려가 있기 때문에 주의해야 할 필요가 있다.

마지막으로 라이선서와 라이선시와의 사이에 개량기술의 쌍무적 개시의무가 있는 경우, 라이선서에 개시한 라이선시의 개량기술에 대해서는, 라이선서도 마찬가지의 비밀유지의무를 지는 규정을 마련해야 할 것이다. 이런 종류의 정보는 원래 라이선시에게 소유권이 있기 때문에 특허출원, 발표, 공개 등 그것을 처분하는 권리는 라이선시에게 속해야 할 것이다. 다만, 라이선시가 개시하는 것에 있어 비밀정보와의 관계를 말하지 않으면 안 되는 때에는 개시의 시기, 내용을 신중하게 선택할 필요가 있고 경우에 따라서는 라이선서의 동의가 필요하게 되는 경우도 고려해야 할 것이다.

한편, 퇴직시 경쟁관계에 있는 제3자에게 비밀을 유출하지 않도록 필요한 경우 비밀유지서약서를 작성할 필요가 있다. 국가정보원 산업기밀보호센터에서 제시하고 있는 비밀유지서약서를 소개하니 참고하길 바란다.[23]

22) 奈良地裁, 昭和45年10月23日判決.

〈예시 3〉 **퇴직시 비밀유지서약서**

영업비밀보호서약서

성 명
주민등록번호
주 소

본인은 귀사 퇴직 후 ○년간 아래의 귀사 영업비밀을 제3자에게 공개하거나 누설하지 아니하며, 창업이나 경쟁관계에 있는 회사 기타 제3자를 위하여 아래 사항을 누설하는 경우에는 부정경쟁방지 및 영업비밀보호에 관한 법률 제11조 및 제12조의 규정에 의한 손해배상 및 신용회복 조치, 같은 법 제18조의 규정에 의한 형사처벌을 받을 것을 엄숙히 서약하면서 영업비밀유지 서약서를 제출합니다.

아 래

1. 제품의 생산방법 등 기술비밀에 관한 사항
2. 상품의 판매방법 등 영업비밀에 관한 사항
3. 인사, 조직, 재무 등 관리비밀에 관한 사항
4. 연구, 개발 및 교육 · 훈련 등에 관한 비밀사항
5. 타사와의 제휴사업에 관한 비밀사항
6. 사업계획 및 연구 · 개발계획에 관한 비밀사항
7. 계열회사, 협력업체 등 관련회사와의 사업정보에 관한 비밀사항
8. 기타 영업비밀에 관한 사항

년 월 일

서약인 인
주식회사 귀중

23) http://service4.nis.go.kr/board?cmd=bo_list&curpage=2&menu=ADB00&cd_code=form&sch_word=&sch_type=&dt_from=&dt_to=.

4. 비밀유출시 분쟁해결

자신의 기술이 유출되어 분쟁이 발생하는 경우, 당사자간의 대화로 해결하는 것이 비밀로 유지한 기술이 사회에 공개되지 않기 때문에 가장 좋은 해결방법이라고 할 수 있다. 그러나 이러한 방법으로 해결하지 못하는 경우에는 금지청구, 손해배상, 비밀유지명령제도 활용 등 법률로 해결하는 방법과 소송 외적 분쟁해결(ADR)에 의한 해결방법이 있을 수 있다.

가. 경고장의 발송

영업비밀이 침해된 경우에 침해금지청구나 손해배상청구에 앞서 먼저 침해자에게 자신의 기술 등의 침해가 있는 것에 대해 경고장을 보내야 한다. 침해자에게 경고장을 보내는 경우에도 여러 가지 유형이 있겠지만 여기에서는 퇴직자에게 경고장을 보내는 경우와 경쟁기업에게 경고장을 보내는 것에 한하여 간단히 예를 들어 살펴본다.

〈예시 4〉 **퇴직자에 대한 경고장**[24)]

○○○ 귀하

귀하는, 당사 재직 시는 물론 퇴직 후에도 비밀을 유지하고 보호하기 위하여 1년간 경쟁기업에 취업 또는 창업하지 않겠다는 것을 서약하였습니다.

그럼에도 불구하고 귀하가 경쟁기업인 ○○사에 취업함에 따라 당사의 영업비밀이 침해되고 있어, 비밀유지계약을 이행하여 줄 것을 요청드리는 바입니다. 이것이 이행되지 않는다면 부득이하게 법적 조치를 취할 수밖에 없습니다. 이에 협조를 부탁드립니다.

이에 대하여 20　　년　　월　　일까지 회신하여 주시길 바랍니다.

20　　년　　월　　일

○○주식회사 대표 ○○○

24) JETRO, 「韓国進出のための知的財産経営マニュアル」, 2012, 142頁.

〈예시 5〉 경쟁기업에 대한 협력요청서[25)]

ㅇㅇ주식회사

대표 ㅇㅇㅇ 귀하

귀사의 무궁한 발전을 기원합니다.

귀사에 취업한 ㅇㅇㅇ (주민번호, 주소)은 저희 회사 재직중(~ 간) ㅇㅇㅇ 업무에 종사하면서 중심적 역할을 하였고 이와 관련하여 저희 회사의 영업비밀을 알고 있었기 때문에 영업비밀유지를 위하여 1년간 경쟁기업에 취업하지 않기로 서약한 자입니다.

그러나 귀사가 ㅇㅇㅇ를 채용함에 따라 우리회사의 영업비밀이 유출될 우려가 심각하게 제기되고 있습니다. 따라서 당사 퇴직자 ㅇㅇㅇ를 취업제한 기간 20 년 월 일까지는 귀사에 취업시키지 않을 것을 협력요청 드리는 바입니다.

또한 이러한 협력을 하지 않는 경우 「부정경쟁방지 및 영업비밀보호에 관한 법률」 제10조 등에 따라 법적 조치를 취할 수밖에 없는 경우가 발생할 수 있습니다. 따라서 귀사의 의사를 20 년 월 일까지 회신하여 주시길 바랍니다.

20 년 월 일

ㅇㅇ주식회사 대표 ㅇㅇㅇ

나. 침해금지청구 및 손해배상청구

영업비밀의 보유자는 영업비밀 침해행위를 하거나 하려는 자에 대하여 그 행위에 의하여 영업상의 이익이 침해되거나 침해될 우려가 있는 경우에는 법원에 그 행위의 금지 또는 예방을 청구할 수 있다.[26)] 즉, 현실로 행해지고 있는 영업비밀 침해행위에 의해 영업상의 이익이 침해되고 있는 경우에는 금지를, 장래의 영업비밀 침해행위에 의해 영업상의 이익이 침해될 우려가 있는 경우에는 예방을 청구할 수 있다.

나아가 금지 및 예방청구에 부수하여 침해행위를 조성한 물건의 폐기, 침해행위에 제공된 설비의 제거, 그 밖에 침해행위의 금지 또는 예방을 위하여 필요한

25) JETRO, 前揭書, 143頁 재구성.

26) 부정경쟁방지 및 영업비밀보호에 관한 법률 제10조 제1항.

조치를 함께 청구할 수 있다.[27] 이는 침해행위로 야기된 물건 · 설비의 폐기 · 제거를 통해 장래의 침해재발을 막아 금지청구의 실효를 거두기 위해 인정되는 것이다. 본청구권은 단독으로 독립하여 행사할 수 없고 반드시 침해금지 또는 예방청구에 수반해서 하여야 하는 부대(附帶)청구권이다. 폐기의 대상이 되는 "침해행위를 조성한 물건"은 도면, 설계도, 고객리스트 등 영업비밀이 화체된 매체, 영업비밀에 관련된 것을 제작하기 위한 재료 등을 의미하며, 제거의 대상으로 규정된 "침해행위에 제공된 설비"는 영업비밀을 사용하기 위한 기계, 생산설비 등을 말한다.

고의 또는 과실에 의한 영업비밀 침해행위로 영업비밀 보유자의 영업상 이익을 침해하여 손해를 입힌 자는 그 손해를 배상할 책임을 진다.[28] 영업비밀은 손해액의 산정이 쉽지 않기 때문에 손해액의 추정규정을 두고 있다.[29] 또한 법원은 고의 또는 과실에 의한 영업비밀 침해행위로 영업비밀 보유자의 영업상의 신용을 실추시킨 자에게는 영업비밀 보유자의 청구에 의하여 손해배상을 갈음하거나 손해배상과 함께 영업상의 신용을 회복하는 데에 필요한 조치, 즉, 신용회복조치를 명할 수 있다.[30]

한편, 거래에 의하여 영업비밀을 정당하게 취득한 자가 그 거래에 의하여 허용된 범위에서 그 영업비밀을 사용하거나 공개하는 행위에 대하여는 침해금지청구, 손해배상청구, 신용회복조치를 할 수 없다. 여기에서 "영업비밀을 정당하게 취득한 자"란 영업비밀을 취득할 당시에 그 영업비밀이 부정하게 공개된 사실 또는 영업비밀의 부정취득행위나 부정공개행위가 개입된 사실을 중대한 과실 없이 알지 못하고 그 영업비밀을 취득한 자를 말한다.[31]

---

27) 부정경쟁방지 및 영업비밀보호에 관한 법률 제10조 제2항.
28) 부정경쟁방지 및 영업비밀보호에 관한 법률 제11조.
29) 부정경쟁방지 및 영업비밀보호에 관한 법률 제14조의2.
30) 부정경쟁방지 및 영업비밀보호에 관한 법률 제12조.
31) 부정경쟁방지 및 영업비밀보호에 관한 법률 제14조.

다. 법률에 의한 비밀유지명령제도의 활용

(1) 도입 배경

영업비밀에 관련한 소송에서는 소송에 제출된 증거에 영업비밀이 포함되는 경우가 있다. 즉 영업비밀 관련 소송을 비롯하여 여러 형태의 소송에서, 침해를 주장하는 과정에서 제출하고자 한 준비서면이나 증거의 내용에 영업비밀이 포함되는 경우가 있는데, 이 경우 당해 영업비밀을 보유한 당사자는 상대방 당사자에 의하여 이를 소송 수행 목적 이외의 목적에서 사용되거나 제3자에게 공개되는 것으로 인하여 사업 활동에 지장이 발생할 우려가 있다. 이러한 우려에서 당해 영업비밀을 소송에서 표현하는 것을 주저하여, 충분한 주장입증을 다할 수 없는 사태가 발생할 수 있다. 이러한 경우, 증거에 포함된 영업비밀의 누설을 방지하기 위한 방법으로는 민사소송법 제163조의 비밀보호를 위한 열람 제한 절차나 영업비밀보호법에 의한 금지청구 · 손해배상청구 등이 존재한다. 그러나 이러한 절차로는 충분하지 않아, 영업비밀이라도 증거로서 제출하도록 하는 가운데, 당해 영업비밀을 보호하는 제도가 필요하다는 지적이 이루어졌다. 이에 따라 한미 FTA 협정 제18.10조 11.(나)에서는 "소송절차에서 생성되거나 교환된 비밀정보의 보호에 관한 사법명령의 위반에 대하여, 민사 사법절차의 당사자, 변호인, 전문가 또는 법원의 관할권이 미치는 그 밖의 인에게 제재를 부과할 수 있는 권한"에 관한 규정을 두고 있어서 소송 과정에서 언급된 비밀정보를 위반한 자에 대한 법원의 제재 권한을 부여하고 있으며, 2011년 특허법, 실용신안법, 디자인보호법, 상표법, 부정경쟁방지법 등의 개정을 통하여 '비밀유지명령' 제도를 도입하였다.[32)]

(2) 비밀유지명령에 의한 금지행위

특허권, 실용신안권, 디자인권, 상표권 또는 전용실시(사용)권의 침해에 관한 소송에 있어서 그 당사자가 보유한 영업비밀에 대하여 당사자의 신청에 따라 결정으로 ① 당해 영업비밀을 당해 소송의 수행 목적 이외의 목적으로 사용하는

32) 윤선희, 「지적재산권법(제13정판)」, 세창출판사, 2012, 578면.

것, ② 당해 영업비밀에 관련하여 비밀유지 명령을 받은 자 이외의 자에게 공개하는 것을 금지할 수 있다.[33] 비밀유지명령에 의하여 금지되는 행위는 그 영업비밀을 ① 해당 소송의 계속적인 수행 외의 목적으로 사용하거나 ② 비밀유지명령을 받은 자 외의 자에게 영업비밀을 공개하는 행위이다.

따라서 해당 소송수행목적에서의 영업비밀 사용 행위는 비밀유지명령대상에서 제외된다. 소송당사자의 방어권을 확보하기 위하여는 이러한 사용을 인정할 필요가 있으며, 소송 절차 중에서 영업비밀을 보호하는 제도가 정비되어 있고, 소송수행목적을 위한 사용에 의하여 영업비밀이 공지가 될 가능성은 극히 낮은 것에 따른 판단이다. 한편 소송수행목적에서 당해 영업비밀을 사용하는 행위는 허용되나, 이를 비밀유지명령을 받은 자 이외의 자에게 공개하는 행위는 비밀유지명령의 대상이고, 이는 금지된다. 이는 소송수행의 목적에서도 당해 영업비밀이 공개되게 되면 영업비밀의 요건의 하나인 공지성이 결여되게 되고, 그 가치가 현저히 훼손되기 때문이다.[34]

(3) 비밀유지명령의 취소

비밀유지명령 신청자 또는 비밀유지명령을 받은 자는 소송기록이 존재하는 법원에 신청하여 비밀유지명령을 취소할 수 있다. 취소 사유로는 ① 준비서면의 기재 또는 증거에 영업비밀이 포함되어 있는 것, ② 당해 영업비밀이 당해 소송의 수행 목적 이외의 목적으로 사용 또는 공개되는 것으로, 당해 영업비밀에 근거한 사업활동에 지장이 생길 우려가 있고, 이를 방지하기 위하여 당해 영업비밀의 사용 또는 공개를 제한할 필요가 있는 것이라는 명령 요건을 갖추지 못하였거나 갖추지 못하게 된 경우이다. 구체적으로는 증거에 포함되어 있는 영업비밀의 내용이 바로 특허출원되고, 그 후 공개되게 되어 영업비밀로서의 요건을 충족하지 않게 된 경우 등을 들 수 있다.[35][36]

---

33) 특허법 제224조의3, 실용신안법 제44조, 디자인보호법 제81조의2, 상표법 제92조의7, 부정경쟁방지법 제14조의4.

34) 윤선희, 앞의 책, 578면.

35) 특허법 제224조의4, 실용신안법 제44조, 디자인보호법 제81조의3, 상표법 제92조의8, 부정경쟁방지법 제14조의5.

36) 윤선희, 앞의 책, 579면.

(4) 소송기록열람청구의 통지

또한, 소송기록에서 영업비밀이 누설되는 것을 방지하기 위하여 민사소송법 제163조에서는 제3자의 열람 등을 제한하고 있으나, 이는 당사자에 의한 열람 등을 금지하지 않는다. 예컨대 법인이 당사자등인 경우, 비밀유지명령을 받지 않은 종업원등이 법인으로부터 위임을 받아 사실상 자유롭게 소송기록의 열람 등의 열람 청구절차를 통하여 영업비밀을 알게 될 가능성이 있다.

따라서 비밀유지명령이 내려진 소송에 관한 소송기록에 대하여는 민사소송법 제163조 제1항의 비밀보호를 위한 열람 등의 제한 결정이 내려진 경우에서, 당사자로부터 민사소송법 제163조 제1항의 비밀기재부분의 열람 등의 청구가 있고, 그 청구 절차를 한 자가 비밀유지명령을 받은 자가 아닌 때는 법원서기관은 민사소송법 비밀보호를 위한 열람 등의 제한 신청을 한 당사자에 대하여 그 청구 직후에 그 열람 등의 청구가 있었다는 사실을 알려야 한다. 이에 의하여 통지를 받은 당사자는 청구절차를 밟은 자에 대하여 비밀유지명령을 신청할 수 있다. 따라서 비밀유지명령을 받기 위하여 필요한 기간은 그 절차를 한 자의 열람 등은 제한된다. 다만 당사자 모두가 동의한 때에는 이 규정은 적용되지 않는다.[37)38)]

(5) 벌 칙

국내외에서 정당한 사유 없이 비밀유지명령을 위반한 자는 5년 이하의 징역 또는 5천만원 이하의 벌금에 처한다. 이는 비밀유지명령을 신청한 자의 고소가 없으면 공소를 제기할 수 없는 친고죄이다.[39)]

라. 비밀유지 관련 분쟁 해결을 위한 중재 · 조정 등의 활성화

일단 비밀유지 관련 의무를 지키지 않아 상대방에게 피해가 발생한 경우 이를 해결할 수 있는 방안으로는 소송 등을 생각할 수 있다. 그러나 영업비밀의 누설 또는 침해에 대한 손해배상액의 산정이 어렵고, 특히 소송을 통한 구제절차에 시

37) 특허법 제224조의5, 실용신안법 제44조, 디자인보호법 제81조의4, 상표법 제92조의9, 부정경쟁방지법 제14조의6.
38) 윤선희, 앞의 책, 579면.
39) 특허법 제229조의2, 실용신안법 제49조의2, 디자인보호법 제85조의2, 상표법 제96조의2, 부정경쟁방지법 제18조의4.

간이 많이 걸린다는 문제가 있다. 이뿐만 아니라 우리나라의 소송절차는 공개주의를 원칙(헌법 제109조)으로 하고 있기 때문에 비밀성을 그 생명으로 하는 영업비밀의 경우 그 분쟁을 재판을 통하여 보호받으려다간 오히려 재판과정이 공개됨으로써 그 비밀성이 노출될 위험성이 있다. 영업비밀뿐만 아니라 지적재산 관련 분쟁에 있어서는 당사자들이 그 공개를 꺼리는 여러 기술적 사항이 포함되어 있는 경우가 비일비재하며, 이러한 요소가 없는 경우라 할지라도 분쟁 사실 자체가 기업 이미지와 연결되는 상황에서 법원에 의한 공개재판은 분쟁의 해결 자체를 포기하는 결과를 낳을 수 있다.[40)]

따라서 소송 이외의 분쟁해결 수단인 중재 또는 조정 등을 통한 분쟁해결을 할 수 있도록 관련 조항을 계약서에 미리 마련하는 방안을 검토할 필요가 있다. 소송 이외의 분쟁해결 방법으로는 화해, 알선, 조정, 중재 등이 있는데 이와 같이 소송에 갈음하는 분쟁해결방법을 "대체적 분쟁해결" 또는 "대안적 분쟁해결"(ADR: Alternative Dispute Resolution)이라고 한다. ADR은 전통적인 재판규범에 의한 분쟁해결에는 한계가 있다는 비판에서 전개된 제도로서, 법원의 부담 경감, 효율적인 권리구제 도모와 양 당사자의 필요에 맞는 분쟁 해결을 도모해 자율적인 규범 형성을 위한 제도이다. 특히 지적재산권 분야의 경우 관련 분야의 특수성으로 그에 해당하는 전문적 배경지식을 요구하는 경우가 많아 ADR 제도를 이용할 경우 효과적인 합의를 도출할 수 있다. 또한 비공개로 진행되므로 비밀유지에 용이하며, 일정한 형식을 가진 재판에 비해 유연성과 신속성을 갖추고 있다. 이외에도 소송에 의한 해결보다 비용이 더 저렴하다는 것도 장점이다.[41)]

중재(Arbitration)는 일정한 법률관계에 관한 현재 또는 장래에 발생할 가능성이 있는 분쟁처리를 법원의 재판에 의하여 해결하지 않고, 분쟁의 당사자가 선정한 제3자인 중재인(arbitrator)에 의해 내려지는 판정에 따라 분쟁을 최종적으로 처리하는 절차를 말한다.[42)]

---

40) 윤선희, "ADR에서의 지적재산권분쟁 – 중재 · 조정 중심으로–", 「중재연구(제13권 제1호)」, 한국중재학회, 2003, 125면 참조.

41) 조용순, "문화콘텐츠 분야에서의 대체적 분쟁해결에 대한 소고", 「지적재산&정보법 연구(제1권 제1호)」, 한양대학교 지적재산정보법 센터, 2009, 123~124면 참조.

42) 중재법 제3조 (정의) 이 법에서 사용하는 용어의 정의는 다음과 같다.

1. "중재"라 함은 당사자간의 합의로 사법상의 분쟁을 법원의 재판에 의하지 아니하고 중재인의 판정에 의하

중재는 중재인의 판정에 절대 복종하여야 하며, 그 결과는 법원의 확정판결과 동일한 법적 구속력을 받는 것이므로 당사자 간에 이미 발생하였거나 장래 발생할 수 있는 분쟁의 전부 또는 일부를 중재에 의하여 해결하도록 하는 당사자 간의 합의중재절차에 따를 것을 약속하는 중재합의(중재법 제3조제2호)[43]가 없는 경우에는 불가능하다. 즉 개인이 자기의 법률관계를 자유로운 의사에 근거하여 형성할 수 있는 계약자유의 원칙에 입각한 분쟁해결제도로서 국가권력에 기초를 두는 법원처럼 법률에 의한 판단에만 의하는 것이 아니라, '거래관행'이나 '형평과 선(ex aequo et bono)' 등이란 보편적 가치가 판단의 기준이 된다.

중재절차는 중재 합의에 따라 자유로이 선택될 수 있다. 즉 분쟁 당사자들은 일정한 법률관계에 관한 현재 또는 장래에 발생할 가능성이 있는 분쟁처리를 기존에 제도적으로 정비된 중재절차에 의할 것인지 아니면 사건마다 개별적인 절차규칙을 정할 수 있다. 이러한 점에서 중재는 기존의 중재기관을 이용하는 '제도중재'와 개별 사안에 따라 당사자의 합의에 의해 이용되는 '임시중재(ad hoc[44] 중재)'로 나눌 수 있다. 특히 '임시중재'에서는 설치될 때마다 중재인의 선임방법, 적용하여야 할 법률 등을 정하게 되는 특징을 갖는다.[45] 중재판정은 당사자간에 있어서 법원의 확정판결과 동일한 효력이 있으며,[46] 이 판정에 대한 통상적인 불복절차는 존재하지 않는다. 즉 중재판정에 대한 상소가 없으며, 법원에의 항소도 허용되지 않는다. 다만 중재판정에 중재법이 정하고 있는 판정취소의 사유가 존재하는 경우에는 특별 불복절차로서 법원에 판정취소의 소를 제기할 수 있다.[47]

여 해결하는 절차를 말한다.

43) 중재법 제8조 (중재합의의 방식) ① 중재합의는 독립된 합의 또는 계약중 중재조항의 형식으로 할 수 있다.
② 중재합의는 서면으로 하여야 한다.
③ 다음 각호의 1에 해당하는 경우에는 이를 서면에 의한 중재합의로 본다.
1. 당사자들이 서명한 문서에 중재합의가 포함되어 있는 경우
2. 서신 · 전보 · 전신 및 모사전송 기타 통신수단에 의하여 교환된 문서에 중재합의가 포함되어 있는 경우
3. 일방 당사자가 당사자간에 교환된 문서의 내용에 중재합의가 있는 것을 주장하고 상대방 당사자가 이를 다투지 아니하는 경우
④ 계약이 중재조항을 포함한 문서를 인용하고 있는 경우에는 중재합의가 있는 것으로 본다. 다만, 그 계약이 서면으로 작성되고 중재조항을 그 계약의 일부로 하고 있는 경우에 한한다.

44) "ad hoc"는 "특별한 목적의" 또는 "임시방편의" 라는 뜻을 가진 라틴 어이다(柴田光蔵, 『法律ラテン語辭典』, 日本評論社, 1985, 14頁 참조).

45) 윤선희, 앞의 논문, 40면.

46) 중재법 제35조 (중재판정의 효력) 중재판정은 당사자간에 있어서 법원의 확정판결과 동일한 효력을 가진다.

조정(Mediation)은 제3자인 조정인이 독자적으로 분쟁해결을 위한 조정안을 마련하여 당사자들의 합의를 권고하는 방식의 분쟁해결 방식이다. 현재 조정제도는 법원에 의한 조정과 각종 행정부 산하기관에 설치된 각종 조정위원회에 의한 조정이 있다.[48] 법원에 의한 조정은 민사조정법에 의한 민사조정과 가사소송법에 의한 가사조정이 있다. 행정부 산하기관의 각종위원회에 의한 조정 중 산업재산권과 관련된 것으로 대표적인 것이 산업재산권분쟁조정위원회에 의한 조정이다.[49]

조정은 분쟁당사자들이 지속적인 관계를 유지하면서 미래관계의 우호적인 해결을 추구하는 경우에 선호되는 것으로, 반드시 금전적 보상만을 추구하지 않는 경우에 적합한 분쟁 해결방법이다. 이는 사업상의 특징과 이해관계를 잘 알고 있는 제3자의 개입을 전제로 당사자간에 합의가 이루어지는 분쟁 해결제도이다. 조정은 당사자간에 발생하는 분쟁에 대해 중립적 제3자 즉, 조정인에게 문제의 해결을 의뢰하는 점에서 중재와 유사하나, 일방이 조정을 신청하더라도 상대방이 이에 응하지 않거나, 합의안을 당사자 중 일방이 거부하면 조정에 의한 해결

47) 중재법 제36조 (중재판정취소의 소) ① 중재판정에 대한 불복은 법원에 중재판정 취소의 소를 제기하는 방법으로만 할 수 있다.

② 법원은 다음 각 호의 어느 하나에 해당하는 경우에만 중재판정을 취소할 수 있다.

1. 중재판정의 취소를 구하는 당사자가 다음 각 목의 어느 하나에 해당하는 사실을 증명하는 경우

가. 중재합의의 당사자가 해당 준거법(準據法)에 따라 중재합의 당시 무능력자였던 사실 또는 중재합의가 당사자들이 지정한 법에 따라 무효이거나 그러한 지정이 없는 경우에는 대한민국의 법에 따라 무효인 사실

나. 중재판정의 취소를 구하는 당사자가 중재인의 선정 또는 중재절차에 관하여 적절한 통지를 받지 못하였거나 그 밖의 사유로 본안에 관한 변론을 할 수 없었던 사실

다. 중재판정이 중재합의의 대상이 아닌 분쟁을 다룬 사실 또는 중재판정이 중재합의의 범위를 벗어난 사항을 다룬 사실. 다만, 중재판정이 중재합의의 대상에 관한 부분과 대상이 아닌 부분으로 분리될 수 있는 경우에는 대상이 아닌 중재판정 부분만을 취소할 수 있다.

라. 중재판정부의 구성 또는 중재절차가 이 법의 강행규정에 반하지 아니하는 당사자 간의 합의에 따르지 아니하였거나 그러한 합의가 없는 경우에는 이 법에 따르지 아니하였다는 사실

2. 법원이 직권으로 다음 각 목의 어느 하나에 해당하는 사유가 있다고 인정하는 경우

가. 중재판정의 대상이 된 분쟁이 대한민국의 법에 따라 중재로 해결될 수 없는 경우

나. 중재판정의 승인 또는 집행이 대한민국의 선량한 풍속이나 그 밖의 사회질서에 위배되는 경우

③ 중재판정 취소의 소는 중재판정의 취소를 구하는 당사자가 중재판정의 정본을 받은 날부터 또는 제34조에 따른 정정 · 해석 또는 추가 판정의 정본을 받은 날부터 3개월 이내에 제기하여야 한다.

④ 해당 중재판정에 관하여 대한민국의 법원에서 내려진 승인 또는 집행판결이 확정된 후에는 중재판정 취소의 소를 제기할 수 없다.

48) 양병회, “우리나라 ADR의 현황과 과제”, 「디지털재산법연구(제5권제1호)」, 디지털재산법학회, 2006, 286면 참조.

49) 발명진흥법 제41조부터 제49조의2 참조.

은 효력이 없다는 점에서 중재와 구별된다. 한편, 제3자의 중개가 필수적이라는 점에서는 중개를 요하지 않는 화해와는 차이가 있다.[50)]

조정제도와 비교할 때 중재제도는 소송과 마찬가지로 법적 권리 · 의무를 고려하여 분쟁을 해결하고자 하는 경우에 유용하다. 즉 조정은 엄격한 법적 권리 · 의무보다는 사업상의 이해관계에 바탕을 둔 분쟁해결방법으로 미래지향적 해결방안이라고 평가할 수 있는데 반하여, 중재는 과거사실의 객관적 기준에 의하여 결과를 내리는 과거지향적인 것이라 평가할 수 있다. 따라서 분쟁 당사자들이 사업관계의 계속성과 지속성을 원할 경우에는 조정이 선호되는 분쟁해결방안이 되지만, 당사자들이 선택한 제3자에 의한 한 번의 절차로 당사자간의 우호적 해결과 최종 해결을 원할 경우나 상대방이 지속적이고 반복적으로 분쟁을 일으켜 더 이상 거래를 하지 않으려는 경우에는 중재 제도를 이용하게 된다.[51)]

5. 윤리의식 제고

최근에 기술유출에 대한 관심이 뜨겁지만 이미 미국이나 유럽 선진국들은 50여 년 전부터 기술유출 및 기술자의 윤리의식에 대해서도 그 중요성을 지적한 바 있다. Fortune 지는 1964년 7월호에 듀퐁(du Pont)과 아메리카 포타쉬(American Potash) 사건과 관련하여 "당신의 머릿속에 있는 것은 누구의 소유물인가?"라는 제목으로 기사를 썼다. 그 기사에서는 다음과 같이 기술하고 있다. "기술의 정밀 · 고도화는 보호해야 할 비밀의 증가를 의미한다. 과학자와 엔지니어의 직장이동의 증가는 머릿속의 비밀을 가지고 있는 직원의 경업자에게로 이직 증가를 의미한다. 영업비밀을 아는 직원이 직장을 바꾸는 경우에는 옛 고용자와 새로운 고용자 모두가 위험에 노출된다."[52)]

우리나라도 기술자의 기업에서 기업으로의 이동은 적지 않으며, 이 경우에는 기업의 기술정보의 비밀이 다른 경업자에게 유출될 위험이 적지 않음을 의미한

50) 이시윤, 「민사소송법」, 박영사, 1999, 22면.
51) 신군재 · 김병배, "무역분쟁해결을 위한 각 ADR 방법들의 유용성에 관한 고찰", 국제상학(제18권 3호), 2003. 9, 200면.
52) William Brown, "Who Owns What's in Your Head?", *Fortune*, July 1964, p. 175.

다. 기술자에 의한 기업의 기술정보 유출방지는 기업뿐만 아니라 기술자 자신의 관심사이기도 하다. 이와 관련하여 「기술의 이전 및 사업화 촉진에 관한 법률」 제38조에서는 "기술이전 · 사업화 촉진에 참여한 자는 기술이전 · 사업화 촉진에 참여하면서 알게 된 공공연구기관 및 기업의 비밀을 누설하여서는 아니 된다"라고 규정하고 있다.

미국의 화학엔지니어협회(American Institute of Chemical Engineers)의 윤리기준(Code of Ethics) 제9조에는 화학엔지니어의 행동제한에 대하여 다음과 같이 규정하고 있다고 한다.[53)]

① 화학 엔지니어가 일반지식으로 되어 있지 않거나 공용의 재산이 아닌 정보로서 의뢰인 또는 고용자로부터 취득한 것을 사용하는 도면, 디자인 또는 기타의 기록의 형태를 가지고 있는 것은 엔지니어의 재산이 아니라 그 의뢰인 또는 고용자의 재산이다.

② 화학 엔지니어가 의뢰인으로부터 제공된 디자인으로 장치를 만드는 데 참여하는 경우에는 그 디자인은 의뢰인의 재산이며, 엔지니어는 명시적인 허락없이 타인을 위하여 이를 복제해서는 안 된다.

③ 화학 엔지니어가 의뢰자 또는 고용자로부터 취득한 화학엔지니어링의 데이터, 정보 또는 이로부터 만들어 내는 데이터 또는 정보는 비밀로 간주되어야 한다. 엔지니어가 본인의 전문직업적 경험의 일부분으로서 자기의 직업에 이러한 데이터 또는 정보를 사용하는 것은 정당하지만, 명시적인 허락없이 이를 공표하는 것은 부당하다.

④ 컨설턴트 이외의 사용인이 작성하고, 또한 그 고용자의 사업에 관한 디자인, 데이터, 기록 및 노트는 그 고용자의 재산으로 간주하지 않으면 안 된다.

이러한 기술자의 도덕기준에도 불구하고 그 도덕기준이 제대로 지켜지기는 어려운 것이 현실이다. 따라서 노하우 · 영업비밀의 보호를 위한 법제도 정비, 각국의 영업비밀 보호를 위한 법제도 체크, 관련 계약서에 영업비밀 보호조항 마련, 분쟁해결 수단 강구 등도 중요하지만 기술자 등의 윤리의식도 매우 중요하다

53) 土井揮生, 『ノウ · ハウ −技術開発と海外企業進出の法律問題−(第4版)』, 社団法人 商事法務研究会, 1969, 212~214頁.

고 할 것이다. 대부분의 기술유출은 사람과 관계된 것이기 때문이다. 따라서 관련 회사 등에서는 윤리지침의 제정 및 윤리교육, 관련 법제도 교육 등도 정기적으로 실시하여 윤리준수의 중요성과 이의 위반시 법적 제재 등에 대한 내용을 숙지할 수 있도록 하여 기술유출을 사전에 막을 수 있도록 해야 할 것이다.

한편, 「공공연구기관의 기술이전에 관한 지침」 제2장에 "기술이전윤리"라는 표제로 관련 내용이 규정되어 있다. 이 지침은 공공연구기관에 대하여 적용되지만 그 내용을 참고할 만하다. 주요내용은 다음과 같다.

첫째, 기술이전관련자는 기술이전협상 및 계약체결 등 기술이전과정에서 금품, 향응 등을 기술도입자에게 요구하거나 받아서는 아니 된다(제4조).

둘째, 기술이전관련자는 기술이전협상 및 계약체결 등 기술이전과정에서 자기 또는 타인의 위법 · 부당한 이익을 도모하기 위하여 알선 · 청탁 · 지시 등의 행위를 하여서는 아니 된다(제5조).

셋째, 기술이전관련자는 기술이전협상 및 계약체결 등 기술이전과정에서 혈연 · 지연 · 학연 등을 이유로 특정인에게 특혜를 주거나 받도록 하여서는 아니 된다(제6조).

넷째, 기술이전관련자는 기술이전협상 및 계약 등 기술이전과정에서 기술도입자와 관련된 영업 등에 관한 비밀정보를 취득한 경우, 이를 제3자에게 누설하거나 제공하여서는 아니 된다(제7조).

다섯째, 공공연구기관의 장은 기술이전관련자에 대해서 연1회 이상 기술이전에 관한 윤리교육을 실시하여야 한다(제8조).

여섯째, 공공연구기관의 장은 제4조 내지 제7조를 위반한 사실을 적발한 경우 관계 법령 및 규정 등에 따른 적절한 조치를 취하고 그 결과를 관계 중앙행정기관에게 보고하여야 한다(지침 제9조).

제3장

우리나라 및 주요국의 기술이전 관련 법률

제1절 우리나라
제2절 미 국
제3절 일 본
제4절 중 국

제1절 우리나라

1. 지식재산기본법

발명, 상표, 도서 · 음반, 게임물, 반도체 설계, 식물의 품종 등 여러 개별 법률에 근거를 두고 있는 지식재산에 관한 정책이 통일되고 일관된 원칙에 따라 추진될 수 있도록 하기 위하여 법률 제10629호로 「지식재산기본법」이 2011년 5월 19일 제정되어 2011년 7월 20일부터 시행되었다. 이 법은 정부의 지식재산 관련 정책의 기본 원칙과 주요 정책 방향을 법률에서 직접 제시하는 한편, 정부 차원의 국가지식재산 기본계획을 수립하고 관련 정책을 심의 · 조정하기 위하여 국가지식재산위원회를 설치하는 등 추진 체계를 마련함으로써, 우리 사회에서 지식재산의 가치가 최대한 발휘될 수 있는 사회적 여건과 제도적 기반을 조성하려는 것을 골자로 한다. 기술이전과 관련하여서는 지식재산의 이전, 거래, 사업화 등 활용의 촉진, 지식재산서비스산업의 육성, 지식재산의 가치 평가 체계 확립과 관련된 내용이 규정되어 있다.

정부는 지식재산의 이전, 거래, 사업화 등 지식재산의 활용을 촉진하기 위하여 ① 지식재산을 활용한 창업 활성화 방안, ② 지식재산의 수요자와 공급자 간의 연계 활성화 방안, ③ 지식재산의 발굴, 수집, 융합, 추가 개발, 권리화 등 지식재산의 가치 증대 및 그에 필요한 자본 조성 방안, ④ 지식재산의 유동화(流動化) 촉진을 위한 제도 정비 방안, ⑤ 지식재산에 대한 투자, 융자, 신탁, 보증, 보험 등의 활성화 방안, ⑥ 그 밖에 지식재산 활용 촉진을 위하여 필요한 사항을 포함하는 시책을 마련하여 추진하여야 한다(제25조 제1항).

또한 정부는 지식재산 관련 정보의 분석 · 제공, 지식재산의 평가 · 거래 · 관리, 지식재산 경영전략의 수립 · 자문 등 지식재산에 관련된 서비스 산업을 육성하도록 하였으며, 이에 대하여 창업 지원, 인력 양성, 정보 제공 등 필요한 지원을 할 수 있도록 하였다(제26조). 그리고 정부는 지식재산에 대한 객관적인 가치평가를 촉진하기 위하여 지식재산 가치의 평가 기법 및 평가 체계를 확립하도록 하였다(제27조).

2. 과학기술기본법

가. 주요내용

과학기술기본법은 과학기술발전을 위한 기반을 조성하여 과학기술을 혁신하고 국가경쟁력을 강화함으로써 국민경제의 발전을 도모하며 나아가 국민의 삶의 질을 높이고 인류사회의 발전에 이바지하기 위하여 2001년 제정되었다.

정부는 과학기술정책을 우선적으로 고려하여 과학기술이 국가 발전의 중추적인 역할을 할 수 있도록 하고, 기업 · 대학 · 연구기관 등이 과학기술의 혁신과 관련된 활동을 적극 수행하기 위한 국가과학기술혁신체제를 구축하도록 하고 있다(제5조 및 제6조). 정부는 이 법의 목적을 효율적으로 달성하기 위하여 과학기술발전에 관한 중 · 장기 정책목표와 방향을 설정하고, 이에 따른 과학기술기본계획을 5년마다 세우고 추진하여야 하며, 여기에는 "연구 성과의 확산, 기술이전 및 실용화 촉진"이 포함된다(제7조).

나. 국가연구개발사업의 관리 등에 관한 규정

「국가연구개발사업의 관리 등에 관한 규정」은 「과학기술기본법」에 따른 국가연구개발사업의 기획 · 관리 · 평가 및 활용 등에 필요한 사항을 규정함을 목적으로 한다. 이 규정은 중앙행정기관별로 서로 다르게 운용되고 있는 국가연구개발사업이 효율적으로 이루어질 수 있도록 국가연구개발사업 추진시에 공통적으로 적용할 수 있는 기본원칙과 기준을 마련하기 위하여 2002년 제정되었다. 주요내용은 다음과 같다.

첫째, 중앙행정기관의 장은 국가연구개발사업을 추진하기 전에 동 사업의 타당성을 검토하기 위하여 사전조사 또는 기획연구를 수행하도록 하고, 연구의 효율성을 높이기 위하여 국내외 연계협력을 강화하도록 하였다(제3조). 둘째, 중앙행정기관의 장이 연구개발과제를 선정하는 때에는 객관성 · 전문성 및 공정성을 유지하도록 하였다(제5조). 셋째, 중앙행정기관의 장이 주관연구기관의 장과 국가연구개발과제에 대하여 협약을 체결하는 경우 협약에 포함될 사항과 협약의 변경 및 해약에 관한 기본원칙을 정하도록 하였다(제7조 내지 제9조). 넷째, 중앙행정기관의 장이 지급하는 연구개발비의 비목, 계상기준 등 연구개발비의 지급 및 관리에 관한 사항을 정하도록 하였다(제10조, 별표 1 및 별표 2). 다섯째, 중앙행정기관의 장은 대외적으로 보호할 가치가 있는 연구결과에 대한 지원방안을 강구하고, 중요 연구개발결과의 무단유출 방지에 필요한 보안관리대책을 수립·시행하도록 하였다(제16조). 기술실시계약 체결에 필요한 기술료의 징수와 감면에 관한 사항을 정하고, 징수된 기술료의 사용용도를 정하도록 하였다(제18조 및 제19조). 중앙행정기관의 장은 국가연구개발사업에 참여한 자가 협약의 내용을 위반한 경우 국가연구개발사업에의 참여를 제한할 수 있도록 위반사항에 대한 제재기준을 정하도록 하였다(제20조).

2012년 개정에서는 연구개발비 중 인건비 증액에 제한이 없도록 하면서 인건비와 연계되는 연구수당은 증액을 하지 못하도록 하여 인건비 운영의 자율성과 투명성을 제고하고, 중앙행정기관마다 기술료 징수 기준을 달리하고 있음에 따른 혼란을 해소하기 위하여 기술료 징수 기준을 마련하는 한편, 중소기업의 연구 활성화를 위하여 중소기업과 비영리기관의 공동기술개발 과제 중 별도로 정하는 과제는 연구개발과제 수를 제한하지 않도록 하는 등의 개정이 있었다. 주요 개정 내용은 다음과 같다. 첫째, 연구개발비 사용 및 관리 기준을 정비하였다(제12조, 별표 2 및 별표 2의2, 제12조의2). 둘째, 영리법인에 대한 기술료 징수기준 정비하였다(제22조·제23조). 셋째, 연구개발비의 용도 외 사용에 따른 참여제한 기준 정비 및 사업비 환수기준을 마련하였다(제27조 및 별표 5). 넷째, 대학·출연연구기관 등 비영리법인의 연구자가 중소기업과 함께 국가과학기술위원회가 금액 등을 별도로 정하는 기술개발과제를 수행하는 경우에는 연구개발과제 수를 제한하지 않도록 하는 등 중소기업이 참여하는 연구개발사업에 대한 지원을 강화하였다(제32조). 다섯째, 기초연구개발사업과 관련하여 다년도 협약을 체결한 경우에는 다음 연도로 이월하여 사용할 수 있도록 하고, 실패한 사업으로 결정된 경우라도 연구개발을 성실하게 수행한 사실이 인정된 경우에는 참여제한, 사업비 환수 등을 면제할 수 있도록 하는 등 기초연구개발사업 수행에 대한 특례를 마련하였다(제33조의2).

3. 기술의 이전 및 사업화 촉진에 관한 법률

가. 주요내용

2000년 1월 28일 제정된 「기술이전촉진법」은 2006년 12월 28일 전부개정됨에 따라 법 명칭이 「기술의 이전 및 사업화 촉진에 관한 법률」로 바뀌었다. 이 법의 목적은 공공연구기관에서 개발된 기술이 민간부문으로 이전되어 사업화되는 것을 촉진하고, 민간부문에서 개발된 기술이 원활히 거래되고 사업화될 수 있도록 관련 시책을 수립·추진함으로써 산업 전반의 기술경쟁력을 강화하여 국가경제의 발전에 이바지하는 것이다(법 제1조).

이 법의 주요내용은 다음과 같다. 먼저 "기술이전"이란 "양도, 실시권 허락, 기술지도, 공동연구, 합작투자 또는 인수·합병 등의 방법으로 기술이 기술보유자(해당 기술을 처분할 권한이 있는 자를 포함)로부터 그 외의 자에게 이전되는 것"이라고 정의하고 있다(제2조 제2호).

정부는 기술이전·사업화의 촉진을 위한 시책을, 지방자치단체는 그 지역의 기술이전·사업화의 촉진을 위한 시책을 수립·시행하여야 하며 공공연구기관은 공공기술이 민간부문에 원활히 이전될 수 있도록 노력하도록 하였다(제3조). 정부는 기술이전·사업화 촉진계획을 수립·시행하도록 하였으며(제4조), 기술·기술인력·설비 및 기술평가에 관한 정보 등 기술이전·사업화에 관한 정보의 체계적인 제공을 위한 시책을 강구하도록 하였다(제5조).

관계중앙행정기관의 장은 기술이전·사업화 촉진을 위하여 기술거래를 위한 전담인력 등 대통령령으로 정하는 기준을 갖춘 자를 기술거래기관으로 지정할 수 있으며, 기술거래기관은 ① 기술이전·사업화 대상 기술의 파악, 수요 조사, 분석 및 평가, ② 기술이전·사업화 정보의 수집·관리·유통 및 관련 정보망 구축, ③ 기술이전의 중개·알선 등의 사업을 할 수 있도록 규정하였다(제10조).

공공연구기관장은 공공연구기관에 기술이전·사업화에 관한 업무를 전담하는 조직을 설치하고 정부는 그 활동에 지원을 할 수 있도록 하였으며(제11조), 정부는 민간부문에서 사업화를 촉진하기 위하여 사업화를 전문적으로 수행하는 회사에 대한 육성 · 지원시책을 강구하고 소요되는 비용을 지원할 수 있도록 하였다(제12조).

정부는 기술이전 · 사업화 및 기술평가에 필요한 인력 수요를 충족하기 위하여 기술평가 · 기술경영 및 기술계약 등에 관한 전문인력을 양성하도록 하였으며, 기술이전 · 사업화에 관한 전문지식이 있는 사람은 지식경제부장관에게 기술거래사로 등록할 수 있도록 하였으며(제13조), 기술거래사는 기술이전 · 사업화에 관한 전문적인 상담 · 자문 · 지도 업무 및 기술이전의 중개 · 알선 등 기술의 거래 등을 지원하는 업무를 수행할 수 있도록 규정하였다(제14조). 정부는 기술이전 · 사업화의 지원, 사업화의 연계된 기술개발의 지원 등 기술이전 · 사업화촉진사업을 추진하고, 이의 효율적 추진을 위하여 기술진흥원으로 하여금 관련 사업을 할 수 있게 하였으며, 국제 기술이전 · 사업화를 촉진하기 위한 시책을 강구하도록 하였다(제15조부터 제16조까지).

정부는 공공기술을 민간부문에 이전할 때에는 공정하고 질서 있는 거래행위가 이루어질 수 있도록 절차와 방법을 마련하여야 하며, 공공연구기관의 장은 해당 기관의 연구자가 개발한 기술의 이전으로 발생하는 기술료의 일정 부분을 연구자와 공공연구기관 소속 임직원 중에서 기술이전에 기여한 사람에게 적정하게 배분하도록 하였다(제19조).

공공연구기관은 단독으로 또는 다른 공공연구기관과 함께 "공공연구기관이 보유하고 있는 기술의 사업화를 목적으로 다른 회사의 주식의 소유를 통하여 해당 회사의 사업을 지배하거나 관리 · 지원하는 것을 주된 사업으로 하는 회사"인 기술지주회사를 설립할 수 있도록 하였다(제21조의3). 기술지주회사는 ① 공공연구기관이나 해당 기관이 설립한 기술지주회사나 출자회사가 보유한 기술이전 · 사업화, ② ①에 따른 기술이전 · 사업화를 위한 출자회사의 설립 또는 출자회사 주식의 인수, ③ 출자회사에 대한 기술보육, 창업보육, 그 밖의 기술 및 경영 자문, ④ 출자회사에 대한 직접 또는 집합투자기구를 통한 투자 또는 투자의 유치, ⑤ 출자회사의 설립 또는 운영을 목적으로 하는 집합투자기구의 결성 또는 운용,

⑥ ①~⑤에 부수되는 사업으로 대통령령으로 정하는 사업을 할 수 있다(제21조의5).

국가, 지방자치단체 또는 공공기관은 연구개발에 드는 경비를 지원하여 획득한 성과에 대하여 특허 등 지식재산권을 확보하려는 노력을 하도록 하였다(제24조). 정부는 중소기업이 사업화를 조기에 달성할 수 있도록 투자 · 융자 등의 금융지원을 위한 기반을 마련하며, 관계중앙행정기관의 장은 기술자산유동화를 촉진하기 위한 사업, 기술담보대출 촉진사업을 실시할 수 있도록 하였으며, 정부는 기술이전 · 사업화를 추진하는 데에 드는 사업비를 충당하게 하기 위하여 재정지원을 할 수 있도록 하였다(제26조부터 제27조).

정부는 산업발전을 위하여 특히 필요한 경우에는 국가에 귀속된 지식재산권의 실시권자에 대하여 실시료의 전부 또는 일부를 면제하거나 그 연구개발 과제의 연구개발자와 그 연구개발사업의 투자자에 대하여 그 지식재산권을 무상으로 양여 및 국가에 귀속된 연구기기 · 설비 및 시험제품 등을 무상으로 양여할 수 있도록 하였다(제31조).

정부는 기술평가의 활성화를 위하여 신뢰성 있는 기술평가를 할 수 있는 기관과 인력을 육성하는 등 필요한 시책을 마련하도록 하였으며, 연구개발사업의 경제성평가 실시 및 기술평가 기법을 개발 · 보급하도록 하였다(제32조부터 제34조까지). 관계중앙행정기관의 장은 기술평가기관으로 지정할 수 있도록 하였으며, 기술평가기관은 ① 기술평가, ② 기술평가 수요의 조사 및 분석, ③ 기술평가정보의 수집 · 분석 · 유통 및 관련 정보망 구축, ④ 기술평가정보의 공동 활용 및 확산을 위한 사업을 하도록 하였다(제35조).

"기술보유자로부터 기술과 그 사용에 관한 권리를 신탁받아 기술등의 설정 · 이전, 기술료의 징수 · 분배, 기술의 추가개발 및 기술자산유동화 등 대통령령으로 정하는 관리업무를 수행하는 업"인 "기술신탁관리업"을 하려는 자는 지식경제부장관의 허가를 받도록 하였다(제2조 제8호 및 제35조의2).

나. 공공연구기관의 기술이전에 관한 지침

이 지침은「기술의 이전 및 사업화 촉진에 관한 법률」제19조 제1항에 따라 공공연구기관이 보유한 기술의 공정하고 질서있는 거래행위 형성에 필요한 사항과 법 제21조에 따른 공공연구기관이 제정 · 운영하여야 할 규정에 포함될 사항을 정함으로써 공공기술의 이전 및 사업화 촉진에 기여함을 목적으로 한다. 이 지침은 공공연구기관에 대하여 적용된다.

기술이전계약은 정부가 보급하는 종별 표준계약서를 활용함을 원칙으로 하며, 기관별로 고유 사정을 반영한 적법하고 공정하게 작성된 계약서로 대체할 수 있다. 또한 기술이전계약서는 이전대상 기술의 내용, 범위, 제공방법, 이전계획 등이 구체적으로 포함되어야 한다(제20조). 공공연구기관의 장은 기술이전계약체결 이후 기술도입자의 기술 전수 및 사업화가 원활히 이루어질 수 있도록 기술이전계약에서 정하는 바에 따라 적극 지원 노력을 하여야 하며, 기술도입자의 애로사항 및 이의 처리현황 등을 체계적으로 관리하여야 한다고 규정하고 있다(제21조 제1항).

또한 이 지침에서는 금품 · 향응 등 금지, 알선 · 청탁 · 지시 등 금지, 특혜제공금지, 비밀준수의무, 기술이전 윤리교육 실시, 윤리위반시 조치 · 보고 등 기술이전 윤리에 대해서 규정하고 있는 것이 특징적이다(제4조~제9조).

4. 정부출연연구기관 등의 설립 · 운영 및 육성에 관한 법률

이 법은 정부출연연구기관의 설립 · 지원 · 육성과 체계적인 관리 및 책임 경영에 관한 기본적인 사항을 정함으로써 합리적인 국가연구체제의 구축과 정부출연연구기관의 경영합리화 및 발전을 도모함을 목적으로 제정되었다(제1조).

"정부출연연구기관"이란 정부가 출연하고 연구를 주된 목적으로 하는 기관을 말하며(제2조), 이 법에 따르지 아니하고는 정부출연연구기관(이하 "연구기관"이라 한다)을 설립하지 못한다(제3조).[1] 다만, 과학기술 분야 연구기관의 설립에 관하

1) 정부출연연구기관 등의 설립 · 운영 및 육성에 관한 법률 제8조에 따라 설립되는 연구기관은 다음과 같다.

여는 따로 법률로 정한다.[2]

이 법에서 주목할 만한 것으로는 2011년 8월 4일 개정을 통하여 연구기관 및 연구회[3]는 「저작권법」 제2조 제31호에 따른 업무상저작물(이하 이 조에서 "업무상저작물"이라 한다)에 관한 처리규정을 마련하도록 한 것이다.[4] 처리규정에는 업무상저작물의 범위 및 저작권 귀속 등에 관한 사항이 포함되어야 하며, 연구회는 업무상저작물에 관한 표준처리규정을 마련하고, 이를 연구기관이 따르도록 권장할 수 있도록 하였다. 또한 연구기관 및 연구회는 업무의 일부 또는 전부를 법인, 단체 또는 개인에게 용역위탁을 하는 경우 그 용역결과물의 저작자와 저작권 귀속에 관한 사항을 계약내용에 포함하도록 하였다(제29조의2).

5. 과학기술분야 정부출연연구기관 등의 설립 · 운영 및 육성에 관한 법률

「과학기술분야 정부출연연구기관 등의 설립 · 운영 및 육성에 관한 법률」은 「정부출연연구기관 등의 설립 · 운영 및 육성에 관한 법률」 제3조에 따른 특별법이라고 할 수 있다.

이 법은 과학기술분야 정부출연연구기관의 설립 · 지원 · 육성과 체계적인 관리 및 책임경영에 관한 기본적인 사항을 정함으로써 효과적인 국가 과학기술 혁

기 관 명		
1. 한국개발연구원	9. 에너지경제연구원	17. 한국청소년정책연구원
2. 한국조세연구원	10. 정보통신정책연구원	18. 한국교통연구원
3. 대외경제정책연구원	11. 한국보건사회연구원	19. 한국환경정책 · 평가연구원
4. 통일연구원	12. 한국노동연구원	20. 한국교육개발원
5. 한국형사정책연구원	13. 한국직업능력개발원	21. 한국농촌경제연구원
6. 한국행정연구원	14. 한국해양수산개발원	22. 국토연구원
7. 한국교육과정평가원	15. 한국법제연구원	23. 과학기술정책연구원
8. 산업연구원	16. 한국여성정책연구원	

2) 따로 정해진 법률은 "과학기술분야 정부출연연구기관 등의 설립 · 운영 및 육성에 관한 법률"이다.

3) **정부출연연구기관 등의 설립 · 운영 및 육성에 관한 법률 제4조 (법인격)** 이 법에 따라 설립되는 연구기관 및 경제 · 인문사회연구회(이하 "연구회"라 한다)는 법인으로 한다.

4) 업무상저작물이란 "법인 · 단체 그 밖의 사용자(이하 "법인등")의 기획하에 법인등의 업무에 종사하는 자가 업무상 작성하는 저작물"을 말한다(저작권법 제2조 제31호). 법인 등의 기획 하에 법인 등의 업무에 종사하는 자가 업무상 작성하는 저작물은 특약 등이 없는 한 기명저작물이라 하더라도 법인을 저작자로 하였다(저작권법 제9조 참조).

신체제의 구축과 과학기술분야 정부출연연구기관의 경영 합리화 및 발전을 도모함을 목적으로 한다(제1조). “과학기술분야 정부출연연구기관”이란 정부가 출연하고 과학기술분야의 연구를 주된 목적으로 하는 기관을 말한다(제2조 제1호). “연구회”란 정부가 출연하고 과학기술분야 정부출연연구기관의 지원 · 육성 및 관리를 주된 목적으로 하는 기관을 말한다(제2조 제2호). 이 법에 따르지 아니하고는 연구기관을 설립하지 못한다(제3조).[5)]

정부는 국가연구개발사업을 투명하고 공정하게 추진하고 효율적으로 관리하며 각 부처가 추진하는 국가연구개발사업을 긴밀히 연계하기 위하여 국가연구개발사업의 기획, 공고, 과제의 선정, 협약, 연구개발 결과의 평가 및 활용, 국가연구개발사업의 보안, 정보관리, 성과관리, 연구윤리의 확보, 기획 · 관리 · 평가 및 활용 등에 관하여 필요한 사항을 정하여야 하며(제11조 제3항), 이와 관련하여 「국가연구개발사업의 관리 등에 관한 규정」에 자세히 규정되어 있다.

또한, 국가연구개발사업의 보안과 관련하여 중앙행정기관의 장은 국외로 유출되지 아니하도록 보호할 가치가 있는 국가연구개발사업의 결과물은 지식재산권의 설정 등을 통하여 보호될 수 있도록 적극 지원하여야 하며, 중앙행정기관의 장 및 국가연구개발사업을 수행하는 연구기관의 장은 국가연구개발사업의 결과물과 연구수행 중에 생산된 성과물이 외부로 유출되지 아니하도록 보안대책을 수립 · 시행하여야 한다고 규정하고 있다(제11조의5).

5) 과학기술분야 정부출연연구기관 등의 설립 · 운영 및 육성에 관한 법률 제8조에 따라 설립되는 연구기관은 다음과 같다.

기 관 명		
1. 한국과학기술연구원	8. 한국전자통신연구원	15. 한국기계연구원
2. 한국기초과학지원연구원	9. 한국건설기술연구원	16. 한국항공우주연구원
3. 한국천문연구원	10. 한국철도기술연구원	17. 한국에너지기술연구원
4. 한국생명공학연구원	11. 한국표준과학연구원	18. 한국전기연구원
5. 한국과학기술정보연구원	12. 한국식품연구원	19. 한국화학연구원
6. 한국한의학연구원	13. 삭제 〈2011.12.31〉	20. 한국원자력연구원
7. 한국생산기술연구원	14. 한국지질자원연구원	

6. 산업교육진흥 및 산학연협력촉진에 관한 법률

우리나라의 기술발전은 산학연협력을 통하여 많은 부분이 이루어지고 있다고 하여도 과언이 아니다. 이 법은 산업교육을 진흥하고 산학연협력을 촉진하여 교육과 연구의 연계를 기반으로 산업사회의 요구에 따르는 창의적인 산업인력을 양성하며, 효율적인 연구개발체제를 구축하고, 나아가 산업발전에 필요한 새로운 지식 · 기술을 개발 · 보급 · 확산 · 사업화함으로써 지역사회와 국가의 발전을 목적으로 제정되었다(제1조).

먼저, “산학연협력”이란 산업교육기관과 국가, 지방자치단체, 연구기관 및 산업체등이 상호 협력하여 행하는 ① 산업체의 수요와 미래의 산업발전에 따르는 인력의 양성, ② 새로운 지식 · 기술의 창출 및 확산을 위한 연구 · 개발 · 사업화, ③ 산업체등으로의 기술이전과 산업자문, ④ 인력, 시설 · 장비, 연구개발정보 등 유형 · 무형의 보유자원 공동 활용 등의 활동을 말한다(제2조 제6호).

산학연협력의 촉진을 위하여 산업교육기관의 장은 국가, 지방자치단체, 연구기관 및 산업체등과 산학연협력에 관한 계약을 체결할 수 있도록 하였으며(제24조), 대학은 산학협력단을 둘 수 있도록 하였다(제25조). 산학협력단은 ① 산학연협력계약의 체결 및 이행, ② 산학연협력사업과 관련한 회계의 관리, ③ 지식재산권의 취득 및 관리에 관한 업무, ④ 대학의 시설 및 운영의 지원, ⑤ 기술의 이전과 사업화 촉진에 관한 업무, ⑥ 직무발명과 관련된 기술을 제공하는 자 및 이와 관련된 연구를 수행하는 자에 대한 보상, ⑦ 그 밖에 산학연협력과 관련한 사항으로서 대통령령으로 정하는 사항의 업무를 수행한다(제27조 제1항). 산학협력단은 산학연협력계약에 따라 지식재산권을 취득 · 사용 및 관리할 수 있으며, 국가와 지방자치단체는 소요되는 비용의 일부를 지원할 수 있다(제35조).

산업교육기관 또는 산학협력단은 학생과 교원의 현장실습교육과 연구에 활용하고, 산업교육기관에서 개발된 기술을 민간부문에 이전하여 사업화를 촉진하기 위하여 “특정 학과 또는 교육과정과 연계하여 직접 물품의 제조 · 가공 · 수선 · 판매, 용역의 제공 등을 하는 부서”인 “학교기업”을 둘 수 있다(제36조). 또한 산학협력단은 단독으로 또는 다른 대학의 산학협력단, 그 학교에 산학협력단이 없는 경우 학교법인, 연구기관과 공동으로 기술지주회사를 설립할 수 있다(제36조의2).

7. 국가를 당사자로 하는 계약에 관한 법률

「국가를 당사자로 하는 계약에 관한 법률」은 국가를 당사자로 하는 계약에 관한 기본적인 사항을 정함으로써 계약업무의 원활한 수행을 도모함을 목적으로 1995년에 제정되었다. 이 법은 국제입찰에 의한 정부조달계약, 국가가 대한민국 국민을 계약상대자로 하여 체결하는 계약 등 국가를 당사자로 하는 계약에 대하여 적용한다(제2조).

각 중앙관서의 장 또는 계약담당공무원은 계약을 체결하고자 하는 경우에는 일반경쟁에 부쳐야 한다. 다만, 계약의 목적 · 성질 · 규모 등을 고려하여 필요하다고 인정될 때에는 대통령령이 정하는 바에 의하여 참가자의 자격을 제한하거나 참가자를 지명하여 경쟁에 부치거나 "수의계약"에 의할 수 있다(제7조 제1항). 수의계약에 의할 수 있는 경우는 경쟁에 부칠 여유가 없거나 경쟁에 부쳐서는 계약의 목적을 달성하기 곤란하다고 판단되는 경우로서 ① 국가안전보장, 국가의 방위계획 및 정보활동, 군시설물의 관리, 외교관계, 그 밖에 이에 준하는 경우로서 보안상 필요가 있거나, 국가기관의 행위를 비밀리에 할 필요가 있는 경우, ② 특허를 받았거나 실용신안등록 또는 디자인등록이 된 물품을 제조하게 하거나 구매하는 경우로서 적절한 대용품이나 대체품이 없는 경우, ③ 특정인의 기술 · 품질이나 경험 · 자격을 필요로 하는 조사 · 설계 · 감리 · 특수측량 · 훈련 계약, 특정인과의 학술연구 등을 위한 용역 계약, 관련 법령에 따라 디자인공모에 당선된 자와 체결하는 설계용역 계약의 경우 등이 있다(동법 시행령 제26조).

8. 기 타

가. 특허법

기술의 이전과 관련하여서 특허법에서 논할 수 있는 것은 특허를 받을 수 있는 권리의 양도, 특허권의 양도, 특허권의 실시, 특허권의 수용 등이다.

발명의 완성에 의하여 발명자는 특허여부가 확정될 때까지 원시적으로 "특허를 받을 수 있는 권리"를 가지며, 특허설정등록에 의하여 특허를 받을 수 있는 권리는 소멸하고 창설적으로 특허권이 발생한다. 이러한 특허를 받을 수 있는 권리는 실시도 가능하며,[6] 이전도 가능하다.[7] 다만, 특허출원 전에는 양당사자의 계약만으로 이를 양도할 수 있지만, 특허출원을 통하여 이중양도에 의한 제3자에게 대항할 수 있으며, 특허출원 후에 당해 권리를 양도하기 위해서는 양당사자의 합의뿐만 아니라 별도로 출원인명의변경신고를 하여야만 한다. 또한 특허를 받을 수 있는 권리를 양도할 수는 있지만, 질권의 목적으로는 할 수 없다는 점에 유의하여야 한다.

출원된 발명이 심사절차를 통하여 등록되면 특허권이 발생하는데, 특허권이란 특허권자가 업으로서 특허발명을 독점배타적으로 실시할 수 있는 권리를 말한다. 이러한 특허권은 양도할 수 있으며, 이는 특허청에 등록하여야 효력이 발생한다.[8]

한편, 제3자가 실시[9]를 하기 위해서는 특허권자의 허락을 받아야 한다. 실시

---

6) 특허법에 명문의 규정은 없으나 스스로 발명한 자 또는 승계인은 특허를 받을 수 있는지 여부와 관계없이 자신의 발명을 실시할 수 있다. 또한 제3자에게도 그 발명의 실시를 허락할 수 있다. 다만, 이에 대해서 제3자의 행위를 금지시킬 수는 없다. 즉, 특허를 받을 수 있는 권리를 가지고 있어도 실시에 관하여 특별한 권리가 발생하는 것은 아니다(윤선희, 「특허법(제5판)」, 법문사, 2012, 250면).

7) 특허법 제37조 (특허를 받을 수 있는 권리의 이전등) ① 특허를 받을 수 있는 권리는 이전할 수 있다.
② 특허를 받을 수 있는 권리는 질권의 목적으로 할 수 없다.
③ 특허를 받을 수 있는 권리가 공유인 경우에는 각 공유자는 다른 공유자의 동의를 얻지 아니하면 그 지분을 양도할 수 없다.

8) 제99조 (특허권의 양도 및 공유) ① 특허권은 이를 양도할 수 있다.
제101조 (특허권 및 전용실시권의 등록의 효력) ① 다음 각호에 해당하는 사항은 이를 등록하지 아니하면 그 효력이 발생하지 아니한다.
1. 특허권의 이전(상속 기타 일반승계에 의한 경우를 제외한다) · 포기에 의한 소멸 또는 처분의 제한

9) 제2조 (정의) 이 법에서 사용하는 용어의 정의는 다음과 같다.

권이란 특허권자 이외의 자가 일정 범위 내에서 특허발명을 업으로서 실시할 수 있는 권리를 말하며, 실시권 범위 내에서의 특허발명의 실시는 정당한 권원에 의한 것이므로 특허권 침해에 해당하지 않는다. 실시권은 그 효력범위에 따라 전용실시권과 통상실시권으로 분류되며, 전용실시권자는 설정범위 내에서 독점적으로 특허발명을 실시할 수 있기 때문에 중복적으로 설정될 수 없으며, 설정등록에 의하지 아니하면 전용실시권은 발생하지 아니한다.[10] 또한, 전용실시권자는 독자적인 소권(訴權)을 가지고 있기 때문에 특허권자의 의사와 무관하게 특허권 침해자에게 독자적으로 민 · 형사적 권리를 행사할 수 있다.

통상실시권은 특허권자(전용실시권자)와 실시권자의 계약에 의하여 발생하며, 계약내용에 따라 독점적일 수도 비독점적일 수도 있다. 통상실시권의 등록은 제3자 대항요건이며, 이하에서 설명하는 특허권자의 의사와 무관하게 발생하는 법정실시권과 강제실시권은 그 효력 면에서 모두 통상실시권이다. 한편, 통상실시권의 일종으로 법정실시권이 있다. 법정실시권이란 특허권자의 의사와 관계없이 법령의 규정에 의하여 당연히 발생하는 실시권이다. 이는 이해관계의 조정이나 산업설비의 활용 등 여러 가지 이유에서 법정실시권이 규정되어 있지만, 특허발명의 이용을 도모하고자 하는 목적도 아울러 가지고 있다.

한편, 정부는 특허발명이 국가 비상사태, 극도의 긴급상황 또는 공공의 이익을 위하여 비상업적으로 실시할 필요가 있다고 인정하는 경우에는 그 특허발명을 실시하거나 정부 외의 자로 하여금 실시하게 할 수 있다(제106조의2). 이를 강제실시권이라 하며, 강제실시권이란 일정한 사유가 있을 때 행정기관의 처분이나 심판에 의하여 강제적으로 설정되는 실시권을 말한다. 통상실시권허여심판에 의한 통상실시권, 재정에 의해 이루어지는 재정실시권도 강제실시권의 한 종류

3. "실시"라 함은 다음 각목의 1에 해당하는 행위를 말한다.
   가. 물건의 발명인 경우에는 그 물건을 생산 · 사용 · 양도 · 대여 또는 수입하거나 그 물건의 양도 또는 대여의 청약(양도 또는 대여를 위한 전시를 포함한다. 이하 같다)을 하는 행위
   나. 방법의 발명인 경우에는 그 방법을 사용하는 행위
   다. 물건을 생산하는 방법의 발명인 경우에는 나목의 행위외에 그 방법에 의하여 생산한 물건을 사용 · 양도 · 대여 또는 수입하거나 그 물건의 양도 또는 대여의 청약을 하는 행위

10) **제101조 (특허권 및 전용실시권의 등록의 효력)** ① 다음 각호에 해당하는 사항은 이를 등록하지 아니하면 그 효력이 발생하지 아니한다.
   2. 전용실시권의 설정 · 이전(상속 기타 일반승계에 의한 경우를 제외한다) · 변경 · 소멸 (혼동에 의한 경우를 제외한다) 또는 처분의 제한

◈ 〈표 3〉 특허법상 법정실시권의 종류

① 직무발명에 의한 사용자의 실시권
② 등록료 추납에 의하여 특허권이 회복된 경우 효력제한기간 중 실시사업자에 대한 실시권
③ 특허권자와 별도로 특허출원일 이전부터의 실시사업자에 대한 실시권(선사용권)
④ 특허청의 과오로 이중등록된 권리가 무효된 경우 이를 신뢰한 선의의 실시사업자에 대한 실시권(중용권)
⑤ 이용저촉관계의 선행 권리자의 존속기간 만료 후 선행 권리의 실시에 필요한 실시권
⑥ 질권경락에 의하여 특허권을 상실한 원특허권자의 실시권
⑦ 특허무효심결이 확정된 특허권이 재심에 의하여 회복된 경우 효력제한기간 중 실시사업자에 대한 실시권(후용권)
⑧ 재심에서 통상실시권허여심판에 의한 통상실시권을 상실한 경우 이를 신뢰한 선의의 실시사업자에 대한 실시권
* 대가 없는 경우[①, ③, ⑤(실시권자 제외), ⑦]

이다.

통상실시권 허여심판은 특허권자등의 특허발명이 타인의 발명과 이용 · 저촉관계가 되어 실시의 허락을 받고자 하는 경우에 그 타인이 정당한 이유없이 허락하지 아니하거나 그 타인의 허락을 받을 수 없는 때에는 자기의 특허발명의 실시에 필요한 범위 안에서 통상실시권 허여의 심판을 청구할 수 있다. 이러한 경우 그 특허발명이 타인의 특허발명에 비하여 "상당한 경제적 가치가 있는 중요한 기술적 진보"를 가져오지 않으면 통상실시권이 허여되지 않는다(제138조).

재정실시권이란 특허권자 등이 불실시 · 불성실 실시, 공익을 위하여 실시하게 할 필요가 있는 경우 등 일정한 재정사유가 발생하는 경우 그 특허발명을 타인이 실시할 수 있도록 하는 제도이다.

한편, 수용과 관련하여서는 특허를 받을 수 있는 권리의 수용과 특허권의 수용이 있다. 정부는 전시 · 사변 또는 이에 준하는 비상시에 있어서 국방상 필요한 경우에는 "특허를 받을 수 있는 권리"를 수용할 수 있으며, 수용한 경우에는 정당한 보상금을 지급하여야 한다(제41조). 정부는 특허발명이 전시, 사변 또는 이에 준하는 비상시에 있어서 국방상 필요한 때에는 특허권을 수용할 수 있다. 특허권이 수용되는 때에는 그 특허발명에 관한 특허권 외의 권리는 소멸되며, 정부

◈ 〈표 4〉 특허법상 재정사유

① 특허발명이 천재 · 지변 기타 불가항력 또는 대통령령이 정하는 정당한 이유없이 계속하여 3년이상 국내에서 실시되고 있지 아니한 경우
② 특허발명이 정당한 이유없이 계속하여 3년이상 국내에서 상당한 영업적 규모로 실시되지 아니하거나 적당한 정도와 조건으로 국내수요를 충족시키지 못한 경우
③ 특허발명의 실시가 공공의 이익을 위하여 특히 필요한 경우
④ 사법적 절차 또는 행정적 절차에 의하여 불공정거래행위로 판정된 사항을 시정하기 위하여 특허발명을 실시할 필요가 있는 경우
⑤ 자국민 다수의 보건을 위협하는 질병을 치료하기 위하여 의약품(의약품 생산에 필요한 유효성분, 의약품 사용에 필요한 진단키트를 포함한다)을 수입하고자 하는 국가(이하 이 조에서 "수입국"이라 한다)에 그 의약품을 수출할 수 있도록 특허발명을 실시할 필요가 있는 경우

는 특허권을 수용하는 경우에는 특허권자, 전용실시권자 또는 통상실시권자에 대하여 정당한 보상금을 지급하여야 한다(제106조).

나. 발명진흥법

(1) 주요내용

일반적으로 종업원의 발명은 자유발명, 업무발명, 직무발명으로 나뉘는데, 발명진흥법은 직무발명에 대한 귀속, 실시, 보상 등에 대하여 규정하고 있다.

먼저, "직무발명"이란 종업원, 법인의 임원 또는 공무원(이하 "종업원등"이라 한다)이 그 직무에 관하여 발명한 것이 성질상 사용자 · 법인 또는 국가나 지방자치단체(이하 "사용자등"이라 한다)의 업무 범위에 속하고 그 발명을 하게 된 행위가 종업원등의 현재 또는 과거의 직무에 속하는 발명을 말한다(제2조 제2호).

직무발명에 대하여 종업원등이 특허등을 받았거나 특허등을 받을 수 있는 권리를 승계한 자가 특허등을 받으면 사용자등은 특허권등에 대하여 통상실시권을 가진다(제10조 제1항). 공무원의 직무발명에 대한 권리는 국가나 지방자치단체가 승계하며, 국가나 지방자치단체가 승계한 공무원의 직무발명에 대한 특허권등은 국유나 공유로 한다(제10조 제2항 전단). 다만, 국 · 공립학교 교직원의 직무발명에 대한 권리는 「기술의 이전 및 사업화 촉진에 관한 법률」 제11조 제1항 후단에 따른 전담조직이 승계하며, 전담조직이 승계한 국 · 공립학교 교직원의 직무발명에 대한 특허권등은 그 전담조직의 소유로 한다(제10조 제2항 후단).

직무발명 외의 종업원등의 발명에 대하여 미리 사용자등에게 특허등을 받을 수 있는 권리나 특허권등을 승계시키거나 사용자등을 위하여 전용실시권을 설정하도록 하는 계약이나 근무규정의 조항은 무효이다(제10조 제3항). 종업원등은 직무발명에 대하여 특허등을 받을 수 있는 권리나 특허권등을 계약이나 근무규정에 따라 사용자등에게 승계하게 하거나 전용실시권을 설정한 경우에는 정당한 보상을 받을 권리를 가진다(제15조).

(2) 공무원 직무발명의 처분 · 관리 및 보상 등에 관한 규정

「공무원 직무발명의 처분 · 관리 및 보상 등에 관한 규정」은 발명진흥법에 따른 공무원의 직무발명의 처분 · 관리 및 그 보상 등에 필요한 사항을 규정하고 있으며(제1조), 전담조직이 설치된 국공립학교 교직원의 직무발명에 대해서는 적용하지 아니한다(제2조의2). 국가는 직무발명에 대하여 특허를 받을 수 있는 권리 및 특허권을 승계한다(제4조). 특허청장은 국유특허권에 대하여 각 권리마다 50만원을 등록보상금으로 발명자에게 지급하여야 한다(제16조 제1항).

국유특허권 또는 특허출원 중인 직무발명에 대하여 특허를 받을 수 있는 권리를 유상으로 처분한 경우에는 그 처분수입금의 100분의 50에 해당하는 처분보상금을 발명자에게 지급하여야 한다. 그리고 국유특허권 또는 특허출원 중인 직무발명에 대하여 특허를 받을 수 있는 권리를 "무상"으로 처분한 경우에는 이를 유상으로 처분할 경우의 처분수입금에 상당하는 금액의 100분의 50에 해당하는 금액을 처분보상금으로 발명자에게 지급하여야 한다(제17조).

특허청장은 국유특허권 또는 특허출원 중인 직무발명에 대하여 특허를 받을 수 있는 권리를 유상으로 처분한 경우에는 그 처분수입금을 기준으로 하여 기관포상금을 발명기관의 장에게 지급하여야 한다(제18조).[11]

---

11) 1. 처분수입금이 1천만원 초과 5천만원 이하인 경우: 100만원
2. 처분수입금이 5천만원 초과 1억원 이하인 경우: 500만원
3. 처분수입금이 1억원을 초과하는 경우: 1천만원

제2절 미 국

1. Bayh-Dole법

Bayh-Dole법(Bayh-Dole Act of 1980, PL 96-517)은 연방정부지원 연구결과에 대한 특허권을 그 연구의 직접수행기관인 대학이나 중소기업이 보유할 수 있도록 하는 법으로 1980년 12월에 제정된 "대학 및 중소기업 특허절차법(University and Small Business Patent Procedure Act)"을 말한다.[12] 동법은 연방정부의 연구비지원으로 수행된 연구결과에 대하여는 본래 연방정부의 소유에 속하여야 하는 것을 연구자가 소속한 대학이나 중소기업에 귀속시키는 법으로 완전 독립의 단행 법률이 아니고, 미국특허법의 특별법이다. 이는 국민의 세금을 재원으로 이루어진 연구성과는 당연히 연방정부가 가져야 하고 국민을 위하여 사용되어야 하며 그 수익도 국가에 귀속하여야 한다는 원칙에서, 기술은 그것을 절실히 필요로 하는 자가 사용할 수 있어야 하고 이의 처리에 대한 권한은 연구자가 소속된 기관이 가지도록 함으로써, 조속히 기술의 사업화가 이루어지고 그럼으로써 국가경제의 발전과 경쟁력 확보에 도움이 된다는 발상의 전환을 한 것이다.[13]

동법 제정 이후 중소기업과 대학 등 비영리연구기관들이 연방정부지원 연구과제 수행을 통해 창안된 발명에 대한 특허권을 확보할 수 있게 되었다. 동법의 주요 내용을 요약하면 다음과 같다. ① 중소기업이나 대학 등 비영리 기관은 연방정부의 연구비지원으로 개발한 발명에 대한 특허권 보유, ② 대학은 연방정부

12) 동 법률은 인디애나 주 상원의원인 Birch Bayh와 캔사스 주의 상원의원인 Robert Dole에 의해 제안되었으며, 동법이 제정됨으로써 미국의 여러 연구비지원기관들이 통일된 특허정책을 도입하게 되었다. 동법 제정 이전에는 연방정부 지원으로 창출된 발명의 소유권 문제에 관하여 정부차원의 통일된 정책이 없었기 때문에 연구비지원기관에 따라 정책과 실무가 서로 다르게 되었고 정부지원 연구성과들이 민간부문으로 원활히 이전되지 못하였다(김해도, "미국대학의 지적재산권 관리체계에 관한 소고", 「지식재산21(제89호)」, 특허청, 2005, 66~67면).

13) 김선정 · 이종률, 「미국, 일본의 기술사업화 관련 정책동향 분석」, POSTECH 산학협력연구소, 2007, 18면.

지원으로 창안한 발명의 이용을 촉진하기 위하여 상사기업과의 협력 강화, ③ 대학은 대학이 소유하기로 결정한 발명에 대한 특허출원 시행, ④ 대학은 중소기업에 우선적으로 발명에 대한 실시권 부여, ⑤ 정부는 해당 특허권에 대하여 세계 어디에서나 행사할 수 있는 통상실시권 확보, ⑥ 정부가 강제실시권 보유 등이 그것이다.14)

Bayh-Dole법의 핵심은 연방정부가 지원하는 연구비를 전제로 하여 대학에서 이루어진 발명은 당해 연구개발 수행 대학에서 특허권을 취득하여 상업화를 수행하도록 하는 동시에, 수혜대학 등이 특허권을 취득하게 된 때에도 당해 대학 등에 연구비를 지급한 정부는 당해 특허 발명을 미국을 위해 실시할 수 있는 비배타적, 통상실시권을 갖도록 한 것이라고 할 수 있다. 이를 위하여 연방정부의 연구지원을 받은 대학은 발명 직후 일정기간 이내에 연구비를 지급한 정부부처에 발명 사실을 서면으로 통지하고, 통지한 날로부터 2년 이내에 당해 발명에 대한 특허권 취득 여부를 결정하여야 한다. 연방지원 발명에 대한 권리를 정부가 보유하게 되는 경우, 지원행정청은 당해 발명에 대한 특허권의 취득을 위하여 필요한 경우 일정기간 그 발명에 대한 공개를 유보하거나, 특허출원서류의 공개를 거부할 수 있으며, 지원행정청은 연방정부가 권리를 가지는 발명에 대한 국내외에서의 특허권 또는 그 밖의 권리의 확보를 위하여 출원하고 그 권리를 소유 및 관리할 권한을 가진다. 또한 그 권리에 대한 배타적, 부분배타적 또는 비배타적인 유무상의 이용허락 및 권리침해에 대한 구제조치를 취할 권한을 가지고 있다고 규정하고 있다. 베이-돌법의 제정을 통해 개정된 미국의 특허법 규정은 특허권자의 의사에 반해서 강제적으로 특허발명의 실시허락이 이루어질 수도 있다는 점에서 특허발명의 강제실시에 해당되지만, 동시에 실질적으로 연방정부가 특허발명의 연구개발에 소용되는 공적 지원자금을 제공했기 때문에 그러한 연방정부에 대해서 당해 특허발명의 활용에 "개입할 수 있는 권한(march-in right)"을 부여한 것으로서, 발명자의 사익과 국가정부 투자의 공익간의 이해를 조정하고 권한을 분배하는 제도라고 할 수 있다.15)

14) 김해도, 앞의 논문, 67면.

15) 김해도, 앞의 논문, 67~68면; 민철구, 송완흡, 박상완, 「대학의 연구능력 확충을 위한 연구지원체계의 혁신」, 과학기술정책연구원, 2003, 180~182면.

2. Stevenson-Wydler 기술혁신법

Stevenson-Wydler 기술혁신법(Stevenson-Wydler Technology Innovation Act of 1980, PL 96-480)은 연방 연구 시스템에서 개발된 기술의 사용을 장려하기 위해서 1980년에 제정되었다.[16] 이 법의 제정에 따라 지식의 생산자인 대학 및 연방연구소와 지식의 사용자인 산업계, 주정부, 지방정부를 연결시켜 주는 틀을 만들게 되었다. 이 법은 기술이전 등을 통한 정보 확산에 초점을 두고 있으며, 기술협력에서 연방 연구소의 활발한 역할을 요구하고 있다.

주요 내용은 다음과 같다. 기술이전정보의 원활한 유통을 위하여 국가기술정보서비스(NTIS: National Technical Information Service) 안에 연방기술이용센터(CUFT: The Center for the Utilization of Federal Technology)를 설립하였다. 또한 기술이전사무소라고 할 수 있는 기술응용실(ORTA: Offices of Research and Technology Applications)을 일정규모의 연방 연구소에 설치하도록 의무화하고 있다. 그리고 연방정부 산하기관은 R&D 예산의 0.5% 이상을 반드시 기술이전에 사용하도록 배정해야 한다고 규정하고 있으며,[17] 기술이전을 정부의 중요한 임무로 설정하여 평가에 반영하도록 하였다.[18]

그러나 이 법은 구체적 규정이 결여되어 실효성이 떨어진 법으로 평가된다. 동법의 가장 큰 기여는 비연방 상대방과 서면계약인 협동연구개발협약(Cooperative Research and Development Agreement)을 법적으로 인정하였다는 점이다. 이 협약은 연방정부와 비연방인 상대방 간에 그들의 자원을 가장 능률적으로 활용하도록 하며 보호받는 환경 속에서 기술적 전문가를 공유하며, 노력의 결

16) Bayh-Dole법과 Stevenson-Wydler 기술혁신법은 서로 다른 상황에서 이루어진 발명의 소유권에 대해서 다루고 있지만, 연방 R&D 사업에 있어서는 그 근원을 같이 하고 있다. Bayh-Dole법은 주로 연방 자금 지원의 연구개발의 결과인 발명에 대한 특허권의 처분을 다루고 있으며, 정부 소유 특허의 라이선싱을 설명하고 있다. Stevenson-Wydler 기술혁신법은 직접적인 연방 자금이 포함되어 있지 않은 연방 연구소와 외부 협력 당사자 간의 협력 작업으로 발생한 특허의 소유권에 관한 내용을 담고 있다. 양 법은 표면상으로는 서로 다른 것 같지만 결국 이들은 기술의 사업화를 촉진하기 위해서 제정된 것이다(임근영, 「미국의 지식재산권 정책에 관한 연구」, 한국발명진흥회 지식재산권연구센터, 2003, 100면).

17) 김선정 · 이종률, 앞의 책, 36면.

18) 임근영, 앞의 책, 86면; 한국산업기술진흥원, 「기술이전업무매뉴얼 및 표준계약서Ⅲ」, 2010, 139면; 민철구, 송완흡, 박상완, 앞의 책, 183면.

과물인 지적재산을 공유하며, 연방차원에서 개발된 기술의 사업화를 진행하는 내용이 포함된다.[19)]

3. 연방기술이전법

연방기술이전법(Federal Technology Transfer Act of 1986, PL 99-502)은 Stevenson-Wydler 기술혁신법이 1986년 개정된 것이다. 이 법에서는 기술이전이 모든 연방 연구소의 과학자 및 엔지니어의 책임이라고 명시하였고, 기술이전을 업무실적평가에서 고려하도록 하였다. 또한 연방 발명자에게 실시대가로 로열티 분배의 원칙(최소 15%)을 확립하였다. 그리고 기술이전을 위한 연방연구소 콘소시엄(FLC: Federal Laboratory Consortium) 헌장 제정 및 동 업무 수행을 위한 자금조달 메커니즘을 제공하고 있다. 또한 기술이전은 협동연구개발계약(CRADAs: Cooperative Research and Development Agreements)에 의해서 촉진되며, 이는 정부소유 · 정부운영(GOGO: government-owned, government-operated) 연구소에 적용되고 있다. 즉, 정부소유 · 정부운영 연구소 소장에게 협력 R&D 협정을 맺을 수 있도록 하여 정부소유 · 정부운영 연구소가 대기업 및 중소기업과 계약을 맺을 수 있도록 허용하였다. 또한 정부소유 · 정부운영 연구소 연구원의 연구의 발명 및 지적재산권에 대하여 권리를 설정하거나 포기할 수 있는 선택권을 주었다. 그리고 정부소유 · 정부운영 연구소의 인원, 서비스, 장비를 연구 파트너와 교환할 수 있도록 하였으며, 연방연구소직원에 대하여 이해저촉이 없는 한 민간의 상용개발에 참여할 수 있도록 허용되었다.[20)]

4. 국가경쟁력 기술이전법

국가경쟁력 기술이전법(National Competitiveness Technology Transfer Act of 1989, PL 101-189)은 Stevenson-Wydler 기술혁신법이 1989년 개정된 것으로 협동연구개발계약(CRADAs)의 이용이 정부소유 · 계약자운영(GOCO: government-

19) 김선정 · 이종률, 앞의 책, 36면.
20) 임근영, 앞의 책, 81~82면 및 90면; 한국산업기술진흥원, 앞의 책, 140~141면.

owned, contractor-operated) 연구소로 확대되었다.[21] 공동연구개발에 쓰이거나 공동연구개발의 성과로서의 정보 및 신기술을 비공개로 하는 것을 허가하였다.[22]

5. 국가기술이전 및 발전법

국가기술이전 및 발전법(National Technology Transfer and Advancement Act of 1995, PL 104-13)은 Stevenson-Wydler법이 1995년 개정된 것으로 기술의 상업화를 장려하기 위하여 제정되었다.[23]

이 법의 주요내용은 다음과 같다. 미국의 기업에게 연방 연구소와 함께 하는 협동연구개발계약(CRADAs)을 통하여 만들어진 발명품을 신속하게 상업화하는데 있어 충분한 지식재산권을 인정받을 수 있음을 보장하며, 새로운 발명을 하는 연방 연구소 연구원에게는 장려금과 보상금이 제공된다. 협동연구개발계약(CRADAs)을 통하여 개발된 발명품들의 사용을 위한 재협상을 할 때에는 전용실시를 선택할 수 있는 권리가 보장된다. 또한 정부가 협동연구개발계약(CRADAs)을 통하여 개발된 발명품을 사용할 때에는 기밀정보는 보호한다. 민간부분 협력자에게는 협동연구개발계약을 통하여 개발된 협력자 고유의 발명품에 대해 소유권을 유지할 수 있도록 보장해 준다.[24] 협동연구개발을 통하여 시장판매가 가능한 기술을 개발한 연방 과학자에 대한 금전적 보상 규정을 개정하여, 연구소에 대한 로열티 지불의 연간 상한선을 1인당 100,000달러에서 150,000달러로 높였다.[25]

21) 임근영, 앞의 책, 2003, 90면.
22) 한국산업기술진흥원, 앞의 책, 142면.
23) 임근영, 앞의 책, 86면.
24) 한국산업기술진흥원, 앞의 책, 144면.
25) 임근영, 앞의 책, 86면.

제3절 일 본

1. 지적재산기본법

일본 정부는 2002년 7월 3일 지적재산 전략회의를 통해 특허 및 저작권 등에 관한 지적재산권의 보호와 활용을 강화, 경제 활성화의 견인차 역할을 할 것을 목표로 하는 "지적재산전략 대강(大綱)"을 결정했다. 지적재산전략대강은 지적재산의 창조, 보호, 활용, 인재 육성의 각 테마를 기본으로 하고 있다. 이들 시책을 착실히 실시하기 위해 정부는 내각에 지적재산 전략본부 설치를 골자로 한 지적재산기본법이 2002년 제정되었다. 지적재산의 창조, 보호 및 활용에 관한 시책을 집중적 · 계획적으로 추진하기 위하여 내각에 지적재산전략본부를 두고, 추진계획을 작성하도록 하고, 본부장은 내각총리대신으로 규정하고 있다. 이와 관련하여 2003년부터 매년 "지적재산추진계획"이 수립되고 있다.

이 법률은 제4장, 총 33개 조문으로 구성되어 있으며, 제1장 총칙에서는 지적재산 및 지적재산권의 정의를 규정하고, 기본이념으로서 국민경제의 건전한 발전 및 풍요로운 문화 창조와 산업의 국제경쟁력의 강화 및 지속적 발전을 규정하는 한편 이를 위한 국가 및 지방자치단체의 책무와 대학, 사업자의 책무 및 연대의 강화 등을 두고 있다. 기본시책으로서는 연구개발의 추진, 연구성과의 이전촉진 등, 권리부여의 신속화, 권리침해에 대한 조치, 국제적인 제도의 구축, 신 분야에 있어서 지적재산권의 보호 등, 교육진흥, 인재확보 등을 규정하고 있다.

특히, 제13조에는 "연구성과의 이전 촉진 등"에 대하여 규정하고 있는데, 이 조에는 "국가는 대학 등의 연구 성과가 새로운 사업 분야의 개척 및 산업의 기술의 향상 등에 유용한 것에 비추어, 대학 등의 해당 연구성과의 적절한 관리 및 사업자에게의 원활한 이전이 이루어지도록 대학 등의 지적재산에 관한 전문적 지식을 가지고 있는 인재를 활용하여 체제의 정비, 지적재산권에 관한 설정등록 그 밖의 절차의 개선, 시장 등에 관한 조사 연구 및 정보제공 그 밖에 필요한 시책을 강구하여야 한다"고 하고 있다.

2. 과학기술기본법

과학기술기본법은 과학 기술의 고도화 · 전문화에 대응하여 종합적 · 학제적인 연구가 필요함에도 불구하고, 대학, 국립 시험연구 기관, 민간 등의 연구자가 조직이나 전문 분야의 벽을 넘어 충분히 유기적으로 연계하고 있기 어려운 사항을 인식하고, 과학기술의 진흥하여 "과학기술 창조 입국(立國)"을 목표로 1995년 제정되었다.[26] 이 법의 주요 골자는 다음과 같다.

연구자 등의 창조성의 발휘로 기초 연구, 응용 연구 및 개발 연구의 조화 있는 발전, 과학 기술과 인간, 사회 및 자연과의 조화 등 과학기술 진흥을 위한 방침에 대해 규정하고 있으며(제2조), 과학기술 진흥에 관한 국가 및 지방공공단체의 책무를 규정하고 있다(제3조, 제4조). 또한 과학기술 진흥 시책을 종합적, 계획적으로 추진하기 위해 정부가 과학기술 기본계획을 수립하도록 하고(제9조), 기본계획에 관한 필요한 자금 확보를 도모하기 위해 필요한 조치를 강구하도록 노력하도록 규정하고 있다(제15조).[27] 기술이전과 관련하여서는 국가는 연구개발의 성과의 활용을 도모하기 위해 연구 개발의 성과의 공개, 연구개발에 관한 정보의 제공 등 그 보급에 필요한 시책 및 그 적절한 실용화의 촉진 등에 필요한 시책을 강구하여야 한다고 규정하고 있다(제16조).

3. 대학 등에서의 기술에 관한 연구성과의 민간사업자에 대한 이전 촉진에 관한 법률

일본정부는 1998년 8월 「대학 등에 있어서 기술에 관한 연구성과의 민간사업자로의 기술촉진에 관한 법률」을 제정하여 시행함으로써 대학 등의 연구성과의 민간기업으로 이전 체제를 정비하였다. 이 법은 대학 등에서 만들어진 연구성과

26) 일본 문부과학성(http://www.mext.go.jp/b_menu/shingi/kagaku/kihonkei/kihonhou/riyuu.htm).
27) 일본 문부과학성(http://www.mext.go.jp/b_menu/shingi/kagaku/kihonkei/kihonhou/point.htm).

를 산업계로 이전을 촉진하고, 산업기술의 향상 및 신규산업의 창출을 도모하기 위하여 대학 등에 있어서 연구활동의 활성화를 위함을 목적으로 하고 있다.

이 법은 ① 대학에 있어서 기업화할 수 있는 연구성과의 발굴 · 평가 · 선별, ② 연구성과에 관한 특허권 등의 취득 · 유지 · 보전, ③ 연구성과에 관한 기술정보의 제공, ④ 특허권 등에 관한 기업으로의 이전 등, ⑤ 기업으로의 기술이전 등에 의해 얻어진 수입을 배분(상당부분은 새로운 연구를 위해 연구비로 대학, 연구실 등으로 환원)할 것 등에 대하여 규정하고 있다.

이 법에서 특정대학기술이전사업이란 대학에서 기술에 관한 연구성과(이하 특정연구성과)에 대해 특정연구성과에 관한 특허권 등의 권리 중 국가 이외의 자에 속하는 것에 대한 양도, 전용실시권의 설정 기타 행위에 의해 특정연구성과를 활용하는 것이 적절하고 확실하다고 인정되어 민간사업자에 대해 이전하는 사업으로서 당해 대학에서의 연구진전에 이바지하는 것을 말한다(제1조). 기술에 관한 연구성과를 특허권 등의 양도 등의 방법에 의하여 민간 사업자에게 효율적으로 이전하려는 대학은 기술이전 사업에 관계된 계획을 문부과학성 및 경제산업성에 제출하고 이 계획이 타당하다는 승인을 받을 수 있다(제4조).

인정 사업자는 인정 계획에 관계된 기술이전 사업의 실시에 필요한 자금을 조달하기 위해 발행한 사채, 자금 차입에 관계된 채무의 보증을 중소기업 기반 정비 기구로부터 받는 것이 가능하며(제6조), 인정사업자로부터 기술의 이전을 받아 사업을 실시하기 위해 회사를 설립한 경우 자본금이 3억 엔을 초과한 경우라도 중소기업 투자 육성 주식회사에 의한 주식의 인수, 보유를 받을 수 있도록 하였다(제8조).

또한 특허료의 특례와 관련하여 시행령으로 정한 국가의 시험연구기관의 특허 등의 양도를 받아 기술이전 사업을 하는 사업자는 그 시험연구기관을 관할하는 행정기관의 장에 의하여 인정을 받을 수 있으며, 인정을 받은 사업자는 특허료 등의 감면을 받을 수 있다(제12조). 이는 독립행정법인의 특허등의 양도를 받아 기술 이전 사업을 행한 사업자도 마찬가지이다(제13조).[28]

28) 일본 경제산업성(http://www.meti.go.jp/policy/innovation_corp/tlo-2law.htm).

4. 산업 활력의 재생 및 산업 활동의 혁신에 관한 특별조치법

일본의 오랜 불황에 대한 긴급대책으로서 전략적인 사업 재구축의 추진, 창업 및 신사업 개척의 촉진, 연구활동의 활성화 등을 도모하기 위하여 「산업활력재생특별조치법」이 1999년 10월 1일에 시행되었다. 이 법은 2003년에는 산업의 과잉 공급 구조, 과잉 채무의 문제, 이에 수반한 생산성 저하의 요인으로 되어 있던 설비 투자의 문제를 해소하기 위해 법 개정을 하였으며, 2007년에는 기술 혁신의 촉진, 서비스 산업의 생산성 향상, 사업재생의 촉진 등을 도모하기 위한 조치 등에 대한 내용을 담은 법 개정을 하였다. 2009년에는 일본 경제를 지속적으로 성장하도록 회복시키기 위하여 자원, 자금, 지적재산권, 기술 등의 경영 자원이 효율적으로 활용되도록 관련 내용을 개정하였으며, 법률의 명칭도 기존의 「산업활력재생특별조치법」에서 「산업 활력의 재생 및 산업 활동의 혁신에 관한 특별조치법(産業活力の再生及び産業活動の革新に関する特別措置法)」으로 바꾸었다. 2011년에는 국제 경쟁력의 강화를 목표로 한 민간주도의 전략적인 산업 재편성 등을 촉진하고 벤처기업 등의 성장 기업에 의한 새로운 사업의 전개, 지역 중소기업의 활성화 등을 후원하기 위해 관련 내용이 개정되었다.[29)]

이 중에서 기술이전과 관련된 내용은 이 법 제5장 "사업 활동에 있어서 지적재산권의 활용(제55조~57조)" 부분에 규정되어 있다. 주요내용은 다음과 같다.

문부과학장관 및 경제산업장관은 사업자에 의한 사업 재구축, 경영자원 재활용, 경영자원 융합 및 자원 생산성 혁신 및 창업 및 중소기업자에 의한 새로운 사업의 개척을 원활화 하도록 하기 위해 대학, 고등전문학교 및 대학공동이용기관(이하 "대학")에 있어서 기술에 관한 연구 성과에 대하여 해당 연구 성과에 관한 특허권 및 특허를 받을 수 있는 권리에 관한 양도 · 기타 행위에 따라 민간 사업자에 대하여 이전을 촉진하기 위한 시책을 적극적으로 추진하도록 노력하여야 하며, 이때는 대학에서의 학술 연구의 특성에 항상 배려하여야 한다(제55조 제1항).

산업기술연구법인의 주무 장관 등은 사업자에 의한 사업 재구축, 경영자원 재

29) 일본 경제산업성(http://www.meti.go.jp/sankatsuhou/outline/change.html).

활용, 경영자원 융합, 자원 생산성 혁신 및 창업 및 중소기업자에 의한 새로운 사업의 개척의 원활화에 이바지하기 위해 산업기술연구법인에 있어서 기술에 관한 연구 성과에 관하여 해당 연구 성과에 관계된 특허권 및 특허를 받을 수 있는 권리에 대하여 양도 · 기타 행위에 따라 민간 사업자에 대하여 이전을 촉진하기 위한 시책을 적극적으로 추진하도록 노력하여야 한다고 규정하고 있다(제55조 제2항).

또한 이 법에서는 특허청장관은 "대학 등에 있어서 기술에 관한 연구 성과의 민간 사업자에게의 이전의 촉진에 관한 법률"의 인정을 받은 자가 특정 대학 기술 이전 사업을 실시할 때는 1년~10년까지의 특허료를 감경 · 면제 또는 유예할 수 있도록 하고 있으며(제56조), 사업자가 특정 대학 기술 이전 사업을 실시할 때는 자기의 특허출원에 관하여 출원심사청구의 수수료를 감경 또는 면제할 수 있도록 하였다(제57조).

5. 산업기술력강화법

산업기술력강화법은 일본의 산업기술력의 강화와 관련하여 국가, 지방공공단체, 산업기술 연구법인, 대학 및 사업자의 책무를 명확하게 함과 동시에 산업기술력의 강화에 관한 기본시책을 정하여 산업기술력의 강화를 지원하기 위한 조치를 강구하기 위하여 2000년 4월 제정되었다.

이 법에서는 국가는 국가, 지방공공단체의 시험연구기관, 산업기술 연구법인 및 대학에 있어서 연구 및 개발의 성과가 사업 활동에 있어 활용되는 것이 산업기술력의 강화에 중요한 것임에 비추어 해당 성과가 사업자에게의 이전 촉진에 필요한 시책을 강구하여야 한다고 규정하고 있다(제12조). 또한 대학 등의 연구성과를 활용하는 사업자를 지원하기 위하여 국립대학 등의 연구자가 그 연구성과를 활용하여 사업을 실시하는 영리목적의 회사나 단체의 임원, 고문, 평의원의 직을 겸할 수 있도록 허용하며(제14조), 승인사업자나 인정사업자에게 필요한 대학시설이나 특정시험연구기관시설 등의 무상사용을 허용하며(제15조), 특허료, 출원심사청구수수료의 경감, 면제, 납부유예조치(제16조), 특허료의 경감조치(제

17조) 등을 규정하고 있다.[30)]

특히, 과거 일본은 국가로부터의 위탁연구성과가 국가에 귀속되어버리는 종전의 제도에서는 민간기업은 핵심기술영역에 대하여 국가로부터의 위탁연구를 받지 않아 국가의 자금이 유효하게 활용되지 않는 우려할 만한 상황에 있었다. 이와 같은 상황을 타파하기 위하여 미국의 Bayh-Dole법을 모방하여 국가의 위탁연구성과에 관계되는 특허권 등의 민간기업에 대한 귀속 등에 대한 내용을 "산업활력재생특별조치법법"에 규정하였으며, 미국의 법을 모방하였다고 하여 "일본판 Bayh-Dole법"이라고도 불리웠다.[31)] 그러나 이 법은 한시법(限時法)인 특별조치법이기 때문에 국가자금으로 개발된 연구결과물의 귀속 등에 대해서는 2007년 개정을 통하여 관련 조문이 산업활력재생특별조치법에서 산업기술력강화법으로 이관되었다.[32)]

이 법 제19조에서는 국가가 위탁한 연구 및 개발의 성과 등에 관계된 특허권 등의 취급에 대하여 규정하고 있다. 국가는 기술에 관한 연구 개발 활동을 활성화하고 그 성과를 사업 활동에 있어 효율적으로 활용하는 것을 촉진하기 위해 국가가 위탁한 기술에 관한 연구 · 개발 또는 국가가 위탁한 소프트웨어의 개발의 성과인 「특정 연구개발 등의 성과」에 관한 특허권 등에 대하여 다음 중 어느 하나에 해당하는 경우에는 그 특허권 등을 수탁자 등으로부터 양수하지 않을 수 있다. ① 특정 연구개발 등의 성과를 얻은 경우에 지체 없이 국가에 그 취지를 보고하기로 수탁자 등이 약속한 경우, ② 국가가 공공의 이익을 위하여 특히 필요하다는 점과 그 이유를 밝혀 요구한 경우에는 국가가 당해 특허권 등을 무상으로 이용할 권리를 국가에 부여하기로 수탁자가 약정한 경우, ③ 당해 특허권이 정당한 이유없이 상당기간 활용되지 않은 경우로서 국가가 당해 특허권 등의 활용을 촉진하기 위하여 특히 필요가 있다는 이유를 밝혀 요구한 때에는 당해 특허권 등을 이용할 권리를 제3자에게 허락할 것을 수탁자가 약정한 경우, ④ 당해 특허권 등의 이전 또는 특허권 등을 이용하는 권리의 설정 또는 이전의 승낙을 하려고

30) 김승군, 「대학 기술이전전담조직의 발전전략」, 지식재산권연구센터, 2003. 12, 33면.

31) ライセンス委員会 第2小委員会, "産業界から見た産官学連携への期待", 『知財管理』, 日本知的財産権協会, 2001. 7, 56頁.

32) 일본 경제산업성(http://www.meti.go.jp/policy/innovation_policy/sangiho.htm).

할 때는 합병 또는 분할에 의하여 이전한 경우 및 해당 특허권 등의 활용으로 지장을 미칠 우려가 없는 경우로서 미리 국가의 인정을 받기로 수탁자 등이 약속한 경우이다(제19조 제1항).

또한 국가가 자금을 제공하여 다른 법인에게 기술에 관한 연구를 행하도록 맡기고 그 기관은 다시 다른 자에게 그 연구의 전부 또는 일부를 맡긴 경우에 당해 연구기관과 당해 수탁연구자 간 및 국가가 자금을 제공하고 다른 법인에 소프트웨어의 개발을 하게 하고, 해당 법인이 그 개발의 전부 또는 일부를 다른 자에게 도급한 경우에 해당 법인과 해당 개발의 도급자와의 관계에서도 준용한다(제19조 제2항). 이 때의 법인은 국가의 요구에 따라 제19조 제1항 제2호 제3호와 같은 승낙을 구하는 때에는 국가의 요청에 따라 행한다(제19조 제3항).

6. 외국환 및 외국무역법[33)]

외국환 및 외국무역법은 1949년 제정되었으며, 2004년 2월에는 일본의 안전유지를 위해 기술거래의 규제에 대한 개정이 있었다. 주요내용은 다음과 같다.[34)]

국제적인 평화와 안전 유지를 방해하게 된다고 인정되는 특정한 종류의 화물 설계, 제조 또는 사용에 관련된 기술인 특정기술을 특정한 외국(즉, 특정국)에 제공하는 것을 목적으로 하는 거래를 하고자 하는 자 또는 특정국의 비거주자에게 특정기술을 제공하는 것을 목적으로 하는 거래를 하고자 하는 거주자는 경제산업성 장관의 허가를 받아야 한다(제25조 제1항).

특정기술을 특정국 이외의 외국에서 제공하는 것을 목적으로 하는 거래를 하고자 하는 거주자 · 비거주자 또는 특정기술을 특정국 이외의 외국의 비거주자에게 제공하는 것을 목적으로 하는 거래를 하고자 하는 거주자에 대하여 시행령에서 정하는 바에 따라 그 거래에 대하여 허가를 받을 의무를 부과할 수 있으며(제25조 제2항), 특정국을 발송지로 하여 특정기술을 내용으로 하는 정보가 기록된 기록매체 등을 수출하는 것 또는 특정국에서 수신되는 것을 목적으로 하여 특정

33) 이 외에도 일본의 기술이전과 관련된 규제와 관련하여서는, 田上博道, "我が国における技術移転規制について", 『特許研究(No.42)』, 独立行政法人工業所有権情報研修館, 2006, 9, 57~64頁 참조.

34) 일본 재무성(http://www.mof.go.jp/international_policy/gaitame_kawase/gaitame/index.html).

기술을 내용으로 하는 정보를 전기통신에 의해 송신하는 것 등의 행위는 경제산업성 장관이 허가를 받을 의무를 부과할 수 있도록 하고 있다(제25조 제3항).

이를 위반하는 경우 5년 이하의 징역 또는 거래가액의 5배 이상의 벌금, 3년 이하의 수출 등 금지, 3년 이하의 징역 또는 100만엔 이하의 벌금 등에 처한다(제69조의7, 제70조).

제4절 중 국

1. 과학기술진보법[35)]

「중화인민공화국 과학기술진보법(中华人民共和国科学技术进步法)」은 1993년 7월 2일 제8기 전국인민대표대회 상무위원회 제2차회의에서 통과되었으며 2007년 12월 29일 제10기 전국인민대표대회 상무위원회 제31차 회의에서 개정되었다. 개정법은 2008년 7월 1일부터 시행하고 있다.

이 법은 과학기술의 진보를 촉진하고 생산력을 발휘하며 과학기술의 성과를 현실적으로 전환시키고 경제사회의 발전에 이바지하기 위하여 제정되었다. 중국은 과학기술의 발전을 위하여 과학기금을 설립하고 인재를 양성하며 과학형 중소기업을 창업하여 지원한다. 우선적으로 기초연구 · 최전방 기술연구 · 사회공익성 기술연구를 배치하고 안정적으로 발전하도록 지원하며 재정성 자금을 이용하여 설립한 과학기술자금 프로젝트 또는 과학기술계획 프로젝트가 형성한 발명특허권 · 컴퓨터 소프트웨어 저작권 · 집적회로배치도 설계독점권 · 식물의 신품종권은 국가안전 · 국가이익과 중대한 사회공공이익에 관련되는 것을 제외하고 프로젝트책임자가 법에 의거하여 취득하도록 수권한다. 중국은 국가의 산업정책과 기술정책에 근거하여 국외의 선진기술 · 장비를 도입할 것을 장려하며 기술성과의 전환과 산업화를 가속화하고 농업과학기술진보를 촉진한다. 국무원은 최첨단 기술산업 개발지역의 설립을 비준할 수 있고 과학기술 기밀유지제도를 실시하여 과학기술 기밀을 보호한다. 중국의 현급 이상 인민정부 및 유관부서는 과학기술계획 프로젝트를 확정하고 기업이 공정경쟁에 참여하고 실시하도록 장려한

35) 이하의 내용은 법제처 세계법제정보센터에서 참고하였음.
http://world.moleg.go.kr/World/EastAsia/CN/law/2533?searchCondition=ALL&searchKeyword=%EA%B3%BC%ED%95%99%EA%B8%B0%EC%88%A0 (2012. 8. 3. 최종검색).

다. 확실한 시장응용의 비전이 있는 프로젝트에 대하여 기업과 과학기술 연구개발기구 · 고등교육학교가 연합하여 공동으로 실시하도록 장려한다. 재정성 자금을 이용하여 기금을 설립하고 기업이 자주적 창조와 성과의 산업화를 위한 대출에 대하여 이자 · 담보를 제공하며 정책성 금융기구는 업무의 범위 내에서 국가가 장려하는 기업의 자주적인 창조 프로젝트에 대해 집중적으로 지원한다. 최첨단 기술제품의 연구개발 · 생산에 종사하는 기업과 중소형 최첨단 기술기업에 투자하는 창업투자기업 및 법률 · 행정법규가 규정하는 과학기술진보와 관련 있는 기타 기업에 대해서 세수지원을 하며 공민 · 법인 또는 기타 조직은 법에 의거하여 과학기술 연구개발기구를 설립할 권리가 있다. 국외의 조직 또는 개인은 중국 국경 내에 법에 의거하여 과학기술 연구개발기구를 설립할 수 있고 중국 국경 내의 조직 또는 개인과 법에 의거하여 과학기술 연구개발기구를 연합하여 설립할 수 있다. 과학기술 연구개발기구 · 고등교육학교는 법에 의거하여 박사 후 연구센터를 설립할 수 있고 과학기술 연구개발기구는 법에 의거하여 국외에 지점기구를 설립할 수 있다. 과학기술인원은 법에 의거하여 과학기술 사회단체를 설립하거나 참가할 수 있는 권리가 있다.

2. 과학기술성과 전환촉진법[36)]

「중화인민공화국 과학기술성과전환촉진법(中華人民共和國促進科技成果轉化法)」은 1996년 5월 15일 제8기 전국인민대표대회 상무위원회 제19차 회의에서 통과하였으며 1996년 5월 15일 중화인민공화국 주석령 제68호로 공포되어 1996년 10월 1일부터 시행하고 있다. 이 법은 중화인민공화국 과학기술진보법과 관련되는 법률 중 하나이다. 개혁개방을 실시한 후 중국은 국가경제의 중요한 부분을 차지하고 있는 과학기술체제개혁을 단행하였고 중국의 과학적 발전은 사회적 진보를 이끌어내었다. 그러나 중국의 전반적인 사회체제의 구성과 국민들의 사상은 과학기술과 경제와 상호결합하는 데 있어 미비하고 불리한 요소가 있었다. 이

36) 이하의 내용은 법제처 세계법제정보센터에서 참고하였음.
http://world.moleg.go.kr/World/EastAsia/CN/law/2673?searchCondition=ALL&searchKeyword=%EA%B3%BC%ED%95%99%EA%B8%B0%EC%88%A0 (2012. 8. 3. 최종검색).

에 가속화하는 과학기술의 발전과 경제와의 결합을 보장하고 개혁을 심화하며 과학기술성과의 산업화에 기여할 수 있는 정책적 환경을 마련하기 위하여 강력한 법률적 체제를 마련하게 되었다.

이 법에서 과학기술성과전환이란 생산력 수준을 향상시키기 위하여 과학연구와 기술개발에 대하여 생산해내는 실용가치를 가진 과학성과로 진행하는 후속실험 · 개발 · 응용 · 보급에서 신제품 · 신공법 · 신재료를 형성하고 신종산업을 발전시키는 것 등에 이르는 활동을 말하며 과학기술성과전환 중의 지적재산권은 법률의 보호를 받는다.

국무원의 유관부서와 성 · 자치구 · 직할시 인민정부는 정기적으로 과학기술성과목록과 중점적인 과학기술성과전환항목지침을 배포하고 우선적으로 안배하고 지도하는 항목을 확정한다. 각급 인민정부가 실시를 조직하는 중점과학기술성과전환항목은 유관부서가 공개입찰의 방식을 채택하여 전환을 조직할 수 있다. 기업은 법에 의거하여 독립적으로 또는 국경 내외에 기업 · 사업기관과 기타 협력자와 연합하여 과학기술성과의 전환을 실시할 권리가 있고 국가는 연구개발기구 · 고등학부 등 사업기관과 생산기업이 상호 결합하여 연합으로 과학기술성과전환을 실시할 것을 장려하며 농업과학연구기구 · 농업실험시범기관이 독립적으로 또는 기타 기관과 협력하여 농업과학기술성과전환을 실시할 것을 장려한다. 국가가 설립한 연구개발기구 · 고등학부와 국유기업과 중국 국경외의 기업 · 기타 조직 또는 개인이 협력하여 과학기술성과전환활동을 진행하는 경우 반드시 국가의 유관규정에 따라 과학기술성과의 가치에 대하여 평가를 진행해야 하고 과학기술성과전환 중의 대외협력이 국가의 기밀사항과 관련되는 경우 사전에 비준을 거쳐야 한다. 과학기술성과전환의 실험제품은 규정에 따라 비준을 거쳐 심사결정된 시험판매기간 내에 시험판매할 수 있다.

국가의 재정은 과학기술 · 고정자산투자와 기술개조의 경비에 사용되어야 하며 일정비율을 과학기술성과의 전환에 사용해야 하고 과학기술성과전환의 국가경비는 주로 과학기술성과전환의 유도자금 · 대출수수료 · 보조자금과 위험투자 및 기타 과학기술성과전환을 촉진하는 자금 용도에 사용된다. 국가는 과학기술성과전환활동에 대하여 세수혜택정책을 실시하며 국가의 금융기구는 과학기술성과전환에 대해 신용대출을 지원하고 점진적으로 대출금을 증가시킨다. 국가는 과학기술성과전환기금 또는 위험기금의 설립과 중대한 과학기술성과의 산업화를 가속화할 것을 장려한다. 국가는 과학기술정보네트워크의 건설과 발전을 추진하며 과학기술성과정보자료창고를 구축하고 전국에 보급하며 과학기술성과정보서비스를 제공한다.

과학기술성과완성기관과 기타 기관이 협력하여 과학기술성과전환을 진행하는 경우 계약으로써 당해 과학기술성과와 관련된 권익의 귀속을 약정한다. 과학기술성과완성기관과 기타 기관이 협력하여 과학기술성과전환을 진행하는 경우 협력자인 각 방은 기술기밀의 유지에 관하여 협의에 도달해야 한다. 기업 · 사업기관은 건전한 기술기밀보호제도를 구축하여 당해 기관의 기술기밀을 보호해야 하고 기업 · 사업기관의 과학기술성과전환에 참여한 관련인원과 재직기간 또는 이직 · 이직휴양 · 퇴직 후 일정 기간 동안 당해 기관의 기술기밀을 유지할 것에 관한 협의를 체결할 수 있으며 관련인원은 협의의 약정을 위반하여 당해 기관의 기술기밀을 누설하거나 당해 기관과 상동한 과학기술성과전환활동에 종사하여서는 안 된다. 과학기술성과완성기관이 직무과학기술성과를 타인에게 양도하는 경우 기관은 당해 직무과학기술성과를 양도하여 취득한 순수입 중 20%보다 낮지 아니한 비율로 당해 과학기술성과 및 그 전환을 완성하는 데 중요한 공헌을 한 인원에게 장려하고 기업 · 사업기관이 독립적으로 연구개발하거나 또는 기타 기관과 협력하여 연구개발한 과학기술성과를 전환을 실시하여 성공적으로 상업화 한 후 기관은 연속 3년에서 5년까지 당해 과학기술성과를 실시하여 얻은 이익 중에서 5%보다 낮지 아니한 비율을 당해 과학기술성과 및 그 전환을 완성하는 데에 중요한 공헌을 한 인원에게 장려한다. 주식형식을 채택한 기업의 경우 주식 또는 출자비율로 계산할 수 있고 주식소유자는 소유주식 또는 출자비율에 의거하여 수익을 향유한다.

3. 계약법[37)38)]

「중화인민공화국계약법(中华人民共和国合同法)」은 중화인민공화국 제9기 전국인민대표대회 제2차 회의에서 1999년 3월 15일 통과되어, 1999년 10월 1일부터 시행하고 있다. 이 중에서 기술이전과 관련된 것은 제18장 기술계약(제332조~제364조)이며, 이 중 제3절 기술양도계약(제342조-제355조)이 중요하다.

가. 중국기술이전계약의 서면성

중국계약법의 적용을 받는 기술양도계약의 범위는 전리권(專利權, 특허권 · 실용신안권 · 디자인권) 및 이들의 출원권 및 기술적 노하우의 양도, 실시허락, 기술양도 계약은 서면 방식을 사용하여야 한다고 규정하고 있다(계약법 제342조).

나. 비밀유지

기술적 노하우의 양도계약의 양도인은 마땅히 약정에 따라 기술자료를 제공하여 기술지도를 실시하고 기술의 실용성 · 신뢰성을 보장하고 비밀유지의 의무를 이행하여야 한다(계약법 제347조). 기술기밀양도계약의 양수인은 마땅히 약정에 따라 기술을 사용하고 사용비용을 지급하며 기밀유지의 의무를 이행하여야 한다(계약법 제348조).

다. 기술이전계약서 기재사항

중국기술수출입 자유화에 의해 중국용 기술수출계약서의 조항은 일부 규제가 남아있기는 하지만, 기본적으로 계약내용은 당사자가 자유로이 정할 수 있다. 계약서의 정식 언어는 중국어 외에 한국어, 영어 등의 사용도 가능하다.

---

37) 법제처 중화인민공화국계약법 번역본 및 원문 참조.
http://world.moleg.go.kr/World/EastAsia/CN/law/2730?pageIndex=2&searchCondition=ALL&searchKeyword=%EA%B3%84%EC%95%BD%EB%B2%95 (2012. 8. 6. 최종검색).
중국의 법령은 법제처의 세계법제정보센터(http://world.moleg.go.kr)에서 검색하여 참조함.

38) 大貫雅晴, 前揭書, 51~54頁.

계약서의 기재사항에 대해서는 계약법 제324조에서 기술계약내용의 조항을 정하고 있다. 기술계약의 내용은 계약자유의 원칙에 의거하여 당사자가 자유로이 약정할 수 있다. 동종에서는 기술계약의 내용은 당사자가 계약에서 정하며 통상 다음 조항을 정한다.

① 프로젝트의 명칭

② 목적의 내용, 범위 및 조건

③ 이행의 계획, 진도, 기한, 장소, 지역 및 방식

④ 기술정보 및 자료의 비밀유지

⑤ 위험의 책임부담

⑥ 기술적 성과의 귀속 및 분배방법

⑦ 검수(檢收)의 기준 및 방법

⑧ 대가, 보수 또는 사용비 및 그 지불방법

⑨ 위약금 또는 손해배상의 계산방법

⑩ 분쟁해결의 방법

⑪ 용어와 전문용어의 해석

계약법 제324조 후단에서는 계약이행에 관련된 기술배경자료, 기술평가보고, 프로젝트의 임무서 및 계획서, 기술기준, 기술규범, 기본설계 및 가공기술문서 및 기타 기술서류에 관하여는 당사자의 약정에 의거하여 계약의 구성부분으로 하는 것이 가능하다. 또한 기술계약이 전리권(특허 · 실용신안 · 디자인)에 미치는 효과는 발명창조의 명칭, 출원인과 전리권자, 출원일, 출원번호, 등록번호 및 전리권의 유효기간을 명기하여야 한다.

라. 대가, 보수 또는 사용료의 지불방법

기술이전계약의 대가, 보수, 지불방법에 관하여 계약법 제325조에서, 기술계약의 대가, 보수 또는 사용료의 지불방법은 당사자가 협의에 의거하여 정한다고 하고 다음과 같은 지불방법 및 회계감사를 규정하고 있다.

① 지불방법에 관하여 일괄계산 또는 일시불(lump-sum payment) 또는 분할지

불(다운페이먼트) 방법을 사용하는 것이 가능하다. 이러한 지불방법에 한정하지 않고 당사자가 자유로이 약정할 수 있으며, 그 외에 로열티(계속실시료)의 지불, 또는 로열티에 이니셜페이먼트를 부가하는 방식을 채택하는 것도 가능하다.

② 로열티(계속실시료)의 지불방법에 관하여, 로열티란 라이선시가 허락제품을 제조, 판매함으로써 발생하는 가장 높은 실시료이다. 로열티의 지불은 제품가격, 전리권의 실시 또는 노하우의 사용 후에 새로이 증가한 생산고, 이윤 또는 제품판매액의 일정비율에 따라 또는 기타 방식에 따라 계산하는 것도 가능하다. 지불비율은 고정비율, 축년(逐年)체증비율 또는 축년체감비율을 채택하는 것도 가능하다.

③ 또한 로열티의 지불을 약정한 때에는 당사자는 계약 중에 관계하는 회계감정항목을 검사 열람하는 방식을 약정하여야 한다고 되어 있다.

마. 불법 기술계약과 중국최고인민법원의 사법해석

중국계약법 제329조에서는 불법으로 기술을 독점하여 기술진보를 방해하거나 타인의 기술성과를 침해하는 기술계약은 무효로 한다고 규정하고 있다. 즉, 기술이전계약은 법률, 행정법규 또는 사회공공의 이익에 위반한 경우에는 무효가 된다.

이와 관련하여 중국최고인민법원 사법해석 제10조에서는 중국계약법 제329조에서 말하는 "불법으로 기술을 독점하여 기술진보를 방해하는"에 해당하는 불법 상황 예를 제시하고 있다. 불법 상황 예는 다음과 같다.

① 당사자의 일방이 계약목적 기술을 기초로 하여 새로운 연구 · 개발을 하는 것을 제한하거나 해당 당사자가 개량한 기술을 사용하는 것을 제한하거나 또는 쌍방이 개량기술을 교환하는 조건이 대등하지 않을 때. 여기에는 당사자의 일방에게 해당 당사자가 자신이 개량한 기술을 무상으로 상대방에게 제공하거나 비호혜적으로 상대방에게 양도할 것을 요구하거나 혹은 비호혜적으로 상대방에게 양도하도록 요구 또는 해당 개량기술의 지적소유권을 무상으로 독점하거나 공동으로 향유하는 것이 포함된다.

② 당사자의 일방이 다른 원천으로부터 기술제공 당사자와 유사한 기술 또는 해당 기술제공 당사자와 경합하는 기술을 취득하는 것을 제한할 때

③ 당사자 일방이 시장의 수요에 의거하여 합리적 방식에 따라 계약목적 기술을 충분히 실시하는 것을 방해한 때. 여기에는 기술수령 당사자가 계약목적 기술을 실시하여 제품을 생산하거나 서비스를 제공하는 수량, 품목, 가격, 판매루트 및 수출시장을 명확하게 불합리하게 제한하는 것이 포함된다.

④ 기술수령 당사자에게 기술을 실시하는 데 불가결하지 않은 부대조건을 넣도록 요구한 때. 이 부대조건에는 필요하지 않은 기술, 원재료, 제품, 설비 및 서비스의 구입 및 필요하지 않은 인원의 수용 등이 포함된다.

⑤ 기술수령 당사자가 원재료, 부품, 제품 또는 설비 등을 구입하는 루트 또는 원천을 불합리하게 제한한 때

⑥ 기술수령 당사자가 계약목적 기술의 지적소유권의 유효성에 이의를 제출하는 것을 금지하거나 이의 제출에 대하여 조건을 부가한 때

4. 중외합자경영기업법실시조례

「중화인민공화국 중외합자경영기업법실시조례(中华人民共和国中外合资经营企业法实施条例)」는 「중화인민공화국 중외합자경영기업법」[39]을 원활하게 실시하기 위하여 제정된 것이다. 이 조례는 1983년 9월 20일 국무원이 공포하였으며, 1986년 1월 15일, 1987년 12월 21일 개정 이후에 2001년 7월 22일 다시 개정되었다.

기술이전과 관련하여서는 특히 합병계약에 의거한 기술에 의한 현물출자투자의 기술이전계약의 경우에는 기술수출입관리조례 제6장 기술도입(제42조~제46조) 부분이 적용된다. 기술수출입관리조례 제43조에 따르면 기술도입이란 "합영기업이 기술이전의 방식에 의하여 제3자 또는 합영자로부터 필요한 기술을 취득하는 것"이라고 정의하고 있다. 또한 기술이전협정을 체결할 때에는 반드시 합영

39) 이 법은 1979년 7월 1일 제정되어, 1990년 4월 4일, 2001년 3월 15일 각각 개정이 있었다. 이 법은 합자기업 내의 중국근로자 보호 조항 강화를 위하여 제정되었으며, 합자회사가 필요한 원료구입시에 국내외에 관계없이 공평합리의 원칙에 따라 구입, 중국 영토 내의 외국보험회사에도 가입할 수 있도록 하였으며, 중재조항이 없을 시 인민법원에서도 해결할 수 있도록 명문화 하였고, 고용, 해고, 복리, 노동보호, 보험 등을 반드시 법에 따라 계약서를 통하도록 규정하고 있다.

기업이 독립하여 경영관리를 행할 권리를 보호하고 또한 이 조례 제29조의 규정에 의하여 기술양도측에 관련자료의 제공을 요구하여야 한다고 규정하고 있다(기술수출입관리조례 제45조).

그리고 합영기업이 체결한 기술이전협정은 기업주관부서의 심사 · 동의를 얻고 인가기관의 인가를 받아야 한다. 기술이전협정은 다음에 부합되어야 한다고 규정하고 있다(기술수출입관리조례 제46조).

① 기술사용료는 공평하고 정당하여야 하며, 일반적으로 할인방식으로 지불할 것, 할인방식에 의하여 기술사용료를 지불할 경우 동 할인율은 당해 기술에 의하여 생산된 제품의 순매상고에 따라 또는 쌍방이 협정한 기타의 합리적인 방식에 의하여 계산한다.

② 쌍방의 별도 협정이 있는 경우를 제외하고는 기술양도측은 기술인수측에 제품의 수출지역 · 수량 · 가격을 제한하여서는 아니된다.

③ 기술이전협정의 기간은 일반적으로 10년을 초과하지 아니한다.

④ 기술인수측은 기술이전협정의 기간만료 후에도 계속 당해 기술을 사용할 권리를 가진다.

⑤ 기술이전협정을 체결한 쌍방에게는 개선기술의 상호교환조건이 동등하여야 한다.

⑥ 기술인수측은 합당하다고 인정되는 제공자로부터 필요한 기계설비 · 부품 · 부속품 및 원재료를 구입할 권한을 가진다.

⑦ 중국의 법률 · 법규로 금지된 부당한 제한조항을 포함시켜서는 아니된다.

5. 기술수출입관리조례

가. 주요내용[40]

중국은 WTO 가입에 맞추어 2002년 1월 1일부터 「중화인민공화국 기술수출입관리조례」를 시행하고 있다. 기술수출입관리조례의 시행에 맞추어 기술도입

40) 大貫雅晴, 前揭書, 48~49頁.

인허가제도를 채택하여 외국으로부터의 기술도입을 엄격히 규제하던 구 기술도입관리조례, 기술도입계약관리조례시행령, 기술도입계약에 관한 내부통달은 폐지되었다.

기술수출입관리조례에서는 기술수출입 계약에 대하여 수입자유기술의 등록제도와 수입제한기술의 허가관리제도의 분류관리를 하고 있다. 수입자유기술의 등록제도에서는 수입자유기술의 계약은 당사자간의 계약 성립에 의해 발효되며 계약내용의 심사는 없어졌다. 계약내용은 당사자가 자유로이 결정할 수 있게 되었다. 예를 들면 계약기간의 자유화, 노하우 등의 비밀보호규정의 내용과 기간의 자유화, 계약종료 후의 계속사용 금지 등이 인정되었다. 한편 도입기술, 지적재산권의 보호의무 및 그 외에 제한조항에 관한 규제는 일부 남아 있다.

수입자유기술의 등록은 계약발효의 요건은 아니지만 등록증으로 외화송금, 세무처리, 기계설비의 대여 등에 수반하는 절차를 밟게 되므로 계약서의 작성 및 당국에의 등록은 불가결하다. 등록절차는 당사자에 의한 계약체결로 중국국제전자상무망에 의한 인터넷상의 등록을 한 다음 관계주관부문에의 등록신청(통상적으로 '성(省)', '자치구', '상무부문기술수출입과'가 창구)을 한다. 등록신청에 요하는 서류는 기술도입계약의 등록신청서, 기술수입계약의 등본, 계약 당사자의 법률적 지위에 관한 증명문서가 필요하다. 신청 수령일로부터 3영업일 이내에 등록되며 등록증이 발행된다.

기술수출입관리조례에 의거한 인가, 등록의 기술이전 대상은 기술수출입을 대상으로 전리권(특허, 실용신안, 디자인 포함)의 양도, 전리출원권의 양도, 전리권의 실시허락, 기술노하우의 양도, 기술서비스 및 기타 방식에 의한 기술이전을 꼽을 수 있다. 상표권의 사용허락은 기술수출입관리조례의 대상 외이며, 상표권 사용허락은 상표법에 의거하여 상표국이 관할하고 있어 계약체결 후 3개월 이내에 계약부본을 현급(縣級) 상공행정관리기구에 제출 후 상표국에 제출하여야 한다.

수입금지, 제한기술의 허가관리제도에서는 수입제한기술은 국무원 경무주관부문의 심사, 허가가 필요하다. 수입제한기술은 「중화인민공화국 수입금지수입제한목록」을 공표하고 있다. 또한 수입제한기술 리스트 이외의 기술은 수입자유화기술이 된다. 허가절차 수순은 「기술수입신청서의 제출 → 기술수입허가 의향서의 발급 → 기술수입계약의 체결 → 기술수입허가증의 신청 → 기술수입허가증의 발급」이라는 복잡한 절차가 된다.

또한 기술수출입관리조례 제22조에서는 외상(外商)투자기업을 설립할 시에 외국측이 기술로 투자할 경우 해당 기술의 도입은 외상투자기업 설립의 심사·인가절차에 따라 심사 혹은 등기를 한다는 내용이 규정되어 있다.

나. 기술수출입관리조례에 의거한 기술도입계약서 내용의 제한[41]

중국으로의 기술이전계약은 기술수출입관리조례에 의한 일부 계약내용의 제한이 남아있음에 유의하여 계약서를 작성하여야 한다. 이하에 기술수출입관리조례에 일부 남아 있는 계약조항의 규제내용에 대하여 소개한다.

(1) 허락실시권의 보증, 권리침해책임의무

기술수출입관리조례 제24조에서는 라이선서에게 허락실시권의 보증, 권리침해의 책임의무를 과하고 있다. 이 제24조에서는 ① 기술수입계약의 공여인은 제공하는 기술의 합법적 소유자이거나 양도, 사용허락을 하는 자임을 보증하여야 한다. ② 기술수입계약의 수령인은 조약조항에 의거하여 공여인이 제공하는 기술을 사용함으로써 제3자로부터 권리침해의 소송을 당할 경우, 수령인은 즉시 그 취지를 공여인에게 통지하고 공여인은 통지를 받은 후 수령인에게 협력하여 장애를 배제하여야 한다. 나아가 ③ 기술수입계약의 수령인이 계약조항에 의거하여 공여인이 제공하는 기술을 사용한 결과 제3자의 합법적 권익을 침해한 경우, 공여인이 책임을 지는 것으로 되어 있다.

(2) 제공기술의 보증의무

기술수출입관리조례 제25조에서는 라이선서가 제공하는 기술의 보증의무를 과하고 있다. 이 제24조에서는 기술이전계약서의 조항 규정에서 기술수입계약의 공여인은 제공하는 기술이 완전하고 하자가 없으며 유효하여 약정된 기술목표에 도달할 수 있음을 보증하여야 한다고 되어 있다.

---

41) 大貫雅晴, 前揭書, 49~50頁.

(3) 기타 제한조항

기술수출입관리조례 제29조에서는 기술수입계약에 제한적인 조항을 포함해서는 안 된다고 하고 제한적 조항을 다음과 같이 나열하고 있다.

① 수령인에게 기술수입에 필요불가결하지 않은 부대조건을 요구하는 것. 여기에는 불필요한 기술, 원재료, 설비 또는 서비스의 구입이 포함된다.

② 수령인에게 특허권의 유효기간이 만료되었거나 특허권의 무효선고가 내려진 기술의 사용료 지불, 혹은 그에 관련한 의무의 이행을 요구하는 것

③ 수령인이 공여인이 제공하는 기술을 개량하는 것 혹은 그 개량한 기술을 사용하는 것을 제한하는 것

④ 수령인이 다른 공급처로부터 공여인이 제공하는 기술과 유사한 기술 혹은 그와 경합하는 기술을 입수하는 것을 제한하는 것

⑤ 수령인의 원재료, 부품, 제품 혹은 설비의 구입루트나 공급처를 부당하게 제한하는 것

⑥ 수령인의 제품 생산량, 품종 혹은 판매가격을 부당하게 제한하는 것

⑦ 수령인이 수입기술에 의해 생산하는 제품의 수출루트를 부당하게 제한하는 것

제4장

기술이전계약의 절차 및 작성

제1절 기술이전계약절차 및 검토사항

제2절 기술이전계약 조항별 예문과 해설

제3절 기술이전계약 조항 및 작성 예

제4절 계약이행의 관리와 감독

제1절 기술이전계약절차 및 검토사항

계약은 당사자의 의사합치로 성립한다. 계약의 성립에는 특별한 형식이나 절차를 요구하는 것은 아니다. 그러나 당사자 사이의 의사합치에 대한 사항을 서면으로 작성하여 보존하는 것이 통례이다. 이에 당사자의 의사표시에 따른 법률행위의 내용을 문서로 표시한 계약서를 작성하게 된다. 계약서는 모든 거래행위의 기본이 되는 것이며 또한 모든 법률 서식의 기초가 되는 것이다. 계약서는 당사자가 성의를 가지고 준수해야 할 계약상 권리와 의무를 명백히 정해 둠으로써 문제가 발생했을 때 유효한 해결책을 주고, 나아가서는 분쟁이 발생한 때에는 증거자료로서 사용된다. 이러한 계약서는 계약 체결 과정의 최종 단계에서 만들어지게 된다. 이 때 알아 두어야 할 사항은 다음과 같다.

1. 관계정보의 입수(제1단계)

계약서 작성자는 먼저 계약서를 작성하기 전에 필요한 정보를 사전에 입수하여 둘 필요가 있다. 입수하여야 할 정보는 의뢰자가 라이선서인가 라이선시인가에 따라 다르다. 특히 라이선시의 계약 작성자가 입수하여야 할 정보는 다음과 같다.

가. 라이선서 및 라이선시에 대한 기초정보에 관한 것

계약서를 작성함에 있어서 먼저 당사자를 확인하여야 한다. 이를 위하여 라이선서로서는 라이선시(Licensee)가 개인인 경우에는 그 성명, 주소, 상호, 주민등록번호, 사업자등록번호 등을 확인하고 미성년자, 금치산자, 한정치산자 등 계약체결 능력여부를 확인하여야 한다. 또한 라이선시가 법인인 경우에는 법인명, 소재지, 대표자 성명, 주소(법인등기부등본 확인), 대리인일 경우 대리권 유무확인, 법적인 제약(회사정리절차, 파산, 해산, 청산절차 등) 등을 확인하여야 한다. 또한 상대방의 신용도, 기술개발력, 영업상황, 라이선시와의 관계 등 라이선서에 관한 것들도 수집하여야 한다.

반면 라이선서(Licensor)의 입장에서는 라이선싱 전략이 수립되면 그 전략에 따른 사업화 전개 능력을 갖춘 라이선시를 발굴하는 작업에 착수하여야 할 것이다. 라이선시 발굴시에는 ① 라이선싱 하고자 하는 프로퍼티(Property)의 신규성 여부(시장에서의 인지도 여부), ② 라이선시가 상품제조라인에서 적정 가격에 생산 가능 여부, ③ 라이선시 업체의 파워, ④ 라이선시의 라이선싱 사업 또는 마케팅 경험 여부 등에 관한 사항이 고려되어야 한다. 그리고 위와 같은 요소를 감안하여 라이선시를 발굴했다면 과연 어떤 라이선시가 라이선서와 프로퍼티의 환경을 고려하여 가장 적합한가를 평가하는 작업이 필요하다. 라이선시를 평가하는 데 다음과 같은 사항을 반드시 점검하여야 한다.

〈표 5〉 라이선시(Licensee) 평가사항

• 라이선시 회사의 정보 – 회사연혁, 담당자, 주소, 전화번호, 계열사, 보유 기술 · 특허, 생산제품 목록, 판매 및 마케팅 정보, 경쟁사 등
• 재정적 정보 – 매출액, 순이익, 신용도, 지불능력 등
• 생산능력 – 상품 자체 생산능력 보유 · 상품개발 능력 보유 여부 등
• 라이선싱 경험 여부
• 판매경로 및 소매점들과의 관계
• 광고 및 마케팅 능력

나. 특허와 관련된 것

라이선스 계약 등의 거래 과정에서는 목적이 되는 특허에 관한 정보를 수집하여야 할 때도 있다. 이때 수집 대상 항목은 다음과 같다.

〈표 6〉 허락되는 특허의 정보수집 항목

• 허락특허의 기술내용과 완성도
• 경합기술 또는 제품의 존재 여부, 존재하는 경우에는 그것들과의 경쟁우위 등의 비교
• 허락특허의 무효사유, 무효심판청구 등의 유무
• 허락특허의 실시가 제3자의 특허를 침해할 가능성
• 허락특허에 관하여 이미 제3자에게 실시권을 허락하고 있는가의 여부
• 허락자 또는 그 실시권자가 이미 허락특허를 실시하고 있는 경우에는 그 실적(건수)
• 허락특허에 관한 허락자의 연구개발정보
• 특허권 등의 존속기간
• 그 외 허락특허에 관련된 정보

다. 타결사항 등에 관한 것

계약 작성자가 계약의 조건교섭에 관여하지 않은 경우에는 타결사항이나 교섭경과 과정을 교섭자로부터 듣고, 불명료한 점이 있으면 그에 대한 해석을 요구해 그 내용을 정확히 파악해 둘 필요가 있다. 다만 당사자 간의 타결사항에 대해서는 반드시 계약서에 명시해 두어야 한다.

라. 의뢰자의 정책 등에 관한 것

계약서 작성 의뢰자의 정책이나 요망사항에 대해서는 특히 정확하고 구체적으로 들어 둘 필요가 있다. 이러한 사항도 반드시 계약서에 명시해 두어야 한다.

마. 경영 · 영업 등에 관한 것

의뢰자의 경영전략 · 판매전략, 의뢰자에 의한 계약제품의 제품판매계획이나 연구개발 계획 등 기술이전을 활용한 사업의 전개와 관련한 사항을 수집하여야 한다.

바. 판례 · 학설 등

계약사 작성자는 계약서의 작성에 필요한 모든 법적 지식을 갖고 있다고 단정할 수는 없다. 따라서 작성자는 계약서의 작성에 필요한 판례, 학설, 실무상의 취급 등에 관한 정보를 입수해 두는 것이 바람직하다.

2. 입수한 정보의 검토(제2단계)

계약 작성자는 앞 단계에서 다양한 종류의 정보를 입수하게 되는데 그 중에서 당사자 사이의 합의사항이나 의뢰자의 요망사항을 계약 작성의 관점에서 특별히 검토하여 부적당한 것은 없는지 살펴보아야 한다.

가. 당사자간의 타결사항의 검토 · 개발

계약 당사자는 계약 교섭과정에서 당사자가 합의한 사항(즉, 타결사항)을 검토한다. 만약 그 내용에 위반 또는 불명확한 점이 있으면 이를 적법 또는 더욱 명확한 것으로 변경 · 수정하는 것이 필요하다. 물론 이 수정안은 신속히 상대방에게 제시하여 그 타결여부, 변경 등을 둘러싸고 상대방과의 교섭이 계속될 것이다. 그리고 교섭이 정리되면 그 사항에 대해서는 반드시 계약서에 그 내용을 규정하여야 한다.

나. 의뢰자의 정책 등의 검토 · 개발 · 조언

보다 객관적인 계약서 작성을 위하여 제3자로 하여금 계약의 작성을 의뢰할 수 있다. 이때 계약 작성자는 의뢰자의 정책이나 요망사항을 전문가적 입장에서 검토하여야 한다. 혹시 위법 또는 부당한 점이 있으면 그 수정을 의뢰자에게 조언해야 한다. 또 의뢰자의 정책이나 요망사항이 추상적이거나 불명확하다면 계약서안 작성에 필요한 한도에서 이를 보다 구체적인 내용으로 또는 보다 명확한 내용으로 개발하여 이를 의뢰자에게 조언해야 한다.

또한 여기서 특히 주의해야 할 것은, 계약 작성자는 의뢰자의 정책이나 요망사항의 수정, 개발에 대하여 의뢰자에게 조언은 할 수 있지만 의뢰자로부터의 특별한 수권이 없는 한 그 최후결정권을 가지지 못한다는 점이다. 최후결정권을 가지는 자는 의뢰자뿐이다. 또한 이 과정에서 의뢰자로서는 계약서 작성 자체만을 목적으로 계약 작성자의 책임을 물을 수 있는 별도의 계약을 맺어야 할 것이다.

〈참고〉 직접 계약과 에이전트(Agent)를 통한 계약의 장단점

라이선서와 라이선시가 직접 계약을 체결할 수도 있지만, 에이전트를 통하여 계약을 할 수도 있다. 라이선서와 라이선시가 직접 계약을 체결할 경우에는 '라이선시 발굴시 성실한 조사수행', '프로퍼티의 개발 컨셉에 일치하는 라이선시의 발굴 및 상품화 전개', '에이전트 비용 절약', '라이선스 상품화 전개에 따른 의사결정의 신속성' 등의 장점이 있으나 전문성 부재 또는 라이선시 및 프로모션 마케팅에 대한 네트워킹 부족 등 단점 또한 많이 있다.

예를 들어, 충분히 시장가치가 있는 캐릭터를 소유하고 있음에도 불구하고 라이선서가 계약업무와 관련된 전문성이 없거나 프로모션 마케팅 능력 부족 및 라이선시와의 네트워킹이 약하다고 판단되면 라이선싱에이전트를 활용하는 것이 바람직하다.

전문성 있는 라이선싱에이전트를 활용하는 경우에는 아래와 같은 장점이 있다.

- 라이선싱 비즈니스의 풍부한 경험과 지식활용
- 풍부한 라이선시 및 마케팅 기관과의 폭넓은 네트워크 활용
- 급변하는 시장 환경 속에서 신속한 시장분석
- 라이선서보다 공격적이고 활발한 비즈니스 전개
- 라이선서에게 비용절감의 효과

라이선서가 라이선싱 에이전트를 통해 라이선싱을 전개할 때 에이전트 수수료율은 계약 상황에 따라 차이가 있겠지만, 대체적으로 로열티 총수익의 35%~40%로 알려져 있다. 그러나 캐릭터가 시장에서 이미 상당한 인지도를 가지고 있어 라이선싱 전개가 수월할 경우에는 에이전트 수수료율이 더 낮아질 수도 있는 등 여러 조건에 따라 에이전트 수수료율은 달라질 수 있다.

결론적으로 라이선싱에이전트 활용 여부는 자사 내부의 라이선싱 전문인력 보유 여부, 잠재적 라이선시 네트워크 및 브랜드 마케팅 능력 여부, 전문인력 풀타임 고용비용 대비 에이전트 비용, 라이선싱 경험여부 등을 고려하여 결정되어야 한다.

다. 의뢰자의 이익을 증진할 수 있는 사항의 개발 · 조언

당사자간의 타결사항이나 의뢰자의 요망사항은 조약의 기본조건에 관한 것이므로, 이를 반드시 계약서안 속에 규정해 두어야 한다. 그 외에도 의뢰자의 이익을 옹호 · 증진할 수 있는 중요사항에 대해서는 이를 계약서안 속에 규정해 두는 것이 바람직하다. 계약서 작성자는 이러한 중요사항을 지적하고 그 내용을 구체적으로 개발하고 이를 계약서에 규정하도록 의뢰자에게 조언해야 한다. 어떠한 사항을 중요사항으로 하느냐는 의뢰자가 허락자이냐 실시권자이냐에 따라 다르다.

3. 계약서안의 작성(제3단계)

위의 작업이 끝나면 드디어 계약서안의 작문에 들어가야 된다. 계약서안을 작문하는 것에는 먼저 계약서의 골격이라고 할 수 있는 계약서의 목차 또는 목차표를 만들고 다음으로 이 목차 또는 목차표에 의거하여 계약서안을 실제로 기안하는 것이 통례이다. 그리고 이 기안된 계약서안은 상대방에게 제시되며 이 안을 둘러싸고 상대방과의 세부교섭을 계속하여야 하는데, 교섭이 정리되면 그 결과에 의거하여 계약서안을 수정하여 최종계약서를 만들고 이로써 계약서안의 작문 작업은 완전히 끝나게 된다.

4. 계약서 작성(제4단계)

계약서 작성은 준비된 안을 순서대로 수정 · 보완하여 작성한다. 구체적인 것은 각 조항별 예문과 해설에서 보기로 한다.

제2절 기술이전계약 조항별 예문과 해설[1)]

모든 계약처럼 기술이전 계약에 있어서도 계약을 맺는 당사자들은 서로에게 유리한 계약을 하기 위해 노력한다. 이 같은 계약체결에 있어서 유리한 위치를 점하기 위해서는 라이선서와 라이선시 모두 계약시에 필요한 사항을 정확하게 인식하고 협상에 임해야 계약에 따른 문제점을 미연에 방지할 수 있다. 다음은 기술이전 계약을 체결하기 전에 계약 당사자들이 유의해야 할 일반사항을 열거한 것이다.

〈표 7〉 기술이전 계약 체결 과정에서의 고려사항

• 계약당사자의 확정(명칭, 주소)
• 계약 대상 Property 및 허여 라이선스의 정의
• 전용(Exclusive)실시권을 부여할 것인지, 통상(Non-Exclusive)실시권을 부여할 것인지의 여부
• 지역확정(Territorial Rights)
• 계약기간
• 해지권(Termination Rights)
• 재허락권(Sub-Licensing Rights)
• 계약갱신에 대한 사항(Options to Renew)
• 보상금(Compensation-로열티율, 로열티기준, 판매 및 판매시기의 정의)
• 로열티 지불시기
• 선수금(Advance Fee)
• 보증금(Guaranteed Minimum Royalty)
• 품질검사(Quality Control)

1) 이하의 내용은 윤선희, 「국제계약법 이론과 실무」, 법률출판사, 1997, 113~225면의 내용을 수정 보완한 것임.

- 특별관계인에 대한 판매(Sales to Affiliates)
- 결제화폐(Currency)
- 이자율(Interest)
- 감사(Audit-시기 및 고지, 과부족지불에 대한 과태이자, 감사비용부담, 기존보존의무)
- 비밀보장(Confidentiality)
- 제조물 책임(Product Liability)
- 대표 및 보증관련 사항(소유권 및 비침해 관련사항, 필수적 허가사항)
- 계약승계사항
- 노하우 지원 및 상품화 개시
- Property의 관리
- 계약기간 중의 Property 관리
- 계약종료 후의 Property 관리

1. 라이선서와 라이선시가 고려할 사항(일반적 주의사항)

기술이전 계약 과정에서 고려하여야 할 사항을 살펴보면 다음과 같다.

① 이전할 기술이 무엇인지, 그리고 기술의 범위, 특허를 받았다면 청구항의 실시범위가 무엇인가를 파악해야 한다.

② 사업을 전개하는 과정에서는 시장을 염두하여야 한다. 따라서 국내 시장에 한정할 것인지, 국외 시장까지도 포함할 것인지 등에 대한 판단을 내려야 하며, 이러한 판단 아래 실시계약의 목적이 되는 것의 국내외 권리 존재여부 확인 및 부수조건을 파악하여야 한다.

③ 기술의 권리별 형태와 실시권의 허여형태 등을 확인하여야 한다. 함께 사업 전개 과정에서 얻게 되는 개량 정보 등을 살펴보고, 이에 대한 귀속 여부도 판단하여야 한다.

④ 사업을 전개하는 과정에서 계약의 목적이 되는 기술의 대체 가능성을 판단하여야 한다. 대체 가능성의 여지에 따라 유리한 지위를 누릴 수 있다.

⑤ 실시 또는 이전 계약의 목적이 되는 사항과 사업 전개와의 적정성을 평가

하여야 한다. 사업 전개에 따른 수익과 무관한 내용까지 포함시킬 이유는 없으며, 사업과의 적정성을 정확하게 평가해야 한다.

⑥ 계약 당사자로서는 최대한 자신의 이익이 관철될 수 있도록 노력하게 된다. 따라서 기술이전에 관한 협상을 하게 되는 경우에는 최대한 유리한 지위를 차지하기 위한 협상, 기술도입의 수정보완, 추가적 엔지니어링 작업 등을 사전에 검토하여야 하며, 기술은 공개시장에서의 거래가 아니기 때문에 협상에 따라 도입조건이 크게 좌우될 수 있으므로 이의 전문적 대처가 필요하다.

가. 라이선서(Licensor)가 고려해야 할 요소

(1) 당사자

① 라이선서와 라이선시를 확인한다.

② 라이선스를 라이선시의 자회사 또는 관계회사까지 확대할지를 판단한다.

③ 만약 라이선시가 다른 회사에 흡수되거나, 그 주식의 많은 부분이 라이선서 경쟁사에 의해 취득된다면 어떻게 되는가를 확인한다.

④ 만약 라이선시가 파산하거나, 지명파산관재인을 두거나, 채권자와 화해를 한다면 어떻게 되는가를 확인한다.

⑤ 라이선시로 하여금 계약상의 지위를 양도할 수 있는 권한을 허여할 것인지를 판단하여, 그에 다른 판단을 규정한다.

⑥ 만약 라이선시로 하여금 그러한 지위 양도를 인정하지 않고자 한다면, 이를 명문으로 규정하며, 반대로 그러한 지위의 양도를 인정하고자 한다면 어떠한 조건에서 이를 인정할 것인지에 대하여 규정한다.

(2) 계약 대상

① 예컨대 특허의 라이선싱, 노하우의 매매계약 또는 이의 복합 등과 같이 당사자의 합의를 기술하는 합의 내용의 종류를 정한다. 제조 또는 판매에 대한 권리가 포함되었는가, 아니면 양자가 복합되었는가 확인한다.

② 라이선시가 사용할 제조공정이나 생산할 제품을 정한다. 제작 공정의 경우에는 그러한 제작 공정이 사용될 제품이나 사업영역을 정한다.

③ 라이선스 제품이나 공정과 관련하여 특허가 관련하는 경우 당해 라이선스의 목록을 작성하여 정한다.

④ 라이선스 제품과 관련하여 상표의 사용이 요구되거나 출처의 표시 등을 요구할 것인지 등에 대한 사항을 판단하며, 이것을 요구하는 경우에는 그 상표 범위를 목록으로 작성하여 정한다.

⑤ 라이선시에게 특허를 사용할 권리를 승인하여야 할 경우라면, 그 범위를 정하도록 한다. 예컨대 라이선서의 입장으로서는 특허를 사용할 권리를 승인하거나, 특별히 계약상 정하지 않는 한, 특허에 관한 어떠한 권리 · 권한도 양도되지 않음을 명기한다.

⑥ 라이선시에게 상표를 사용할 권리를 승인하나, 특별히 계약상 정하지 않는 한, 상표에 관한 어떠한 권리 · 권한도 양도되지 않음을 명기한다. 또한 만약 예기치 못한 방법에 의해 라이선시가 그러한 권리 · 권한과 그러한 권리로서 생긴 신용(goodwill)의 이익을 갖는다면, 그 권리와 이익을 명목적으로 고려하여 라이선서에게 양도함을 명기한다.

⑦ 라이선시는 라이선시가 특허와 상표의 효력을 승인해야 함을 주장한다. 아니면 라이선시는 어떠한 경우에도 특허와 상표의 효력을 다툴 수 없음을 주장한다.

⑧ 라이선스의 승인은 특허의 유효성을 보증하는 것으로 간주되지 않음을 명기한다.

⑨ 계약기간이 특허의 존속 기간과 동일하게 연장되지 않는 경우에는, (만약 원한다면) 특허의 취소 그 자체가 자연 계약 종료의 충분사유가 아님을 명기한다.

⑩ 사양서, 도면, 기술자료 등을 포함해 라이선시에게 양도될 노하우를 정한다. 또한 이에 대한 지적재산권은 라이선서의 재산임을 규정한다.

⑪ 조업개시나 계속된 서비스를 위해 라이선서가 라이선시에 제공하는 기술상, 상업상 지원의 범위를 정한다.

라이선스 제품 또는 제조공정에 라이선서가 개량 특허의 주제나 신규 특허의 주제인 발명을 개발하거나 개선을 한다면 어떻게 되는가를 확인한다.

만약 라이선시가 라이선스 제품 또는 제조공정과 관련하여 어떤 발명이나 개선을 개발한다면 그는 즉시 그것을 라이선서에 공개하며, 라이선서 명의의 특허 보호를 확보하기 위해 필요한 모든 일을 함을 규정한다.

(3) 라이선스의 지역적 범위

① 라이선시가 제조상 · 판매상 또는 양자의 권리를 갖는 지역을 정한다.

② 제조 · 판매 또는 양자의 권리에 관하여 라이선스가 독점적(라이선시 단독으로 특허를 사용하며, 그의 단독 명의로 침해소송을 제기할 수 있는 권한을 갖는)인가 자기실시를 보유하는 독점실시권인가 아니면 통상 실시권인가를 확인한다.

③ 만약 라이선시가 자기실시를 보유하는 독점실시권을 갖는다면, 이는 전적으로 당해 지역 수요에 대한 라이선시의 대처에 의존하며, 만약 라이선시가 이에 실패하면 라이선시는 추가로 별도의 라이선시를 지명하거나 직접 시장에 공급할 권리를 가짐을 규정한다.

④ 라이선시는 제조 · 판매 또는 양자의 권리에 대한 서브라이선스(sub-license)권을 갖는가? 만약 그러하다면, 어떠한 조건이 적용될 것이며, 어떠한 동의를 라이선서로부터 얻어야 하는가를 확인한다.

⑤ 라이선시는 수출권을 갖는가? 만일 그렇게 하기로 합의했다면, 수출권의 범위 등에 대하여 정한다.

(4) 라이선스의 대가 결정

① 라이선서는 어떻게 보상받는가를 정한다. 일시불, 로열티, 기술지원비, 경비부담, 라이선시 회사의 주식취득 또는 이들 결합 등의 형태로 할 것인지를 정하며, 또한 당해 보상 방식에 대한 혼동이나 분쟁의 방지를 위해서 정의를 내린다.

② 계약금이나 사전 로열티 지불이 있는가를 확인한다.

③ 어떠한 화폐와 환율로서, 지불이 언제 어떻게 이루어질지를 정한다.

④ 라이선시가 일체의 송금 비용을 부담함을 규정한다.

⑤ 예컨대, 만약 로열티가 전체 판매 또는 소매가에 대한 비율이라면 어떠한 가격이며, 할인 · 판매세 등에 대한 공제는 무엇인가와 같이 어떻게 로열티가 산정될 것인가를 명확히 정한다.

⑥ 라이선시가 계산에 있어 어떠한 도량형을 사용할지를 명기한다.

⑦ 라이선시는 일체의 지방세와 관세를 지불하며, 이를 로열티에서 공제하지 않음을 명기한다.

⑧ 라이선시는 송금을 위해 필요한 일체의 정부 승인을 신청하며, 그와 관련한 일체의 비용을 지불하고, 만약 라이선서가 요구한다면 그러한 신청의 증거를 라이선시에 제공함을 명기한다.

⑨ 지불지체에 대해, 만약 있다면, 라이선시는 어떠한 위약금을 부담하는가(예컨대 금리 등)를 정한다.

⑩ 화폐가 평가절하되면 어떻게 되는지를 정하며, 로열티 비율에 어떤 조정이나 다른 재정상의 규정이 필요한가를 정한다.

⑪ 만약 정부가 대외지불을 동결한다면 어떻게 되는가를 정한다.

⑫ 계약이 체결된 후 라이선시는 언제 생산에 들어가며, 첫 로열티 지불이 이루어지는가를 정한다.

⑬ 시장 규모 확장시, 주어진 기간 동안 로열티 비용을 최소화하기 위해서 라이선시에게는 어떠한 요건이 필요한가를 정한다.

⑭ 라이선시의 주식을 구입하는지, 아니면 구입에 관한 옵션을 유보하는가에 관해 어떠한 규정이 만들어져야 하는지를 정한다.

⑮ 라이선시 주식의 구매가 산정의 기초는 무엇인가를 정한다.

⑯ 라이선시의 주식을 근거로 라이선시 회사에 대한 어느 정도의 경영 참여와 지배가 이루어지는가를 정한다.

⑰ 라이선서가 갖는 주식은, 로열티 지불에 어떠한 영향을 미치는가를 정한다.

⑱ 라이선시는 일정한 간격을 두고 라이선스 제품의 제조 · 판매비 및 완성제품 재고의 정도와 금액을 밝히는 보고를 하여야 함을 규정한다. 이때 수치는 독립한 회계사에 공인되어야 한다.

⑲ 라이선서는 라이선스 제품과 관련한 라이선시의 기록 및 회계를 조사할 권리를 가짐을 규정한다.

⑳ 시장수요에 대한 라이선시의 대처 실패로 라이선서나 그의 권한을 위임받은 자가 당해 지역에 공급해야 할 필요가 있는 경우에, 라이선시는 라이선서에 대해 그와 같은 행위로 입은 일체의 비용을 지급함을 규정한다.

㉑ 만약 라이선서가 라이선시 제품의 일부를 구입할 권리를 원한다면, 구입가격의 결정방법을 정한다.

㉒ 계약 종료 후에도 라이선시는 약정기간에 대해 동일 또는 감소한 로열티 지불을 계속하여야 하는가? 만약 그러하다면 이를 정한다.

(5) 계약의 이행

① 라이선서는 제3자에 의한 특허 또는 상표 침해에 대한 법적 절차를 제기해야 할 의무를 지지 않음을 명기한다.

② 라이선시는 특허와 상표를 침해로부터 보호하도록 노력하며, 그러한 침해가 발견되는 즉시 라이선시에게 알려야 함을 규정한다.

③ 침해가 발견된 때 어떠한 절차에 의할 것인지를 상술한다. 즉 라이선시는 그의 명의로 소송을 제기할 수 있는지, 어느 정도까지 라이선서가 보조할 것인지, 누가 비용을 부담할 것이며 받은 손해배상을 어떻게 분배할 것인가를 정한다.

④ 라이선서의 명시적인 허가를 얻지 못하면, 라이선시는 자신의 어떠한 회사 또는 사업 명의에 상표를 사용할 수 없음을 규정한다.

⑤ 라이선시는 라이선서의 상표를 라이선스 제품에만 사용함을 규정한다.

⑥ 라이선시는 자신이 제작 또는 판매하는 제품 중 라이선스의 목적이 된 제품 이외에 라이선서의 상표를 사용할 수 없음을 규정한다.

⑦ 라이선시는 자신이 제작 또는 판매하는 일체의 제품에 라이선서의 상표와 유사하거나 혼동을 일으킬 수 있는 어떠한 상표도 사용할 수 없음을 규정한다.

⑧ 라이선스 제품이 제작될 순서와 비율을 규정한다.

⑨ 라이선서는 시장환경의 변화 등의 여러 이유로 품질 기준을 변경할 수 있으며, 라이선시는 이를 언제나 준수하여야 함을 규정한다.

⑩ 라이선시가 사용하는 원료, 부품, 제조방법을 상술한다. 또한 기기, 원료 및 부품은 라이선서에게서만 구입함을 규정한다.

⑪ 만약 먼저 라이선시의 명시적인 승인을 받지 못하면, 다른 어떠한 제품도 라이선스 제품과 관련한 부속품이나 필요부속물로서 판매되거나 추천되지 못함을 규정한다.

⑫ 언제든지 적당한 시기에 라이선서나 그의 직원은 라이선시의 공장, 제조능력과 매장을 조사하고, 라이선스와 관련한 원자재, 구성성분 또는 완제품의 표본을 구할 수 있으며, 그의 단독 판단으로 그것들이 특정 품질 기준에 따르는가를 판단함을 규정한다.

⑬ 라이선서가, 독자적인 판단으로, 라이선시가 제작한 라이선스 제품이 품질 기준에 맞지 않는다고 결정하면, 라이선시는 곧 제작을 멈추고 새로운 제품의 표본이 라이선서에 승인될 때까지는 제작을 재개할 수 없음을 규정한다.

⑭ 라이선서는 자신이 적당하다고 생각되는 대로 품질의 기준과 설명을 언제든지 변경할 수 있으며, 일정 유예기간의 통지로 라이선시는 새로운 기준에 따르며, 그 제법과 설비의 변경에 필요한 경우에는 이를 실시함을 규정한다.

⑮ 라이선시에 대한 적당한 통지로, 라이선서는 특정 종류 또는 제품(계약주제의 일부인)을 중단하거나, 그와 관련한 기술 지원을 제공할 의무를 면함을 규정한다.

⑯ 라이선시는 라이선스 제품과 관련된 모든 자료, 선전, 송장 및 인쇄물에 라이선서의 상표를 사용함을 규정한다.

⑰ 라이선서는 라이선스 제품 또는 제조공정과 관련하여 라이선시가 한 명시적 · 묵시적 표시 또는 보증에 책임지지 않음을 명기한다.

⑱ 라이선시는 어떠한 경우에도 라이선서의 대리인이거나 대표자가 아니며, 라이선서에게 어떠한 의무를 인수하거나 받게 할 권한을 갖지 않음을 규정한다.

⑲ 라이선서를 대신하여 라이선시가 특허와 상표 갱신 신청을 책임지는 경우, 라이선시는 신청과 갱신의 증거를 라이선서에게 제공하여야 함을 규정하며, 비용을 누가 부담하는지 규정한다.

⑳ 당해 국가의 법률이 요구하는 경우, 라이선시는 라이선스 제품에 상표번호, 특허번호 등의 마크를 붙이며, 이의 결여로 발생하는 일체의 책임을 라이선서에게 배상함을 규정한다.

㉑ 노하우와 기술 지원이 언제 어떻게 라이선시에게 전달할 것인지를 규정한다. 로열티 지불에 대한 대가로 갖는 라이선서 직원의 라이선시 공장 기술지원 방문의 횟수와 규모를 정한다.

㉒ 라이선시 공장의 특별 업무를 위해서나 라이선서의 연구개발부에 대한 라이선시의 특별 요구와 같이, 로열티 지불 범위 이외의 것으로 라이선시에게 제공될 지원의 책임 범위를 정한다.

㉓ 라이선스의 조업개시를 감독하기 위해서와 같이, 라이선서의 직원이 상당기간 라이선시에 배치되어야 하는 경우 직원이 라이선시에 소속되는 최대의 기간을 규정하며, 그 기간이 지나면 라이선서가 직원을 소환하거나 추가의 요금을 요구할 수 있음을 규정한다.

㉔ 라이선시는 라이선서의 직원이 당해 지역에서 근무하기 위해 필요한 정부승인을 얻을 책임을 지며, 이로 인한 비용을 지불함을 규정한다.

㉕ 라이선시는 그 공장에서 기술지원에 종사하는 라이선서 직원의 고용조건에 관하여, 정부의 일체 규제에 따를 의무를 지며, 이 직원이 라이선시 국가의 법률에 기해 지불하는 일체의 세금은, 소득세와 사회보장세를 제외하고 라이선시가 지불하며, 라이선시에 대한 원조기간 중 직원에 대한 일체의 보험을 질 의무를 규정한다.

㉖ 로열티에 대한 대가로 라이선시 직원이 라이선서의 공장에서 받게 될 훈련의 양식과 범위를 조업개시시와 그 후로 나누어 정한다.

㉗ 라이선서 공장에서 라이선시가 훈련받는 동안 그 비용은 라이선시가 지불함을 규정한다.

㉘ 라이선서가 정부의 기밀보호 규제를 받는 경우, 라이선서 공장에 방문한 라이선시 직원에 대해 기밀유지를 위한 보안 검사를 규정하며, 제한 영역에 대한 출입제한 또는 필요한 기밀정보에 관한 제한을 규정한다.

㉙ 일체의 노하우를 얻기 위한 목적으로 라이선서 또는 그의 직원 또는 건물에 출입한 라이선시의 직원은 라이선시와 노무 계약을 맺으며, 그 고용기간 중에 지득한 지식은 제3자에 비밀로 함을 규정한다.

㉚ 계약에 기해 라이선서에게서 라이선시에게 제공된 모든 정보는, 그것이 어떠한 방법에 의해 제공되었든지, 라이선시는 이를 계약 조건을 이행할 목적만을 위해 사용하며, 제3자에 공개하지 않음을 규정한다.

㉛ 라이선시는 라이선스 제품과 유사 또는 경쟁이 되거나, 어떠한 형태로든

라이선스 제품의 제작 · 판매 · 유통에 장애가 될 행위를 하지 않음을 규정한다.

㉜ 만약 적당하다면, 라이선시는 라이선스 제품 매매를 위한 단독의 판매 · 유통 기구를 창설함을 규정한다.

㉝ 만약 적당하다면, 어떻게 라이선시가 라이선스 제품을 판매할 것이며, 라이선서는 어느 정도의 감독을 할 것인지를 규정한다.

㉞ 만약 적당하다면, 라이선시는 라이선스 제품의 제작 · 판매 개시 전에, 그 예정가격구조에 대한 승인 등을 얻기 위해 라이선서에게 제출해야 하며, 그 이후의 변경 예정 역시 사전에 동의를 얻기 위해 제출함을 규정한다.

㉟ 라이선시는 자비로 계약 지역에서의 라이선스 제품 판매 증진을 위한 모든 노력과 방법을 강구함을 규정한다. 아니면 한정된 범위 안에서, 판촉 활동으로 라이선서가 도울 것임을 규정한다.

㊱ 라이선시는 라이선스 제품을 위해 만든 모든 선전의 복사본을 라이선서에 제공하며, 만약 적당하다고 생각한다면 라이선서는 당해 선전의 사용을 거부할 권리를 가짐을 규정한다.

㊲ 라이선시는 라이선서에게 원자재에서부터 완제품의 최종 판매에 이르기까지 라이선스 제품과 관련한 일체의 행위에 대한 상세한 설명을 할 수 있도록 보고의무를 규정한다. 이는 1년에 2회, 분기별 1회 등 시간적 간격을 둔다.

㊳ 라이선시는 라이선서에게 당해 지역의 일반 시장 경향과 경쟁 및 그 유사 행위에 보고를 하며, 다음 회기에 성취가 기대되는 결과를 평가하도록 규정한다.

㊴ 만약 라이선시가 라이선서의 국가(또는 계약으로 정한 지역 이외의 곳)에 영업소를 갖는 고객에게 공급을 하면, 라이선시는 라이선서에 알림을 규정한다.

㊵ 라이선시는 라이선스 제품을 위해 지정한 유통자에 관한 일체의 정보를 라이선서에게 제공하며, 만약 적당하다고 생각한다면 라이선서는 그러한 지정을 거부할 권리를 가짐을 규정한다.

㊶ 통고로서 계약 규정에 따라 계상된 가격으로 라이선시 제품의 일부를 언제든지 구매할 권리를 갖는다.

(6) 계약의 해석 · 인허가 · 종료

① 법률에 특별히 정하고 있는 것을 제외하고, 계약의 공식 언어는 무엇으로 할 것인지를 규정한다.

② 법률에 특별히 정하고 있는 것을 제외하고, 어떠한 법률 하에서 계약이 만들어지고 해석될지를 규정한다.

③ 법률에 특별히 정하고 있는 것을 제외하고, 당사자간 분쟁의 경우 관할권은 어떻게 할 것인지를 규정한다.

④ 당사자간의 분쟁은 대한상사중재원의 중재 또는 산업재산권분쟁조정위원회의 조정 등에 회부됨을 규정한다.

⑤ 법률에 특별히 정하고 있는 것을 제외하고, 계약 체결지는 어디로 할 것인지를 규정하며, 위임되거나 적당하다고 생각되는 곳에서 계약서의 인가 또는 공증을 위한 규정을 둔다.

⑥ 라이선시는 라이선스 등록을 행할 책임을 지며, 당해 지역 정부로부터 계약에 관해 필요한 승인이나 허가를 얻을 책임을 짐을 규정한다. 즉 라이선시는 정부의 조사를 위해 공인된 번역이 필요한 경우에는 문서의 공인된 번역을 얻을 책임을 지며, 계약과 관련된 정부 규제에 따르기 위해 든 비용을 지고, 이의 불비의 경우에는 라이선서에 배상 책임을 진다.

⑦ 계약의 인허가 또는 등록이 당사자 어느 일방의 정부에 의하여 요구되는 경우, 그러한 승인이나 등록은 라이선서가 지는 책임에 있어서나 필수적인 전제가 됨을 규정한다. 만약 이후에 그와 같은 정부의 승인을 요하는 계약상의 변경이 이루어진 경우에도 같은 조건이 적용됨을 규정한다.

⑧ 라이선서가 계약으로 인하여 라이선시에게 부과된 의무에 관한 권리를 방치한 때에는 어떠한 효과가 발생하는가? 이러한 방치는 그 때에 존재하는 특수한 경우에 한정된다고 간주되며, 이는 그 후로 라이선시에 대한 완전한 의무 이행 요구에 관한 라이선서의 권리에 어떠한 영향을 주지 않음을 규정한다.

⑨ 예컨대, 파업, 화재, 지진, 정부의 법령 등과 같은 불가항력이 계약이나 채무의 이행에 장애를 초래하는 경우에는 어떻게 되는지를 규정한다.

⑩ 계약은 체결된 때부터 또는 라이선시가 첫 제작에 들어간 때부터 일정 기

간 동안 유지됨을 규정한다.

⑪ 계약 갱신을 규정한다. 갱신을 위한 특정 조건을 규정하거나 또는 그 반대의 통지가 없으면 자동적으로 연장됨을 규정한다.

⑫ 계약은 변화하는 상황에 바람직한 협정 조정을 위해, 일정한 간격을 두고 개편될 수 있음을 규정한다.

⑬ 만약 라이선서가 라이선시의 주식을 보유하고 있다면 계약 종료시 어떻게 되는지를 정한다. 이때 라이선서가 원하는 주식 처분에 어떻게 영향을 미치는가를 함께 판단한다.

⑭ 라이선시가 계약 규정을 위반한 경우 라이선서는 계약을 해제할 우선권을 가짐을 규정한다.

⑮ 계약 종료를 위한 통고 기간을 규정한다.

⑯ 계약상 어떠한 방식과 방법으로 통고가 이루어질지를 규정한다.

⑰ 계약이 종료된 때는 라이선스 제품을 만들기 위해 라이선시가 사용한 설비, 라이선서의 원자재 및 반제품 재고, 라이선시의 완제품 재고는 어떻게 되는가를 정한다.

⑱ 라이선스 제품의 판매와 관련하여 라이선서가 갖는 계약상의 이익은 계약 만료시 라이선서에 전달됨을 규정한다.

⑲ 계약 종료시 라이선서가 라이선스 제품과 관련한 라이선시의 기계, 공장, 원료 및 재고를 살 수 있는 권리를 갖는 경우, 적당한 곳에서, 적용될 감가상각의 규모를 포함하여, 위 항목의 구매가를 결정할 기초를 규정한다.

⑳ 만일 계약 종료시 라이선시가 약정 기간까지 라이선스 제품의 재고를 판매하도록 허용된 경우에는, 계약 기간의 만료 후에도 위 상품에 대한 로열티를 모두 지불함을 규정한다.

㉑ 계약 종료시 라이선시는 라이선스 제품의 제조 또는 판매를 중지하며, 어떠한 형태로든 라이선서의 특허 또는 상표 사용을 중지하며, 제3자가 라이선스 제품을 제조 · 판매하거나 라이선서의 특허 또는 상표를 사용하는 데 도움이 되지 않도록 규정한다.

㉒ 계약이 만료한 후 라이선시는 당해 지역에서 라이선스 제품과 유사한 제

품을 제조 또는 판매 또는 제3자가 제조 또는 판매하도록 야기해서는 안 됨을 규정한다.

㉓ 계약 종료시 라이선시는 라이선스 제품의 유통에 관여한 모든 회사 또는 주요인물의 명세를 라이선서에 제공하며, 당해 지역 내에서 라이선스 제품을 일정 수준 이상 구매한 주요 고객의 명단을 라이선서에 제공함을 규정한다.

㉔ 계약 종료시 라이선스 제품과 관련한 라이선시의 인쇄물과 특히 상표를 갖는 광고물은 어떻게 되는가? 이것이 라이선시에 의해 폐기되는지 아니면 라이선서가 이러한 광고물을 모두 받을지를 규정한다.

㉕ 계약 종료시 라이선시는 계약 기간 중 라이선서가 제공한 도면, 관련문서 등 관련 자료를 즉시 라이선서에 반환함을 규정한다.

㉖ 계약이 만료한 후 라이선시는 계약 기간 중 라이선서가 제공한 어떠한 정보도 제3자에게 누설하지 않으며, 라이선서는 자신의 종업원이 위 정보를 제3자에 누설하지 않도록 조치를 취해야 함을 규정한다.

나. 라이선시(Licensee)가 고려해야 할 요소

(1) 당사자

① 라이선시와 라이선서를 확인한다.

② 라이선스를 라이선서의 자회사 또는 관계회사까지 확대할지를 판단한다.

③ 만약 라이선서가 다른 회사에 흡수되거나, 그 주식의 많은 부분이 라이선시 경쟁사에 의해 취득된다면 어떻게 되는가를 고려한다.

④ 만약 라이선서가 파산하거나, 지명파산관재인을 두거나, 채권자와 화해를 한다면 어떻게 되는가를 판단한다.

⑤ 라이선시는 계약 양도에 관한 권리를 갖는지를, 갖는다면 어떠한 조건에서 가질 것인가를 확인한다.

⑥ 만약 원한다면 라이선서는 계약상의 권리를 장래 양도할 것을 규정한다.

(2) 계약 대상

① 라이선서의 경우와 같이 라이선시 역시 계약 목적 대상을 정확히 하여야

한다. 계약의 목적이 기술의 사용에 관련한 라이선스의 취득인지 아니면 일체의 권리를 양수하고자 하는 것인지를 명확히 하여야 한다.

② 계약을 통하여 라이선서로부터 지원되는 관련한 제조공정이나 제품을 정한다.

③ 라이선스 제품이나 공정과 관련하여 특허가 관련하는 경우 당해 특허의 목록을 작성하여 정한다.

④ 라이선스 제품과 관련하여 상표의 사용이 요구되거나 출처의 표시등을 요구할 것인지 등에 대한 사항을 판단하며, 이것이 요구하는 경우에는 그 상표 범위를 목록으로 작성하여 정한다.

⑤ 라이선시로서는 승인된 특허를 사용할 권리에 대한 그 범위를 규정하도록 하며, 위에서 한정되어 특허를 사용할 권리에 한하는지, 적어도 그에 대한 권리는 보장됨을 명확히 하여야 한다.

⑥ 라이선시로서는 상표나 출처 표시의 범위를 확인하고, 그에 대한 권리를 보장받을 것을 명문으로 규정하도록 한다.

⑦ 라이선서는 라이선시의 지역에서 유효한 특허와 상표를 최대한 설명하며, 계약의 핵심이 되는 그 유효성 유지를 위해 필요한 모든 일을 함을 규정한다.

⑧ 제품사양서, 도면, 기술 자료 등 라이선서가 라이선시에게 제공할 노하우를 정한다.

⑨ 라이선시는 계약에 기해 라이선서가 제공한 모든 제품사양서 · 도면 · 기술자료 등을 보관하거나 그 복사본을 제작 · 보관할 권리를 가짐을 규정한다.

⑩ 조업개시나 계속된 서비스를 위해 라이선서가 라이선시에 제공하는 기술상, 상업상 지원의 범위를 정한다.

⑪ 만약 라이선서가 라이선스 제조 공정 또는 제품과 관련하여 어떤 발명이나 개선을 개발한다면 그는 즉시 이를 채택 · 사용할 수 있는 라이선시에 공개함을 규정한다. 또한 만약 그러한 발명 또는 개선이 새로운 특허의 주제가 된다면, 라이선서는 현재의 계약과 동일한 조건으로 그것을 라이선스함을 규정한다.

⑫ 라이선스 제품 또는 제조공정에 라이선시가 개량 특허의 주제나 신규 특허의 주제인 발명을 개발하거나 개선을 한다면 어떻게 되는가를 확인한다.

(3) 라이선스의 지역적 범위

① 라이선시가 제조상 · 판매상 또는 양자의 권리를 갖는 지역을 정한다.

② 라이선서는 라이선시에게 당해 지역에 대한 자기실시 유보부 독점적 이용허락권 또는 실시권을 인정하며, 먼저 라이선시의 동의를 받지 않으면 라이선서나 그가 지명한 자라도 당해 지역에 공급할 수 없음을 규정한다.

③ 라이선시는 당해 지역 내에서 제조상 · 판매상 또는 양자의 권리에 대한 서브라이선스권을 가짐을 규정한다.

④ 라이선시는 어떤 수출 시장을 가짐을 규정하며, 어떠한 조건 하에서 당해 지역 이외의 예상되는 고객이 제공받을지를 정한다.

(4) 라이선스의 대가 결정

① 특허, 상표, 노하우 등의 사용에 대한 비용의 방법을 어떻게 정하는가를 판단한다. 예컨대 일시불, 로열티, 기술지원비, 경비부담, 라이선시회사의 주식취득 또는 이들의 결합 형태로 지불할 것인지에 대하여 규정하며, 그 구체적인 내용을 함께 정의한다.

② 어떠한 화폐와 환율로서, 지불이 언제 어떻게 이루어질지를 정한다.

③ 라이선시는 합의된 비용만을 지불하며, 지불의 전환 또는 송금 기타 이유에 의한 일체의 부담금이나 수수료의 책임을 지도록 요구되지 않음을 규정한다.

④ 예컨대, 만약 로열티가 전체 판매 또는 소매가에 대한 비율이라면 어떠한 가격인지와 같이 로열티가 어떻게 산정될지를 명확히 정하며, 고객 할인과 판매세 등은 고려되어 반드시 전부 공제되어야 함을 규정한다.

⑤ 라이선시는 계약 기간 중에 요구되는 일체의 계산 또는 기록, 보고를 위해 자신이 사용하는 표준을 채택할 수 있음을 규정한다.

⑥ 라이선시는 라이선서에게 합의된 비용만을 지불하며, 그러한 비용에 대한 일체의 중앙정부 또는 지방 자치단체에 부담하게 되는 소득세는 라이선서의 부담임을 규정한다.

⑦ 지불 지체가 정부나 국가 은행의 승인 및 그 명령과 규제를 실행하기 위한 필요에서 비롯된 경우에 라이선시는 그에 대한 책임을 지지 않음을 명기한다.

⑧ 만약 라이선시 지역의 정부가 해외 지불에 대한 금지나 제한을 부과하면 라이선서에 대한 라이선시의 책임은 라이선시가 당해 지역 은행에 라이선서 명의의 계좌를 개설하여 그에 비용을 지불함으로써 완전히 면제됨을 명기한다.

⑨ 라이선서가 조업개시와 첫 로열티 지불의 확정일을 요구하는 경우, 이를 위한 라이선시의 사업은 모두 노하우의 양도 및 적절한 기술 지원 약속을 위한 라이선서의 대응 및 '불가항력' 조항의 목적이 됨을 규정한다. 또한 최소 로열티와 관련해 라이선서가 요구하는 일체의 의무에 균일하게 적용되도록 규정을 확장한다.

⑩ 양당사자가 상대방의 주식 구입을 원한다면, 그러한 주식 취득 가격의 산정기준을 규정한다.

⑪ 만약 있다면, 위 자본참여가 라이선스에 기한 로열티나 그 지불에 어떠한 영향을 갖는지를 규정한다.

⑫ 라이선시가 라이선서에 의해 라이선스 제품의 제작 · 판매비용과 관련하여 정기적인 보고를 하도록 요구받는 경우, 이는 라이선시의 일반 회계 절차에 일치하게 준비되며, 라이선시 외부의 회계 회사에 공인되면 받아들여짐을 규정한다.

⑬ 라이선서가 라이선시의 기록과 회계를 조사할 권리를 갖기를 요구하는 경우, 이 권리는 라이선스 제품과 관련한 것들에만 미침을 규정한다. 라이선서는 위 재정 정보를 기밀로서 간주하며, 먼저 라이선시의 동의를 얻지 않고는 제3자에 누설할 수 없음을 규정한다.

⑭ 불가항력으로 인해 라이선시가 일시적으로 당해 지역을 공급할 수 없어 라이선서 또는 그 지명자로 하여금 공급할 것을 요구할 경우 제품은, 라이선시에 의해 공급 또는 판매되거나 이러한 일련의 행위와 책정 판매가에 대한 라이선시의 우선 동의를 조건으로 라이선서가 직접 판매함을 규정한다. 라이선시 이외의 공급원에 대한 제품에는 어떠한 로열티도 지불하지 않음을 규정한다.

⑮ 라이선시가 본인이 제작한 라이선스 제품을 구매할 권리를 요구하는 경우, 그 판매가 산정을 위해 채택된 계산 방법을 정한다.

⑯ 라이선시는 당해 지역에서 라이선서 명의로 이루어진 모든 특허 · 상표의 신청 및 갱신과 관련한 비용을 라이선서로부터 보상받으며, 위 보상이 없을 때에

는 적정 금액이 로열티 비용에서 공제됨을 규정한다.

⑰ 라이선서는 라이선스 제품의 제작 · 판매를 이유로 라이선시가 사법상 침해로 판단한 손실 또는 책임을 라이선시에 배상함을 규정한다. 또한 배상의 범위를 규정한다.

(5) 계약의 이행

① 라이선서는 라이선시 국가 내에서 특허, 상표를 유지 · 보호하기 위한 수단을 강구하여야 하며, 당해 지역의 특허 · 상표와 관련하여 그가 알고 있는 일체의 법령과 보도를 라이선시에게 항시 알림을 규정한다.

② 특허, 상표 등 지적재산권에 대한 제3자의 침해의 경우, 라이선시는 스스로 그러한 침해를 발견하거나 라이선시에 의해 알게 된 경우 그에 대한 법적 절차를 제기해야 할 책임을 짐을 명기한다.

③ 라이선서는 지적재산권 침해의 발견 또는 통고로부터 일정 기간 내에 그 침해에 대한 소송을 제기하며, 만약 라이선서가 이를 게을리 할 때에는, 라이선시가 선택으로 그의 명의로 직접 소송을 제기하거나, 공동 원고로서 라이선서의 명의와 함께 그의 명의로 소송을 제기하며, 위 절차에 있어 라이선서는 라이선시를 조력하기 위한 모든 일을 하도록 규정한다. 그리고 마지막으로, 위 절차의 비용과 받는 손해배상액을 당사자 사이에서 어떻게 분배할지를 자세히 규정한다.

④ 경우에 따라 만약 라이선서가 특허 또는 상표를 침해하는 제3자에 대해 소송을 제기하지 않으면, 침해가 계속되는 한 로열티의 일정 비율이 약정된 값으로 감소됨을 규정한다.

⑤ 라이선시는 라이선스 제품의 제조 또는 판매를 목적으로 특별히 창설된 기구의 명칭에 라이선스 상표를 사용할 수 있음을 규정한다.

⑥ 라이선시는 라이선스 제품과 관련하여 독자적인 상표를 사용하거나, 당해 지역 내에 새로운 상표를 창조 · 등록할 수 있는 권리를 가짐을 규정한다. 이러한 경우 로열티 비율에 적정한 조정에 대해서 고려한다.

⑦ 라이선서가 규정한 제품 사양서 및 품질 기준을 맞추기 위해 라이선시가 노력하는 동안, 만약 라이선스 제품의 제조를 위해 라이선시가 용이한 가격으로

구입한 원료나 부품이 일시적으로 제품 사양서 또는 기준에 미치지 못했을 때에는, 라이선서는 라이선시에게 벌칙을 적용할 수 없음을 규정한다.

⑧ 라이선시는 언제든지 자신이 선택한 공급원으로부터 라이선스 제품을 만들기 위한 원자재, 구성성분, 기계류 및 공장을 구입할 권리를 가짐을 규정한다.

⑨ 라이선서가 라이선스 제품과 관련한 라이선시의 건물, 제조 설비 및 재고를 조사할 권리를 갖는 경우, 라이선시가 품질 기준에 관한 라이선서의 요구에 응하기 위해 노력하는 동안에는, 라이선시는 그 단독의 판단으로 제작을 중지하거나, 시장으로부터 제품을 회수하도록 요구되지 않음을 규정한다.

⑩ 라이선서가 라이선시의 건물 또는 공장을 조사 방문하는 동안 얻은 정보는 기밀로 간주되며, 먼저 라이선시의 동의를 받지 않고는 제3자에 누설되지 않음을 규정한다.

⑪ 만약 필요에 따라 라이선서가 사양서와 품질기준을 변경할 권리를 갖는다면, 새로운 계획에 따라 시작하기 전에 이전의 특허 명세에 따라 제조된 라이선스 제품의 재고를 모두 팔 권리를 갖는 라이선시에게 적절한 변경 통지가 제공되어야 함을 규정한다.

⑫ 라이선서가 라이선스 제품의 사양서와 품질 기준을 변경하여, 그 변경을 실행하고자 새로운 기기, 공장 또는 기타 설비를 요하는 경우, 라이선시는 그 설비에 필요한 변화를 가하기 위한 적절한 시간을 가지며, 만약 그와 같은 작업이 일정 금액을 초과하면 라이선서는 실질적인 원조를 제공하여야 함을 규정한다.

⑬ 만약 라이선서가 시장으로부터 라이선스 제품 중의 하나인 특정 상품 종류를 회수하고자 한다면, 그는 라이선시에게 그의 의도에 관한 적절한 통고를 하며, 필요하다면 당해 지역 내에서 라이선시는 그 상품 종류의 제조 · 판매를 계속하며 종전처럼 그에 관한 기술적 지원을 라이선서에 요구할 권리를 가짐을 규정한다.

⑭ 필요하다면, 라이선시는 라이선스 제품과 관련한 모든 자료, 선전, 송장 및 기타 인쇄물에 자신만의 상표를 사용할 수 있음을 규정한다.

⑮ 라이선시는 라이선스 제품과 관련하여 라이선서가 한 명시적 · 묵시적 표시나 보증에 어떠한 책임도 지지 않음을 명기한다.

⑯ 라이선서는 어떠한 경우에도 라이선시의 대리인이거나 대표자가 아니며,

라이선서에게 어떠한 의무를 인수하거나 받게 할 권한을 갖지 않음을 규정한다.

⑰ 라이선서가 라이선시 국가 내에서의 특허 · 상표의 유효를 유지 · 갱신할 책임을 지는 경우, 라이선서는 이 점에 있어 만들어진 모든 신청서와 증서의 복사본을 라이선시에 제공하며, 라이선서가 갱신 신청을 게을리 할 경우에는 라이선시가 이를 하고 라이선서에게 그 비용을 보상받음을 규정한다.

⑱ 라이선서는 언제 어떻게 노하우와 기술상 또는 경영상 지원을 라이선시에게 전달할지를 규정한다. 로열티 지불에 대한 대가로 갖는 라이선서 직원의 라이선시 공장 방문의 횟수와 규모를 정한다.

⑲ 조업개시일이나 일정 기간까지의 최소 생산량에 대한 라이선서의 어떠한 요구도 라이선서가 제공하는 기술 원조의 신속성과 적정성에 전적으로 의존함을 규정한다. 나아가 만약 계약 체결로부터 일정 기간 내에 조업개시를 위해 약속한 기술 지원을 하지 않으면 계약을 종료할 권리를 가짐을 규정한다.

⑳ 라이선서가 제공한 부적합하거나 부정확한 기술 지원에 기인한 손해의 경우, 계약의 어떠한 것도 라이선서에 대하여 라이선시가 취할 법적 또는 기타의 조치에 영향을 미치지 않음을 규정한다.

㉑ 라이선시는 계약 기간 중 언제나 기술상 또는 경영상 지원 또는 훈련을 위해 라이선서의 건물과 공장에 방문할 권리를 가지며, 라이선서는 라이선스 제품의 제조 · 판매와 관련한 일체의 정보 획득과 관련하여 라이선시가 요구하는 도움과 협조를 보장할 수 있는 모든 일을 할 의무를 짐을 규정한다.

㉒ 라이선시는 라이선스 제품의 일상적인 제작 · 판매를 넘어 특별 업무를 위한 기술 지원을 라이선서에게 요구할 권리를 가짐을 규정한다. 위 특별 지원에 대한 비용 규모의 기초를 규정한다.

㉓ 계약 기간 중 라이선시는 연구를 위한 특별 필요에서 라이선서의 연구개발부에 접근할 수 있음을 규정한다. 위 특별 연구력에 대한 비용 규모의 기초를 규정한다.

㉔ 라이선서는 라이선시 직원이 라이선시의 건물 또는 공장에서 근무하며 훈련을 받기 위해 필요한 정부 승인을 얻을 책임을 지며, 적용되는 중앙 정부, 지방자치단체 또는 노동조합의 규제에 따르기 위한 모든 일을 함을 규정한다.

㉕ 라이선시가 정부의 기밀보호규제를 받는 경우, 어떠한 이유로든 라이선시의 건물이나 공장에 방문하는 라이선서의 직원은 라이선서와의 계약을 준수하며, 보안검사를 받음을 규정한다. 제한된 또는 분류된 정보에의 접근과 관련하여 제한이 필요할 수 있음을 규정한다.

㉖ 라이선서 직원은 라이선시의 건물을 방문하는 중이나 라이선시와의 교류 중 지득한 일체의 정보를 비밀로 취급하며, 제3자에게 누설하지 않으며, 계약의 적절한 이행을 위해서만 사용함을 규정한다.

㉗ 라이선스 제품을 효과적으로 제작하고 판매를 정력적으로 증진하기 위해 최대한 노력하는 동안, 라이선시는 당해 지역에서 가장 적합하다고 생각되는 제조 · 판매 수단을 채택할 전권을 가지며, 마찬가지로 판매가를 결정함을 규정한다.

㉘ 만약 적당하다면, 라이선서는 라이선시에게 어떠한 판매상 · 광고상의 조언 및 지원을 주는지를 정하고, 또한 당해 지역에서 라이선스 제품 판매 증진을 위한 운동에 라이선서는 어떠한 재정상 및 기타 기여를 하는지를 규정한다.

㉙ 라이선스 제품의 제조 · 판매에 관한 보고서는 라이선시에 의해 작성되며, 이는 라이선시의 관행적 실무에 따라 제출됨을 규정한다.

㉚ 당해 지역 내 라이선스 제품의 제조 · 판매에 관한 보고서는, 그 내용이 먼저 라이선시의 동의 없이는 제3자에게 공개되지 않음을 조건으로 라이선시가 라이선서에게 제출함을 규정한다.

㉛ 라이선서나 그 대리인도, 먼저 라이선시의 동의를 받지 못하면, 당해 지역 내에서 유망 고객에게 라이선스 제품을 공급하지 못함을 규정한다. 위 경우 라이선서나 그 대리인이 라이선시에게 제공하는 수수료 산정의 기초를 규정한다.

㉜ 라이선서는 라이선시의 지역 내에서 영업소를 갖는 회사나 기업체가 라이선스 제품 판매에 관하여 아는 것을 라이선시에게 보고하여야 함을 규정한다.

㉝ 라이선서가 라이선시 제품의 일부를 구입할 권리를 희망하는 경우, 일정 기간에 구매될 최대량을 규정하며, 또한 이 권리는 라이선시의 당해 지역에서의 공급이 라이선서에 의한 구입에 의해 악영향을 받는다면, 라이선시가 독자적인 판단 아래 중지됨을 규정한다.

(6) 계약의 해석 · 인허가 · 종료

① 법률에 특별히 정하고 있는 것을 제외하고, 계약의 공식 언어는 무엇으로 할 것인지를 규정한다.

② 법률에 특별히 정하고 있는 것을 제외하고, 어떠한 법률 하에서 계약이 만들어지고 해석될지를 규정한다.

③ 법률에 특별히 정하고 있는 것을 제외하고, 당사자간 분쟁의 경우 관할권은 어떻게 할 것인지를 규정한다.

④ 당사자간의 분쟁은 대한상사중재원의 중재 또는 산업재산권분쟁조정위원회의 조정 등에 회부됨을 규정한다.

⑤ 법률에 특별히 정하고 있는 것을 제외하고, 계약 체결지는 어디가 될 것인지를 규정하며, 위임되거나 적당하다고 생각되는 곳에서 계약서의 인가 또는 공증을 위한 규정을 둔다.

⑥ 라이선서는 그의 법률과 규제 아래에서 계약이 유효하고 효과적이기 위해 필요한 모든 일을 해야 할 책임을 지며, 그와 관련하여 야기된 모든 비용을 짐을 규정한다.

⑦ 계약의 인허가나 등록이 당사자의 어느 일방의 정부에 의하여 요구되는 경우, 그러한 승인이나 등록은 계약하에 라이선시가 지는 어떠한 책임에 있어서나 필수적인 전제가 됨을 규정한다. 만약 후에 그와 같은 정부의 승인을 요하는 계약상의 변경이 이루어진 경우에도 같은 조건이 적용됨을 규정한다.

⑧ 라이선시가 계약으로 인하여 라이선서에게 부과된 의무에 관한 권리를 방치한 때에는 어떠한 효과가 발생하는가? 이 방치는 그 때에 존재하는 특수한 경우에 한정된다고 간주되며, 이는 그 후로 라이선서에 대한 완전한 의무 이행 요구에 관한 라이선시의 권리에 어떠한 영향을 주지 않음을 규정한다.

⑨ 예컨대, 파업, 화재, 지진, 정부의 법령 등과 같은 불가항력이 계약이나 채무의 이행에 장애를 초래하는 경우에는 어떻게 되는지를 규정한다.

⑩ 계약은, 예컨대 계약이 체결된 때부터나 라이선시가 첫 제작에 들어간 때부터, 일정 기간 동안 유지됨을 규정한다.

⑪ 계약의 갱신을 위해, 매년 자동적으로 연장 또는 라이선시는 보다 긴 기간

의 계약갱신을 할 선택권을 가짐을 규정한다.

⑫ 계약은 변화하는 상황에 따라 로열티 비율의 조정 등 바람직한 협정 조정을 위해, 일정한 간격을 두고 계약내용이 개편될 수 있음을 규정한다.

⑬ 만약 라이선서가 라이선시의 주식을 보유하고 있다면 계약 종료시 어떻게 되는가를 정한다. 이때 라이선시가 원하는 주식 처분에 어떻게 영향을 미치는가를 고려한다.

⑭ 계약의 어떠한 것도 라이선서가 계약상의 책임을 이행하는 데 실패한 경우에 라이선시가 계약을 종료할 권리에 영향을 주지 않음을 규정한다.

⑮ 계약 종료를 위한 통고 기간을 규정한다.

⑯ 계약을 종료하는 통고는 어떠한 방식과 수단으로 이루어질지를 규정한다.

⑰ 계약 만료시 전에 당사자의 어느 일방이 계약을 종료한 경우, 라이선서는 라이선스 제품의 판매를 목적으로 라이선서가 판매한 모든 기계류, 공장 및 설비를 약정 감가상각에 기초한 평가로 재구매하도록 요구할 수 있음을 규정한다.

⑱ 언제든지 계약 종료시, 라이선시는 (오직 라이선스 제품을 위해 구입된) 원자재나 완제품의 재고가 다 소비될 때까지 라이선스 제품의 제조 · 판매를 계속할 권리를 가짐을 규정한다. 아니면 언제든지 계약 종료시 라이선시는 약정 기간 내에 사정가격으로, 라이선시의 원자재와 (라이선스 제품인) 완제품을 양수하도록 라이선서에게 요구할 수 있음을 규정한다.

⑲ 언제든지 계약 종료시 라이선시는 자신이 원한다면 라이선스 제품 공급에 대해 자신이 갖고 있는 모든 주문을 이행할 권리를 가짐을 규정한다.

⑳ 언제든지 계약 종료시 라이선시는 자신이 라이선스 제품을 판매하는 한 그에 관련된 라이선스 상표를 계속해 사용할 권리를 가짐을 규정한다.

㉑ 계약 종료 후 라이선시는 자신이 적절하다고 생각하는 가격으로 라이선스 제품의 재고를 처분할 수 있으며, 라이선스 제품 가격의 일체의 절감은 라이선서에 대한 로열티 지불에서 적당량 감산함을 규정한다.

㉒ 언제든지 계약 종료시 라이선시는 계약 기간 중 라이선서가 제공하였으며, 라이선시가 그에 대한 대금을 지불한 노하우를 기술하는 도면, 기술 자료에 대한 원재료, 표본 등의 자료를 반환할 의무가 없음을 규정한다.

㉓ 언제든지 계약 종료시 라이선시는 당해 지역 내에 라이선스 제품의 판매와 관련되었으며, 라이선서의 상표를 포함하고 있는 모든 인쇄물과 광고물을 원가로 라이선서에게 양수할 것을 요구할 권한을 가짐을 규정한다.

㉔ 계약 기간 중 라이선서가 부과한 일체의 금지에 불구하고, 계약 종료 후 라이선시는 라이선스 제품과 동일한 범주의 것인가와 상관없이 자신이 선택하는 일체의 제품을 제조 · 판매할 수 있음을 규정한다.

다. 용 어

계약서는 착오의 배제, 기록, 보존의 기능을 가지며, 분쟁 해결에 도움이 된다. 분쟁 해결의 최종 수단은 재판에 의한다. 법원조직법 제62조 제1항에 따르면 "법정에서는 국어를 사용한다"고 규정하고 있으며, 또한 민사소송법 제277조에서는 "외국어로 작성된 문서에는 번역문을 붙여야 한다"고 규정되어 있다. 따라서 계약서는 정확한 국어로 작성하는 것이 바람직하며, 외국어로 작성된 계약서의 경우도 정확한 번역문을 처음부터 작성하여 두는 것이 바람직하다. 외국 당사자와의 계약에서도 우리나라 특허권 등에 관한 경우는 외국어와 국문 2가지 양식으로 작성하여 국문계약서도 정본으로 규정하는 것이 바람직하다.

물론 계약당사자가 채권 · 채무에 관하여 아무런 문제없이 이행을 하면 계약서는 필요하지 않겠지만, 당사자의 뜻대로 되지 않는 경우도 많다. 이러한 경우 계약서의 서면이 소송 등에 활용되게 되는데, 이때 용어가 정확하지 않은 경우에는 분쟁을 간단 · 명료하게 해결할 수 없다. 따라서 용어의 사용에는 충분한 주의가 필요하다.

2. 계약 체결 전의 주의사항

가. 계약교섭 회의시 유의점

계약의 기본 방침이 확고하면 계약 교섭에 들어가게 된다. 교섭회의는 사무적인 교섭의 장인 동시에 인격자가 만나는 장이기도 하다. 이러한 교섭은 트러블

없이 문제해결을 해야 하며, 쌍방의 이익이 있도록 하기 위해서는, 교섭 상대를 먼저 존중하지 않으면 안 된다. 교섭회의에서 배려하여야 하는 것은 많이 있지만 여기서는 다음과 같이 정리해 보고자 한다.

◈ 〈표 8〉 계약교섭 회의시 체크리스트

항 목		체크 사항
1	일시의 결정	1. 긴급성(제품화 시기, 소송의 가능성 등) 2. 준비시간은 충분한지? - 권리의 유효성, 침해의 가능성, 타기업의 상황 등의 조사 3. 오전, 오후의 선택 4. 회의시간, 휴식시간 등의 설정
2	장소의 결정	1. 상대방이 정한 장소인지, 내가 정한 장소인지, 중간지점인지 2. 회의장소까지의 교통기관 - 안내의 명확화, 회의종료 후의 교통수단 3. 마중요령 4. 회의실의 분위기, 넓이 5. 책상 넓이 6. 좌석 배치 7. 노트북, 모바일폰, FAX 등의 이용 8. PPT의 준비 9. 음료의 준비
3	교섭자의 결정	1. 교섭책임자 포지션의 타당성 2. 출석자, 담당부서(지적재산, 기술, 구매 등)의 타당성 3. 변호사 출석의 타당성 4. 통역의 필요성 5. 교섭자의 분담 - 환영인사, 시작시의 회화, 문제제기, 교섭의 리드역할 6. 최후의 마무리역할
4	교섭의 개시	1. 상대 주장의 예상과 청취 2. 우리 주장의 표현 - 어느 논점에서부터 시작할까 - 난항이 예상되는 과제의 정리 3. 교착상태에 처한 경우의 처리 4. 상대의 태도(호의적이냐 아니냐) 5. 누구에게 말을 해야 하는 내용인가? 6. 누가 결정권을 갖는가? 7. 교섭에서 어디까지 진전시킬 것인가?

항 목		체크 사항
5	교섭진술	1. 역할분담 2. 평행선의 확인 3. 양보안제시의 타이밍 4. 양보할 수 없는 선 5. 상대방이 양보할 수 없는 선은 무엇인가? 6. 변호사의 활용방법 7. 교섭안건이 나올 순서 8. 교섭에 의한 조문의 간소화
6	식사의 활용	1. 개인 접촉의 기회 2. 기본적 사고방법 판단 3. 교섭의 진정한 장애의 발견 4. 신뢰도의 확인 5. 정보교환
7	의사록의 작성	1. 합의사항 확인 2. 이후의 스케쥴의 확인 3. 서명
8	계약서안의 제안	1. 초안 작성자 2. 수정의 방법 3. 기간

나. 라이선스교섭 단계의 문서, 합의서[2)]

기술이전 비즈니스에서는 통상 교섭의 개시부터 계약체결에 이르기까지 장기간에 걸쳐 교섭이 계속된다. 교섭단계에서의 회의, 회담을 확인하는 문서, 당사자간의 합의사항을 모은 합의서 등이 작성되는 경우가 많다. 이러한 문서나 합의서는 교섭단계에서 반드시 작성해야 하는 것은 아니지만, 구두로 한 교섭 내용 등을 서면으로 확인함으로써 교섭에서의 합의사항에 오해나 문제가 발생할 경우에 교섭에서의 내용을 모은 문서, 합의서가 큰 역할을 하게 된다. 또 계약서 초안을 작성할 때도 교섭에서 확인된 문서, 합의서가 참고가 된다.

2) 大貫雅晴, 前揭書, 82~89頁.

(1) 라이선스 교섭에서 작성되는 문서, 합의서

(가) 메모렌덤, 레터 확인

상대방에게 보내거나 또는 초빙하여 직접 면담교섭이나 회의를 한 때에 회의, 교섭, 합의사항 내용을 간단하게 서면으로 확인, 기록으로 남겨두는 것을 목적으로 작성하는 문서이다. 회의, 교섭의 요점을 메모나 레터로 모아 서면으로 확인하는 방법이다.

〈예시 6〉 **메모렌덤(MEMORANDUM)**

MEMORANDUM

TO: DATE:

From:

Subject:

This is to confirm our discussions with you at (Place) on (Date) in which we decided and agreed as follows:

1.

2.

메 모

수신 : 일자 :

송신 :

건명 :

본건은 (일자)에 (장소)에서 귀사와 협의하여 다음과 같이 결정, 합의하였음을 확인한다.

1.

2.

(나) 의사록(MINUTES)

회의가 이루어진 결과로서 마련된 사항, 합의사항 등을 쌍방의 확인을 거쳐 기록으로 남기기 위하여 서면으로 작성된다. 외국의 상대방이 있는 곳에서 교섭이 이루어진 경우, 영어로 의사록을 작성하고 그 자리에서 서명을 하거나 후일 송부로 서명을 요구하는 경우가 있다. 의사록 내용은 중요한 합의, 결정사항이 되므로 내용을 충분히 음미하고 서명을 하는 것이 중요하다. 회의 내용과 의사록 내용이 다를 경우에는 즉시 수정을 요구해야 하는 것에 유의한다.

〈예시 7〉 의사록(MINUTES)

MINUTES

DATE: ______________________

VENUE: ______________________

ATTENDANCE: ______________________

SUBJECT: ______________________

This is to confirm our discussions in which the following Matters were decided and agreed:

1.

2.

Confirmed by ______________________

의사록

일 자 : ______________________

장 소 : ______________________

참가자 : ______________________

건 명 : ______________________

본 의사록은 협의에서 다음 사항을 결정, 합의하였음을 확인한다.

1.

2.

확 인 : ______________________

(다) 의향서(LETTER OF INTENT)

교섭이 어느 정도 진행된 단계에서 정식계약에 들어가기 전에 지금까지의 교섭에서 합의한 사항을 모은 합의서를 교환하는 경우가 있다. 이를 통칭 의향서

(LOI)라 한다. 장기간에 걸친 계약교섭이 이루어질 때에는 자주 작성되는 합의서이다. 이 합의서가 당사자간의 교섭에서 합의된 사항의 확인서로 활용되거나, 대표이사 회의에서의 비즈니스수행 승인을 얻는 데 있어서 귀중한 자료가 된다거나 제3자로부터의 융자를 받을 때의 중요자료가 된다. 또한 계약서의 초안작성을 하는 기본자료가 되는 등 다양한 목적으로 이용되고 있다.

의향서의 작성 목적은 여러 가지지만 작성시에 주의해야 할 점은 의향서의 성격을 명확히 하는 "No Legal Binding Agreement", "Subject to Formal Contract" 등의 문언이 들어간 조항규정을 합의서에 삽입해 두는 것이 법적 성격을 명확히 하는 데 있어서 중요하다는 것이다.

〈예시 8〉 **의향서(LETTER OF INTENT)**

XYZ Corporation Date: . 201_

____

____

RE: LETTER OF INTENT

Dear Sirs,

This Letter sets forth the basic terms under which ABC Co., Ltd.("ABC") and XYZ Co., Ltd.("XYZ") will enter into License Agreement for manufacturing and selling Products under ABC's Patent and Know How in the Territory.

1. Products mean ______________________________

Territory mean ______________________________

Patent mean ______________________________

2. ABC grants to XYZ the exclusive license without the right of sublicense to make, have made, use and sell Products under ABC's Patent and know how and by using critical component and spare parts supplied by ABC in Territory.

3. The term of such License Agreement shall be valid for 10years.

4. ABC shall not be responsible for the infringement of patent, copyright and

other intellectual property rights relating to Products in Territory.

5. ABC will supply to XYZ the critical component and spare parts necessary for manufacturing Products in Territory.

6. XYZ shall pay to ABC a running royalty of ______ per cent(_____%) of the net sales price of Products manufactured and sold by XYZ, and _______ in US Currency as an initial payment.

7. Nothing herein shall be construed as a license to XYZ for manufacturing and selling Products.

8. This letter does not create a binding and legal obligation on any party but merely represents the present intentions of the parties and is subject to preparation and approval of formal contract.

If you are in agreement with the foregoing, please sign and return one copy of this letter.

Yours faithfully,

ABC Co., Ltd.
By ___________________

Accepted and Agreed
to this day of ___ , 20___

XYZ Corporation
By ___________________

XYZCorporation 일자 : 20___년 월 일

건명

본 장은 ABC주식회사(이하 ABC)와 XYZ주식회사(이하 XYZ)가 이 영역에서 ABC의 특허와 노하우에 의거하여 제품을 제조, 판매하는 라이선스계약을 체결하는 기본적 조건을 규정한다.

1. 제품은 ____________을 의미한다.
   영역은 ____________을 의미한다.

특허는 ___________을 의미한다.

2. ABC는 XYZ에게 영역에서 ABC가 공급하는 구성제품 및 스페어 파츠를 사용하여 ABC의 특허와 노하우에 의거하여 제품을 제조, 사용 및 판매하는 재실시권을 부여하지 아니하고 독점적 실시권을 허락한다.
3. 라이선스계약의 기간은 10년간 유효한 것으로 한다.
4. ABC는 영역에서의 제품에 관한 특허, 저작권 및 다른 지적소유권의 침해에는 책임을 지지 아니한다.
5. ABC는 XYZ에 제품의 제조에 필요한 구성부품 및 스페어 파츠를 공급한다.
6. XYZ는 ABC에 XYZ가 제조, 판매하는 순판매가격의 __%의 러닝 로열티 및 이니셜 페이먼트로서 US달러 통화를 지불하도록 한다.
7. 본 계약서 중의 어느 것도 XYZ에 제품의 제조, 판매 라이선스를 한 것으로 해석하지는 아니한다.
8. 본 장은 어떤 당사자에게도 구속적, 법률적 의무를 가져오는 것이 아니라 단지 당사자의 현재 의도를 표명한 것일 뿐이며, 정식계약서의 준비와 승인을 조건으로 한다.

귀사가 이상에 합의한다면 본 장에 서명하고 한 부를 보내주십시오.

ABC 주식회사

____

20___년 월 일에 합의 및 확인을 하였다.
XYZ 주식회사

____

(2) 교섭합의와 최종계약서의 불일치와 통합조항

교섭이 잘 진행되어 최종계약에 이르러 최종계약서에 서명이 이루어지면 교섭은 완료하게 된다. 각 당사자는 해당 계약서에 기재된 조건에 따라 이행이 되는 것이지만, 계약서에 기재된 조건과 계약교섭기간 중에 당사자간에 합의된 조건이 다를 경우에, 계약서의 조건과 교섭에서 합의된 조건 중 어느 쪽이 우선될 것인지 하는 문제가 발생하게 된다. 예를 들면 교섭에서의 합의는 실시료율이 5%로 되어 있는데 계약서에는 4%로 규정되어 있는 경우에, 교섭 중인 합의에서 계약서의 조건을 검증할 수 있느냐 하는 문제가 있다.

이러한 종류의 문제 해결은 법률상의 문제를 포함하여 특히 국제비즈니스계약에서는 준거법에 의해 그 해석은 동일하지 않겠지만, 실무상으로는 최종계약서에 통합조항(Merger Clause)이라든가 완전합의조항(Entire Agreement Clause)을 규정함으로써 일단 해결을 도모하고 있다.

복합조항에 관해서는「국제상사계약에 관한 일반원칙(PICC)」제2장 제17조(통합조항)에 "서명이 당사자가 합의한 조건을 완전히 포함하는 것을 시사한 조항을 포함하는 서면의 계약은 이전의 진술, 또는 합의의 증거에 의해 부정하거나 추가할 수 없다. 그러나 이러한 진술, 합의는 그 서면을 해석하기 위하여 사용하는 것은 가능하다"는 규정이 있다. 나아가 영문국제계약서는 다분히 영미법상의 영향을 받고 있는데, 영미법상의 법칙에 '구두증거배제의 법칙'(Parol Evidence Rule)이 있다. 구두증거배체의 법칙이란 당사자간의 모든 합의사항을 서면으로 표시한 이상, 그 서면의 작성과정에서의 착오 또는 사기의 항변에 의한 것 외에 그 서명에 기재되어 있는 내용을 서면, 구두의 증거에 의해 수정 내지 변경하는 것은 허용되지 않는다고 하는 법칙이다.

계약서에 통합조항을 삽입하는 의의는 커서 교섭합의와 최종계약서의 불일치 문제가 발생할 경우에 통합조항에 의거한 최종계약서의 조건이 우선적으로 적용될 가능성이 크다.

영문계약서에는 통상 다음과 같은 통합조항이 기재된다.

〈예시 9〉 **통합조항**

> "This Agreement constitutes the entire and complete agreement among the parties and supersedes all prior commitments, promises, agreements, understandings orally or otherwise concerning the subject matter of this Agreement."
>
> "본 계약은 본 계약의 대상 사항에 관하여 당사자 전원간의 완전한 합의를 구성하고 이전의 모든 구두 및 다른 방법에 의한 매매계약, 약속, 합의, 양해 사항에 우선하는 것으로 한다."

3. 계약서 작성시 주의사항

계약서를 작성하려고 할 때는 먼저 교섭회의 때의 합의사항을 중심으로 계약서를 작성한다. 이러한 계약서는 어느 쪽이 작성하면 좋을까에 대해서는 일반적으로 작성하는 측이 유리하다고 본다. 이를 시정하기 위하여 상대방은 정식 계약서를 작성하기 전에 작성한 계약서안을 사전에 받아 아래와 같은 것을 검토한 후 정식계약에 임하는 것이 바람직하다.

① 계약서의 내용이 당사자간 합의의 내용을 전부 망라하였는지를 확인하여야 한다.

② 계약서의 내용이 합법적으로 되어 있는지의 여부를 조사한다.

③ 계약서의 내용이 논리적으로 일관성을 갖고 있는지를 검토한다.

④ 계약서에 사용된 용어가 평이하면서도 정확한 표현으로 되어 있는지를 검토한다.

⑤ 계약서에 사용된 용어가 통일되어 있는가를 재확인하는 등의 점을 충분히 검토하여 작성한다.

제3절 기술이전계약 조항 및 작성 예

1. 표 제

가. 의 의

계약서 첫 페이지 맨 위 또는 계약서 첫 페이지에 그 계약 내용을 간결하게 표시하는 「○○○계약서」와 같이 표제(表題)를 기재한다. 또한 실무상 이러한 계약서 외에 약정서 · 각서라는 표제로 사용하는 경우도 적지 않다. 물론 표제가 약정서 내지 각서라 하여도 그 법적 책임이 계약서보다 완화되는 것은 아니다.

나. 예 문

- Agreement (계약서)
- Technical Assistance Agreement (기술협력제공계약서)
- Technical Collaboration Agreement (기술제휴계약서)
- License Agreement (실시권계약서)
- Patent License Agreement (특허실시권계약서)
- Technical Information Agreement (기술정보계약서)
- Option Agreement (옵션 계약서)
- Exchange of Technical Information Agreement (기술정보교환계약서)
- Cross License Agreement (특허실시권교환계약서)

TECHNICAL LICENSE AGREEMENT

Between

〈기술도입자명〉

and

〈기술제공자명〉

2. 전 문

가. 의 의

국내계약의 전문(前文)으로서는 계약당사자명, 계약대상만을 특정한 간단한 것이 많다. 영미법계의 국제계약은 전문의 영향을 받아서 계약하기까지의 배경, 경위, 목적 등의 설명사항을 기재하는 경우도 있다. 이 경우 설명사항은 계약내용의 이해를 보조하는 기능을 갖고, 본문의 규정이 불명료한 경우, 의문이 생긴 경우에는 당사자의 계약체결시의 의사의 해석에 의하는 경우가 있다. 사실에 반한 기재, 본문의 규정과 모순된 기재가 없도록 주의가 필요하다.

나. 체크리스트

전문에 있어서 체크할 사항은 ① 제목, ② 계약서의 체결일과 장소, ③ 당사자의 명칭 · 주소 · 설립준거법, ④ 내용의 정확성 · 정합성 · 범위와 한계, ⑤ 당사자의 의도, ⑥ 약인(約因) 등이다.

(1) 표 제

표제라도 계약당사자의 의사를 예측할 수 있는 증거로서 계약 해석상의 하나의 단서가 될 수 있다. 그러므로 계약 내용과 전혀 다른 표제를 사용하여서는 아니 된다. 단순히 계약서라는 표제는 사용하여도 된다.

(2) 계약서 체결

계약일자는 서명과 동시에 계약서의 서명자에 의해 기입되는 것이 보통이다. 계약서의 작성장소는 계약의 준거법이 명확하지 않은 경우에 법원이 당사자의 의사를 추정하는 참고로 사용된다.

(3) 당사자

명칭은 등기된 명칭, 즉 「○○주식회사」라고 명확하게 기재하여야 한다. 주소도 등기상의 주소를 기재하는 경우와 계약에 관한 업무를 행하는 주된 사무소를 계약서상의 주소로 하는 경우가 있다. 주소도 상호연락에 지장을 주거나 재판관할이나 준거법의 결정에 영향을 주는 경우도 있으므로 당사자의 특정과 같이 정확함이 요구된다.

국적은 계약 당사자의 국적을 특정하기 위해 법인의 경우 법인이 설립된 준거법을 명시한다. 미국의 경우는 각각의 주가 독자의 법률을 제정하고 있기 때문에 주명(州名)도 명시하여야 한다.

(4) 내용의 설명

전문에서는 계약 체결의 경위 등이 기술된다. 예를 들면, 계약 대상이 되는 해당기술이나 특허 등의 개요, 라이선서가 그 계약 대상에 대해서 정당한 처분의 권한을 가지고 있을 것, 해당기술의 개발, 기업화의 사실이나 그것을 라이선스하는 의사가 있을 것을 표명, 라이선시가 해당계약대상의 라이선스를 받아들일 의사가 있을 것, 라이선서와 라이선시와의 관계나 계약체결의 경위 등이 기술된다.

(5) 당사자의 의도

개발도상국과의 계약에 있어서는 과장된 문장보다는 가능한 한 관계 당사자의 의도를 정확하게 기술하는 것이 필요하다.

(6) 약 인

라이선스 계약에서 약인(約因)이란 라이선시가 라이선서로부터 계약 대상의 라이선스를 얻는 대가로 라이선서는 라이선시로부터 적당한 가치의 금전 등을 얻는 것을 약속하는 것을 말한다. 영미법에서는 날인증서(deed)에 의하지 않는 단순한 계약은 약인이 있어야만 유효하고, 약인이 없는 계약은 강행할 수 없는 것으로 되어 있기 때문에 "in consideration of"의 용어를 규정한 계약을 작성하고, 불측의 분쟁을 방지하는 것이 필요하다.

다. 예 문

예문 1. THIS AGREEMENT made and concluded in __(a)__ this __(b)__ day of __(b)__, __(b)__ by and between Sangji Engineering Company(SEC) (c), a company organized and existing under the laws of Korea, and having its registered office at No. 1, Usandong, Wonju, Kangwondo, Korea(hereinafter referred to LICENSOR) and Value Improved Products Inc.(VIP) (c), a corporation organized and existing under the laws of the State of New York, and having its registered office at 888 Park Avenue, New York, U.S.A.(hereinafter referred to LICENSEE) ;

WITNESSETH THAT :

WHEREAS, (d)______________________

WHEREAS, (d)______________________

NOW, THEREFORE, the parties hereto agree as follows :

譯: 이 합의서는 (a) 지역에서 (b) 일에, 한국법에 의해 설립되어 존재하며, 한국 강원도 원주시 우산동에 본사를 두고 있는 SEC(이하 라이선서라 한다)와 미국법에 의해 설립되어 존재하며, 미국 뉴욕 888 파크 애버뉴에 영업소를 두고 있는 VIP(이하 라이선시라 한다) 사이에 체결된다.

당사자는 다음과 같이 합의한다 :

〈참고〉

(a) 계약체결지의 표시

계약 체결지는 준거법과 재판관할을 판단하는 요소로서 주의를 요한다.

(b) 계약체결일의 표시

계약체결일은 계약서가 실제로 최종 조인된 연월일을 기재한다.

(c) 계약당사자의 표시

계약당사자에는 법인명 · 소재지 · 설립준거법이 기재된다.

법인명에 관하여는 등기상의 정확한 명칭을, 소재지에 관하여는 주영업소의 주소를, 설립준거법에 관하여는(특히 미국의 경우) 주법(州法)에 준거하여 설립된 경우에는, 그 주명(州名)을 함께 기재한다.

소재지는 당사자의 동일성을 확인하는 이외에, 재판관할을 결정하는 판단 요소이며, 설립준거법의 표시는 당사자 및 법인이 법에 의해 계약체결능력을 부여됨을 표시한다.

(d) 계약에 이른 사정 · 경위 등의 설명

계약에 이른 당사자 쌍방의 입장이, 각기 병렬로 "WHEREAS"라 하는 접속사를 모두에 두고 서술되며, 이는 WHEREAS CLAUSE라고 불리운다. 이에는 각당사자가 계약을 체결하기에 이른 상황 또는 경위에 관한 설명을 하게 된다. WHEREAS CLAUSE는 상황 · 경위 등의 설명으로, 계약서 본문의 조항과는 차이가 있어 법적 구속력은 없다. 그러나 계약실무자로서는 본문 각 조항과의 정합성이라는 점에서, 표현이 과부족하지 않도록 상시 유의하여야 한다.

예문 2. ○○○(이하 '갑'이라 한다)와 ◇◇◇(이하 '을'이라 한다)은 갑이 소유하고 있는 특허 제○○○○호, 발명의 명칭 「○○○○○」(이하 '본 특허'라 한다)의 실시허락에 관하여, 다음과 같이 계약을 체결한다.

예문 3. ○○○(이하 '갑'이라 한다)와 ◇◇◇(이하 '을'이라 한다)은 갑이 개발에 관련한 △△△에 기술(이하 '본건 노하우'라 한다) 및 이 기술에 관한 한국국내외의 특허(이하 '본건 특허')에 대해서, 다음과 같이 계약을 체결한다.

3. 정 의

가. 의 의

국제계약은 계약 본문의 모두(冒頭)에 정의 규정을 두는 것이 많다. 이것은 계약서를 읽기 쉽고, 문장이 길어지는 것을 없애는 효과도 있다. 명확하고 정확하게 정의한다. 예를 들면 특허권, 실시권, 재실시권, 기술원조, 노하우, 제품, 제법, 사용장치, 부품, 지역, 특허사용료, 최저실시료, 출하, 고객, 화폐, 상표권, 통화, 자회사, 계약, 발효일 등이다.

나. 체크리스트

정의에 있어 체크할 사항은 일반적으로 유의하여야 할 사항 외에도 용어의 정의방법에 주의하여야 한다.

(1) 일반적 유의사항

정의된 어구는 고유명사화된 해석이기 때문에 정의한 어구로 사용해야 하며, 일반 어구와 혼동하여 계약서 본문에서 사용하는 것은 가능한 한 피하여야 한다.

만약, 정의하는 어구가 일반 어구와 같은 말로 사용할 수 없는 때는, 정의한 어구에 " ", 「 」 등을 붙이거나, 영문인 경우에는 대문자로 쓰는 등의 배려가 필요하다.

(2) 정의방법

정의는 라이선서나 라이선시 등의 단어와 같이 자주 사용되는 단어를 계약서 중의 최초에 나올 때(이하 '○○'라고 한다)라고 하는 방법이 있고, 둘째는 계약 본문의 최초에 정의 조항을 두는 방법이 있다.

다. 예 문

예문 1. Article x Definitions

For the purpose of this Agreement, the following terms shall have the following meanings:

(a) "Patents" mean those letters patent, utility models and applications therefor presently owned or hereafter acquired by A and/or which A has or may have the right to control or grant license thereof during the term hereof in any or all countries of the world and which are applicable to or may be used in the manufacture of the Product.

(b) "Exclusive Territory" means the following countries: Korea, Japan, China, Taiwan, Hongkong, Thailand, Indonesia, India, Pakistan, Singapore, Philippines.

(c) "Non-exclusive Territory" means the following countries: Australia, Newzealand.

(d) "Agreed Territory" mean collectively Exclusive Territory and Non-exclusive Territory herein above defined.

(e) "Technical Information" means confidential engineering data, drawings, specifications and procedures, brochures, catalogs and all other technical information necessary for the manufacture, operations, sale and service of the Product which are owned or hereafter acquired by A and/or which A has or may have the right to control and furnish to B during the term of this Agreement.

(f) "Subsidiaries" means firms or corporations fifty percent(50%) or more of the financial interest of stock whereof is owned by A or B, as the case may be, or which firm or other corporation is otherwise directly or indirectly owned or

controlled by A or B, as the case mat be.
(g) "Net Selling Price" means the price at which the Product is sold by B from time to time, after deduction of packaging, installation and freight charge, trade and quantity discount, commission, insurances and commodity tax, if any, directly applicable to the Product. In the event the Product is used by B or its Subsidiaries, "Net Selling Price" of such Product, for the purpose of determining the payment due hereunder with respect thereto, shall be the same "Net Selling Price" at which B customarily sells comparable Product to its customer in bonafide business transactions.

譯: 정의

본 계약의 목적을 위하여 다음의 용어는 다음과 같은 의미를 갖는다.

(a) "특허"라 함은 A가 현재 소유하거나, 앞으로 취득하는 특허권, 실용신안권과 그 출원권 및/또는 세계의 모든 국가에 있어서도 A가 본계약의 기간 중에 그 지배권 또는 실시허여권을 가지며, 또는 가지고 있는 특허권, 실용신안권 및 그 출원권에 대하여 계약제품에 적용시키거나 그 제조에 사용되는 것을 의미한다.

(b) "독점지역"이라 함은 다음의 국가를 의미한다: 한국, 일본, 중국, 대만, 홍콩, 태국, 인도네시아, 인도, 파키스탄, 싱가폴, 필리핀.

(c) "비독점지역"이라 함은 다음 제국가를 의미한다: 호주, 뉴질랜드.

(d) "계약지역"이라 함은 위에 정의된 독점지역 및 비독점지역 모두를 의미한다.

(e) "기술정보"라 함은 계약제품의 제조, 운전, 판매 및 서비스를 위하여 필요한 비밀기술자료, 도면, 사양 및 팸플랫, 카탈로그 및 기타 모든 기술정보로서 A가 소유 또는 앞으로 취득하는 것이며 또한 A가 본계약의 기간 중에 관리하고 B에 제공하는 권리를 갖거나 또는 갖게 될 것을 의미한다.

(f) "종속회사"라 함은 경우에 따라 A 또는 B가 그 주식의 재정적 이익의 50% 또는 그 이상을 소유하는 회사 또는 법인, 또는 경우에 따라 A 또는 B가 기타 형태로서 직접 또는 간접으로 소유 또는 관리하는 회사 또는 법인을 의미한다.

(g) "순판매가격"이라 함은 B가 수시 판매하는 계약제품의 가격에서 계약제품에 직접 적용되는 포장, 설치, 운송비, 거래 및 수량할인, 수수료, 보험료 및 물품세 등이 있다면 이를 공제한 것을 의미한다. B 또는 그 종속회사가 계약제품을 사용할 경우 그 계약제품의 "순판매가격"은 본 계약에 의하여, 지불액을 결정하는 목적에 따라 B가 동등한 계약제품을 성실히 고객에게 통상판매하는 경우와 같이 "순판매가격"으로 한다.

예문 2. "Know-how" shall mean the engineering and all other technical data, information and procedures relating to the operation of the Plant which LICENSOR has acquired or may acquire from time to time during the term of the Agreement, including without limiting the generality of the foregoing, such as may be embodied in drawings, blueprints, computer disks, specifications, design sheets, engineering data, production flow sheets and other professional, scientific or technological information, whether or not protected under applicable law as confidential information or trade secrets of LICENSOR.

譯: 노하우(영업비밀)의 정의

'노하우'는 계약 기간 중 수시로 라이선서가 취득하거나 취득할 수 있는 공장의 가동과 관련한 엔지니어링 및 일체의 기술상의 자료와 공정을 의미하는데, 라이선서의 기밀정보 내지 영업비밀로써 적용 법률이 있어 보호되는가에 상관없이, 앞서 말한 것의 일반성을 제한하지 않고, 도면, 청사진, 컴퓨터 디스크, 사양서, 디자인 기록, 엔지니어링 자료, 제조공정 기록 등에 구체화된 것과 직업적 · 과학기술적 정보를 포함한다.

예문 3. "Patents" shall mean registered patents of the parties hereto in all countries relating to the Process or improvement thereof, including the patents listed Schedule 1 hereto.

譯: '특허'의 정의

'특허'는 별표 1에 기입된 특허를 포함해, 공정 또는 그 개량과 관련한 모든 국가에서 당사자들의 등록 특허를 의미한다.

라이선스 계약에서 허여되는 특허를 특정하기 위해서는 특허번호(patent Number)와 발명의 명칭이 기재되며, 특허가 복수인 경우에는 별표를 첨부하는 방법이 간편하다. 선행발명에 개량을 가한 이차적인 발명도 계약 범위에 포함되고 이들이 특허출원된 때에는, 출원일(filing date), 출원번호(Serial Number) 등을 함께 별표에 기재한다.

예문 4. "Patents" shall mean any and all patents and applications for patents issued or filed in the United States of America which relate to the Process, and which are held by LICENSOR now or at any time hereafter during the term of this Agreement, or owned by others, but only to the extent that LICENSOR may have the right now or at any time hereafter during the term of this Agreement to grant license rights as herein provided.

譯: '특허'의 정의

'특허'는 공정과 관련한 일체의 특허 및 미국에서 발행 또는 제출된 특허출원으로, 현재 또는 그 이후 언제든지 본 계약의 기간 중 라이선시가 갖고 있거나, 비록 다른 사람이 소유하고 있더라도, 현재 또는 그 이후 언제든지 본 계약의 기간 중 여기에 규정된 바와 같이 라이선스를 허여하는 범위의 것을 의미한다.

예문 5. "Patents" shall mean all patents and applications therefor covered or applied for in Korea and in any country of the world by LICENSOR or any affiliate of LICENSOR in any way concerning the Product or the construction of plants therefor.

譯: '특허'의 정의
'특허'는 제품 또는 그 공장의 건설과 어떠한 형태로든 관련하여, 라이선서 또는 그 관련자에 의해 한국과 세계 다른 어느 국가에서 제출된 출원 및 특허를 의미한다.

예문 6. "Improvements" shall mean any inventions, improvements, additions or betterments relating to the Patents or the Confidential Information or the construction or operation of the plant.

譯: '개량기술'의 정의
'개량기술'은 특허나 기밀정보 또는 공장의 공장의 건설 또는 관련한 일체의 발명, 개선, 추가 또는 개량을 의미한다.

예문 7. "Information" shall mean the engineering and other technical data, information, production procedures, and know-how relating to the Process which LICENSOR has acquired or may acquire from time to time, which is not generally known in the industry, which LICENSOR considers confidential and which is of commercial value including, without limiting the generality of the foregoing, such information as may be embodied in drawing, blueprints, computer disks, specifications, design sheets, engineering data, production flow sheets, and other professional, scientific or technical documents.

譯: '기술정보'의 정의
'기술정보'는 공정과 관련한 공학 및 기타 기술 자료, 정보, 제조공정 및 노하우로, 라이선서가 습득하고 있거나 수시로 습득할 수 있으며, 산업계에 일반적으로 알려져 있지 않으며, 라이선서가 기밀로 여기며, 산업상의 가치를 포함하는 것으로, 앞서 말한 것의 일반성을 제한하지 않고, 도면, 청사진, 컴퓨터 디스크, 사양서, 디자인 기록, 공학 자료, 제조공정 기록 등의 직업적 · 과학적 또는 기술상의 서류 등에 구체화된 정보를 의미한다.

예문 8. "Documentation" shall mean all documents and copies thereof containing Information designed as confidential by LICENSOR.

譯: '기술서류'의 정의
'기술서류'는 라이선서가 기밀로써 지정한 기술정보를 포함하고 있는 모든 서류 및 복사본을 의미한다.

예문 9. "Products" shall mean ________ described in the attachments ______ produced by the Process Plant located at the Site.

譯: '제품'의 정의

'제품'은 현장(site)에 위치한 공정 공장(Process Plant)에서 제작된 부속에 ________ 설명된 ________ 을 의미한다.

예문 10. "Plant" shall mean any facility using the _______ Process which has been heretofore, is being currently, or will be described in the future constructed or operated under a license from LICENSOR.

譯: '플랜트'의 정의

'공장(플랜트)'은 ________ 공정을 사용하는 어떤 설비로, 라이선서로부터 현재 또는 미래에 건설 또는 가동되도록 묘사된 것을 의미한다.

예문 11. "Site" shall mean the actual place where the Plant will be constructed in ______ .

譯: '사이트'의 정의

'현장(사이트)'는 ________ 에 건설된 플랜트의 실제 위치를 의미한다.

예문 12. "Process" shall mean the process owned by LICENSOR and used in the Plant to produce Products including any LICENSOR's proprietary adaptation of design or equipment necessary to permit the use of the system introduced into the flow system from external sources.

譯: '프로세스'의 정의

'공정(프로세스)'은 외부원으로부터 유동시스템에 삽입된 시스템 사용 허가에 필요한 라이선서의 디자인 또는 설비에 대한 독점적 개조를 포함하여 제품 생산을 위해 공장에서 사용되는 라이선서가 보유한 공정을 의미한다.

예문 13. "First Operation" shall mean the date of the first discharge of Products by the Plant.

"Contractual Year" shall mean the consecutive twelve(12)-month-period beginning on the First Operation.

譯: '계약 년'의 정의

'최초 가동일'은 공장에서의 최초제품 배포일을 의미한다.

'계약 년'은 최초가동일로부터 연속적인 12개월 기간을 의미한다.

예문 14. "Commissioning" shall mean putting by LICENSEE the erected plant into operation after conclusion of no load/cold test run commencing with lighting of burners of the reformer and continuing with putting the raw materials through the plant and obtaining at least production of ninety percent(90%) of the rated capacity of the Plant in the operating time of twenty-four(24) consecutive hours.

譯: '시운전'의 정의

라이선시가 비부하 테스트를 행한 후 리포머의 버너에 불을 붙이고 원자재를 넣어 24시간의 연속 가동시간 내에서 공장생산능력의 적어도 90%을 획득하면서 건설된 공장을 가동하는 것을 의미한다.

예문 15. "Effective Date" shall mean the date this Agreement shall come into force and effect in accordance with the provisions of Article ______ hereof.

譯: '계약발효일'의 정의

'계약발효일'은 이하 ______ 조 규정에 따라 본 계약이 효력을 발생하는 날짜를 의미한다.

예문 16. "Party" shall mean LICENSOR or LICENSEE.
"Parties" shall mean LICENSOR and LICENSEE.

譯: '당사자'의 정의

당사자는 라이선서 또는 라이선시를 의미한다.
당사자들은 라이선서와 라이선시를 의미한다.

예문 17. "Territory" shall mean the world excluding North America, South America, Central America, and the Caribbean Islands.

譯: '지역'의 정의

'지역'은 북미, 남미, 중미, 및 카리브 해를 제외한 세계를 의미한다.

4. 실시허락

가. 의 의

라이선서가 실시허락을 할 때는 일반적으로 허락대상, 기간, 지역, 실시권의 형태 등을 검토하고, 필요에 따라서 양당사자의 협의로서 계약서에 명시하여야 한다.

실시허락이란 라이선서가 어떤 제품 또는 특허 등을 라이선시에게 일정 기간, 지역, 내용 등을 정하여 사용하게 하는 것을 말한다. 이는 양도와는 다르다.

나. 체크리스트

실시허락의 대상 · 내용 · 실시권의 형태 · 기간 등을 라이선서와 라이선시가 합의하였다고 하더라도 제조 · 사용 · 판매(수출 포함) 등의 실시의 내용에 있어 독점규제 및 공정거래에 관한 법률(이하 「독점규제법」이라 한다)이나 외자도입법 등에 관한 법규에 주의할 필요가 있다.

이러한 법규는 나라에 따라 판단 기준이 다르기 때문에 사전에 확인하여 둘 필요가 있다.

(1) 실시허락의 대상

허락대상을 특허권에 한하여 할 것인가 아니면 노하우 · 기술정보도 포함할 것인가에 대해서는 해당 기술분야의 라이선시의 기술력, 공장시설, 기술자나 스탭, 그리고 경험도나 부품 · 소재를 지원하는 자회사군, 라이선시의 국가의 규격이나 기준 등을 고려하여 특허권만 허락할 것인가 아니면 노하우 · 기술정보 · 디자인권 · 저작권 등을 함께 허락할 것인가를 결정하는 것이 좋다. 이와 반대의 경우도 있을 수 있다.

(2) 실시권의 내용

위에서 결정한 개개의 실시허락대상을 라이선시에게 어떠한 실시권을 허락할 것인가는 라이선서의 제조, 사용, 판매(수출을 포함) 또는 계약기간에 어떠한 영향을 미칠 것인가를 고려하여야 하며, 또 계약기간종료 후의 라이선서와 라이선시의 제조, 사용, 판매의 상황이 어떻게 될 것인가를 가미하여 실시권의 내용을 검토하는 것이 좋다.

(3) 실시권의 형태

라이선서가 독점적 실시권을 허락할 것인가 아니면 비독점적 실시권을 허여할 것인가는 라이선서의 사업전략이다.

(4) 실시허락 지역

실시허락 지역은 특허나 노하우 각각의 제조, 사용, 판매 등의 실시권이 어느 정도의 이해득실이 생길지를 검토하고, 그 결과를 종합하여 계약서에 규정하는 것이 바람직하다.

(5) 실시허락의 기간

실시허락의 기간을 정함에 있어서는 제공하는 기술에 관련한 라이선서의 의무와 얻을 수 있는 실시료와의 밸런스를 생각하여 결정하는 것이 좋다.

기간을 길게 하면 반드시 실시료가 늘어난다는 보장은 없다. 때로는 라이선서의 의무만 늘어나는 경우도 발생할 수 있다.

다. 예 문

예문 1. Subject to the other provisions of this Agreement, LICENSOR grants and agrees to grant to LICENSEE for the term of this Agreement:
(i) the right to use all Patents and Technical Information for the operation of the Plant; and
(ii) the right to produce in the Plant, and use and sale world-wide, Product produced by the Plant.

LICENSEE is not granted the right to assign or sublicense the rights granted in this Section nor is LICENSEE granted the right to operate any additional plant in the same location or such a plant in any other location, or to use Technical

Information, Patents, and Know-how for the construction or operation of any other plant or for use other than as pertains directly to the operation of the Plant. Moreover the licensee will not have the right to duplicate the plant or increase plant capacity by adding works without prior approval and concurrence of LICENSOR.

譯: 본 계약의 규정에 따라, 본 계약기간 동안 라이선서는 다음을 라이선시에게 허락하고 허락에 동의한다.

(i) 공장 가동을 위한 모든 특허와 기술정보를 사용할 권리

(ii) 공장에서의 생산과 공장에서 생산된 제품을 사용 및 세계적으로 판매할 권리

라이선시는 본장에서 허여된 권리를 양도하거사 재실시할 권리가 인정되지 않으며, 같은 위치에 추가의 다른 공장이나 다른 위치에 같은 공장을 가동하거나, 다른 공장의 건설이나 가동 또는 계약공장 가동과 직접적으로 관련된 것 이외의 사용을 위해 기술정보, 특허 및 노하우를 사용할 수 없다. 나아가 라이선시의 사전 승인과 동의 없이는 라이선시는 공장을 복제하거나 추가작업을 통해 공장생산능력을 증가시킬 권리가 없다.

예문 2. To implement the above provisions, LICENSOR shall furnish to LICENSEE, on a schedule to be agreed upon between LICENSOR and LICENSEE, Technical information and information on Patents, updated form time to time during the period of Improvements Exchange pursuant to Article of this Agreement.

譯: 위 규정을 이행하기 위하여, 라이선시는 합의된 일정에 따라 라이선시에게 본 계약 조항에 따른 개량기술교환시기 동안 수시로, 기술정보 및 특허정보를 제공한다.

예문 3. Upon the request of LICENSEE, LICENSOR shall, whenever practical during the period of Improvements Exchange, pursuant to the Section of this Agreement, select and provide a reasonable number of qualified personnel to be sent to the Plant. All necessary arrangements for entry and departure to and from Plant and accommodations therein shall be made by the LICENSEE. Such personnel shall remain at the Plant for such time as LICENSEE may reasonably request and shall render assistance in instructing LICENSEE's personnel in operating procedures, plant maintenance, trouble shooting, or other technical assistance requested by LICENSEE. Costs(including, without limitation, a per diem fee to be agreed upon, travel, living and other out-of-pocket expenses) incurred by LICENSOR in the performance of its obligations under this Section shall be paid for by LICENSEE.

譯: 라이선시의 요구에, 본 계약의 조항에 따른 개량기술교환시기 중 언제든지, 공장에

파견될 상당 인원의 적임자를 선정 · 파견한다. 공장 및 숙소에의 출입에 필요한 모든 준비는 라이선시가 한다. 그러한 직원은 라이선시가 요구하는 상당 기간 공장에 체류하며, 라이선시 직원에게 공정 가동 교육에의 지원 및 공장 유지, 고장 수리 또는 기타 라이선시가 요구하는 기술지원을 제공한다. 본 장에 따른 의무 수행을 위해 라이선서가 야기한 비용(제한 없이, 합의된 일당, 여행비 · 생활비 및 기타 일시불 비용)은 라이선시가 부담한다.

예문 4. LICENSEE acknowledges that LICENSOR may enter into a contract with a third party to provide services and assistance to LICENSOR in connection with the implementation of this Agreement. Accordingly, LICENSEE agrees to work with such third party, if designated by LICENSOR, as the duly authorized representative for such purpose.

譯: 본 계약의 이행과 관련하여 라이선서에게 서비스와 지원을 제공하기 위해 라이선서가 제3자와 계약을 체결할 수 있음을 라이선시는 승인한다. 따라서, 라이선시는 라이선서가 지정하였다면, 위 목적을 위한 정당한 공인 대표자로서 위 제3자와 함께 공동 작업을 함을 동의한다.

예문 5. 甲은 본 계약의 유효 기간 중, 본건 특허에 관한 발명으로 인하여 만들어진 제품을 한국 국내에서 생산 · 판매하는 권리를 乙에게 허락한다.

5. 기술정보의 개시

가. 의 의

협의의 영업비밀(기술적 노하우)을 포함한 라이선스 계약에 있어서는 기술정보의 개시도 하나의 규정이다. 기술정보가 간단한 내용일 때는 해당 계약상 단어의 의미를 정의항으로 명확하게 하면 되지만, 그러하지 않으면 기술정보 개시의 항을 별도로 작성할 필요는 없다.

기술정보의 개시란 협의의 영업비밀인 기술적 노하우를 라이선서가 라이선시에게 일정 기간 · 내용 등을 정하여 제3자에 개시하지 않으면서 실시허락하도록 하는 것을 말한다.

나. 체크리스트

기술정보의 개시에 있어 체크하여야 할 사항은 기술정보의 내용 · 매체 · 개시방법과 법적 문제 등이다.

(1) 기술정보의 내용

라이선스의 대상인 기술을 크게 둘로 구분하자면, 특허와 특허 이외의 기술로 구분된다. 기술정보개시의 항에서는 주로 특허 이외의 기술을 라이선스 계약의 대상 기준으로 할 때에 중요하다.

기술정보의 개시가 적은 라이선스 계약에 있어서는 기술정보의 개시 조항을 독립하여 가지지 않고 기술자 파견과 받아들이는 조항 중에서 필요 최소한의 것을 개시하도록 계약서를 작성하는 것이 좋다.

(2) 기술정보의 매체

기술정보의 대부분은 서류나 도면, 인쇄물, 때로는 샘플에 의해 개시되지만, 전자정보에 의해 개시된 경우는 라이선서와 라이선시가 소유하는 정보기재의 레벨이 같을 필요가 있다.

(3) 기술정보의 개시방법

기술정보의 개시 방법에는 이메일 등 보낸 자료에 의해 개시되는 경우와 방문자에 자료를 건내 주는 방법의 경우가 있다. 이러한 기술정보개시방법에 대해서의 체크 사항도 실무와 직결하여 검토할 사항이 많이 있다.

다. 예 문

예문 1. A shall during the term here of furnish and make available to B with the latest Technical Information relating to the production of the Contract Products.
Notwithstanding the provisions of Section 1.6(B), A agree to furnish B with A's final issue of A research and development report named as Program Sheet in A concerning the Contract Products.

All Technical Information in writing shall be in the Korean or the English language.
In order to make such furnishing of the Technical Information continuously effective, B shall make quarterly/ semi-annual/ annual reports to A in the form designated by A concerning the productivity, quality, etc. of the Contract Products manufactured by B using the Technical Information furnished by A.

譯: A는 계약기간 동안 B에게 계약제품의 생산에 관한 최신의 기술정보를 제공하고 이용하게 한다.
제 1.6 (B) 항에 불구하고 A는 계약제품에 관한 A에서 PROGRAM SHEET로 명명하는 A의 연구개발보고서의 최종 발행분을 B에게 제공하는 것을 말한다.
모든 서면의 기술정보는 한국어나 영어로 작성된다.
이러한 기술정보의 제공이 지속적이며 효과적으로 수행하기 위하여, B는 A로부터 제공된 기술정보를 사용하여 제조된 계약제품의 생산성, 품질 등에 관하여 A가 지정한 양식으로 A에 분기별, 반기별, 연간 보고서를 제출한다.

예문 2. Within sixty (60) days after the effective date of this Agreement, A shall furnish by air mail to B all available Technical Information necessary for manufacture, operation, sale and service of the product.

譯: A는 본 계약의 발효일 후 60일 이내에 계약제품의 제조, 운전, 판매 및 서비스에 필요한 모든 가능한 기술정보를 항공우편으로 B에게 제공한다.

6. 기술자의 파견과 접수

가. 의 의

라이선서가 제공하는 기술이나 자료, 정보, 샘플, 기술지도 등만으로는 충분한 기술이전이 될 수 없을 때, 기술자를 파견하거나 받아들인다. 각종의 제품이 만들어질 때는 계약에 포함되는 제품의 범위나 기술지도의 범위를 명확하게 할 필요가 있다.

나. 체크리스트

기술자의 파견과 접수에 있어 체크하여야 할 사항은 ① 기술지도, ② 기술자 파견, ③ 기술자 접수, ④ 언어, ⑤ 비용, ⑥ 안전 등이다.

(1) 기술지도

기술지도는 라이선서의 기술자가 라이선시의 기술자나 실무자를 지도하는 형태로 이루어진다.

(2) 기술자 파견

계약상 기술자의 파견이나 실습자를 받아들이는 모든 조건을 라이선서의 판단으로 결정하는 것이라면 좋다. 그러나 일방의 당사자에게도 좋은 조건은 타방 당사자에게는 불리한 조건이 되기 때문에 기술자 교체를 협의할 수 있는 조항을 삽입하여 두는 것이 좋다.

(3) 안전 기타

라이선시의 실습자의 실습개시에는 먼저 안전규칙의 설명과 기초 훈련을 실시하는 것이 좋다.

다. 예 문

Personnel designated by B shall be given adequate opportunity to study the manufacture of the Product at the manufacturing plants of A and its Subsidiaries. Such personnel shall be given adequate opportunity to acquaint themselves with the production design, production engineering, processes of production and testing of such Product and with related shop practices and operations at such plants, and to discuss such production design, production engineering, processes of production and testing practices and operations with appropriate engineering and production personnel at such manufacturing plants.

Such B's designated personnel shall be permitted to make notes and sketches and to procure pertinent information and photographs in possession of A and its Subsidiaries relating to the foregoing including purchase material costs and methods of quality control which may be in use in connection with the manufacture of the Product. The number of such B's personnel shall not exceed (3) in each time and the sum arrived at by multiplying each such personnel by the number of days visiting A's plants and totaling the quantity thus arrived shall not exceed forty(40) man-days in each year. B shall advise A in advance, in writing, of the names, interests, qualifications and probable lengths of stay of B's designated personnel desiring to visit such plants in order to provide ample time to enable the manufacturing plants to prepare for such visits. The travelling and living expenses and all other expenses for such personnel shall be borne by B.

譯: B가 지정한 직원은 A 및 그 계열회사의 제조공장에서 계약제품의 제조를 연구하기 위한 충분한 기회를 부여받는다. 이 사람들은 공장에서 계약제품의 생산설계, 생산기술, 생산 및 시험방법과 관련되는 공장의 실제와 운전을 숙지할 기회 및 생산설계, 생산기술, 생산방법, 시험방법과 운전에 대한 토의를 할 충분한 기회를 부여받는다.

이러한 B의 피지정자는 계약제품의 제조에 관련하여 사용되는 재료, 구입비 및 품질관리법을 포함하는 전기 사항에 대하여 노트 및 스케치하는 것과 A 및 그의 계열회사가 소유하는 관계정보 및 사진입수를 허용한다. 이러한 B의 인원수는 각 회 3명을 초과하지 않으며, 또한 각 인원에게 A의 공장을 방문하는 일수를 곱한 합계는 매년 연 40일을 초과하지 못한다. B는 방문을 받는 제조공장에게 그 준비를 위한 충분한 여유를 주기 위하여 B가 지정한 공장방문희망자의 성명, 관심사항, 자격 및 예상체제일수를 서면으로 A에게 사전에 통고하여야 한다. 이러한 인원의 여비, 생산비 및 기타 모든 비용은 B가 부담한다.

7. 재실시허락

가. 의 의

라이선시가 라이선서로부터 허락받은 권리의 전부 또는 일부를 또 다시 제3자에게 허락하는 것을 재실시허락 또는 서브 라이선스(sub-license)를 허락한다고 말한다.

라이선시가 통상실시권자인 경우에도 라이선서로부터 권한을 부여받은 때는 제3자에게 재실시허락(서브 라이선스)을 허락할 수 있다. 서브 라이선스에 관한 권리에 대해서는 당사자간의 특약에 근거하게 된다. 따라서, 라이선시로서는 서브 라이선스의 필요성이 사전에 확실한 경우에 미리 결정해 두는 것이 바람직하다.

한편, 라이선서의 입장에서는 다수의 라이선시에게 실시허락을 한 경우에 계약의 효율화 · 원활화를 고려하여 한 회사에만 서브 라이선스 실시권을 허락하고 그 한 회사가 다른 라이선시에게 재실시허락을 하게 하는 경우도 있다.

나. 체크리스트

재실시허락에 있어 체크할 사항은 허락 가부의 명확화, 허락처의 제한, 허락범위, 라이선시의 의무, 기간 등이다.

(1) 허락 가부의 명확화, 허락처의 제한

서브 라이선스를 허락한 경우 라이선서와 라이선시 간에는 라이선시가 개재(介在)하고 있기 때문에 라이선서가 서브 라이선시를 간접적으로만 제한할 수 있다. 라이선서는 서브 라이선스를 허락하는 권리를 부여하는 것에 대하여 라이선서로서는 바람직하지 않은 서브 라이선시가 출현하는 것을 방지하는 것도 고려하지 않으면 안 된다. 따라서 라이선스계약에서는 「라이선서에 의한 사전서면승낙이 없는 한 서브 라이선스를 허락할 수 없다」라는 뜻으로 규정하고 라이선시에 대하여 서브 라이선스를 원칙적으로 금지하는 규정을 둘 수도 있다.

(2) 허락범위

실시권을 허락하는 경우 제조 · 판매 · 사용 등 각각의 실시행위를 구분하여 허락할 수 있기 때문에 서브 라이선스로 허락범위에 대해서도 명문화하여 두는 것이 후일의 분쟁발생을 예방할 수 있다.

(3) 라이선시의 의무

서브 라이선스가 허락되는 경우 서브 라이선시의 실시에 대해서의 실시료, 그 지불하는 자, 지불경로 등을 명확히 할 필요가 있다. 외국법인을 상대방으로 하는 때는 외국환거래법상의 계약보고 · 신청이나 소득세에 대해서도 주의할 필요가 있다.

(4) 기 간

허락기간, 즉 라이선서와 라이선시와의 라이선스(원래의 라이선스)기간과 서브 라이선스의 기간의 관계도 중요하다. 라이선스계약에 있어서 별도의 정함이 없는 한, 원래의 라이선스계약의 종료와 동시에 서브 라이선스도 종료하는 것으로 생각한다. 그러므로 서브 라이선스의 기간을 연장 또는 단축하려고 할 때에는 별도의 서브 라이선스의 기간을 정하지 않으면 안 된다.

다. 예 문

ARTICLE x SUBLICENSE

B will be granted sublicense right on products if the sublicense is inevitable for B from its managerial standpoint and if the following conditions are met :

(a) Secrecy of A technical know-how and information is secured completely by the sublicense.

(b) B shall not be authorized to use the written or printed materials which B received from A, provided that B shall be permitted to rewrite said materials using similar format so far as they do not contain any reference to corporate name, tradename, trademark or any other information associated with A.

(c) Sublicense shall not be given to any party in a country where A's license exists.

(d) Proposed sublicense will not create additional works to A.

(e) Reasonable compensation will be paid to A as determined by mutual agreement between A and B.

譯: 제 x 조 재실시권

B는 경영적 관점에서 재실시가 불가피하고 다음 조건이 만족될 경우에는 제품에 대하여 재실시권을 허여받는다.

(a) A기술의 영업비밀 및 정보의 비밀이 재실권자에게 완전히 유지되어야 한다.

(b) B는 A과 관련된 회사명, 상호, 상표 또는 기타 정보를 인용하지 않는 한 유사한 양식을 사용하여 자료를 재작성하는 것은 허용되나, B가 A로부터 받은 서면 또는 인쇄된 자료는 사용할 수 없다.

(c) 재실시권은 A의 기술제휴처가 있는 국가에서는 어느 누구에게도 제공할 수 없다.

(d) 제공된 재실시권은 A에 추가적인 의무를 지울 수 없다.

(e) A와 B는 상호협의 결정에 따라 A에 합리적인 보상을 한다.

8. 제조위탁

가. 의 의

라이선스계약에 있어서 제조위탁이란 라이선시가 라이선서로부터 허락받은 제품의 전부 또는 일부의 제조를 제3자에게 맡기는 것을 말한다.

라이선시는 많은 부품을 모두 자사에서 제조하는 것이 설비, 비용, 인원, 기술력 등의 면에서 리스크가 높은 경우나 무역마찰을 고려하여 해외로부터 부품을 구입하지 않으면 안 되는 경우에는 현지기업에 제조위탁하는 경우도 있으므로 계약에서 주의하여야 한다.

나. 체크리스트

제조위탁에 있어 주의하여야 할 사항은 제조위탁의 가부, 범위, 라이선시의 의무 등이다.

(1) 제조위탁의 가부

라이선서는 라이선시에 의한 제조위탁이 라이선서의 사업에 어느 정도 영향을 미칠지를 검토하지 않으면 안 된다. 위탁처의 기술력, 자본력이 높고, 라이선서의 경업자가 성장하는 경우도 있기 때문이다.

라이선시가 협력회사 등에 대해 제조위탁할 계획이 있는 경우에는 미리 라이선스계약에 있어서 그 취급을 명확히 하여 두는 것이 좋다.

(2) 범 위

라이선서는 라이선시가 제3자에 제조위탁 하는 것을 확인한 때에는 대상제품 전체 또는 그 반제품, 부품, 부속품, 원재료 등 그 범위를 명확히 하여 둘 필요가 있다.

(3) 라이선시의 의무 확인

라이선서는 라이선시가 제3자에게 제조를 위탁하는 경우, 라이선스계약에 있어 라이선시에 과하는 의무와 동등한 이행의무를 해당 제조위탁처에도 과할 것을 라이선시에게 보증하는 것이 일반적이다.

다. 예 문

> 갑은 을에게 A라는 기술을 실시허락하고 을은 갑으로부터 실시허락받은 것을 직접제조하여야 한다. 단 부득이 한 경우에는 갑에게 사전동의를 받은 경우에만 제3자에게 제조위탁을 할 수 있다.

9. 대 가

가. 의 의

대가(Royalty)는 라이선서가 라이선시에게 지적재산권 내지 영업비밀의 실시권이나 사용권의 허락을 하는 대가로 받는 보수이다.

대가에는 계약의 발효와 동시에 또는 그 후 지체없이 일정 기간(대체로 30일에서 60일) 이내에 지불되는 일정 금액으로 이니셜 페이먼트(Initial Payment), 럼프섬(Lump Sum), 다운 페이먼트(Down Payment), 어드밴스 페이먼트(Advance Payment) 등이 있다.

또한 계약기간 중 제품의 제조, 판매에 따라 지불되는 것으로 로열티가 있으며, 기술제공의 수단에 따라 그 때마다 지불되는 도면자료비, 기술자파견비, 컨설팅비(Consulting Fee) 등이 있다.

(1) 이니셜 페이먼트(Initial Payment)

실제로 제품이 판매되는 경우에 생기는 로열티의 발생과는 관련 없이 별개로 기술제공자에게 지불되는 금액으로 보통 노하우료라고 해석되기도 한다. 따라서 이니셜 페이먼트가 약속될 때에는 노하우 제공을 위한 비용은 보통 실비만이 추가적으로 청구되기도 한다. 그러나 이니셜 페이먼트가 노하우료의 전부라고 해석해서는 아니 되며, 로열티의 요율을 올리고 이니셜 페이먼트를 설정하지 않는 경우도 있다.

(2) 럼프 섬(Lump sum)

일시금으로 보통 계약에 의한 대가 총액의 일시불로 해석되며, 따라서 이 경우 로열티의 지불은 생각할 여지가 없다.

(3) 다운 페이먼트(Down Payment)

로열티 요율을 높이려 하지 않을 경우, 계약 기간 동안 지불시기를 몇 회로 나누어 여러 회에 걸쳐 금액을 지불한다는 뜻의 규정을 두게 되는데, 다운 페이먼트는 이와 같이 분할하여 지불하는 금액의 최초 지불액을 말한다.

(4) 어드밴스 페이먼트(Advance Payment)

어드밴스 페이먼트는 로열티의 일부를 미리 지불하는 경우를 말한다. 어드밴스 페이먼트의 경우에는 로열티가 발생하더라도 그 누계금액이 어드밴스 페이먼트의 금액을 초과할 때까지는 로열티의 실제 지불은 필요하지 않다. 예를 들면 로열티가 월 100만원이라고 가정할 때, 500만원을 어드밴스 페이먼트로 지불했다면 5개월치의 로열티는 미리 낸 것으로 보는 것이다.

(5) 로열티(Royalty)

보통 실시료라 불리며, 기술도입자가 제공의 대가로서 계약 기간 중 계약 제품의 제조, 판매에 따라 계약에 정하여진 계산방법으로 산출하여 계약에 정하고 있는 시기에 기술허락자에게 지불하는 것을 말한다.

이러한 로열티는 그 결정방법에 따라 다시 분류될 수 있는데, 판매에 관련되지 않는 일시불로열티와 정액실시료로, 판매와 관련되는 판매고 실시료와 이익실시료로 나눌 수 있으며, 지불액의 상 · 하한을 두는가에 따라 최대실시료(Maximum Royalty)와 최소실시료(Minimum Royalty)로 나눌 수 있다.

(6) 도면자료비

도면자료비는 노하우료로서 청구되는 경우, 노하우료의 일부를 포함하는 경우, 단순히 작성 · 송부를 위한 실비로 되어 있는 경우 및 무료인 경우 등이 있는

데, 이는 이니셜 페이먼트나 로열티 등의 기타 대가와 관련하여 어떤 것을 채용할 것인가가 결정된다. 다만 계약서에 특별히 기재하지 않는 경우에는 도면자료의 송부는 무료로 보기 때문에 주의하여야 한다.

(7) 컨설팅비

기술허락자가 도입자에게 최초에 정하여진 협력의 범위를 넘어서 특히 작업을 요구하는 경우는 이에 대한 약정에 따라 지불되는 대가이다.

나. 체크리스트

대가(로열티)에 있어 체크할 사항은 실시료의 산정 · 종류, 지불조건, 변경 등이다.

(1) 실시료의 대상

실시료의 지불 대상을 명확히 하여 둘 필요가 있다. 산업재산권이 실시의 대상이면 그 권리의 청구범위, 심사과정에서의 공지자료 등을 감안하여 대상을 확정하면 되지만, 복수의 특허 등이 대상이 되는 경우와 출원중인 특허인 경우에는 라이선서와 라이선시 쌍방이 오해가 없도록 대상을 확정하는 방법을 택하지 않으면 안 된다. 노하우가 실시 대상인 경우는 공지기술과 가치있는 기술을 명확히 할 필요가 있다.

(2) 실시료의 산정방식

합리적인 실시료를 산정하는 것은 라이선서와 라이선시 쌍방에게는 제일 중요한 사항 중의 하나이며, 또한 협상이 가장 어려운 부분 중의 하나이다.

(3) 실시료의 종류

실시료의 종류는 확정액실시료, 계속실시료, 이 둘을 합한 방식이 일반적이다. 어떠한 방식을 선택하든지 간에 당사자간의 교섭에 의하여 결정되므로 여러 종류의 가능성을 염두에 두고 교섭에 임하는 것이 좋다(상세한 것은 “의의” 부분을 참조).

(4) 지불조건

지불방법은 현금 또는 수표, 직접지불 또는 은행계좌로 하는 방법이 있다. 통화와 환율은 라이선스계약이 외국법인과의 계약체결되기 때문에 한국의 원화 이외의 통화로 지불할 것을 약속하는 경우가 많이 있으며 이때의 환율에 관한 규정을 둘 필요가 있다. 예를 들면 환율은 송금일의 환율로 한다.

세금은 라이선스계약을 기초로 하여 실시료를 받을 때에 납세의 의무를 진다. 지불의무의 발생은 지불방식이 계속방식인 경우에는 대상제품의 제조 내지 판매과정에 있어 어느 시점을 지불의무의 발생시기로 할 것인가를 규정하여 둘 필요가 있다. 예를 들면 출하한 때로 하는 경우 등이다.

실시료의 지불시기 또는 기간은 확정실시료인 경우중에서도 일괄지불인 경우는 기간을 정하여 그 기간 내에 지불하면 되지만 분할인 경우는 단기간에 수회에 걸쳐 지불할 것을 정하면 된다. 그러나 계속실시료인 경우에는 실시보고와 동시 또는 지불산정기간 종료 후 일정한 기간 내로 하는 경우가 많다. 이 경우 실시보고의 시간이 문제가 되기 때문에 양당사자가 결산시기를 고려하여 결정하여 두는 것이 좋다.

라이선서는 라이선시가 지불을 지연하는 경우에 대비하여 지연금리에 대해서도 규정하여 두는 것이 좋다. 실시료의 변경요건이 발생한 경우에는 라이선서는 이미 받은 실시료를 반환하지 않는다는 취지의 규정을 두는 것이 좋다.

(5) 변 경

계약의 기초사항에 예상하지 못한 사유가 발생한 경우는 신의칙상 계약의 해약, 종료 등이 되지만, 실시료에 대해서도 일정한 조건의 경우에는 변경될 수 있는 것을 당사자 간에 있어 미리 합의하여 두는 것이 좋다. 예를 들면, ① 대상권리의 변동인 경우로서는 출원중인 것이 특허등록이 되지 않은 경우, ② 판매량이 증대된 경우는 수정규정을 둘 것, ③ 제3자 특허 등을 침해한 경우는 해당 제3자에게 대가를 지불할 필요가 생기는 경우의 취급 규정을 둘 것, ④ 경제사정의 변동, ⑤ 최혜 대우적용에 의한 변경, ⑥ 설계 변경, ⑦ 대상제품의 변동 등에 관한 것이다.

다. 예 문

예문 1. Article x Payment

(a) In consideration of the Technical Information and services furnished by A to B hereunder, and of the license under Patents that may be acquired by B hereunder, B shall compensate A by paying to it during the term of this Agreement the following amount:

(1) The sum of Fifty Thousand United States Dollars(US $ 50,000.00) within sixty (60) days after the effective date of this Agreement;

and

(2) The royalty of five percent (5%) of the Net Selling Price of Each Product made and sold or used by B.

譯: 제 x 조 대가

(a) 본 계약에 따라 A가 B에 제공하는 기술정보 및 서비스와 본 계약에 의하여 B가 취득하는 특허실시권의 대가로서 B는 본 계약의 기간 중 A에게 다음의 금액을 지불한다.

(1) 본 계약의 발효일 후 60일 이내에 5만(50,000) 달러의 금액과

(2) B가 제조, 판매 또는 사용된 각 계약제품의 순판매 가격의 5%의 로열티.

예문 2. Paragraph x Royalties and Method of Payment

(a) In consideration of the right granted to B under this Agreement, B will pay A a running royalty equal to

(1) 5% of the invoice value of all sales of products and replacement and spare parts for this equipment;

(2) 4% of the net invoice value of all sales of all products and replacement and spare parts for this equipment and any A Equipment not specifically addressed in this paragraph.

(b) B will pay A a minimum annual royalty of $ 10,000.00, due and payable within 30 days of approval of this Agreement, as provided in Paragraph 15(e), or on January 1, 20 ____, whichever is later, and on January a of each year thereafter. The minimum annual royalty will be credited against any running royalties due and payable by B under Paragraph 5(a)

(c) B will keep and maintain, in accordance with generally accepted accounting principles, full, clear and accurate books, records and accounts in sufficient detail from which the running royalty payments due A may be readily determined. Upon 24 hour notice, B will permit A representatives or an independent auditor selected by A to examine its books, records and accounts at its offices during regular business hours for the purpose of verifying payments made to A. Prompt adjustment will be made to all previous payments to compensate for any errors or omissions disclosed.

(d) Running royalty payments will be due and payable within 60 days of a end of the Royalty Period and will be remitted to A concurrently with the written report, and shall be paid in U.S. dollars at the official rate of exchange in effect on June 30 or December 31, as the case may be, either directly to A or to such banks as may be designated by A.

譯: 제 x 조 로열티와 지불방법

(a) 이 계약에 따라 B에게 허여되는 권리에 대하여, 다음과 같이 경상 로열티를 A에 지불한다.

(1) 계약 제품과 이 설비의 대체물 및 예비부품의 판매에 대한 순수 청구금액의 5%

(2) 계약 제품과 이 설비의 대체물과 예비부품 그리고 이 항목에서 특별히 지칭하지 않는 A 설비의 판매에 대한 순수청구금액의 4%

(b) B는 A에게 매년 최소 10,000달러의 로열티를 제15조 (e)항에 의하여 이 계약허가 후 30일 이내에 늦어도 20 ____ 년 1월 1일에 지불하며, 그후 매년 1월 1일에 지불한다. B가 지불하는 연간 최소 로열티는 제5조 (a)항에 따라 B가 지불하는 경상 로열티를 상각한다.

(c) B는 일반적으로 인정된 회계원리에 따라 A가 경상 로열티를 쉽게 결정할 수 있도록 완전하고 분명한 경리관계 서류를 상세하게 유지한다. 24시간 사전통고에 의하여 B는 A 대표자 또는 A가 지명한 회계사가 A에게 지불할 금액을 확인하고자 하는 목적으로 정규 업무시간 동안에 사무실에서 장부, 기록과 계산서를 조사하도록 허락해야 한다. 회계감사를 통해서 나타난 실수 또는 누락사항에 대해 B는 이전의 지불액에 신속한 보상조정 조치를 한다.

(d) B는 로열티 기간 종료 60일 이내에 경상 로열티를 서면보고서와 같이 송금하며, 6월 30일 또는 12월 1일 효력의 공식적인 환율로 미국 달러로서 A에 직접 또는 A에 의해서 지정된 은행으로 지불한다.

예문 3. In consideration of the license granted pursuant to Article ______ and having purchased engineering services from XYZ, LICENSEE agrees to pay LICENSOR a license fee of US $ 1,000,000(one million U.S.dollars), net of all taxes if any, which shall be due and payable as follows :

(i) US $ 333,333 (three hundred thirty-three thousand three hundred thirty-three U.S.dollars), net of all taxes if any, as down payment payable within one hundred twenty (120) days after signing of this Agreement.

(ii) US $ 333,333 (three hundred thirty-three thousand three hundred thirty-three U.S.dollars), net of all taxes, if any upon completion and delivery of the Documentation described in Article ______ .

(iii) US $333,334 (three hundred thirty-three thousand three hundred thirty-four U.S.dollars), net of all taxes if any, due and payable when the Plant completes the Performance Test as evidenced by the Plant Performance Certificate (a specimen of which is given in Annexure _______) or 42 months after the effective date of this Agreement whichever is earlier.

譯: _________ 조에 따라 제공된 라이선스 및 XYZ로부터 구입한 엔지니어링 서비스에 대하여, 라이선시는 라이선서에게 아래와 같은 세금을 공제한 미화 백만 달러의 라이선스비를 제공함을 동의한다.

(i) 본 계약 조인 후 120일 이내에 다운 페이먼트로서 지불되는 세금을 공제한 미화 333,333달러

(ii) ________ 조에 설명된 서류의 완성과 배달로써 세금을 공제한 미화 333,333달러

(iii) 공장이 공장가동증명서(부칙 ________ 에서 제시된 견본)에 의해 증명된 작업검사를 마쳤거나 본 계약의 발효일로부터 42개월 후 중의 먼저 사항시 지불되는 세금을 공제한 미화 333,334달러.

예문 4. In consideration of the license granted to LICENSEE herein, LICENSEE agrees to pay to LICENSOR a license fee of _________ Dollars ($ _______) per Ton of rated annual capacity of each Plant sold by LICENSEE in the Territory during the term of this Agreement to be paid to LICENSOR as follows: _______ .

譯: 라이선시에게 제공된 라이선스에 대하여, 다음과 같이 라이선시는 본 계약 기간 동안 계약 지역 내에서 수주받은 각 공장의 연간 생산 능력의 톤당 ________ 달러의 라이선스비를 제공함을 동의한다.

예문 5. In consideration of the License, Licensee agrees to pay LICENSOR license fees calculated on a per ton basis of annual raated design capacity of approved Tonnage Pool Project contracts awarded to Licensee during the term of this Agreement as follows :

_________ Dollars per ton for the first tons of annual rated design capacity contracted for by Licensee during the term of this Agreement ;

_______ Dollars per ton for the next tons ;

_______ Dollars per ton for all tonnage in excess of _______ tons ;

譯: 라이선스에 대하여, 라이선시는 라이선서에게 본 계약 기간 동안 라이선시에게 제공된 수주견적 프로젝트에 의해 승인된 연 기획량에 기초해 톤당 계상된 라이선스비를 다음과 같이 제공함을 동의한다.

본 계약의 기간 중 라이선시에 의해 계약된 연 생산량의 처음 ________ 톤에 대해서는 톤당 달러.
다음 ________ 톤에 대해서는 톤당 달러.
________ 을 초과한 양에 대해서는 톤당 달러.

예문 6. In consideration of the LICENSOR's continuing efforts to promote the Process through advertisements, trade shows, seminars, brochures, etc. ; the technical and marketing assistance to be provided by LICENSOR to LICENSEE in support of the promotion of individual projects pursuant to Article ________ and, LICENSEE's right to sell Plants in the Territory, LICENSEE will pay to LICENSOR maintenance fee of ________ Dollars ($ ________) which shall be payable in equal payments. Such payment of maintenance fee of ________ Dollars ($ ________) shall be credited against any future Licensee Fee which is payable pursuant to Article ________ and any License Fee shall be credited againstt any future maintenance fee.

譯: 광고, 시사회, 세미나, 팜플랫 등을 통해 공정을 고무하기 위한 라이선서의 계속되는 노력, 즉 ________ 조에 따라 개별 사업의 증진을 위해 라이선서가 라이선시에게 제공하는 기술상 · 경영상의 지원과 계약 지역 내에서 공장을 판매할 라이선시의 권리에 대하여, 라이선시는 라이선서에게 ________ 의 유지비를 제공한다. 이러한 ________ 달러의 유지비 지불은 ________ 조에 따라 지불하는 장래 발생하는 라이선스비에 충당하며, 일체의 라이선스비는 장래의 유지비에 충당하여야 한다.

10. 품질관리

가. 의 의

라이선서는 대상제품에 대하여 품질규격을 지시하는 경우가 있다. 이 규정은 상표와 함께 허락한 때에 한하여 라이선서의 신용유지로 필요한 경우에만 인정된다. 그 외는 독점규제법에 저촉될 수 있다.

나. 체크리스트

품질관리에 있어 체크할 사항은 ① 품질유지 의무, ② 품질기준, ③ 라이선서에 의한 검사, ④ 위반의 제재로서 판매정지, 상표표시금지 등을 할 수 있다.

(1) 품질유지의무

라이선서는 허락한 기술을 보증하는 경우 또는 상표의 사용을 하는 경우에는 자기의 신용유지상, 대상제품의 품질관리 또는 품질보증하는 내용을 둘 필요가 있다. 또 대상제품에 라이선서의 상표를 사용하지 않은 경우도 품질이 나쁜 상품을 라이선시가 판매하면 라이선서의 신용에 상처를 남기게 된다.

(2) 품질기준

품질관리를 하기 위해서는 품질기준, 사양서, 검사대상, 검사방법 등을 명확히 해야 한다. 라이선시는 스스로 품질관리를 할 필요가 있지만 스스로 하지 못하는 경우에는 라이선서의 지도를 받을 필요가 있다.

(3) 라이선서에 의한 검사

라이선서는 라이선시가 대상제품에 대하여 개시(開示)기술정보에 따라 제조하고 품질기준을 충족하고 있는지를 검사하고 대상기술의 보증 또는 상표의 신용을 유지할 필요가 있다.

(4) 위반의 제재

라이선서는 라이선시가 제조한 제품이 품질기준을 충족하지 않을 때의 취급과 벌칙을 규정하고 라이선서의 신용훼손 및 후일의 분쟁을 피하지 않으면 안 된다.

다. 예 문

예문 1. Article x Quality Control

1. The Licensee shall manufacture the Products of the quality equivalent to the products of the Licensor.
2. The Licensor shall have the right to inspect the Products manufactured by the Licensee as provided in this Agreement as to whether such products conform to the quality requested by the Licensor and right to prohibit such products that are not satisfying the standard quality from selling and exporting.

3. The Licensor shall have the rights to enter the business places and the factory for inspection of the products manufactured by the Licensee as to whether such products conform to the standard quality requested by the Licensor.
4. The Licensee shall submit to the Licensor (when requested by the Licensor) samples of the Products sold in the use of the licensed trademark for inspection and control of the quality of the Products.

譯: 제 x 조 품질 관리

1. 라이선시는 라이선서 제품의 품질과 동등한 품질의 계약제품을 제조해야 한다.

2. 라이선서는 이 라이선스 계약에 의하여 라이선시가 제조한 상품이 라이선서가 요구하는 품질인지의 여부를 검사하고, 열등 품질의 제품에 대해서는 그 판매 혹은 수출을 금지할 권리를 가진다.

3. 라이선서는 라이선시의 생산품이 라이선서가 요구하는 품질규격에 적합한 제품인가를 검사하기 위하여 라이선시의 영업소 또는 그 공장에 출입할 권리를 가진다.

4. 라이선시는 (라이선서가 요구할 때는) 계약제품의 품질검사 · 관리를 위하여, 허락상표를 붙여 판매한 계약제품의 견본을 라이선서에게 제출하여야 한다.

예문 2. Article x Right to Enter for Inspection

The Licensor shall reserve the right to enter into the Licensee's facilities and/or to take other appropriate measure to check the quality of the Products manufactured by the Licensee from time to time during the term of this Agreement, and when the Licensor thinks that the quality of the Products manufactured by the Licensee is not suitable for the use of the Licensee's trademark as stated hereinabove, the Licensor shall have the right to suspend or prohibit at its sole option the use of the trademark stated in Paragraph 1 above.

譯: 제 x 조 출입검사권

라이선서는 라이선시가 제조하는 계약제품의 품질을 점검하기 위하여, 본 계약의 기간 중 수시로 라이선시의 공장에 출입 및/또는 기타 적당한 조치를 강구할 권리를 가지며, 라이선시가 제조한 계약제품의 품질이 상기 상표의 사용에 부적당하다고 라이선서가 인정한 때에는, 라이선서는 위 제1조에서 서술한 상표의 사용을 일시 정지 또는 금지할 권리를 가진다.

11. 우선적 선택권

가. 의 의

우선적 선택권은 상대방으로부터 최초의 선택권의 제안을 받는다는 의미이다. 라이선서와 라이선시는 상호신뢰를 바탕으로 쌍방이 이익이 있는 경우에 라이선스계약을 체결하게 된다.

나. 체크리스트

우선적 선택권에 있어 주의할 사항은 ① 제품의 우선적 구입 또는 부품의 우선판매, ② 판매지역 우선취득, ③ 기술 우선취득 등이다.

(1) 제품의 우선적 구입 또는 부품의 우선판매

라이선서로부터 라이선시가 생산한 계약대상제품이나 그 부품을 구입, 조달할 수 있는 규정을 둘 수 있다.

(2) 판매지역 우선취득

라이선스계약에 정한 지역외의 실시를 희망하는 제3자가 출현한 경우에는 라이선시에게 먼저 선택권을 부여하는 것을 정하는 것이 좋다.

(3) 기술 우선취득

라이선서와 라이선시가 계약기술분야에 적용할 수 있는 새로운 기술을 개발한 경우에는 타인에게 공여하기 전에 상대방에게 먼저 실시허락의 조건을 제시하고 일정한 기간 내에 의사를 확인한다는 뜻의 규정을 두는 경우가 있다.

다. 예 문

예문 1. 라이선서는 라이선시가 생산한 계약대상제품을 우선적으로 구입한다.

예문 2. 라이선서는 라이선시에 대하여 계약대상제품의 부품이나 원재료 등을 판매할 수 있도록 입찰할 기회를 준다.

12. 최혜대우

가. 의 의

최혜대우(最惠待遇)란 라이선서가 후발 라이선시에 대해 실시허락할 때, 실시료, 그외의 조건 면에서 선발 라이선시가 불리하지 않도록 당초의 계약조건을 변경할 수 있다는 규정을 두는 경우도 가끔 볼 수 있다.

나. 체크리스트

최혜대우조항에 있어 체크할 사항은 최혜대우의 대상범위, 순서 조건의 동일성 등이다.

(1) 대상범위

라이선서는 자신의 라이선스 방침으로서 동일 지역 내에서 복수의 기업, 단체, 개인 등에 비독점의 실시권을 허락할 수가 있다. 이러한 경우를 상정하여 선발 라이선시가 후발 라이선시보다 불리한 상황이 되지 않도록 계약조건을 변경하고 동일조건하에서 계약대상기술의 실시가 되도록 하는 것이 많다.

(2) 순 서

라이선서가 어떤 때, 어떤 순서에 의해 최혜조건을 라이선시에게 연락할지를 정해 둘 필요가 있다.

(3) 조건의 동일성

라이선서는 공여하는 기술이나 제품의 특성 · 특질 · 수요 등을 고려하여 개발비용의 회수를 촉진하거나 브랜드침투를 위해 처음부터 동일 지역 내에서 복수의 라이선스 제공을 기본전략으로 하는 경우도 있다. 이 경우는 라이선스의 조건은 동일할 것이 바람직하고 균형과 합리성을 구하는 것이 좋다.

다. 예 문

In case LICENSOR offers the system and/or license to clients or third parties, the conditions of such offers shall not be more favorable than those to be offered by LICENSOR to LICENSEE.

譯: 라이선서가 시스템과/또는 라이선스를 의뢰인 또는 제3자에게 제공할 경우, 위 제공의 조건은 라이선서가 라이선시에게 제공할 때의 조건보다 유리해서는 안 된다.

13. 구성품 또는 원재료의 구입

가. 의 의

라이선서는 라이선시에 대해 원재료, 부품, 설비 등을 라이선서 또는 라이선서가 지정하는 제3자로부터 구입하도록 하는 경우가 있다. 이러한 것은 라이선서가 ① 계약대상기술의 효용을 보증하기 위해, ② 상표 등의 신용을 유지하기 위해, ③ 계약대상 노하우의 비밀성 유지를 위해, ④ 기술이전의 인센티브로서 원재료 · 부품 등의 매매이익을 얻기 위하여 규정하는 경우가 있다. 이러한 경우에는 독점규제법에 저촉되는 경우도 있다.

나. 체크리스트

구성품 또는 원재료의 구입에 있어 주의할 사항은 기술보증 대체의 유무, 상표사용허락의 유무, 특허의 유무, 상황변화에 의한 제3자로부터의 구입 등이다.

(1) 기술보증 대체의 유무

라이선시에 의해 생산된 계약대상제품이 고객의 신뢰를 얻어 그 수요가 증가하는 것은 라이선서 및 라이선시 쌍방의 목적이다.

(2) 특허의 유무

원재료 · 부품 등이 라이선서의 특허로 커버될 수 있는 때 라이선시는 라이선서 또는 실시허락을 받은 자로부터 해당특허의 존속기간 중 이러한 원재료 · 부품 등을 구입할 수밖에 없다.

(3) 상황변화에 의한 제3자로부터의 구입

원재료 · 부품 등을 라이선서 또는 라이선서가 지정한 제3자로부터 구입하기로 한 경우는 다음과 같은 점을 명확히 하여 둘 필요가 있다.

① 그 의무는 언제까지 계속하는가?

② 기술수준의 향상에 의해 동일한 원재료, 부품 등이 제3자로부터 자유롭게 구입될 수 있는 경우는 제3자로부터 자유롭게 구입할 수 있는가?

③ 라이선서로부터 원재료 · 부품 등의 구입가격을 협의사항으로 하고 시장에 있어 경쟁적인 가격수준으로 구입할 수 있도록 정해졌는가, 구입가격의 협의가 정리되지 않은 경우에는 제3자로부터 자유롭게 구입할 수 있는가?

다. 예 문

예문 1. Article x Supply of Parts

Upon request made by B from time to time during the term of this Agreement, A agrees to supply B with semifinished or finished parts or components, to the extent they are manufactured and available at A's works as may be necessary for manufacturing, assembling, or servicing the Product.

The parties hereto shall make a purchase or contracts, case by case, and on bonafide basis, relating to the supply of the same as provided he rein above.

譯: 제 x 조 부품의 제공

본 계약의 기간 중, 수시로 B의 요구에 따라 A는 계약제품의 제조, 조립 또는 서비스에 필요한 한 A의 공장에서 제조되는 한도까지 반제(半製) 또는 완제부품(完製部品) 또는 구성품을 B에게 공급한다는데 동의한다.

본 계약의 양당사자는 상기와 같은 공급과 관련하여 성실성을 가지고 사례에 따라 구매계약을 체결한다.

예문 2. Article x Supply of components, parts and raw material
1. Upon Licensee's written request, Licensor shall supply components, parts and raw materials to Licensee in due time and at reasonable and competitivw prices.
2. Licensee shall open irrevocable Letter of Creditor to buy components, parts and raw materials from Licensor.

譯: 제 x 조 부품류의 공급
1. 기술도입자의 서면 요청에 따라 기술허락자는 부품류를 합당하고 경쟁적인 가격으로 기술도입자에게 적기에 공급해야 한다.
2. 기술도입자는 기술허락자로부터 부품류를 구매하기 위해서 취소 불능 신용장을 개설하여야 한다.

14. 개량기술의 취급

가. 의 의

라이선시가 라이선스 받은 특허 또는 노하우 실시 중에 새로운 발명 · 기술 또는 새로운 경험 · 지식 등을 얻을 수가 있다. 이렇게 하여 얻은 것에 대하여 라이선시 자신이 새로운 특허 또는 노하우를 취득하는 것이 가능하다. 이때 라이선서가 라이선시에게 개량한 발명 · 기술 또는 경험 · 지식 등을 라이선서에게 보고하도록 의무를 부과하거나(이를 feed back이라고 함) 실시허락을 하도록 의무를 부과하거나(이를 grant back이라고 함) 양도하도록 의무를 부과(이를 assign back이라고 함)하는 경우가 있다.

피드 백(feed back)이란 라이선시가 계약대상기술에 관하여 얻게 된 지식 · 경험을 라이선서에게 보고할 의무를 과하는 것이고, 어사인 백(assign back)이란 라이선시가 계약대상기술에 대하여 개량발명 등을 했을 때 이에 대한 권리(특허권, 특허출원권, 노하우 등)를 라이선서에게 양도할 의무를 과하는 것이다. 또 그랜트 백(grant back)이란 라이선시가 계약대상기술에 대하여 개량발명 등을 했을 때 라이선서에게 그 특허 또는 노하우의 실시권을 허락하도록 의무를 부과하는 것이고, 이러한 그랜트 백에는 개량발명 · 기술에 대하여 라이선서에게 독점적으로 실시허락 하도록 의무를 과하는 독점적 그랜트 백과 비독점적으로 실시허락 하도록 의무를 과하는 비독점적 그랜트 백이 있다.

개량기술의 취급에 대해서는 주로 노하우계약을 중심으로 한 지적재산권에 관한 계약에서 두고 있다.

나. 체크리스트

개량기술의 취급에 대해 주의할 사항은 개량한 기술의 권리의 귀속처, 라이선서 또는 라이선시에게 보고의 의무, 실시허락의 의무, 실시료, 비밀유지의 의무, 정부허가, 외국의 규제 등이다.

(1) 권리의 귀속처

라이선시가 행한 개량기술의 권리는 취득자인 라이선시에게 귀속시키는 것이 합리적이지만 간혹 라이선시의 개량기술을 라이선서에게 귀속시키는 의무를 과하는 경우가 있다. 이는 라이선서의 시장지배력을 부당하게 유지 · 강화하려는 것이 되고 나아가 라이선시의 연구개발의 의욕을 상실시키므로 신기술개발을 저해하는 것이 되며, 또 경쟁력을 떨어트릴 우려가 있기 때문에 이러한 조항은 피해야 할 것이다.

(2) 보고의무의 유무

라이선시 또는 라이선서가 행한 개량기술의 보고에 대해 상대방이 평등하게 보고할 의무를 두거나 두지 않을 것을 사전에 정해 두는 것이 바람직하다. 만약 라이선시에게만 이러한 의무를 과하는 것은 합리적이라고 볼 수 없다. 이러한 경우에도 국제고시에 저촉될 가능성이 농후하다.

(3) 실시허락의무의 유무

개량기술을 개발한 당사자간 서로 상대방에게 보고하고, 그 실시를 허락하는 경우에는 상호균형이 잡혀 있는 내용이면 문제가 되지 않는다.

(4) 비밀유지의무의 유무

라이선서로부터 제공된 기술정보의 비밀유지조항은 대부분이 정하고 있지만 라이선시가 라이선서에게 개량기술을 개시한 때에도 해당개량기술에 관한 기술정보에 대해서 비밀유지의 의무를 라이선서에게 과하는 것을 잊어서는 안 된다.

(5) 정부의 허가

개량기술을 상대방에게 개시할 때, 해당기술이 관계법령으로 정하는 전략기술에 해당하는 경우에는 관계법령이 요구하는 것에 따라서 관계정부에 허가를 취득한 후라는 것을 유의하여야 한다.

(6) 외국의 규제

외국에 기술을 이전하는 경우 상대국의 관계법령에 의해 개량기술의 취급에 대해서 평등하지 않으면 기술이전계약의 승인을 얻지 못할 경우도 있기 때문에 사전에 조사하여 계약교섭에 임하는 것이 바람직하다.

다. 예 문

예문 1. The parties hereto shall, for the first five (5) Contractual Years, exchange information, in connection with any Improvements, within sixty (60) days after the same has been reduced to practice, provided that any Improvement now or hereafter acquired by either party from a third party and which are subject to the stipulation that said Improvements shall not be disclosed, said Improvements shall not be required to be disclosed to the other party. The party in possession of such Improvements shall use its best efforts to secure for the benefit of the other party the right to disclose Improvements so acquired from a third party. LICENSOR shall not be required to disclose Improvements relating to alternate process or Improvements which could not be practically utilized in the technology applicable to the Plant.

譯: 기술정보의 교환

첫 계약기간 5년 동안, 양당사자는 개량기술에 관한 정보의 그 개량기술이 실제로 실시되면서부터, 60일 이내에 교환하며, 일방 당사자가 제3자로부터 취득하였으며, 이 개량기술은 공개되지 않는다는 계약의 주제인 개량기술의 경우, 이 개량기술은 타방에 공개하도록 요구되지 않는다. 이 개량기술을 보유한 당사자는 타방을 위해 제3자로부터 취득한 개량기술을 공개할 권리를 확보하기 위한 최선을 다한다. 라이선서는 대체 공정에 관한 개량기술 또는 공장에서 사용되는 기술로서 실제로 사용될 수 없는 개량기술을 공개하도록 요구받지 않는다.

예문 2. LICENSEE shall notify LICENSOR of the countries in which LICENSEE intends to apply for patents covering Improvements made or acquired by LICENSEE within sixty (60) days after the information with respect to such Improvements have been furnished to LICENSOR pursuant to Section _______ above. LICENSEE shall apply for Patents covering such Improvements in such additional countries as may be requested by LICENSOR unless LICENSEE elects to treat such Improvements as a trade secret and provided that LICENSOR shall agree to pay the cost of applying for and maintaining such patents applied for at LICENSOR's request.

譯: 라이선시의 개량기술 보호

라이선시는 위 ________ 조에 따라 개량기술에 관한 정보를 라이선서에게 개시된 날로부터 60일 이내에, 그가 이룩하거나 취득한 개량기술을 다루는 특허를 출원하고자 하는 국가를 라이선서에게 통지한다. 만약 라이선시가 위 개량기술을 영업비밀로써 다루고자 하지 않으며, 라이선서가 그의 요구에 따라 추가적으로 발생하는 특허출원 및 유지 비용을 지불함을 동의하면, 라이선시는 라이선서가 요구하는 바의 특허출원 통지국 이외의 국가에 위 개량기술을 다루는 특허를 출원하여야 한다.

본 예문은 '라이선시가 개발한 개량기술은 라이선시에게 귀속하며, 라이선시 자신에게 그 특허출원권이 있다'라는 계약 내용이다. 개량기술에 있어, 개발된 기술은 본래 그 개발자에게 귀속하여야 한다. 그러나 라이선시가 개량기술을 개발한 경우, 그의 기초가 된 라이선서의 기술 존재 역시 무시될 수 없는 전제이다. 따라서 기초가 된 라이선서의 기술에 부가된 개량기술이 라이선서에 의해 개발된 입장에서, 말하자면 그 '부합된 부분'을 포함해 전체 기술이 라이선서에게 귀속한다는 견해도 있다.

본래 라이선스 계약의 체결은 당사자간의 장기적인 파트너십 형성을 의도하며, 상대방의 기술개발력과 총합력(總合力) 평가에 대한 상호 신뢰가 전제된다. 그런데, 라이선시가 개발한 개량기술은, 전부 자동적으로 라이선서에게 귀속하여야 한다면, 라이선시의 개발의욕은 현저히 감퇴할 것이다. 나아가, 이러한 경우에는 파트너십으로서의 능력이 감퇴하며, 경쟁 프로세스나 경쟁사에 빼앗길 수도 있다.

라이선서가 기술관리 정책에서 일원적인 관리로 할지, 또는 전략적 견지에서 파트너십 사이에 의도적으로 '경쟁 메커니즘'을 도입해, 활성화를 도모할지는 경영판단에 달려 있다. 특히 후자처럼 라이선스 계약에 '경쟁 메커니즘'을 도입함은 파트너십의 번영을 낳을 뿐만 아니라 동시에 독점규제법 또는 특허법의 취지에도 합치한다. 즉 개량기술은 라이선시 자신의 축적 기술과 개발노력의 성과로, 그를 억지로 라이선시에 귀속하도록 함은 특허법의 정신에도 반하며, 독점규제법상의 불공정거래행위에도 해당할 수 있다고 할 것이다.

예문 3. If LICENSEE shall have secured Patents or similar rights with respect to any Improvements pursuant to the provisions hereof but elects not to maintain the same, then, and in such event, LICENSEE shall notify LICENSOR thereof within sufficient time before the expiration of such patents or rights so that LICENSOR may maintain the same. Thereupon LICENSOR shall have the right to require the assignment to LICENSOR of title to such Patents or rights and to maintain them at LICENSOR's own expense.

譯: 라이선시의 특허권 포기

라이선시가 규정에 따라 어떤 개량기술에 관한 특허 또는 유사 권리를 유지하다가, 이를 유지하지 않도록 결정한다면, 이 경우, 라이선시는 이 특허 또는 권리의 만료 이전에 라이선서가 이를 유지하도록 상당 기간 내에 라이선서에게 통고한다. 그 결과 라이선서는 자신의 비용으로 자신에게 위 특허 또는 권리의 양도를 요구하며, 이를 유지할 권리를 갖는다.

예문 4. The license rights of the parties hereto with respect to Improvements shall be governed by the following provisions :

(a) With respect to Improvements made or acquired by LICENSOR and required to be disclosed to LICENSEE pursuant to Section ________ above, at any time prior to the expiration of the first five (5) Contractual Years, LICENSEE shall have a nontransferable license for the term of this Agreement to use such Improvements in the operation of the Plant and in the sale world-wide of Products produced by the Plant.

(b) With respect to Improvements made or acquired by LICENSEE which are required to be disclosed to LICENSOR pursuant to Section above, at any time prior to the first five (5) Contractual Years, LICENSOR shall have a nonexclusive, royalty-free license, with the right to sublicense to use such Improvement for the manufacture, use and sale of Product.

譯: 개량기술의 실시허락

개량기술에 관한 양당사자의 라이선스권은 다음의 규정에 의해 규율된다.

(a) 라이선서가 개발해(또는 취득해), 위 ________ 장에 따라 라이선시에게 공개하도록 요구된 개량기술에 관하여, 계약 첫 5년 만기 이전 언제든지, 라이선시는 본 계약 기간 동안 공장의 가동 및 공장에서 제작된 제품의 세계적 판매에 위 개량기술을 사용하는 양도불가능한 라이선스를 갖는다.

(b) 라이선시가 개발해(또는 취득해), 위 장에 따라 라이선서에게 공개하도록 요구된 개량기술에 관하여, 계약 첫 5년 이전 언제든지 라이선서는 비독점적인 로열티 면제의 재실시권을 취득한다.

예문 5. The period during which information shall be exchanged pursuant to Section ________ and during which the parties will be required to grant Improvement licenses pursuant to Section ________ above, may be extended for one additional period of five (5) Contractual Years by either party upon written notice delivered to the other party not less than one hundred and eighty (180) days prior to expiration of the first five (5) Contractual Years.

譯: 개량기술 실시권의 연장

________ 조항에 따라 정보가 교환되며, 위 ________ 조항에 따라 개량기술 라이선스가 허여되도록 양당사자가 요구되는 기간은 최초의 5년 계약이 만료하기 적어도 180일 이전에 일방이 타방에게 서면통지가 전달한 경우 5년간 계약이 연장될 수 있다.

예문 6. After the first five (5) Contractual Years and, any extension granted pursuant to Section ________ above, a license shall be granted to either party upon written request of the other party and upon payment of such reasonable royalty as the parties shall agree for any Improvements developed and reduced to practice by other party during the term of this Agreement. With the exception of such royalty, such license shall be in accordance with the terms of the license granted in above, as the case may be. In the event the parties shall fail to reach agreement as to the issue of reasonable royalties, such issue shall be submitted to arbitration in accordance with Article ________ hereof, which arbitration shall be final and binding upon the parties.

譯: 개량기술 실시권 연장에 따른 지불대가

최초 계약 5년과 위 ________ 조항에 따른 연장 이후, 일방에 대한 서면요구와 본 계약

기간 중 일방에 의해 개발 및 생산되는 개량기술에 대한 양당사자들의 합리적 로열티 지불로서, 라이선스가 허여된다. 경우에 따라서는, 위 로열티에 대한 예외로써, 이 라이선스는 위 ________ 에서 허여된 라이선스 조건과 일치한다. 양당사자가 합당한 로열티 지불에 관한 합의에 이르지 못한 경우에는, 이는 중재가 최종적으로 양당사자를 구속한다는 ________ 조 중재 조항에 따라 중재에 따르게 된다.

15. 연구개발의 제약

가. 의 의

노하우를 포함한 라이선스계약에서는 라이선서는 라이선시에게 경쟁품의 취급 등의 제한과 함께 계약대상기술 또는 경쟁기술에 대하여 라이선시 자신 또는 제3자와의 공동으로 연구개발을 하는 것을 제한할 수도 있다. 이러한 경우 제한의 타당성이 없으면 국제고시에 저촉될 수 있다.

계약 중에 라이선시에 의한 개량기술에 관하여 아무런 제한이 없을 때에는 라이선시는 자유롭게 계약제품을 개량할 수 있다. 계약에서 라이선시에 대하여 본질적 또는 중요한 개량을 해서는 안 된다고 제한을 가하거나 또는 개량에 대해서는 라이선서의 사전 승낙 또는 문서에 의한 사전승인을 받도록 하는 경우가 있는데, 이는 지식재산권의 부당한 행사에 대한 심사지침(공정거래위원회 예규 제80호) 중 기술개량과 연구 활동의 제한에 해당되어 독점규제법 위반이 된다.

다만 상표라이선스 계약에서 '라이선시는 계약제품에 대하여 어떠한 개량도 하지 않고, 제공된 기술정보에 따라 제조하여야 한다'는 취지의 규정이 설정된 경우는 라이선시에 의한 계약제품의 개량이 계약제품의 이미지를 손상시키거나 품질을 조악하게 만드는 것을 예방하기 위한 규정으로, 기술개발 또는 개량 자체를 제한하기 위한 것은 아니다.

나. 체크리스트

연구개발조항에 있어 주의할 사항은 제한의 타당성, 라이선서의 승인취득의무, 외국규제 등이다.

(1) 제한의 타당성

라이선서는 라이선시가 제3자와 공동으로 연구개발을 행하면 해당 제3자에게 계약대상 기술이 개시될 수 있으므로 연구개발을 제한하는 규정을 설정하려는 경향이 있다.

(2) 라이선서의 승인취득의무

직접적으로 연구개발제한을 두지 않고, 라이선시 스스로 또는 제3자와 공동으로 연구개발을 행할 때의 통지의 의무 또는 라이선서의 승인을 얻게 하도록 하는 경우도 예상되지만 이러한 것도 연구개발을 제한하는 것이 될 수 있으므로 특별한 사유가 없는 한 문제가 된다.

(3) 외국의 규제

외국에 기술을 이전할 때 상대국의 관계법령에 의해 연구개발의 제한을 설정하고 있는 계약은 승인하지 않는다. 예를 들면 독일의 경우 연구개발의 제한은 "경쟁제한금지법(Gesetz gegen den Wettbewerbsbeschränkungen)" 제20조 제1항의 부당한 방해 또는 차별취급의 금지에 해당될 수 있어 동 법의 위반이 될 수 있다.

다. 예 문

> 을은 갑으로부터 라이선스 받은 기술을 기반으로 연구개발하지 않으며, 기술을 실시 중에 새로운 것을 알게 된 경우에는 지체 없이 갑에게 보고하여야 한다.

16. 계약의 발효와 기간

가. 의 의

계약을 발효하게 하려면 당사자가 계약에 조인 또는 관계정부에 의해 인·허가의 취득도 필요한 것이기 때문에 절차를 받는 것이 중요하다.

① 서명날인의 일

② 정부인가를 요하는 것에 대해서는 인가가 있은 날 또는 라이선시가 인가의 사항을 라이선서에게 정식서면으로 통지한 날, 그리고 처음의 로열티를 라이선서의 지정은행에 입금시킨 날 등

③ 예를 들면, 정부인가를 받을 의무

나. 체크리스트

계약발효와 기간에 관하여 체크하여야 할 사항은 정부의 허가, 기간의 설정, 특허 등이 소멸시, 조건변경, 자동연장, 외국의 규제 등이다.

(1) 정부허가의 여부

우리나라로부터 외국에 기술을 이전하는 경우에는 당사자의 합의일이 계약체결일로 발효하는 것이 원칙이지만 전략기술에 해당하는 경우 또는 특수한 결제방법에 의한 것은 우리나라의 관계법령에 의하여 허가를 취득하지 않으면 계약을 발효시킬 수 없다. 라이선시의 정부의 허가도 필요한 경우가 있다.

(2) 부대조건의 조치

정부의 허가를 얻을 때 상대국 또는 대상기술에 의해서는 부대조건을 과하는 것이 예상된다. 이러한 부대조건이 당사자 쌍방의 당초 의도에 반한 결과를 발생케 하는 경우도 있기 때문에 당사자 간 협의하여 이러한 부대조건 하에서 계약을 실행할 것인가 해제할 것인가 또는 계약조건을 고쳐 다시 정부허가를 신청할 것인가를 결정할 수 있는 조항을 두는 것이 바람직하다.

(3) 특허 등의 소멸시

복수의 특허 등이 계약대상인 경우 계약기간의 종기는 최종특허 등의 소멸시점으로 하는 것이 합리적이다.

(4) 조건의 변경

기술개발의 경쟁이 치열한 경우 관련 기술을 쓸 수 없게 되는 경우도 있을 수 있으므로 장기간으로 하는 경우는 일정한 기간이 경과하면 계약조건을 다시 정하는 조항을 두는 것이 필요하다.

(5) 자동연장

계약기간의 연장에 대하여는 기간만료 전에 어느 당사자에 의해 해약예고없이 일정기간을 자동적으로 연장하는 조항을 설정하거나 협의하는 뜻의 조항이 많다.

(6) 외국의 규제

외국에 기술을 이전하는 경우 상대국의 법령에 의해 계약기간을 일정한 기간 내로 정하고 있는 경우도 있다. 그러므로 사전에 조사하는 것이 바람직하다.

다. 예 문

예문 1. The term of the Agreement shall commence upon the effective date as set forth in Article ______ and shall continue in force for a period of three (3) years unless terminated pursuant to Article or extended pursuant to Article ______ .

This Agreement shall become effective and the effective date shall be the date the Agreement is signed by both Parties.

譯: 계약기간은 ________ 조에 기술된 발효일로부터 시작되며, ________ 조에 따라 종결되거나 ________ 조에 따라 연장되지 않는다면, 3년간 유효하다.

본 계약은 유효하며, 발효일은 양당사자가 계약을 서명한 날이다.

예문 2. This Agreement shall be effective as of the date of signing hereof and shall continue in force during the operating life of the Plant unless terminated or cancelled as hereinafter provided.

譯: 본 계약은 서명일로부터 유효하며, 아래 규정된 바와 같이 종결되거나 취소되지 않으면, 공장의 가동기간 동안 유효하다.

예문 3. The term of this Agreement as defined in Article ______ shall be automatically extended in one (1) year increments unless either Party gives written notice at least six (6) months prior to the end of the term or any extension thereof that it intends to allow the Agreement to expire at the end of the term or the respective extension thereof.

譯: 계약의 연장

________ 조에 규정된 본 계약의 기간은 그 기간의 종료 또는 연장의 적어도 6개월 이전에 서면 통지로서 계약이 그 기간의 끝이나 각 연장으로 만료한다고 의도하지 않는다면 1년씩 자동적으로 연장된다.

예문 4. The term of this Agreement begin upon its effective date as defined in article _________ and, unless sooner terminated pursuant to article ____________ or extended pursuant to article , shall automatically expire at midnight on December 31, 20 (hereinafter 'Initial Term').

Provided that the preconditions of this article are satisfied, Licensee shall have the right to extend the term of this Agreement for one additional two (2) - year term which shall begin on January 1,20 and, unless sooner terminated pursuant to article ____________ shall automatically expire at midnight on December 31, 20 _____ (hereinafter 'Extended Term'. The preconditions for Licensee's exercise of such right of extension are as follows :

During the Initial Term Licensee shall have paid in full to LICENSOR total aggregate license fees in an amount not less than _________ dollars as of the date of Licensee's written notice to LICENSOR provided for in this article or,

Licensee shall pay to LICENSOR, not later than the date of Licensee's written notice to LICENSOR provided for in this article, a sum equal to ________ dollars less any license fees paid to LICENSOR by Licensee during the Initial Term.

Licensee shall have given LICENSOR written notice of its exercise of such right of extension not later than ninety (90) days prior to the extension of the Initial Term.

譯: 계약의 연장

본 계약의 기간은 ________ 조에서 규정된 발효일로부터 시작되며, ________ 조에 따라 곧 종료되거나, ________ 조에 따라 연장되지 않는다면, 20 ____ 년 12월 31일 자정으로 자동적으로 만료한다(이하 최초 계약기간).

본 조항의 조건에 만족하는 경우에는, 라이선시는 ________ 조에 따라 종료되지 않으면, 20 ____ 년 1월 1일에 시작되어 20 ____ 년 12월 31일 자정에 자동적으로 만료하는 2년간의 기간 연장권을 갖는다(이하 연장 계약기간). 라이선시의 이 연장권의 행사 조건은 다음과 같다.

최초 계약기간 동안 라이선시는 본 조항에서 규정된 라이선서에 대한 라이선시의 서면 통고 날자로 ________ 달러 이상의 총 라이선스비를 라이선서에게 제공하거나,

본 조항에서 규정된 라이선서에 대한 라이선시의 서면 통고일 이전에, 최초 계약기간 동안 라이선시가 라이선서에게 지불하는 라이선스비 ________ 달러의 금액을 지불해야 한다.

라이선시는 최초 계약기간 연장 90일 이전에 그 권리의 행사를 라이선서에게 서면으로 통고한다.

17. 비밀유지

가. 의 의

계약의 체결 및 그것에 따라 의무의 이행에 관련하여 많은 경우 당사자 쌍방이 비밀로서 관리할 필요가 있는 정보가 존재한다. 본조는 이러한 경우 당사자간의 비밀유지의무를 정하는 것이다.

부정경쟁방지법 제2조 제2호에서는 "영업비밀"을 "공연히 알려져 있지 아니하고 독립된 경제적 가치를 가지는 것으로서 상당한 노력에 의하여 비밀로 유지된 생산방법, 판매방법 기타 영업활동에 유용한 기술상 또는 경영상의 정보"라고 규정하고 있으며, 동법에 의하여 영업비밀의 부정취득행위, 부정개시행위를 행한 자에 대하여 영업비밀의 보유자가 금지 및 손해배상의 청구를 할 수 있다.

나. 체크리스트

비밀유지조항에 관하여 주의할 사항은 비밀유지의 대상, 사용 및 개시의 제한과 관리, 비밀유지의 적용제외, 기간 등이다.

(1) 비밀유지 대상

비밀정보는 추상적인 개념이기 때문에 유형의 자료로서 구체적으로 나열하여 두는 것이 필요하다. 예를 들면, 도면 · 사양서 · 매뉴얼, 시험방법 · 검사방법 · 판단기준 · 시장테이터 · 고객클레임 · 고객리스트 등 다방면으로 검토가 필요하다.

(2) 사용제한과 관리

개시하려는 측은 계약조항에 위반하지 않도록 자사의 관리체제에 따라서 관리하면 된다. 사내의 기밀문서의 관리규정을 확인하고 보관방법, 보관장소 등의 관리를 철저하게 할 필요가 있다.

(3) 비밀유지의 적용제외

비밀정보는 상대방의 동의를 얻지 않으면 개시할 수 없다. 그러나 비밀유지의 대상은 비밀사항이기 때문에 당사자가 비밀로 하고 있다고 생각되지만 계약 전에 이미 알려졌거나 계약 후 객관적으로 공지된 것, 수령 이전에 이미 수령자가 정당하게 제3자로부터 취득한 것 또는 수령자가 독자적으로 개발한 것 등은 의무의 대상 외로 하지 않으면 안 된다.

(4) 기 간

노하우는 재산적 가치를 가지는 기간은 비밀을 유지하는 의미가 있기 때문에 라이선스계약 기간만료 후의 일정기간 비밀유지의무를 과하는 것이 많지만 기술의 진부화나 공지가 된 것을 입증하는 어려움을 고려하여 비밀유지의무를 합리적인 기간으로 정하는 것이 일반적이다.

이외에 ① 비밀서류의 복제금지 또는 제한, ② 비밀서류를 돌려 줄 것, ③ 종업원등의 비밀유지, ④ 수급인의 비밀유지, ⑤ 라이선시에 의한 비밀유지조치의 통지의무, ⑥ 계약종료 후의 비밀유지 등에 대해서도 규정하도록 한다.

다. 예 문

예문 1. SECRECY AGREEMENT

On the ____(일) day of ____(월), 20____, ____(회사명)____ (hereinafter XYZ) having a principal place of business at ____(주소)____, and ____(회사명 또는 개인명)____ (hereinafter Recipient) having a principal place of business at ____(주소)____ mutually agreed as follows :

1. As a condition to the receipt by Recipient of the trade secrets and other proprietary information of XYZ (Confidential Information), Recipient hereby covenants and agrees that :

1.1. Recipient acknowledges that all Confidential Information received by him is the proprietary confidential information of XYZ.

1.2. Recipient will not disclose the Confidential Information to anyone nor use the same for any purpose other than that for which it has been disclosed to Recipient.

1.3. In addition to the obligations set forth in Section 1.2. above, Recipient shall observe the following procedures to protect the secrecy of the Confidential Information contained an all documents designated as secret documents(Secret Documents).

a) With respect to each Secret Documents, Recipient shall maintain a ledger at his offices, which shall show the title of each such Secret Documents, the date received, any copies thereof which have been made, and the location where such documents and/or such copies kept.

b) Copies of Secret Documents or parts thereof shall be made only where absolutely necessary and their secrecy shall be protected in the same manner as that of originals. Each such copy shall bear a conspicuous designation that it is a secret documents containing secret proprietary information of XYZ.

c) All original Secret Documents and/or copies thereof which are no longer required shall be returned to XYZ or destroyed upon instruction of XYZ. Recipient shall retain records of destruction of all such Secret Documents or copies.

2. XYZ shall have the right to conduct periodic audits of the procedure taken by Recipient to verify compliance with the rules set forth herein. Such audits shall be conducted only by authorized representatives of XYZ at reasonable times in such manner as to minimize interference with the business activities of Recipient.

3. This Agreement shall not apply to Confidential Information :
With respect to which Recipient presents documentary or other clearly convincing evidence that Recipient was in possession thereof prior to the receipt of Confidential Information from XYZ, or

Which is previously or any time hereafter received by Recipient without secrecy obligation from sources other than XYZ or any licensee or sublicensee of XYZ; or any contractor or subcontractor of XYZ; and which did not originate directly or indirectly from XYZ, or its licensee, sublicensee, contractor, or subcontractor; provided, however, that if Recipient claims that he is not bound under this agreement for the reason(s) listed above, he shall give XYZ written notice to that effect, together with reasonable documentary evidence to substantiate Recipient's claim not more than 60 days after recipient of the Confidential Information; or not more than 30 days after the date of discovery by Recipient that he is not bound under this agreement.

4. Any notice or other communication by either party to the other under this Agreement shall be in writing and shall be deemed to have been duly given when mailed, airmail with postage prepaid, addressed as follows :

If to Recipient:

If to XYZ ____________________

RECIPIENT XYZ

By ____________________

By ____________________

譯: 비밀유지 계약

20 년 월 일 에 본사를 둔 회사(이하 XYZ)와 에 본사를 둔 회사(이하 '접수인')는 상호 다음과 같이 합의한다.

1. XYZ는 영업비밀 및 기타 재산적 정보(기밀정보)의 수령을 위한 조건으로서, 접수인은 다음과 같이 합의 · 계약한다.

1.1. 접수인은 자신이 수령하는 모든 기밀정보는 XYZ의 재산적 기밀정보임을 승인한다.

1.2. 접수인은 기밀정보를 누구에게도 공개하지 않으며, 수령인에게 공개되었던 목적이외의 다른 목적을 위해 이를 사용하지 않는다.

1.3. 위 1.2.에서 설정된 의무에 추가하여, 접수인은 비밀서류로서 지정된 일체의 서류(비밀서류)에 포함된 기밀정보의 보안을 위한 다음의 절차를 준수한다.

a) 각 비밀서류에 관하여, 접수인은 각 비밀서류의 표제, 수령일, 그 복사본 및 그 서류와/또는 복사본이 보관되는 위치를 나타내는 원장(原帳)을 그의 사무실에 보관한다.

b) 비밀서류 또는 그 일부의 복사본은 그것이 절대적으로 필요하며, 그 원본과 같은 방식으로 보안이 이루어지는 경우에 한하여 제작한다. 각 복사본은 XYZ의 비밀재산정보를 포함하는 비밀서류임을 나타내는 현저한 표지를 포함하고 있어야 한다.

c) 더 이상 필요치 않은 모든 원본 비밀서류 또는 그 복사본은 XYZ에게 반환되거나, XYZ

의 지시에 따라 폐기된다. 접수인은 모든 비밀서류 또는 복사본의 폐기 기록을 보관한다.

2. XYZ는 여기에서 기술된 규칙에 따르는가의 확인을 위해, 접수인이 수행하는 절차를 정기적으로 감사할 권리를 갖는다. 이 감사는 접수인의 경영활동에 방해를 최소한으로 하는 방식으로 적당한 시기에 XYZ에 의해 권한이 부여된 대표자들에 의해서만 이루어진다.

3. 본 계약은 다음의 기밀정보에는 적용되지 않는다.

XYZ로부터의 기밀정보 수령 이전에 접수인이 그 소유자임을 나타내는 문서 또는 기타 명백한 증거를 접수인이 표명한 것.

XYZ 이외의 자나 XYZ의 라이선시 또는 서브라이선시 또는 XYZ의 수주자 또는 재수주자로부터 보안 의무없이 접수인이 이전 또는 그 언제든지 접수한 것; 또는 XYZ나 그 라이선시 또는 서브라이선시 또는 XYZ의 수주자 또는 재수주자로부터 직·간접적으로 유래하지 않은 것; 그러나 만약 접수인이 위에서 게재된 어떤 이유로 본 계약에 구속되지 않음을 주장한다면, 기밀정보의 접수 60일 이내에 또는 그 발견일로부터 30일 이내에 접수인의 주장을 실증하는 증거와 함께 본 계약에 구속되지 않는다는 취지의 서면통지를 XYZ에게 제시하여야 한다.

4. 본 계약상 양당사자간의 일체의 통고 기타 통신은 서면으로 이루어지며, 다음의 주소에 선불되어 우송될 때 적절히 제시되었다고 본다.

예문 2. Article x Secrecy

All drawings, designs, specifications and all other technical information made available under this Agreement by the furnishing party shall be kept strictly confidential by the receiving party who shall not sell, transfer or divulge it in any manner to anyone except those of its own employees who will be using it in the manufacture of the Product, without prior written consent of the furnishing party, provided, however, that the receiving party may supply such technical information to its subcontractor to the extent necessary for such subcontractor agreed, in writing, to hold such technical information strictly in confidence.

譯: 제 x 조 비밀

본 계약에 따라 제공되는 당사자의 이용가능한 모든 도면, 설계, 사양서 및 기타 모든 기술정보에 대하여 접수하는 당사자는 이를 엄중히 비밀로서 유지하여야 하며, 접수하는 당사자는 제공당사자의 서면에 의한 사전승인이 없이는 이를 계약제품의 제조에 종사하는 종업원외 어느 누구에게 어떤 방법으로도 이를 판매, 양도 또는 누설시켜서는 안 된다. 수취당사자가 계약제품의 하청업자와 이들 기술정보의 비밀을 엄중히 지킬 것을 서면으로 서약한다면 그 제조에 필요한 한도에서 이 하청업자에게 기술정보를 제공할 수 있다.

예문 3. Article x Confidential Information

1. During the term of this Agreement and for five (5) years thereafter, except the case of Article 4 hereof, B shall keep strictly secret and confidential the Technical Information furnished by A and shall not disclose the same to any person without A's consent except when it is necessary to disclose the same to B's employees for the purpose of the Contract Products.

2. In the case of necessity of disclosure of technical information to Korean OEM's, their licensors and/or other corporation, B shall obtain a prior approval of A or strictly follow the predetermined reporting form and standard established between A and B.

譯 제 x 조 기밀정보

1. 본 계약 기간 및 그 후 5년간 제4조의 경우를 제외하고, B는 A가 제공한 기술정보의 비밀을 엄격히 유지하여야 한다. 그리고 계약제품의 생산을 목적으로 B 종업원에게 공개할 필요가 있을 경우를 제외하고, A의 서면 동의가 없을 경우 어떠한 사람에게도 상기와 같은 정보를 공개해서는 안 된다.

2. 한국의 OEM업체들, 그들의 기술허락자 그리고/또는 다른 회사에게 기술정보를 공개할 필요가 있을 경우, B는 A의 사전승인을 얻거나, A와 B 사이에 설정한 보고서 양식과 표준을 엄격히 준수해야 한다.

예문 4. LICENSEE acknowledge that confidentiality of the Technical Information will be given recognition and the Technical Information will be protected as proprietary information of LICENSOR.

譯: 비밀유지의무의 확인

라이선시는 승인될 기술정보의 기밀성과 기밀정보는 라이선서의 재산적 정보로서 보호됨을 인정한다.

예문 5. LICENSEE and LICENSOR shall take every reasonable precaution to ensure that their respective directors, employees, shareholders, representatives and agents shall not, at any time, use or disclose in any manner, directly or indirectly, or enable any third party to use or disclose in any manner, directly or indirectly, Technical Information or any Improvement or any other information excepting only (a) use by the LICENSEE consistent with the provisions of this Agreement and, (b) the exercise by LICENSOR of the license rights granted LICENSOR pursuant to the provisions of this Agreement.

譯: 비밀유지의무의 쌍무성 확인

라이선시와 라이선서는 기술정보, 개량기술 또는 기타 정보에 대하여 a) 본 계약의 규정에 따른 라이선시의 사용과 b) 본 계약 규정에 따라 라이선서에게 허여된 라이선서의 라이선스권 행사 이외에, 각자의 관리자, 종업원, 주주, 대표자 및 대리인이, 언제든지, 어떠한 형태로든, 직 · 간접적으로, 이를 사용 또는 공개하거나, 제3자로 하여금 어떠한 형태로든, 직 · 간접적으로 이를 사용 또는 공개하지 않도록 주의하도록 최선을 다한다.

예문 6. In connection with the Technical Information and Improvements (hereinafter referred to as "Confidential Information") furnished or to be furnished directly or indirectly to LICENSEE, LICENSEE assumes full responsibility that the following procedures are taken to protect the secrecy of such Confidential Information :

譯: 라이선시의 비밀유지 의무

라이선시에게 직 · 간접적으로 제공되었거나 제공될 기술정보와 개량기술(이하 '기밀정보'라 함)에 관하여, 라이선시는 이 기밀정보의 보안 유지를 위해 다음의 절차를 수행할 전적인 책임을 진다.

예문 7. Except as provided hereinafter, LICENSEE and LICENSEE's directors, employees, representatives and agents shall not at any time divulge or disclose to any third party in any manner, directly or indirectly, any information as to the Confidential Information furnished at any time to LICENSEE by LICENSOR or otherwise acquired at any time directly or indirectly from LICENSOR.

譯: 라이선시 사용인 등의 비밀유지 의무

아래에서 규정된 경우를 제외하고, 라이선시와 라이선시의 관리인, 종업원, 대표자 및 대리인은 라이선서가 라이선시에게 제공하였거나, 직 · 간접적으로 라이선서로부터 취득한 기밀정보를 언제든지 제3자에게 어떤 형태로든 직 · 간접적으로 누설 또는 공개하지 않아야 한다.

예문 8. Copies of documents or parts thereof containing Confidential Information shall be made only where absolutely necessary and their confidentiality shall be protected in the same manner as that of the originals. Each document or copy containing Confidential Information shall bear a conspicuous designation that the document contains the confidential proprietary information of LICENSOR.

All original documents and copies thereof containing Confidential Information, which are no longer required to be held by LICENSEE for the purposes indicated in this Agreement, shall be returned to LICENSOR or destroyed upon instructions by LICENSOR.

譯: 서류의 취급과 비밀유지의무

기밀정보를 포함하는 서류 및 그 일부에 대한 복사본은 그것이 절대적으로 필요하며, 그 원본과 같은 방식으로 보안이 이루어지는 경우에 한하여 제작한다. 각 서류 또는 복사본은 라이선서의 기밀재산정보를 포함하는 서류임을 나타내는 현저한 표지를 포함하고 있어야 한다.

본 계약에서 지적한 목적을 위해 더 이상 라이선시가 보관할 필요가 없는 기밀정보를 포함한 모든 원본 서류 및 그 복사본은 라이선서에게 반환되거나, 라이선서의 지시에 따라 폐기된다.

예문 9. In connection with any documents containing Confidential Information which have been designated by LICENSOR as a secret document(Secret Document), LICENSEE shall, in addition to the other procedures set forth in this Section, observe the following procedures.

譯: 비밀서류

라이선서가 비밀서류로 지정한 기밀정보를 포함한 일체의 서류에 관하여, 라이선시는 이 장에서 설명된 절차에 부가하여 다음의 절차를 준수한다.

예문 10. LICENSOR shall have the right to conduct periodic audits of the records of LICENSEE or any third party receiving Confidential Information from or through LICENSEE to verify that the aforesaid rules are complied with. Such audits shall be conducted only authorized representatives of LICENSOR at reasonable times in such manner as to minimize interference with the business activities of the party being audited.

譯: 비밀유지절차와 관련된 감사

라이선서는 위 규칙에 따르는가를 확인하기 위해 라이선시의 기록이나 라이선시로부터 기밀정보를 접수한 제3자를 정기적으로 감사할 권리를 갖는다. 이 감사는 감사받는 측의 경영활동에 방해를 최소한으로 하는 방식으로 적당한 시기에 라이선서로부터 그 권한을 부여받는 대표자에 의해서만 이루어진다.

예문 11. LICENSEE shall not be bound under this Article with respect to the following :

(a) Information which is or becomes generally known in the industry

throughout the world through no fault of LICENSEE.
(b) Information which was previously received by LICENSEE without secrecy obligation from sources other than LICENSOR and, which did not originate directly or indirectly from LICENSOR or any such license, sublicense, contractor or subcontractor of LICENSOR.
If LICENSEE claims that it is not bound under this Article _______ for any of the reasons set forth above, LICENSEE shall give LICENSOR written notice to that effect, together with documentary evidence to substantiate LICENSEE's claim not more than sixty (60) days after receipt by LICENSEE of such Information, or if LICENSEE discovers that the Information has become generally known in the industry throughout the world at any time after receipt thereof, then LICENSEE shall notify LICENSOR within thirty (30) days after such discovery.

譯: 라이선시는 다음에 관하여 본 계약의 구속을 받는다 :
a) 라이선시의 실수로 업계에 알려져 있거나 알려진 정보
b) 라이선시가 라이선서 이외의 자로부터 보안 의무 없이 사전에 접수하였거나, 라이선서나 그 라이선시, 서브라이선시, 라이선스의 수주자, 재수주자로부터 직·간접적으로 유래하지 않은 정보.
만약 라이선시가 위에서 설명한 어떤 이유로 본 ________ 조에 구속되지 않음을 주장하면, 라이선시의 수령 60일 이내에 라이선시의 주장을 실증하는 증빙 서류와 함께 그러한 취지의 서문 통지를 하거나, 또는 만약 그 접수 후, 정보가 업계에 주지된 때에는, 라이선시는 그 사실을 안 지 30일 이내에 라이선서에게 통고한다.

18. 침 해

가. 의 의

특허 및 노하우의 라이선스에 있어서 라이선서가 허락한 기술을 실시하는 것이 제3자의 권리를 침해하는 경우 또는 제3자가 허락특허 등을 침해하는 경우에 문제가 된다. 이러한 경우 라이선서는 어디까지 책임을 지고 대응할지가 문제이다.

나. 체크리스트

침해조항에 관하여 주의할 사항은 제3자에 의한 권리침해와 허락권리의 피침해이다.

(1) 제3자의 권리침해

라이선서의 특허가 성립했다 해도 제3자 특허와의 사이에 이용관계가 있는 경우나 노하우의 라이선스를 받았어도 제3자가 당해 기술에 대하여 특허를 취득하고 있는 경우에는, 제3자의 권리를 침해하는 일이 발생한다.

이렇게 실시허락된 기술의 실시가 제3자의 권리를 침해하는 경우, 라이선시는 사업을 계속하기 곤란해진다. 한편 제3자의 권리를 침해하고 있지 않은가를 조사하는 것은 그다지 용이한 일이 아니며 침해하고 있지 않다는 보증을 하는 데에는 큰 위험을 수반하므로 크로스 라이선스로 상호 보증한다는 것과 같은 특별한 사정이 없는 한 보증하지 않는 계약이 많다.

그래서 라이선서로서는 만약 침해가 있다 할지라도 수령한 실시료는 반환하지 않는다고 하거나 보증한다고 해도 수령한 실시료를 한도로 반환하는 등 한정된 범위로 하는 것을 생각할 수 있다.

(2) 허락권리의 제3자에 의한 침해

허락권리의 범위 내 기술을 실시하는 제3자가 있는 경우에는 라이선시가 독점적 허락인지, 비독점적 허락인지에 따라 그 영향은 달라진다. 미국에서의 독점권이나 일본에서의 전용실시권이 허락되어 있는 경우에는 제3자의 실시에 의해 독점성이 저해받게 되므로 그 상태를 용인할 수는 없다. 또 당해 라이선시는 통상 침해소송의 당사자 적격이 있다고 해석된다. 한편 라이선시가 비독점권을 허락받고 있는 경우에는 라이선시의 실시가 확보되어 있으면 제3자의 실시가 라이선서의 의사에 의하느냐의 여부는 별도로 하고 스스로의 실시가 저해되지 않는 한 독점적인 권리자만큼 영향을 받지 않는다.

다. 예 문

예문 1. Should LICENSEE become aware of any infringement of any Patent licensed under this Agreement, LICENSEE shall promptly notify LICENSOR of such infringement. LICENSEE shall promptly notify LICENSOR in the event of any claim, controversy, lawsuit or proceeding against LICENSEE which is based upon a charge of infringement of third party patents by the use of the rights licensed under this Agreement. LICENSOR shall have the right to join LICENSEE in, and to control the defense and/or settlement of such claim, controversy, lawsuit or proceeding provided LICENSOR shall pay one-half (1/2) of the expenses incurred in connection herewith.

譯: 라이선시는 본 계약상 라이선스된 특허에 대한 일체의 침해를 인식하면, 라이선시는 이 침해를 라이선서에게 즉시 통고한다. 본 계약상 라이선스된 권리의 사용으로서 제3자에 대한 침해 책임에 기초해 일체의 고소, 논쟁, 소송, 변론이 라이선시에게 제기된 경우, 라이선시는 이를 라이선서에게 신속하게 통보한다. 만약 이와 관련된 비용의 1/2을 지급하는 경우면, 라이선서는 이러한 고소, 논쟁, 소송 또는 변론에 방어 및 합의를 라이선시와 함께 조정할 권리를 갖는다.

예문 2. LICENSEE shall take such action as LICENSOR shall be unable to take within the Territory of LICENSEE to the extent necessary to protect Patents, proprietary rights of LICENSOR and/or Confidential Information or otherwise as LICENSOR may from time to time reasonably request. LICENSEE shall comply with all laws relating to the marking of patented products in each country in which Plants are constructed or parts thereof manufactured or assembled. Notwithstanding the foregoing, steps to be taken with respect to infringement or suspected infringement by others shall be governed by the provisions of Article _______ hereof.

As soon as either of the Parties becomes aware of any infringement, the Party shall communicate to the other the infringement or suspected infringement of any Patent or proprietary rights or any unlawful use of Confidential Information. In such a case the Parties will consult and will cooperate in the institution of any legal action or other suitable action to cause the same to cease and to recover appropriate compensation therefor.

Should LICENSEE be threatened with a claim of patent infringement by a third party by virtue of LICENSEE's use of the rights granted to LICENSEE pursuant to this Agreement, LICENSOR shall take over the defense of LICENSEE against the said claim at LICENSOR's own cost and expense, and LICENSOR agrees to hold LICENSEE harmless from any damages, costs, expenses, etc. suffered by LICENSEE with respect to such patent infringement.

譯: 라이선시는 라이선시의 지역 내에서 특허와 라이선서의 재산권 그리고/또는 기밀정보를 보호하기 위해 필요한 정도만큼 라이선시 지역 내에서 라이선서가 취할 수 없는 조치 또는 라이선서가 수시로 합리적으로 요구하는 조치를 취한다. 라이선시는 공장이 건설되거나 부품이 제조 · 조립되는 각 국가의 특허제품 표시에 관한 모든 법률을 따른다. 위 규정에 불구하고, 타인에 의한 침해나 우려되는 침해에 관해 이루어진 조치는 ________ 조의 규정에 따른다.

양당사자 중의 일방이 일체의 침해를 인식하는 경우, 그 당사자는 타방에게 특허나 재산권에 대한 침해 또는 우려되는 침해나 기밀정보의 불법사용을 알린다. 이러한 경우 양당사자는 협의하여, 그 권리 침해를 중지하고 타당한 보상을 받기 위해 소송제기등의 적절한 법적 조치를 협력하여 취한다.

만약 라이선시가 본 계약에 따라 허여된 권리의 사용으로 제3자가 특허 침해의 청구를 하는 경우, 라이선서는 자신의 비용으로 위 청구에 대해 방어하여야 하며, 위 특허침해와 관련하여 라이선시가 입은 일체의 손해배상 · 비용 등의 부담에 대하여 라이선시는 면책됨에 동의한다.

19. 경쟁품의 취급

가. 의 의

경쟁품이란 계약대상 특허제품 또는 계약대상 노하우제품과 경합하는 유사제품 또는 대체품을 말한다. 허락제품과 경합하는 경쟁품을 라이선시가 제조 · 판매하므로써 라이선서는 기대하는 실시료를 얻지 못하게 된다. 특히 독점적 실시권의 경우가 그 영향이 크다. 그러나 이러한 경쟁품을 라이선시가 취급하는 것을 라이선서가 제한하는 것은 거래의 기회를 박탈하는 것이며 나아가 경쟁을 제한하는 것이 되므로 국제고시에 저촉될 우려가 있다.

나. 체크리스트

경쟁품의 취급에 관하여 주의할 사항은 경쟁품의 범위 · 제한의 내용, 적법성 등이다.

(1) 경쟁품의 범위

독점규제법에 위반하지 않은 범위로서 경쟁품의 범위를 정의할 필요가 있다. 특정분야에 있어서의 경쟁을 제한하려는 경우에는 허락제품과 어느 정도의 분야적 분류성이 있을 것을 고려하여 경쟁품을 정의한다.

(2) 제한의 내용

경쟁품에 대해 제조 및 판매 등 특정 형태의 행위 금지 등에 대하여 정한다.

제한기간에 대해서는 특허에 관한 라이선스의 경우 계약종료 후도 제한하는 것은 라이선서가 가능한 고액의 실시료로 이익을 확보하는 데 필요한 이유가 아니므로 공정경쟁 저해성이 강한 것으로 생각된다. 계약이전부터 라이선시가 경쟁상품을 취급하고 있는 경우에 계약을 계기로 전면적으로 제조 · 판매를 금하는 것은 어떤 의미에서나 정당화 할 이유를 찾아내기 어렵다.

(3) 적법성

경쟁품의 취급을 제한하는 것은 독점규제법과의 관계에서 문제가 될 가능성이 매우 높으므로 각국의 독점규제법과의 관계에 주의할 필요가 있다.

다. 예 문

예문 1. 라이선시는 계약기간 중 계약제품과 경쟁이 되는 여하한 제품도 제조 · 판매하여서는 안 되며 제3자와 경쟁기술도입에 관한 계약을 체결하여서는 안 된다. 또는 라이선시는 계약기간 중 계약제품과 경쟁이 되는 제품을 판매하여서는 아니 되며, 라이선시가 계약제품과 경쟁적인 제품을 제조 · 판매하고 있는 경우에는 이 계약종료 후 2년 이내에 이를 중지하여야 한다.

예문 2. 라이선시는 계약제품과 경쟁적인 제품을 제조 · 판매하여서는 안 된다. 다만 라이선서의 사전서면동의(승인, 합의)를 얻은 경우에는 그러하지 아니한다.

20. 유용금지

가. 의 의

"유용"이란 계약에 기초하여 제공된 기술의 전부 또는 일부를 허락제품 이외의 용도에 이용되는 것을 말하지만, 특허에 관한 실시허락계약에서는 허락제품의 정의가 비교적 명확하게 되기 때문에 허락제품 이외의 제품에 유용·제조를 하고 있는 때에는 계약위반의 문제로서 해결할 수 있다. 그러나 노하우의 경우는 제조공정 등에서 사용되어도 제품의 외부에 나타나기 때문에 그 용도는 라이선서측이 파악하기 어렵다.

나. 체크리스트

유용금지조항에 관하여 체크하여야 할 사항은 유용금지의 대상과 금지의 범위이다.

(1) 유용금지의 대상

계약에 기초하여 허락된 특허나 개시된 노하우 등의 기술정보가 유용금지의 대상이 된다. 또 샘플 등에도 비밀정보가 포함되기 때문에 본래의 계약에 근거하여 허락된 목적을 일탈하여 타의 목적에 유용하는 것을 금지하는 것도 있다.

(2) 금지의 범위

금지하는 내용으로서는 허락범위외의 사용을 특히 금지하기 위해 기술분야의 한정이나 제조·판매 등의 허락목적 이외의 사용금지가 있다. 경쟁품이 명확한 경우 특정의 경쟁품에의 유용은 라이선서에게 영향이 크기 때문에 특히 주의를 요한다.

다. 예 문

을은 갑으로부터 이전받은 기술을 대상허락제품 이외에는 사용하지 못한다.

21. 보 증

가. 의 의

보증에서는 계약대상의 특허 또는 노하우 등에 관한 하자 등에 대하여 라이선서의 담보책임에 대하여 정한다. 라이선스계약에 있어서는 라이선시는 보다 큰 담보를 요구하려 하고, 라이선서는 가능한 한 보증을 하려고 하지 않는다.

나. 체크리스트

보증조항에 관하여 주의할 사항은 보증의 대상·범위·기간, 보험 등이다.

(1) 보증의 대상

라이선시가 보증을 요구하는 경우에는 보증의 대상이나 보증의 한도 등을 명확히 하여 그 책임의 범위를 한정할 필요가 있다.

(2) 보증의 범위

라이선서로서는 하자 등에 대하여 무제한적인 책임을 부담할 수 없기 때문에 그 범위를 최소화하여 정하는 것이 일반적이다.

(3) 보증의 기간

보증의 기간도 교섭사항이기 때문에 라이선시로서는 긴 보증기간을 요구하려 하지만, 기술지도 등이 끝나고 제품의 품질이 일정한 이후는 라이선시의 책임으로 하는 등 라이선서는 보증기간을 가능한 짧게 하려고 한다.

(4) 보 험

보증의 위험을 피하기 위해 각종 보험제도를 이용하는 것도 생각할 수 있다.

다. 예 문

예문 1. Article x Warranties

(a) When required, B will extend the same warranty to its customer which is offered by its competitors offering equipment similar to A equipment. This warranty will stipulate that A equipment will meet the prescribed process loadings if confined to the system hydraulics and not separation efficiencies. This warranty will be effective if the A Equipment is manufactured, installed and operated in accordance with the technical assistance and A Technology provided by A.

(b) If, at any time during the first 12 months following purchase of the A Equipment, the A Equipment fails to meet the warranty, then B will either modify or replace the defective A Equipment at its expenses after consultation with A concerning the best method to correct the defect or deficiency.

(c) B represents that it will furnish A all technical data and specifications which were furnished to B expressly conditioned on the completeness and accuracy of this information.

(d) Should A furnish the process design or equipment drawings for a project, A will warrant that the performance characteristics of the A Equipment for the project will meet the customer's operating requirements, if the following conditions are met :

(1) If the A Equipment is manufactured and installed in accordance with the technical assistance and A Technology furnish by A ;

and

(2) If the workmanship standards used by B are equal to the standards observed by A in its own manufactured and installation of A Equipment.

(e) If within 12 months of purchase, the A Equipment fails to meet a warranty provided by A, after reasonable test runs, A will assist B in the modification, repair or replacement of the A Equipment. In no event however, will A responsibility to B or its customer exceed the value of the royalty earned A from the sale of A Equipment for the particular project.

譯: 제 x 조 보증

(a) 필요시, B는 A 설비와 유사한 설비를 취급하는 경쟁자가 제공하는 보증과 같은 보증을 고객에게 제공한다. 이 보증은 A 설비는 분리효율이 아닌 공정 수력학 계산에서 공정 부하를 맞추는 것을 명문화한다. 이 보증은 A가 제공한 기술지원과 A 기술에 따라서 A설비가 제작, 설치되고 운전되는 경우 효력을 발생한다.

(b) A 설비 구입 후 12개월 동안 언제든지, A 설비의 보증 미달시, B는 결점을 수정하는

최선의 방법에 대해서 A와 협의한 후 B의 비용으로 불완전한 A 설비를 변형시키거나 교환하여 줄 수 있다.

(c) B는 그 자료의 완전함과 정확성을 조건으로 B에게 제공된 기술적인 자료와 명세사항을 A에게 제공한다.

(d) A가 공정설계 또는 설비도면을 제공한 사업의 경우, A는 사업에 대한 A 설비의 성능특성은 다음과 같은 조건들의 만족시 고객의 가동 요건을 충족한다.

(1) 설비가 A에 의하여 제공한 기술지원과 A 기술에 따라서 제작되고 설계되며,

(2) B에 의해 사용되는 기술숙련도가 A 설비의 제작과 설치에서 A가 제공한 표준과 동일할 때

(e) 구입한 지 12개월 이내에 적당한 시험 운전 후 A 설비가 A가 제공한 보증을 충족시키지 못한다면, A는 A 설비의 변형, 수리 또는 교체에 대하여 B에 협력한다. 그러나 어떠한 경우에도 B나 B의 고객에 대한 A의 책임은 특정 사업에서 A 설비의 판매에서 A가 얻은 로열티를 초과하지 않는다.

예문 2. LICENSOR hereby warrants in respect of the Technical Information disclosed hereunder that :

LICENSOR has the right to disclose all of such Technical Information and that there is no legal action pending or in course of prosecution in LICENSOR at the Effective Date concerning any patent or other third party rights relating to the Technical Information in respect of which rights are granted hereunder.

Technical Information comprises all of the technical information know-how and designs utilized by LICENSOR at the date of disclosure for the manufacture of LICENSED Products.

In the event of any failure of LICENSOR to meet fully the terms of the aforesaid warranties LICENSOR shall as soon as it is aware of such failure take all reasonable steps necessary to remedy such failure at LICENSOR's expense and this shall be the sole remedy of Licensee in the event of such failure and shall not be liable therefor to Licensee to any further extent in contract tort. The warranties provided for under this Article constitute all the warranties given under this Agreement and no other warranties shall be implied hereunder.

譯: 라이선서는 이하에서 공개된 기술정보에 관하여 보증한다 :

라이선서는 이 기술정보 모두를 공개할 권리를 가지며, 허여된 권리에 관한 기술정보에 관해 계약 발효시에 있어서, 특허 또는 제3자의 권리과 관해 어떠한 소송이나 소추절차도 라이선시에 대해 제기되어 있지 않다.

기술정보는 라이선스 제품의 제조를 위한 공개일에 라이선서가 사용하는 모든 기술정보, 노하우 및 설계로 구성된다.

라이선서가 위 보증 조건을 만족시키지 못한 경우, 라이선서는 즉시 자신의 비용으로 이를 회복하기 위해 필요한 모든 합리적인 조치를 취하며, 이는 라이선시에 대한 유일한 회복수단이며, 약정 범위 이상의 불법행위책임을 지지 않는다. 본조에서의 보증은 본 계약상 제공된 모든 보증만으로 구성되며, 다른 보증은 인정되지 않는다.

예문 3. LICENSOR assumes no warranty obligations under this Agreement except as expressly provided for herein, which are as follows:

(a) LICENSOR will use its best efforts to ensure that the Confidential Information and other information provided to LICENSEE under this Agreement is correct and accurate according to its best knowledge and belief. LICENSOR shall have no liability to LICENSEE for any loss or cost which LICENSEE might sustain by reason of its reliance on such Confidential Information or other information, or by reason of any claim asserted against the LICENSEE which is related to LICENSEE's use of such Confidential Information.

(b) LICENSOR will cooperate with LICENSEE in providing Confidential Information and other information which is useful in the defense of any claim of infringement of patents of others because of activities contemplated by this Agreement or which is useful in the development of a noninfringing alternative product, design, or process but LICENSOR does not warrant or guarantee that the operation of the Plant and the sale and use of the Product pursuant to this Agreement will not infringe any patent owned by others. LICENSOR has no present knowledge of any such actual or claimed infringement.

(c) LICENSOR makes no warranty, expressed or implied, or arising from trade or custom to LICENSEE or any other person with respect to the Plant and its Product. The LICENSEE shall indemnify LICENSOR against any loss, liability, damages, costs, or expenses suffered or incurred by LICENSOR because of any claim or action by third parties arising out of the operation of the Plant and the sale and use of its Product.

譯: 라이선서는 다음과 같이 규정된 경우를 제외하고는 본 계약상 어떠한 보증 책임도 지지 않는다.

(a) 라이선서는 본 계약상 라이선시에게 제공하는 기밀정보 및 기타 정보는 그가 아는 한 최대한 정확히 하도록 최선을 다한다. 라이선서는 기밀정보 또는 기타 정보에 대한 라이선시의 신뢰 또는 위 기밀정보의 사용과 관련하여 라이선시에게 제기된 청구로 인하여 라이

선시가 부담하는 일체의 손실 또는 비용에 대하여 책임을 지지 않는다.

(b) 라이선서는 본 계약에 의해 예상되는 행위로 인한 타인의 특허 침해 청구를 방어하기에 유용하거나, 비침해적 대체 생산, 설계 또는 공정 개발에 유용한 기밀정보를 제공하는 경우 라이선시와 협조한다. 그러나, 라이선서는 본 계약에 따른 공장의 가동과 제품의 판매 · 사용이 타인 소유의 특허를 침해하지 않음을 보증하지는 않는다. 라이선서는 이러한 실제 또는 청구된 침해를 알지 못한다.

(c) 라이선시는 명시적 또는 묵시적으로, 거래상 또는 관행상, 누구이든지 간에 공장 및 그 제품에 관해 라이선시 또는 제3자에 대해 보증을 일체 하지 않는다. 라이선시는 공장의 가동과 그 제품의 판매 · 사용으로 야기된 제3자의 청구 또는 행위로 인해 라이선서가 부담하는 일체의 손실, 책임, 피해, 비용 등을 라이선서에게 배상한다.

예문 4. All parties hereby warrant to one another that each is duly authorized and legally competent to enter into this Agreement and to perform its respective obligations hereunder and that the execution and delivery of this Agreement and the transactions and relationships contemplated hereby have been duly authorized and approved by its respective and appropriate governing board or other appropriate authority.

譯: 양당사자는 제3자에게, 각자는 본 계약을 체결하여 각자의 그 책임을 수행할 수 있는 정당한 권원을 가지며, 본 계약의 집행과 송달 및 이로 인한 업무 · 관계는 각자의 해당 규율 당국이나 기관에 의해 정당히 공인 · 승인되었음을 보증한다.

예문 5. LICENSOR shall guarantee the performance of the Plant as set out in the attached Exhibit ______ , provided that :

(a) The Plant is designed and constructed according to the design, specifications and drawings supplied to LICENSEE from LICENSOR.

(b) The Plant is loaded with LICENSOR's catalysts, ______ .

(c) All raw materials, electricity, fuel, water, etc. conforming to the specifications in the attached Exhibit x, are supplied in sufficient quantities.

(d) The Plant is properly operated in accordance with LICENSOR's advice and instruction.

譯: 라이선서는, 다음을 조건으로, 예 ______ 에서 설명된 공장의 성능을 보증한다.

(a) 라이선서가 라이선시에게 제공한 설계, 사양서 및 도면에 따라 공장이 설계 · 건설되었다.

(b) 공장이 라이선서가 지정한 촉매 ______ 을 사용하였다.

(c) 예 x의 계약 사양서에 지정된 모든 원자재, 전력, 연료, 물 등이 충분히 공급된다.

(d) 공장은 라이선서의 자문 · 지도에 일치하여 적절히 가동된다.

22. 부쟁의무

가. 의 의

라이선스 계약에 있어 라이선시는 라이선서의 권리 존재를 확인하고 그 사용 허락을 받아서 사용하면서 그 권리의 유효성을 가지고 다투는 것은 신의성실에 반하는 것이라고도 할 수 있다.

나. 체크리스트

부쟁의무조항에 관하여 주의할 사항은 부쟁의 대상 및 내용이다.

(1) 부쟁의 대상

라이선시가 허락특허권 등의 유효성에 대해서 다투지 않을 의무는 특허권뿐만 아니라 상표권, 디자인권도 대상이 되며, 노하우의 공지성도 검토할 필요가 있다.

(2) 부쟁의 내용

규정의 내용으로 정하는 것은 무효의 주장뿐만 아니라 출원중인 것에 대해서도 이의신청도 금지하는 경우도 있으며, 라이선시 자신뿐만 아니라 제3자를 개입하는 간접적인 다툼도 금지하는 경우가 있다. 금지기간은 보통 계약기간이다.

허락지역을 복수국으로 한 경우에는 각국마다 특허권 등에 대해서 금지할 필요가 있고, 이 경우는 각국마다 법규제의 내용을 검토한다.

다. 예 문

예문 1. During the term of this Agreement Licensee agrees that it will not directly or through any patent company, subsidiary, affiliate, division, or other related entity, engage or participate in the marketing, design, construction, sale, or delivery of any Plants which utilize a technology, process, or system competitive with the LICENSOR's Process.

譯: 본 계약기간 중 라이선시는 직접적으로든지, 친회사 · 자회사 · 계열회사 · 사업부문 또는 관련회사를 통해 라이선서의 공정과 경합하는 기술, 공정 또는 시스템을 사용하는 일체의 공장 마케팅 · 설계 · 건설 · 판매 또는 인도에 참여하지 않음을 동의한다.

예문 2. The Licensee recognizes the validity of the Licensor's trademarks either registered or to be registered in Korea and shall neither question the ownership and validity thereof, nor become a party, directly or indirectly, in an attack on the validity of the Licensor's trademarks.

譯: 라이선시는 한국에서 등록되었거나, 장래에 등록될 라이선서의 상표의 유효성을 인정하고, 그 소유권과 유효성을 문제로 하거나 직접 · 간접으로 라이선서의 상표에 대하여 공격을 가하거나 당사자가 되어서는 안 된다.

예문 3. The Licensee agrees not to contest or dispute nor cause its subsidiaries to contest or dispute the title to or validity of the Licensed Patent and further agrees not to take any action or assist others in taking any action which would impair or tend to impair the validity, scope or value of the Licensed Patents corresponding thereto in any country while this Agreement is in effect.

譯: 라이선시는 실시허락된 특허의 권원 또는 유효성에 관하여 다투지 않고, 또한 자회사로 하여금 다투게 하지 않을 것을 동의한다. 또한 본 계약의 유효기간 중에는 어떠한 나라에서도 실시허락된 특허 또는 이에 대응하는 특허등에 관하여 그 유효성, 범위, 가치를 훼손 또는 훼손할 가능성이 있는 어떠한 행위도 하지 않으며, 또 타인의 이러한 행위에 대해 원조하지 않을 것에 동의한다.

23. 해 약

가. 의 의

계약이 계약기간의 만료, 해약으로 종료하는 때 그 해약사유와 해약 후에 어떠한 권리, 의무가 잔존하는가는 양당사자로서는 매우 중요한 사항이다. 특히 일정한 기간경과 후에는 라이선서 측에게 해약권이 있는 계약은 주의할 필요가 있다. 또한 해약사유에 대해서도 적절한 것인지 아닌지에 대하여 유의할 필요가 있다.

나. 체크리스트

해약조항에 관하여 주의할 사항은 해약사유, 해약권 행사의 방법, 해약의 효과 등이다.

(1) 해약사유

해약사유는 일반적으로는 파산, 회사갱생절차, 해산, 실시사업의 양도, 흡수, 합병 등의 경우에는 계약을 해제할 것을 정하는 것이 많다. 그 외에도 채무불이행, 계약위반, 합의해약에 의해 해약되는 경우도 있다. 또한, 천재지변, 제3자의 권리침해 등으로 인하여 이행이 불능으로 되는 경우에도 넓은 의미의 해약이 이루어질 수 있다.

(2) 해약권행사의 방법

해약사유의 발생 이외의 어떠한 절차도 필요로 하지 않는 것을 정한 경우는 해약효과는 해약사유의 발생과 동시에 발생한다.

해약사유의 발생 외의 의사표시를 필요로 정한 경우에는 해약효과는 해약의 사표시가 없으면 발생하지 않는다. 의사표시에 대해서는 보통 서면에 의한 통고로 하고 해약의 발효일을 통고서면의 발신일, 도달일, 또는 발신일로부터 일정한 기간의 경과 후로 정할 수 있다.

(3) 해약의 효과

라이선시의 채무불이행에 의해 해약이 되는 경우 선불의 실시료, 지불이 끝난 일시금 등은 반환청구를 할 수 없다는 규정을 두는 것이 보통이다.

다. 예 문

This Agreement may be terminated for any of the following reasons:
(a) By either Party in the event that the other commits any breach of any provision herein contained (including default in payment of license fees), and fails to remedy such breach within thirty (30) days after the nonbreaching Party has given written notice of such breach and of the possibility of

termination of this Agreement by reason thereof ;
(b) By either Party in the event that the other is adjudged bankrupt or files a voluntary petition in bankruptcy or makes an assignment for the benefit of creditors (other than an assignment in the ordinary course of borrowing funds) o suffers the appointment of a receiver for all or a substantial part of its property and assets.
If this Agreement is terminated by LICENSOR pursuant to Article _______ hereof, except because of nonpayment of license fees, or expires pursuant to Article ________ hereof, LICENSEE shall continue to have the licenses provided for in Article hereof for the purpose of, and limited to, completing the design, engineering, manufacture, erection, commissioning, and/or start-up of LICENSOR's Process-Plant which is (are) the subject of a valid agreement(s) between LICENSEE and customer(s) prior to termination and in respect of which license fees are payable by LICENSEE pursuant to Article _______ hereof.
If this Agreement is terminated by LICENSOR pursuant to Article _______ hereof because of nonpayment of license fees, then all of LICENSEE's right hereunder shall terminate immediately.

The right of LICENSOR to sell, design, engineer, manufacture, erect, commission, start-up and/or operate LICENSOR's process-plants using Improvements Licensed or disclosed to LICENSOR pursuant to Article _______ hereof shall survive termination or expiration of this Agreement.

Expiration pursuant to Article __________ or termination pursuant to Article _______ of this Agreement for any reason shall not prejudice any right of either Party to recover any license fees hereunder, nor shall it in any way affect the continuing obligations of the Parties as to the confidentiality of information pursuant to Article _______ .

譯: 본 계약은 다음의 사유 중의 어느 하나를 이유로 종료한다.

(a) 일방이 이하의 규정을 위반하고(라이선스비 지불의 불이행을 포함), 상대방이 위 위반 사실과 그에 따른 본 계약의 종료 가능성을 알리는 서면 통고를 보낸 지 30일 이내에 그 위반을 전보하지 못하는 경우 일방 당사자에 의해

(b) 일방이 파산선고를 받거나, 파산 절차를 밟고 있거나, 채권자에 계약이 양도되거나(자본금을 차용하는 일반적인 방법의 양도 외에), 재산 및 자산의 전부 또는 그 실질부분이 채무변제에 충당될 때 일방 당사자에 의해

라이선스비의 부지급이나 ____ 조에 따른 계약 만료를 제외하고는, 라이선서가 ____ 조에 따라 본 계약을 종료하는 경우, 라이선시는 ____ 조에 규정한 라이선스를 계약 종료 이전에

라이선시와 고객사이의 유효한 계약의 사항인 경우, ____ 조에 따라 라이선시가 그 비용을 부담하는 라이선서의 공정 · 공장의 설계, 엔지니어링, 제조, 설립, 시운전 및/또는 조업개시를 이행하기 위해 필요한 라이선스를 계속해 갖는다.

만약 본 계약을 라이선스비의 부지급을 이유로 ____ 조에 따라 라이선서가 종료하면, 모든 라이선시의 권리는 즉시 종료한다.

____ 조에 따라 라이선스된 또는 라이선서에게 공개된 개량기술을 사용하는 라이선서의 공정 · 공장 등의 판매, 설계, 엔지니어, 제조, 설립, 시운전, 조업개시 및/또는 가동에 관한 라이선시의 권리는 본 계약의 종료 또는 만료 이후에도 잔존한다.

본 계약 ____ 조에 따른 계약의 만료 또는 ____ 조에 따른 계약 종료는 어떠한 이유로든 당사자의 라이선스비 회수권리에 영향을 미치지 않으며, ____ 조에 따른 정보의 기밀성에 관한 계속되는 의무에 영향을 미치지 않는다.

24. 양 도

가. 의 의

특허 및 노하우의 라이선스계약에는 일방의 당사자가 계약상의 지위나 채무를 양도하거나 합병, 상속 등의 이유에 의해 제3자가 그 계약상의 지위를 승계하는 경우도 있기 때문에 필요에 따라 정하여 둘 필요가 있다.

나. 체크리스트

양도조항에 관하여 주의할 사항은 계약 · 허락특허 · 권리의무의 양도 등이다.

(1) 계약의 양도

계약을 양도하는 경우는 상속, 합병과 같은 일반승계를 제외하고 통상의 상대방당사자의 승낙이 없이는 할 수 없다는 규정을 두는 경우가 많다. 이것은 계약체결 전에 상대방의 기술력, 생산력, 영업력 등을 평가하여 계약을 체결하였음에도 불구하고 돌연 계약상대방이 변경되거나 당초의 목적달성이 저해될 것을 회피하기 위해서이다.

(2) 허락특허의 양도

특허권자는 라이선시의 승낙을 얻지 않고도 허락특허를 자유로이 제3자에게 양도할 수 있다. 그러나 라이선시로서는 특허양수인이 라이선스 계약에 의거한 권리 · 의무를 승계하게 됨으로써 그 지위가 불안정해질 수도 있다. 따라서 라이선시로서는 허락특허 양도에 대한 특허권자의 사전통고를 요하는 방법이 있다.

(3) 권리의무의 양도

라이선시 또는 라이선서의 지위와 분리하여 양도할 수 있는 권리로서는 로열티청구권 또는 손해배상청구권과 같은 금전적 채권을 생각할 수 있다.

라이선서는 라이선시의 승낙이 없으면 계약상의 의무를 제3자에게 양도할 수 없다. 그러나 로열티청구권 등의 권리는 라이선시의 승낙 없이도 제3자에게 양도가능하다고 생각된다.

다. 예 문

예문 1. Article x Assignment
This agreement or any rights hereunder may not be assigned or transferred by B and shall not inure to the benefit of any trustee in bankruptcy, receiver or successor of B, whether by operation of law or otherwise, without written consent of A and the validation of the Korean Government, and any assignment or transfer without such consent and validation shall be null, and void.

譯: 제 x 조 양도

A의 서면에 의한 동의 및 한국 정부의 허가 없이는 B는 법률의 시행 및 기타의 이유로 본 계약 또는 이에 설정된 권리를 양도 또는 이전할 수 없으며, 또한 B의 파산관리인, 양수인 또는 승계인의 이익에 사용치 못하며, 이러한 동의 및 허가 없이는 양도, 또는 이전은 무효이다.

예문 2. This Agreement is personal to Parties and shall not be assigned in whole or in part (except as hereinafter provided) other than by mutual written agreement.

譯: 본 계약은 양당사자에 속하며, (아래에서 규정된 것을 제외하고) 상호 서면 합의에 의하지 않고는 전체로든 부분적으로든 양도되지 않는다.

예문 3. This Agreement shall not be assignable in whole or in part by either party without the prior written consent of the other hereto. Any such assignment of the Agreement shall require the approval of the ________ Government. When duly assigned in accordance with the forgoing, this Agreement shall be binding upon and shall inure to the benefit of the assignee. However, no assignment of this Agreement shall relieve the assignor of its obligation hereunder until such obligations have been fulfilled by the assignee.

譯: 본 계약은 타방 당사자의 사전 서면 통고 없이는 전체 또는 일부의 형태로 양도되지 않는다. 이러한 일체의 계약양도는 ________ 정부의 승인을 요한다. 위에 따라 적절히 양도되었을 때, 본 계약은 양수인을 구속하며 그의 이익이 된다. 그러나, 본 계약의 어떠한 양도도 양수인이 그 책임을 이행하기 이전까지는 양도인의 책임을 면제하지 않는다.

예문 4. This Agreement shall inure to the benefit of and be binding upon the successors and assigns of the Parties hereto; provided, however, that the rights or obligations of LICENSEE under this agreement may not be assigned or sublicensed in whole or in part without first obtaining the prior written consent of LICENSOR provided, further, that the rights or obligations of LICENSOR under this Agreement may not be assigned in whole or in part (except as otherwise provided herein) without first obtaining the prior written consent of LICENSEE except that LICENSOR may (i) assign this Agreement to direct or indirect successors to substantially all of LICENSOR's business, and (ii) assign its rights to receive license fees pursuant to Article hereof to the parties.

譯: 본 계약은 당사자의 승계인 및 양수인에 이익이 되며, 이들을 구속한다: 그러나, 본 계약상 라이선시의 권리 · 의무는 우선 라이선서의 사전 서면 동의를 받지 않고는 양도되지 않으며, 나아가 본 계약상 라이선서의 권리 · 의무는 (i) 라이선서가 그의 경영을 실질적으로 직 · 간접상 승계한 자에게 본 계약을 승계하고 (ii) ________ 조에 따른 라이선스비 수령권을 당사자에 양도한 경우를 제외하고는, 우선 라이선시의 사전 서면 동의를 받지 않고는 양도되지 않는다.

예문 5. Neither the Owner nor the Contractor shall without the express prior written consent of the other (which consent shall not be unreasonably withheld) assign to any third party the Contract or any part thereof, or any right, benefit, obligation or interest therein or thereunder, except that the

Contractor shall be entitled to assign either absolutely or by way of charge any monies due and payable to it or which may become due and payable to it under the Contract.

譯: 타방의 명시적인 사전 동의 없이는(이 동의는 비합리적이어서는 안 된다) 계약 발주자나 수주자는, 수주자가 무조건적으로 또는 부담하거나 부담하게 될 비용을 부담하는 식으로 양도할 권한을 부여받는 경우를 제외하고, 제3자에게 계약이나 그 일부 또는 일체의 권리, 이익, 의무 또는 이권을 양도할 수 없다.

예문 6. In the event of a corporate reconstruction or amalgamation this Agreement may be assigned by LICENSOR by written notice to Licensee to ________ and by Licensee to ________ provided in each case the assignee effectively assumes all the rights and duties of the assignor hereunder. Any obligation not accepted nor performed by the assignee shall remain with the assignor.

譯: 법적 효과로서의 양도

법인의 재건설 또는 합병시, 본 계약은 라이선시에 대한 서면 통지로서 라이선서가 양도할 수 있다. 양수인이 유효하게 양도인의 모든 권리 · 의무를 지는 경우, 양수인에 의해 용인 또는 이행되지 않는 일체의 책임은 양도인에게 남는다.

예문 7. Assignment within the meaning of this Article is understood and intended to comprehend not only voluntary action but also transfer by operation of law, including, but not limited to, consolidation or merger, levy or execution of legal process, bankruptcy or insolvency or transfer under compulsory procedures or order of court. If this Agreement would otherwise pass through such assignment or transfer by operation of law from either LICENSEE or from LICENSOR to any person without prior consent (in case where such consent is required) of the other party, then such other party may, in addition to any other remedies it might have, forthwith terminate this Agreement by written notice of such termination to the assignment party.

譯: 법적 효과로서의 양도

본조의 의미와 관련하여, 양도는 자발적인 행위뿐만 아니라 합병 또는 혼동을 포함해 압류 또는 법적 절차, 파산 또는 지급불능의 집행 또는 강제절차상의 이전 또는 법정 명령에 의한 이전 등의 법적 작용에 의한 이전을 포함한다. 만약 본 계약이 타방 당사자의 사전 동의 없이(위 동의가 요구되는 경우) 라이선시 또는 라이선서로부터 위 양도 또는 법률 작용에 의한 양도가 이루어질 때, 타방 당사자는 그가 갖고 있는 구제수단에 추가하며, 양도 당사자에 대한 서면 통고로서 본 계약을 즉시 종료시킬 수 있다.

25. 계약종료의 효과

가. 의 의

계약으로 정하는 권리의무는 이미 발생한 금전채권을 제외하고, 계약종료와 동시에 모두 소멸하는 것이 원칙이다. 그러나 계약종료 후에도 권리의무가 남은 계약도 있기 때문에 신중히 검토하여야 한다. 특히 기술원조계약, 노하우라이선스의 경우에는 계약종료 후의 노하우의 취급은 극히 중요하다. 외국기업과의 계약에 있어서는 계약종료 후는 노하우의 사용제한을 인정하지 않은 나라도 있기 때문에 주의가 필요하다. 또 계약기간의 만료시점에서 경개(更改)의 필요가 있을지의 여부를 사전에 검토할 필요가 있다.

나. 체크리스트

계약종료에 관한 조항에 있어서 체크하여야 할 사항은 계약기간만료, 해약에 의한 종료 등이다.

(1) 계약기간만료

계약기간의 만료와 동시에 특허권이 소멸하는 경우는 계약기간만료시에 있어 재고품, 설비품 등의 처분에 제한을 두는 것은 불공정한 거래에 해당할 우려가 있다. 계약기간만료 전에 수주한 제품이나 보급품을 계약종료 후에 판매하는 경우에는 로열티에 대해서 결정하여 둘 필요가 있다.

(2) 그 외의 사유에 의한 종료

일방의 당사자가 파산한 경우, 회사갱생절차가 취해진 경우, 해산의 경우 등을 상정하여 재고품의 취급, 로열티의 지급, 보고, 노하우의 취급 등에 대해 규정하여 둘 것도 필요하다.

다. 예 문

예문 1. If the Agreement is terminated by LICENSOR pursuant to paragraph hereof, except because of non-payment of license fees, Licensee shall continue to have the License provided for in paragraph hereof for the purpose of, and limited to, completing the design, construction and sale of a LICENSED Plant which is the subject of a valid agreement between Licensee and a customer prior to terminate and in respect of which license fees are payable by Licensee pursuant to paragraph hereof. The right of LICENSOR to make, use and sell Plants using Improvements licensed or disclosed to LICENSOR pursuant to paragraph hereof shall survive the termination of this Agreement.

If this Agreement is terminated by LICENSOR pursuant to paragraph _______ hereof because of nonpayment of license fees, then all of Licensee's rights hereunder shall terminate immediately.

The expiration or termination of this Agreement for any reason shall not prejudice any right of either party to receive any license fees hereunder, accruing at or after the time of such termination, nor shall it prejudice any cause of action or claim arising out of any breach or default hereunder, nor shall it in any way affect the continuing obligation of the parties as to confidentiality of information pursuant to paragraph .

譯: 라이선스비의 부(不)지급을 제외하고, ________ 조에 따라 계약을 라이선서가 종료하는 경우, 라이선시는 계약의 종료 이전에 라이선시와 고객 사이의 유효한 계약사항이라면, ________ 조에 따라 라이선시가 그 비용을 부담하는 라이선스 공장의 설계, 건설 및 판매를 수행하기 위해 ________ 조에 규정된 라이선스를 계속하여 가진다. ________ 조에 따라 라이선스된 또는 라이선스에게 공개된 개량기술을 사용하는 공장을 제작, 사용 및 판매하는 라이선서의 권리는 본 계약의 종료 이후에도 잔존한다.

라이선스비의 부지급으로 인해 ________ 조에 따라 라이선서가 본 계약을 종료하는 경우, 모든 라이선시의 권리는 즉시 종료한다.

본 계약의 계약 만료 또는 계약 종료는 어떠한 이유로든 당사자의 라이선스비 및 계약 종료 이후 발생하는 이자의 수령 권리에 어떠한 영향도 미치지 않으며, 계약 위반이나 불이행으로 인한 소권 또는 청구권에 영향을 미치지 않으며, ________ 조에 따른 정보의 기밀성에 관한 계속되는 의무에 영향을 미치지 않는다.

예문 2. If this Agreement is cancelled or terminated for any reasons, including, without limitation, those stated in Section _______ , such termination or cancellation shall not prejudice any right to recover any license fees hereunder, or other sums accrued at the time of such termination or cancellation; nor shall it prejudice any cause of action or claim accrued to accrue on account of any breach or default hereunder, nor shall it in any way affect the continuing obligations of the parties as to the confidentiality of information under Article _______ hereof.

譯: 제한 없이 ________ 장에 규정된 것을 포함해, 일체의 사유로 본 계약이 해제되거나 종료되는 경우, 이러한 종료 또는 해제는 라이선스비 또는 이 종료 또는 해제시 발생하는 이자를 전보하는 권리에 어떠한 영향도 미치지 않으며; 본 계약의 계약 만료 또는 계약 종료는 어떠한 이유로든 당사자의 라이선스비 및 계약 종료 이후 발생하는 이자의 수령 권리, 계약 위반이나 불이행으로 인한 소권 또는 청구권 및 ________ 조에 따른 정보의 기밀성에 관한 계속되는 의무에 영향을 미치지 않는다.

예문 3. In the event this Agreement is terminated prior to the period provided in Section _______ above, LICENSEE shall continue to have the right to operate the Plant and the rights of the parties hereto with respect to Improvements existing on the date of termination, shall continue in full force and effect and notwithstanding such termination.

In the event the rights to extension of this Agreement are not exercised pursuant to Section ________ , the same shall terminate, but LICENSEE shall have the right to operate the Plant and the rights of the parties hereto with respect to Improvement existing on the date of the termination shall continue in full force and effect notwithstanding such termination.

譯: 본 계약이 위 ________ 에서 규정된 기간 이전에 종료한 경우 라이선시는 공장 가동에 관한 권리를 계속해 가지며, 계약 종료일 당시 존재하던 개량기술에 관한 양당사자의 권리는 위 계약 종료에도 불구하고 계속하여 유효하다.

본 계약의 연장권이 ________ 조항에 따라 행사되지 않은 경우 이는 종료한다. 그러나, 라이선시는 공장 가동에 관한 권리를 계속해 가지며, 계약 종료일 당시 존재하던 개량기술에 관한 양당사자의 권리는 위 계약 종료에도 불구하고 계속하여 유효하다.

예문 4. Notwithstanding the provisions of Section ________ hereof, this Agreement may be cancelled for any of the following reasons :

(a) By either party in the event that the other commits any breach of any material provision herein contained and fails to remedy such breach within thirty (30) days after the nonbreaching party has given written notice of such breach and of the possibility of cancellation of this Agreement by reason thereof ;

(b) By either party in the event that the other is adjudged bankrupt or files a voluntary petition in bankruptcy or makes an assignment for the benefit of creditors (other than an assignment in the ordinary course of borrowing funds) or suffers the appointment of a receiver for all or a substantial part of its property and assets ; or

(c) BY LICENSOR in the event it is unable to have repatriation of license fee or royalty fee payments for any reason.

(d) If this Agreement is cancelled by LICENSOR pursuant to Section _______ hereof, except because of nonpayment of license fees, LICENSEE shall continue to have the licenses provided for in Article ________ hereof, but the rights and obligations of the parties to Improvements provided for in Article _________ shall only apply to Improvements required to be disclosed and licensed up to the date of cancellation. LICENSEE shall remain liable for the license fees provided for in Section _______ .

(e) If this Agreement is cancelled by LICENSOR pursuant to Section _______ because of nonpayment of license fees, then all of LICENSEE's right hereunder shall terminate.

譯: ________ 조 규정에 불구하고, 본 계약은 다음의 사유로 해제할 수 있다.

(a) 일방이 이하의 실질 규정을 위반하고, 상대방이 위 위반 사실과 그에 따른 본 계약의 해제 가능성을 알리는 서면 통지를 보낸 지 30일 이내에 그 위반을 전보하지 못하는 경우 일방 당사자에 의해.

(b) 일방이 파산선고를 받거나, 파산절차를 밟고 있거나, 채권자에 계약이 양도되거나(자본금을 차용하는 일반적인 방법의 양도 외에), 재산 및 자산의 전부 또는 그 실질 부분이 채무변제를 위해 충당될 때 일방 당사자에 의해.

(c) 어떤 이유로든지 라이선스비 배상이나 로열티 비용 지불이 불가능할 때 라이선시에

의해.

(d) 라이선스비의 부지급을 제외하고, 라이선서가 ________ 조에 따라 본 계약을 해제하더라도 라이선시는 ________ 에서 규정된 라이선스를 계속하여 갖는다. 그러나, ________ 조에 규정된 개량기술에 관한 양당사자의 권리 · 의무는 계약 해제일 당시 공개되고, 라이선스된 개량기술에 한한다. ________ 에 규정된 라이선스비에 대한 라이선시의 책임은 계속된다.

(e) 라이선스비의 부지급을 이유로 라이선서가 ________ 조에 따라 본 계약을 해제하는 경우, 라이선시의 모든 권리는 종료된다.

26. 중 재

가. 의 의

계약이행에 있어 문제가 발생한 경우에는 양당사자가 성실히 협의하는 것이 원칙이지만, 협의가 잘 이루어지지 않을 경우에는 약정에 따라 재판이나 중재에 의한 해결과 그외의 해결방법을 찾는 것이 보통이다. 특히 라이선스계약에서는 재판이나 중재의 방법으로 해결한다고 정하는 경우가 대부분이다.

중재란 분쟁의 해결을 위하여 당사자가 재판을 선택하지 않고 제3자인 중재인의 판단에 맡겨 그 판단이 최종적인 것이 된다. 이러한 중재는 당사자가 명확히 합의(중재계약)함으로써 성립한다. 국제중재계약은 분쟁 당사자가 국제계약상의 분쟁을 예상하여 분쟁해결기능을 중재기관에 의뢰하기로 하는 계약 당사자 사이의 의사의 합의로써 맺어진 중재계약이다. 일반적으로 중재계약을 체결함에 있어서 중재기관, 중재지, 중재절차, 적용법규 등의 4가지 사항은 명확하게 반드시 기재하여야 한다.

통상의 국제 라이선스계약에서는 중재조항을 두는 것이 보통이지만, 별도의 중재계약을 맺는 경우도 있다. 이러한 중재계약은 라이선스계약과 별도의 계약이기 때문에 라이선스계약이 무효 또는 취소가 되더라도 중재계약은 유효하게 존속한다.[3)]

3) 最判昭50 · 7 · 15 民集29巻6号 1061頁.

또 성립 및 효력의 해석에 대해서도 국제 라이선스계약과 별도로 준거법이 판단된다. 중재계약의 준거법이 합의되지 않은 경우에는 뉴욕조약에 의해 중재지와 준거법을 정하는 것이 좋다.

중재계약에 있어서 가장 중요한 점은 중재지와 준거법을 선택하는 문제이다.

나. 체크리스트

중재조항에 있어 주의할 사항은 분쟁의 해결, 중재의 장점, 중재절차 등이다.

(1) 중재의 장점

중재와 재판과 비교하여 보면 중재의 장점은 ① 비공개로 행하여지기 때문에 기업의 이미지의 악화나 기업비밀의 유출을 피할 수 있고, ② 분쟁의 성질에 따라 전문가를 중재인으로 선정할 수 있고, ③ 상대국과 재판제도나 특허제도가 상이한 경우에도 공정한 판단을 기대할 수 있고, ④ 중재지와 관계없이 절차의 언어를 자유롭게 선택할 수 있으며, ⑤ 일정관리를 당사자 간에 조정할 수 있고, ⑥ 소송처럼 시간이 많이 걸리지 않기 때문에 변호사 비용이 많이 들지 않는다는 것을 들 수 있다.

계약서 중에 중재인의 선정방법, 중재지, 절차의 언어를 정해 두는 것이 필요하다. 단, 중재조항에 가맹하지 않은 나라의 기업 간에서는 재판에 의하는 것도 하나의 방법이다.

(2) 중재절차

국제적인 라이선스계약에 있어서는 통상의 라이선스계약 중에 중재조항을 두고 있다. 그러나 나라에 따라서는 중재제도가 다르기 때문에 뉴욕조약 등의 다국간 조약이나 2국간조약에 의해 다른 제도를 보완함과 동시에 국제중재기관 등의 중재제도를 이용하게 된다.

따라서 라이선스계약에 있어 중재조항에 관한 다음과 같은 점을 유의하여야 한다.

(가) 국제중재기관의 선정

ICC, AAA, JCAA, KCAB, WIPO중재센터 등 국제중재기관에는 각각의 중재규칙이 있고, 중재지, 중재인, 중재인의 수, 준거법의 선정 등에 대하여 규정하고 있기 때문에 국제중재기관의 선정에 있어서는 이러한 중재규정의 내용을 파악하여 둘 필요가 있다. 한편 우리나라의 중재법과 상사중재규칙 그리고 산업재산권법에 관한 것일 때에는 특허청의 산업재산권분쟁조정위원회를 이용하는 것도 검토할 필요가 있다.

(나) 준거법

중재계약의 준거법은 라이선스계약의 준거법과는 별도이기 때문에 당사자간 합의하는 경우에는 먼저 중재계약이나 중재판단의 준거법을 정하여 두는 것이 바람직하다.

(다) 중재인 및 그 인원수

적격한 판단, 최소의 비용으로 처리를 하기 위해서는 당사자간에 먼저 합의하여 줄 필요가 있고 합의되지 아니한 경우에는 중재기관의 중재규정 등에 의하지만 각 중재기관에 따라 정함이 다르기 때문에 주의할 필요가 있다.

(라) 중재지

중재지로서는 피신청인의 나라가 선정되는 경우가 많지만 당사자간 합의가 없는 경우는 선정중재기관의 중재규칙 등에 따르는 것이 좋다. 한편, 중재조항에 국제중재기관이나 상사중재규정을 선정한 경우, 예를 들면 상사중재규정 중에는 중재지를 피신청인의 나라로 정하여 있기 때문에 제3국을 중재지로 지정하면 모순이 생기게 된다. 중재지를 선정하는 경우에는 먼저 해당 중재규정 및 협정을 살펴볼 필요가 있다.

다. 예 문

예문 1. Article x Arbitration

All disputes, controversies or differences which may arise between the parties, out of or in connection with this Agreement, or for the breach thereof, shall be

settled through bona fide negotiations between the parties hereto. Should such negotiations fails to come to the settlement within three (3) months, the parties hereto agree to finally settled by arbitration pursuant to the Korea-America Trade Arbitration Agreement by which each party hereto is bound.
The award shall be final and binding upon both the parties.

譯: 제 x 조 중재

양당사자는 본 계약에 기인하거나 관련하여, 또는 본 계약의 위반으로 인하여 양당사자간에 일어나는 모든 분쟁, 논쟁 또는 견해의 차이를 성실한 교섭을 통해 해결한다. 만약 이러한 교섭이 3개월 이내에 합의에 도달하지 못할 때에는 한미 무역중재협정에 따라 중재함으로써 해결토록 하며, 이 중재는 각 당사자에 대하여 구속력을 갖는다.

중재서는 최종적이며 양당사자를 구속한다.

예문 2. All disputes, controversies or differences which may arise between both parties, out of or in relation to this Agreement shall be settled through bona fide negotiations between the parties hereto.
In the event that such negotiation fails to result in a settlement within three (3) months, the parties hereto agree to settle such disputes by arbitration to be held in London, United Kingdom, under the Rules of Conciliation and Arbitration of the International Chamber of Commerce as in forth on the signing date of this Agreement by three (3) arbitrators appointed in accordance with the said rules. The award of the arbitrators shall be final and binding on both parties. The interpretation, application and performance shall be governed by law of the United Kingdom.

譯: 양당사자는 본 계약에 기인하거나 관련하여 양당사자간에 발생하는 모든 분쟁, 논쟁 또는 견해의 차이를 성실한 교섭을 통해 해결한다.

만약 이러한 교섭이 3개월 이내에 합의에 이르지 못한 경우에는, 이를 국제상사회의의 화해 및 중재 규칙에 따라 영국, 런던에 주재하는 중재에 의해, 위 규칙에 따라 지명된 3명의 중재인에 의해 해결한다. 중재서는 최종적이며 양당사자를 구속한다. 해석 · 적용 및 집행은 영국법에 의한다.

예문 3. The parties agree to exert all reasonable efforts under the circumstances to resolve amicably any dispute or controversy arising out of or relating to this Agreement or the transactions and relationships contemplated hereby.
Any controversy or claim arising out of or relating to this Agreement, or the negotiation and preparation hereof, or the transactions and relationships

contemplated hereby, or any alleged breach thereof which cannot be amicably resolved pursuant to paragraph shall be finally settled by arbitration in accordance with the rules and procedures for conciliation and arbitration established by the Zurich Chamber of Commerce. The arbitrators shall be fluent in both the English and German languages.

譯: 양당사자는 본 계약이나 거래 및 이에 따라 예상되는 관계에 기인하거나 관련하여 발생하는 일체의 분쟁 또는 논쟁을 우호적으로 해결하기 위해 최선을 다한다. ________ 조에 따라 우호적으로 해결되지 않는 본 계약에 기인하거나 관련하여 발생하는 일체의 논쟁 또는 청구, 교섭 및 그 준비, 거래 및 이에 따라 예상되는 관계, 또는 일체의 주장되는 계약위반은 취리히 상사 회의에 의한 화해 및 중재에 관한 규칙과 절차에 따른 중재에 의해 해결한다. 중재인은 영어와 독일어에 능통하여야 한다.

예문 4. The referral of any matter to arbitration or the commencement of arbitration proceedings shall not in and of itself suspend or terminate this Agreement or the any party hereunder to discharge its obligations hereunder.

譯: 어떤 문제에 대한 중재회부나 중재절차의 시작이 자연적으로 본 계약을 중지 · 종료시키거나 어느 당사자의 책임을 면책시키는 것은 아니다.

27. 계약변경

가. 의 의

당초의 계약기간이 만료하여 계약을 변경하는 경우의 규정이다. 라이선서 및 라이선시는 계약이 약정한 대로 이행되어 허락제품의 사업화가 순조롭게 진행하고 계약관계를 계속하는 것이 쌍방의 이익을 얻을 수 있는 경우에는 계약종료일 도래시에 계약변경에 대해서 협의하는 것이 된다.

나. 체크리스트

계약변경조항에 있어 체크하여야 할 사항은 변경의 절차, 실시료의 변경, 계약의 내용변경 등이다.

(1) 변경의 절차

변경의 절차에 대해서 규정한다. 당초의 계약기간이 만료하는 일정기간, 예를 들면 몇 개월 전에 변경에 대해서 협의하여 결정하는 경우도 있고, 사전의 해약통지가 없는 한 자동적으로 변경되도록 정하는 경우도 있다. 계약기간의 조항에서 같은 취지의 내용을 규정하는 경우도 있다.

(2) 실시료, 허락범위의 변경의 필요성 등

변경할 때에는 종래의 계약과 많은 차이를 보이는 것은 좋지 않다. 다만 변경 시의 기술적 환경의 변화와 사회의 환경에 따라 대상제품의 확대 · 축소의 가능성, 실시료의 변경, 허락범위의 변경의 필요성 등을 고려하는 것이 좋다고 생각된다.

(3) 개량기술 등의 평가에 근거하여 계약내용의 변경

계약기간중 상호의 개량기술 및 당초 제공 또는 도입한 노하우의 가치 등을 재평가하여 계약내용의 변경, 특히 로열티의 변경 등에 대하여 협의하는 것이 좋다.

다. 예 문

> 을이 갑으로부터 실시허락을 받은 기술은 20 년 월 일까지 사용하는 것으로 한다. 단, 을이 계약기간만료 후에도 계속하여 사용하려고 할 때에는 계약만료 전 1월 전에 갑과 을이 다시 합의하기로 한다.

28. 법률에 의한 수정 및 분리성

가. 의 의

본 조항은 계약체결 후 어떠한 계약조항이 당사국의 법률개정, 운용변경에 의해 그 법률에 저촉하는 경우의 조치로서 정하는 것이다. 보통 계약의 어떠한 조항이 법률 등에 의해 무효로 되는 경우라도 그것은 타 조항에는 영향을 미치지 않고, 또는 영향을 미치는 내용이라도 원래 계약의 취지를 최대한 살려, 내용을 수정하여 계약을 체결하도록 하는 규정이다.

나. 체크리스트

계약당사자 국가의 법률개정시 계약서의 취급에 대해, 양당사자는 ① 법률개정의 통지의무, ② 계약내용변경에 대하여 협의, ③ 법률에 저촉하는 조항을 확인하여야 한다.

(1) 법률개정의 통지의무

계약조항의 유효성에 영향을 미치는 법률개정 등이 있을 때에는 그 내용에 대해 상대방에게 지체없이 통지할 의무를 과한다.

(2) 계약내용변경에 대하여 협의

무효로 된 조항이 매우 중요한 경우 또는 계약의 이행을 할 수 없을 정도의 내용의 법률개정 등이 있은 경우는 계약이 존립하지 않을 경우도 있다. 또 계약조항의 본래 취지를 변경하지 않아도 될 조항도 있다. 어떠한 경우에도 계약변경 · 수정의 필요성 혹은 계약종료에 대해서 협의하는 것이 좋다.

(3) 법률에 저촉하는 조항 확인

법률에 저촉하는 경우는 해당조항을 무효로 하고 나머지 조항을 유효로 하거나 무효부분과 유효부분으로 분리할 수 없는 경우는 계약변경 · 수정, 종료 등으로 하는 경우도 있다.

다. 예 문

> 갑과 을은 당사국의 법규 등의 변경이 있을 때에는 지체 없이 상대방에게 서면으로 통지하고, 그 계약을 계속하여 이행할 수 없는 경우에는 갑과 을이 다시 협의하기로 한다.

29. 준거법

가. 의 의

계약의 효력, 해석 등에 대해서 어느 나라의 법률을 적용할 것인가를 미리 정한 규정이다. 준거법을 어느 나라의 법률로 할 것인가는 외국당사자와의 계약에 있어서 중요한 문제이다. 국가 간의 법제도가 다르므로 계약서에 사용하는 언어와 준거법의 국어와의 개념이 상이하므로 계약해석상 중요한 의의를 가지며, 국제계약에서는 대부분 이러한 규정을 둔다.

나. 체크리스트

준거법의 선정에 있어 체크할 사항은 ① 우리나라의 법, 상대국법의 검토, ② 제3국법의 검토, ③ 준거법을 정하지 않은 경우, ④ 소송절차 등이다.

(1) 우리나라의 법, 상대국가의 법의 검토

일반적으로는 우리나라의 당사자라면 법제도를 잘 파악할 수 있는 우리나라의 법을 준거법으로 하는 쪽이 좋다. 우리나라의 법을 적용함에 있어 문제가 되는 경우에는 상대국의 법을 검토할 필요가 있다.

(2) 제3국법의 검토

우리나라의 법과 상대국의 법을 적용함에 있어 문제가 있는 경우에는 제3국의 법을 생각할 수도 있다.

(3) 준거법을 정하지 않은 경우

준거법을 정하지 않은 경우는 당사자의 의사추정, 계약체결지, 이행지, 당사자의 소재지, 계약서의 사용언어, 행위지 등으로부터 준거법을 결정하는 것이 되지만 국제사법의 현상으로부터 아직 명확한 기준은 없다. 따라서 계약서에 규정이 없을 경우에는 어느 나라의 법률에 준거하여 해결할 것인가가 문제될 것이고,

이러한 경우에는 시간과 비용 등이 많이 소요되므로 계약서에 준거법을 명기하여야 할 필요가 있다.

(4) 소송절차

준거법의 규정에서 정해진 법률이 적용될 것인가는 계약의 성립, 이행, 해석, 등의 실체면에 있어서 소송절차에 관한 법률은 준거법의 지정과는 관계없이 그 소송이 행하여지는 나라의 법률이 적용된다.

다. 예 문

예문 1. Article x Applicable Law
This Agreement shall be construed and the legal relations between the parties hereto determine in accordance with the laws of the State of Illinois, U.S.A.

譯; 제 x 조 준거법
본 계약의 해석 및 계약당사자간의 법적 관계 결정은 미국의 일리노이 주 법률에 의한다.

예문 2. This Agreement shall be deemed to have been executed and entered into in Seoul, Korea, and this Ageement shall be governed, construed, performed and enforced in accordance with the laws of Korea.

譯; 본 계약은 한국의 서울에서 체결된 것으로 보며, 또한 본 계약은 한국법률에 의하여 지배되고, 해석되며 수행 및 강제되는 것으로 한다.

예문 3. This Agreement shall in all respect be governed by and construed according to the laws of Switzerland.

譯: 본 계약은 스위법에 의해 규율 · 해석된다.

예문 4. The Contract shall be governed by and be construed in accordance with the laws of United Kingdom.
Any differences, dispute or contentions arising out of or in connection with or relating to this Contract during its subsistence shall, if possible, be settled in an amicable way.
If, however, no understanding is reached, then such differences, disputes and contents shall be exclusively and finally settled by arbitration in accordance

with the Rules of Conciliation and Arbitration of the International Chamber of Commerce, Paris, by three (3) arbitrators nominated in accordance with these rules.
The venue of the arbitration shall be at London, United Kingdom and shall be conducted in the English language.

譯: 본 계약은 영국법에 따라 규율 · 해석된다.
본 계약에 기인하거나 관련하여 발생하는 모든 견해의 차이, 분쟁 또는 논쟁은 가능한 한 우호적으로 해결한다.
그러나, 만약 어떠한 일치도 이루어지지 않을 때, 이러한 견해의 차이, 분쟁 및 논쟁은 독점적이며 최종적으로 파리, 국제상사회의의 화해 및 중재에 관한 규칙에 따른 중재에 의해 이 규칙에 따라 지명된 3명의 중재인에 의해 해결한다.
중재지는 영국, 런던이며, 영어로 이루어진다.

예문 5. This Agreement shall be governed by and the rights of the parties hereto shall be construed in accordance with the law of United Kingdom.

譯: 영국법에 따라 본 계약은 해석되며, 그 당사자의 권리를 해석한다.

예문 6. The construction, validity and performance of this Agreement shall be governed by law of the United Kingdom.

譯: 본 계약의 성립, 유효성 및 수행은 영국법에 의해 규율된다.

30. 불가항력

가. 의 의

불가항력이란 전쟁, 천재지변 등 당사자가 관리할 수 없는 사유에 의해 어쩔 수 없이 계약의 이행이 불가능할 경우는 계약위반으로 하지 않고, 그 이행의 지연 또는 면책을 인정하는 취지의 규정이다.

나. 체크리스트

불가항력에 있어 체크할 사항은 ① 불가항력사유에 의한 면책사항, 해약권 등의 명확화, ② 불가항력사유 열거, ③ 불가항력사유의 통지의무, ④ 이행계속에의 노력의무 등이다.

(1) 불가항력사유에 의한 면책사항, 해약권 등의 명확화

불가항력에 의해 계약의무가 이행될 수 없게 된 경우 또는 이행이 지연된 경우는 그 불가항력상태가 계속된 기간, 의무를 면제하는 것이지만 어떠한 상태가 장시간 계속되어 계약의 목적을 달성할 수 없는 경우는 계약을 해약할 수 있다는 규정이다.

(2) 불가항력사유 열거

불가항력사유는 가능한 한 명확하고 구체적으로 열거하는 것이 좋다. 예를 들면 천재지변, 전쟁, 내란, 노사분규, 정부규제 등으로 나눌 수 있다. 계약서를 작성할 때에는 각국의 특유한 사정을 고려하여야 한다.

(3) 불가항력사유의 통지의무

불가항력이 언제부터 발생하였을까를 명확히 하기 위하여 통지의 의무를 규정한다.

(4) 이행계속에의 노력의무

불가항력이 발생하였다고 하여 모두 면책되는 것이 아니라 당사자로서 이행에 최선을 다할 규정을 둔다.

다. 예 문

예문 1. Article x Force Majeure

(a) Neither party will be in default by reason of its delay in the performance of or failure to perform any of its obligations under this Agreement, if the delay or failure is caused by strike, acts of God or the public enemy, riots, fires, interference by civil or military authorities, compliance with governmental laws, rules, regulations or orders, delay in transit or delivery, inability to secure necessary governmental approvals, or any cause reasonably beyond its control ; provided however that the party so prevented from complying with this

Agreement shall continue to take all actions within its power to comply as fully as possible.

(b) The party suffering such inability to perform shall notify the other party in writing within 14 days after the occurrence of the event it is capable of doing so, use its best efforts to remove or remedy such cause with all reasonable dispatch.

譯: 제 x 조 불가항력

(a) 계약이행의 지연 또는 불이행이 동맹파업, 천재 또는 공적, 폭동, 화재, 민·관당국의 방해, 정부법규·규칙·규정 또는 명령에의 복종, 전달지연, 필요한 정부승인을 얻을 수 없거나 또는 억제할 수 없는 이유로 야기된다면 쌍방이 어느 편도 이 계약하에서 어떤 책임을 수행하지 못하거나 지연되는 데 대해서 책임을 지지 않는다. 그러나, 이 계약을 따르는 것을 방해받은 당사자는 가능한 모든 방법을 동원하여 계약을 이행하기 위한 모든 조치를 계속 취해야 한다.

(b) 계약을 이행할 수 없는 당사자는 사건 발생 후 14일 이내에 서면으로 상대방에게 통고해야 하고, 가능한 한 신속히 이와 같은 원인을 제거하거나 개선하는 데 최선의 노력을 기울인다.

예문 2. Except for the obligation to pay the license fee under this Agreement, neither party shall be responsible for or liable to the other for any damege or loss of any kind, directly or indirectly, resulting from epidemics, fires, floods, rains, explosions, riots, rebellions, labor trouble (whether or not due to the fault of such party), requirements or acts of any government or subdivision thereof or any causes similar to the foregoing, beyond the reasonable control of such party, provided that :

(i) The occurrence of such Force Majeure shall be promptly communicated to the other party in writing and,

(ii) The termination of such Force Majeure shall be promptly communicated to the other party in writing

Each of the above communications shall be accompanied by reasonably sufficient evidence thereof verified by a government authority, subdivision thereof or Chamber of Commerce.

譯: 본 계약상의 라이선스비 지급 책임 이외에, 아래와 같은 조치를 취하는 경우 당사자는 타방에 대하여, 질병, 화재, 홍수, 강우, 폭발, 폭동, 반란, 노사문제(그 당사자의 과실로 야기되었든지 아니든지), 정부나 그 산하기관의 요구 또는 법령이나 이에 유사하여 당해 당사자의 상당 지배 영역 이외에서 기인한 일체의 손해 또는 손실에 대하여 책임을 지지 않는다.

(i) 불가항력의 발생을 신속히 타방에게 서면으로 보고하며,
(ii) 그러한 불가항력의 종료가 신속히 타방에게 서면으로 보고된다.
위 보고는 정부기구나 산하기관 또는 상사회의가 확인하는 합리적으로 충분한 증거를 제시하여야 한다.

31. 통 지

가. 의 의

계약이행에 있어 당사자는 계약의 유효기간 중 여러 가지의 의사표시, 보고 등의 상호간에 연락이 필요하다. 예를 들면 실시료에 관한 실적보고, 개량기술의 보고, 법률개정 등이다. 이 조항은 필요한 사항을 정하므로 절차의 원활화를 도모하기 위함이다.

나. 체크리스트

통지에 있어 체크할 사항은 ① 통지의 방법과 내용, ② 각 당사자의 연락처, ③ 의사표시의 효력발생시기 등이다.

(1) 통지의 방법과 내용

통지의 방법은 보통우편, 빠른우편, 내용증명, 항공우편, 이메일, 팩스 등이 있지만 그 중 어떤 방법을 사용할 것인가를 명확히 하면 된다. 중요한 통지는 내용증명으로 한다.

통지의 내용은 실시료, 개량기술 등을 명확히 하여야 한다.

(2) 각당사자의 연락처

각당사자의 연락처는 보통 주소와 담당부서(경우에 따라서는 담당자명까지)를 명기한다. 연락처의 변경은 문서로 행한다.

(3) 의사표시의 효력발생시기

통지의 효력발생시기는 나라에 따라 발송일(발신주의)로 보는 나라와 도착일(도달주의)로 보는 나라가 있다. 따라서 외국의 당사자와의 계약에 있어서는 효력발생시기에 대하여 계약서에 반드시 명기하여야 한다.

다. 예 문

예문 1. Article x Notices
Any notice or request with reference to this Agreement shall be registered, prepaid air letter, e-mail, and shall be directed by one party to the other at its respective following address or at such other address as either of the parties may notify the other in writing.

譯: 제 x 조 통고
본 계약에 관한 통고 및 요구는 등기의 요금지불 항공서신, 이메일로 다음 주소로 된 당사자 일방이 타방으로 하거나 이러한 주소로 당사자 각각에게 서면으로 통고한다.

예문 2. Any notice or other communication by either party to the other under this Agreement shall be in writing and shall be deemed to have been duly given when mailed, airmail with postage prepaid, addressed as follows :
If to Licensor :
If to Licensee :
provided, however, that if either party shall have designated a different address by written notice to the other, then to the last address so designated.

譯: 본 계약상 일방 당사자의 타방에 대한 일체의 통고 또는 기타 통신은 서면으로 이루어지며, 다음의 주소로 송달되는 때 정당히 제공되었다 본다.
라이선서 :
라이선시 :
그러나 만약 일방 당사자가 타방에 대하여 서면 통고로서 다른 주소를 지정한다면, 그렇게 지정된 최종 주소로 보낸다.

예문 3. Any notice or other communication by either party to the other under this Agreement shall be in writing and shall be deemed to have been duly given when mailed, airmail with postage prepaid, addressed as follows :
Notwithstanding the provision of the above paragraph, notices may also be

served by telex or facsimile provided that such telex or facsimile message is confirmed in writing by mail and provided such e-mail or FAX is acknowledge by the receiving Party in replying thereto by telex or facsimile
Notices or communications to Licensor shall be sent to the following address:

Notices or communications to Licensee shall be sent to the following address:

譯: 본 계약상 일방 당사자의 타방에 대한 일체의 통고 또는 기타 통신은 서면으로 이루어지며, 다음의 주소로 송달될 때 정당히 제공되었다 본다.

위 규정에 불구하고, 통고는 만약 그 내용이 우편상 서면으로 확인되며, 그 수령시 수령 당사자가 이를 승인한다면, 이메일이나 FAX로 할 수 있다.

라이선서에 대한 통고 · 통신은 다음의 주소에 보내진다:

라이선시에 대한 통고 · 통신은 다음의 주소에 보내진다:

예문 4. Any designation or other notice of communication required or permitted hereunder shall be in writing and shall be deemed to have been given the fifteen (15th) day after the same has been mailed (registered airmail, return receipt requested, postage prepaid), addressed to the address set forth in this Article or to such changed address as either party shall have communated to the other, in writing. However, the addressee shall not be charged with knowledge of the contents of the notice (unless it has prior actual knowledge thereof) until the notice is received or if the notice is not received due to the fault not attributable to the addressee, until delivery is tendered.

Notices or communications to Licensor shall be sent to the following address:

Notices or communications to Licensee shall be sent to the following address:

譯: 아래에서 요구되거나 허용되는 통신에 대한 일체의 지정 또는 통고는 서면으로 이루어지며, 본조에 설명된 주소나 서면으로 상대방에게 전달된 변화된 주소에 우편으로 보낸 지(등록 항공편, 요구영수증 반환, 선불된 우편), 1일 후에 제공되었다고 본다. 그러나 통고를 수령하기 전이나 수신인이 부담하지 않는 실수로 인해 통고가 수령되지 않았다면 배달될 때까지 (만약 사전에 그 실제 내용을 알고 있지 않았다면) 수신인은 통고의 내용에 대해 책임을 지지 않는다.

32. 실시료의 감사

가. 의 의

로열티의 지급에 대하여 정확하게 이루어지고 있는지에 대하여 감사(監査)할 권리는 라이선서와 라이선시가 합의한 경우에만 할 수 있다.

나. 체크리스트

로열티의 감사에 있어 체크할 사항은 감사시기, 감사인, 감사비용, 감사내용, 비밀유지 등이다.

(1) 감사시기

감사는 로열티지불 개시 후 일정한 기간이 경과하면 1회에 한하여 실시하는 경우, 일정한 기간이 경과한 후에 이월하여 실시하는 경우 등이 있다. 이 때 자료보관기간은 5년 이하로 하는 것이 좋다.

(2) 감사인

감사인은 사내의 비밀자료를 감사하는 것이기 때문에 경합하는 기업의 감사를 실시하는 것은 곤란하다. 따라서 감사가 필요한 경우에는 양당사자가 합의하는 감사인을 지정하는 것이 된다. 즉 중립적인 입장의 공인회계사를 지명하는 것이 좋다.

(3) 감사비용

원칙은 라이선서가 비용을 부담하지만 계약에 의해서는 양당사자가 합의하는 비율로 분담하는 경우도 있다.

(4) 감사내용

감사의 내용에 대해서 조문으로 상세하게 규정하지 않은 경우 현실적으로 감사를 실시하기 어렵다. 즉 감사하는 측은 가능한 상세하게 실시하려고 하고, 감사를 받는 측은 가능한 한 간소하게 받으려고 한다. 따라서 감사를 하기 전에 양당사자가 잘 협의하여 어느 정도의 범위를 감사할 것인가를 합의할 필요가 있다.

감사는 먼저 로열티 지불에 관한 장부의 감사를 행하지만 실시수량, 실시품의 가격이 주체이다. 감사인은 실시수량과 공개 데이터와의 관련성을 요구하는 경우가 많다. 그러나 일반적으로는 공개 데이터와 관련성이 없는 것이 많기 때문에 사내의 관련부서의 데이터를 개시하여 납득시킨다. 실시품의 가격과 시판가격은 비교적 증명이 용이하지만 공장출하가격, 부품구입처의 가격 등은 증명방법을 검토하여 둘 필요가 있다. 또 이러한 정보는 기밀정보가 많기 때문에 감사를 받을 경우 사전에 관련부서의 승낙을 받아 둘 필요가 있다.

(5) 비밀유지

감사인은 라이선시의 기밀문서에 직접 접근할 수 있기 때문에 얻은 지식을 제3자에게 개시하지 않을 것, 제3자의 감사인의 경우는 라이선서에게 필요이상의 정보를 개시하지 않을 의무를 부과한다.

다. 예 문

갑은 을이 성실히 로열티를 지불하지 않을 경우에는 갑 또는 갑이 지정하는 자로부터 감사를 하게 할 수 있다.

33. 완전한 합의

가. 의 의

본조에서는 해당계약에 있어 합의사항이 종래에 행하여진 모든 합의에 우선하는 규정이다. 즉 계약서의 작성에 이르기까지 예비적인 합의가 행하여지는 경우가 자주 있다.

나. 체크리스트

합의에 있어 체크할 사항은 ① 지금까지의 합의사항을 포함하고 있는가? ② 계약체결 후의 수정 · 변경에 대하여 반드시 서면으로 행하고 정당한 권한이 있는 자의 서면에 의해서 하는 경우에 유효하다고 규정을 명기하여야 한다.

다. 예 문

예문 1. Article x Entire Agreement and Amendments
(a) The terms and conditions herein contained constitute the entire agreement between the parties and supersede all previous communications, whether oral or written, between the parties hereto with respect to the subject matters hereof and no previous agreement or understanding varying or extending the same shall be binding upon either party hereto.
(b) If any change is required regarding the terms and conditions of this Agreement, then both parties shall negotiate in order to find a suitable solution provided, however, that any change of this Agreement shall be subject to the approval by the Korean Government.

譯: 제 x 조 완전합의 및 수정
(a) 본 계약조건에 포함된 계약의 기간 · 조건은 양당사자의 완전합의를 구성하며, 구두이든 서면이든 양당사자간의 종래 모든 의사교환을 대체한다. 또한 이를 변경 또는 확대하는 종전의 어떠한 합의나 양해도 본 계약의 당사자를 구속하지 못한다.
(b) 본 계약의 조건에 대하여 변경을 요하는 경우는 양당사자는 적절한 해결을 볼 수 있도록 교섭한다. 그러나 본 계약의 어떤 변경도 한국정부의 허가를 조건으로 한다.

예문 2. This Agreement states the entire agreement of the parties that supersedes all previous agreements and undertaking, if any, between the parties, and neither party shall have any obligation to recognize any alleged oral representations, commitments or undertakings asserted by the other party which change, modify or are inconsistent with the provisions of this Agreement.

譯: 본 계약은 양당사자간의 모든 사전 합의 및 약속을 대체한다는 양당사자의 완전합의를 표명한다. 그리고 어느 일방 당사자가 본 계약의 조항을 변경 또는 수정하거나, 본 조항과 모순되는 다른 당사자가 주장하는 구두표시, 공약 또는 약속을 인정할 의무가 없다.

예문 3. No parol agreement or verbal conversation of the agent, or personnel of the LICENSOR nor LICENSEE either before or after the execution of this Agreement, shall affect or modify any of the terms and conditions contained herein.

This Agreement constitute the entire agreement between the Parties, and no alternation or modification shall be effective unless confirmed in writing duly signed by the both Parties.

譯: 본 계약의 집행 전후에 있어 라이선서나 라이선시의 대리인 또는 직원의 어떠한 합의 내지 구두 대화도 이하의 계약기간과 조건에 영향을 주거나 변경시키지 못한다.

본 계약은 양당사자의 완전합의를 구성하며, 양당사자가 서면으로 적절하게 서명하여 확인되지 않으면, 어떠한 교체 · 수정도 유효하지 않다.

예문 4. This Agreement constitute the entire agreement between the parties hereto, superseding all previous agreements and understanding, whether oral written, relating to the subject matter hereof and may not be changed or modified in any manner except by a writng signed on behalf of the parties hereto by their duly authorized officers.

譯: 본 계약은 구두이든 서면이든 계약 주제에 관한 모든 이전의 합의와 일치를 대체하면서 양당사자간의 완전합의를 구성하며, 양당사자를 대표하는 권한을 위임받은 대표자에 의해 서명된 서류이외의 어떠한 방식으로도 변경 또는 수정되지 않는다.

예문 5. The following documents shall be deemed to construe integrated part of the Contract.

Should there be any inconsistencies in the Contract Documrnt, precedence shall be given in the following orders :

(a) instruction to tender
(b) tender document
(c) general conditions
(d) general specifications
(e) technical specifications
(f) all drawings
(g) the letter of intent

譯: 다음의 문서는 계약의 전체 부분을 구성한다고 본다.

계약 문서상의 불일치가 있을 때에는 다음의 순서대로 우선한다.

(a) 제출된 명령

(b) 제출 서류
(c) 일반 조건
(d) 일반 사양서
(e) 기술 사양서
(f) 모든도면
(g) 의향서 등

34. 언 어

가. 의 의

국제계약에서는 지금까지는 대부분이 영어로 작성하여 왔으나 비영어권의 국가에서도 영어로만 작성할 필요는 없다고 생각한다. 우리나라의 라이선서나 라이선시는 우리나라의 한국어와 영어 또는 당사국의 언어로 작성하는 것이 문제가 발생하였을 때에 유리하다.

나. 체크리스트

언어에 있어 체크할 사항은 준거법과 계약서의 언어가 동일하지 않은 경우의 해석기준이 명확한지를 체크하여야 한다.

우리나라와 외국 당사자와의 계약에서는 한국어로 계약서를 작성하는 경우는 거의 없다고 생각된다. 우리나라의 당사자가 라이선서인 경우도 준거법을 우리나라로 하는 경우는 거의 없으며 영어로 작성하는 경우가 많다. 이러한 경우에는 우리나라의 법에 의해 해석하도록 하는 것을 확인하는 의미에서 명기하는 것이 좋다.

다. 예 문

예문 1. Article x Original Text
The English version of this Agreement shall be the only authentic one.

譯: 본 계약의 영문본을 유일한 정본으로 한다.

예문 2. Article x Governing Text
In case of doubt as to the interpretation of any of the provisions of this Agreement the English version of this Agreement shall be controlling.

譯: 본 계약조항의 해석에 대하여 의문이 있는 경우에는 본 계약의 영문본을 우선으로 한다.

예문 3. Article x Original Text
The Korean version of this Agreement shall be the only authentic one.

譯: 본 계약의 한국어본을 유일한 정본으로 한다.

35. 상표사용허락

가. 의 의

상표는 상품의 심볼이고, 때로는 기업의 얼굴로 사용되어 해당 상표가 붙은 제품의 출소나 품질을 보증하는 기능을 가지고 있는 것이다. 또한 상표는 기술이나 특허와는 다른 관리를 요하는 대상이기 때문에 상표의 사용허락에 대해서는 기술이나 특허의 라이선스계약 중에서 간단히 언급하고, 그것에 대해서는 별도의 상표계약을 체결하는 규정을 두는 경우도 적지 않다.

나. 체크리스트

상표사용허락에 있어 체크할 사항은 ① 상표의 특정, ② 사용언어의 범위, ③ 사용금지시의 주의 등을 체크하여야 한다.

(1) 상표의 특정

상표를 여기에서 다루면 마치 기술이나 특허의 라이선시에게 당연히 상표의 사용도 인정하는 규정이 된다고 생각할 수도 있지만 반드시 그렇지만은 않다.

기술이나 특허의 라시이센스계약에서의 상표조항에서는 ① 상표의 사용이나 언급을 완전히 금지하거나 사용하지 않을 것을 전제로 하는 경우, ② 상표사용을 조건부로 인정하는 경우, ③ 상표사용을 의무지우거나 사용하게 할 수밖에 없는 경우 등이 있다.

어느 경우에나 정의 조항에서 정의한 상표의 내용과 차이가 생기지 않도록 주의하고 만일 차이를 느낄 때에는 정의를 다시 하거나 본조항에서 예측하지 못한 문제가 발생되지 않도록 규정을 만들어 두면 좋다.

(2) 상표사용의 범위

상표는 상품의 출처표시 기능과 품질보증의 기능을 가지고 있기 때문에 소비자에게 있어서는 동일상표는 동일품질을 가지고 있다는 인식을 갖고 있다. 따라서 라이선서로서도 소비자의 이와 같은 신뢰에 부응하는 상표의 신용(goodwill) 유지에 노력해야 하는데, 동일기술을 사용한다고 해도 라이선시의 제품이 라이선서의 제품에 비해 꼼꼼히 따져 보면 열세에 서는 경우가 적지 않다. 이 때문에 상표 및 상호 어느 쪽에 대해서도 라이선시의 사용을 금하는 경우가 많지만 상표사용을 허락하는 경우에도 상표가 사용되는 지역을 한정한다거나 특별한 상표의 사용만을 허락하거나 해야 한다. 왜냐하면 같은 상표를 붙인 각국의 제품이 같은 지역에서 경합하는 경우에는 가격경쟁력에 따라 예측불허의 경쟁을 벌어지는 경우도 있고, 다른 지역으로부터의 제품이 동일지역에 수입되는 등(병행수입)에 따른 품질이상이 모두 당해지역의 서비스 센터에 집중되는 등의 폐해가 발생할 수 있기 때문에 주의가 필요하다.

(3) 상표사용금지시의 주의

상표사용을 금지하는 경우에도 당해 기술의 라이선스를 라이선서로부터 얻고 있다는 사실 기재를 금지하느냐 않느냐 하는 것은 어려운 문제이다. 일반적으로 사실에 대한 언급을 금지할 수는 없지만 계약한 사실에 대해서도 비밀유지의 대상으로 되어 있는 경우에는 이 금지도 가능하다. 또 상표의 사용을 규제하는 경우에 당해 기술의 라이선스를 라이선서로부터 얻고 있다는 선전활동을 어느 정도 규제하느냐도 어려운 과제이다.

또한 기술의 라이선시인 것을 전제로 하여 회사의 상표나 상호를 인쇄물이나 명함처럼 사용하여 라이선시의 영업활동을 전개하고 있는 사례도 있다. 이를 방치할 의사가 없다면 상표나 상호에는 사전에 정해진 형태 이외에 일체 언급하지 않도록 규정을 만들어 두거나 라이선시가 사용할 때에는 사전에 그 사용 형태를 라이선시에게 신고하여 그 승인을 얻도록 규정해 두어야 할 것이다

다. 예 문

Article x Trademark
B shall have the right in combination with its own trademark to use trademark owned by A, in connection with the product, provided the form and method of use shall be decided upon agreement between the parties hereto in advance.

譯: 제 x 조 상표
B는 계약 제품에 관련하여 A가 소유하는 상표를 자신의 상표와 결합하여 사용하는 권리를 갖는다. 또한 사용하는 형태와 방법은 사전에 양당사자간에 합의에 따라 결정하도록 한다.

36. 조 인

가. 의 의

계약조건에 합의가 성립하면 조인을 하게 된다. 조인방법은 준거법이나 상대방과의 합의를 기초로 하여 정하여지는 것이지만 계약체결의 최종단계이고 계약발효에 지장이 없도록 주의하여야 한다.

나. 체크리스트

조인에 있어 주의할 사항은 조인의 방법과 조인자의 자격, 그리고 날짜이다.

(1) 조인방법

조인방법은 국내계약에서는 기명날인이 일반적이지만, 국제계약에서는 당사

자의 서명만으로 조인하는 것이 일반적이다. 단 국제계약에 있어서 영미계약법은 날인증서(deed)처럼 서명 외에 사명의 날인을 필요로 하는 경우도 있으므로 특히 당사자가 같은 장소에서 만나서 조인을 행하는 경우에는 타 당사자와 계약당사자 간에 조인방법에 대하여 사전에 구체적인 것을 확인하여 둘 필요가 있다.

조인은 위에서 본 바와 같이 계약당사자의 서명자가 같은 장소에서 만나 행하는 경우도 있지만 계약서를 우편으로 송부하여 각각 서명하여 송부하는 경우도 있다.

(2) 조인자의 자격

계약당사자가 법인인 경우에는 법인을 대표하는 권한을 가진 자가 조인을 행할 필요가 있다.

(3) 증 인

영미국가와의 국제계약을 체결하는 경우에는 증인이나 입회인의 입회하에 계약을 체결하는 경우를 자주 볼 수 있다. 증인의 서명은 서명이 본인이라는 것을 증명하는 정도의 의미밖에 없고, 계약의 유효성에는 아무런 영향을 미치지 않는다. 따라서 증인의 서명은 필수가 아니고 증인으로서의 자격을 필요로 하는 것도 아니다.

(4) 날 짜

서명자가 같은 장소에서 만나 서명을 행하는 경우에는 그 날이 체결일로 되고, 우편으로 우송하여 각각이 서명한 경우에는 후에 서명한 날이 체결일이 된다. 별도의 날로 하는 경우에는 그 날을 체크하여 둘 필요가 있다.

다. 예 문

예문 1. This contract goes into force upon being signed by the parties. This contract is executed in two original sets, one of which shall be kept by the respective parties for future proof.

[***] Month [***] Date, 20[***] Year

Party A:
Address:
Name: Signature

Party B:
Address:
Name: Signature

예문 2. 본 계약서는 갑, 을이 계약서에 서명 날인함으로써 유효하고 이를 증명하기 위해 계약서 2통을 작성하고 각각 서명 날인하여 1통씩 보관한다.

20 년 월 일
"갑"
주소:
성명: ㊞

"을"
주소:
성명: ㊞

제4절 계약이행의 관리와 감독

라이선스 교섭 후 계약이 체결된 계약서가 교환되었어도 계약업무가 완료한 것이라고는 말할 수 없다. 라이선스의 목적은 계약서에 규정된 라이선서, 라이선시 쌍방의 권리나 의무의 이행의 의해서 달성되고 이를 위해 계약관리가 중요하다.

라이선서(Licensor)의 경우에는 첫째, 제공한 기술의 권리범위와 기술정보의 전달을 정확히 하여야 한다. 특허권과 영업비밀은 구별해야 하며, 특허권 등의 경우에는 명세서가 참고될 수 있다. 예를 들면, ① 설계, 제조, 제작에 필요한 원재료 내지 데이터, 사양서, 도면, 프로토콜 등의 기술정보, ② 운전에 필요한 지침서, 설비유지, 안전대책 등의 기술정보, ③ 원료, 제품의 규격, 관련데이터 등의 시험 · 분석에 필요한 기술정보 등이다. 둘째, 기술지도를 위한 원조를 잘 해주어야 한다. 제공한 기술을 도입하는 자가 이를 사용하기 위해서는 권리만으로는 이해를 할 수 없는 경우가 있으므로 기술제공자가 이전자에게 쓸 수 있도록 종업원 등이 이해할 수 있도록 지도와 훈련을 해야 한다. 셋째, 계약에 기한 준수사항 및 이행관리에 주의해야 한다. 특허권 등에 대한 문제가 발생하는 경우 법적 조치와 예방노력을 하도록 하며, 로열티를 받는 날짜 등의 체크 등 권리 · 의무와 관련한 예정된 기일을 체크해두어야 한다. 또한 경제적 사정이 바뀌는 경우에는 계약내용의 변경 등에 대한 전략도 마련하고 있어야 한다. 넷째, 노하우 제공의 경우에는 서류, 도면 등을 통하여 언제까지 어떠한 방식으로 노하우를 전달해야 하는지 체크하고 이에 대비한다. 또한 라이선시에게 그 노하우가 적용되기 어려운 경우에는 라이선서의 기술팀 등과 상의하여 최종적으로 적용될 수 있는 최적화된 노하우를 제공할 수 있도록 노력한다.[4)]

4) 五月女正三, 前掲書, 209~215頁 참고.

한편, 라이선시(Licensee)의 경우에는 기술을 도입한 경우 생산효율이 증가하는지 비용은 더 들어가지 않는지 스스로 관리하여야 한다. 또한 로열티의 지급을 빠트리지 않도록 주의해야 하며, 시운전 등의 단계에서는 기술 등에 대한 완전한 이해를 할 수 있도록 기술지도를 요청, 상담, 훈련 등을 제공받을 수 있도록 해야 한다. 또한 라이선시 회사대표 또는 책임자는 정기적으로 공장이나 연구소 등에 대하여 생산, 개발, 출시 현황 등에 대한 관리감독을 해야 할 것이다.[5)]

또한 라이선서나 라이선스의 계약 관계부서는 계약정신의 이해와 책임감이 중요하다고 할 것이다. 이에 따른 체크리스트는 다음과 같다.

◈ 〈표 9〉 계약이행을 위한 체크리스트

항 목	체크사항	관련조항
계약내용의 주지철저	1. 관계부문에 계약체결내용의 통지 • 권리의무 내용의 확인 • 특히 주의가 필요한 사항의 확인 2. 책임분담 • 부문담당자 • 부문의 역활분담	
계약서 관리	1. 계약서의 보관, 관리부문 • 관리집중(지적재산부문에 의한 일괄관리) • 개별관리(사업부문 등에 의한 부문별 관리) 2. 관리방법 • 컴퓨터에 백업 • 파일철 3. 보관기간	
계약내용의 정기적 확인	1. 확인 시기 2. 확인 내용	
로열티의 관리	1. 관리방식 • 전산화 • 전표 • 장부 2. 관리부문과 담당업무 • 지적재산부문, 경리부문의 역활 분담 • 사업부문, 연구개발부문의 역활 분담 3. 관리사항 • 로열티 산정용 데이터(데이터 작성부문)	대가 통지

5) 五月女正三, 前揭書, 216~219頁 참고.

항 목	체크사항	관련조항
	• 입금 또는 지급시기(결산기별, 4사분기) • 비용분담부문 • 입금 또는 지급의 기록 • 납세절차 4. 감사에 대응 • 로열티 수량 • 로열티 산정용 가격 • 데이터, 증거자료 등의 보관시기	로열티감사 대가
그외에 유의할 사항	1. 비밀유지의 의무 • 비밀정보의 명확화 • 정보수령자의 명확화 • 비밀정보의 관리방법 • 학회발표, 특허출원시의 배려 • 비밀유지의무 해제의 시기 • 공표시의 절차(상대방의 양해) 2. 피드 백(feed back) 의무 • 개시정보의 내용 • 개시시기 3. 그랜트 백(grant back) 의무 • 개량발명의 정의 범위 • 발명의 보고의무(시기, 내용) • 유상,무상 • 실시에 관한 제한조항의 확인 4. 공유의 유무(권리 귀속관계의 명확화) 5. 계약변경시의 대응 • 로열티의 변경(공지 자료의 발견, 노하우의 누설) • 새로운 주변특허의 취급 • 크로스라이선스 기술의 유무 6. 해약조건의 확인 7. 흡수합병된 경우의 계약의 취급 8. 양도 • 양도금지의 유무(자회사 설립의 경우 등) 9. 계약내용의 의문이 생긴 경우에 대응 • 당사자간의 협의 • 중재 10. 계약위반의 발생 • 당사자간의 협의 • 시정가능성 • 시정기간 • 조정 11. 계약의 종료 • 사전모임의 여부	비밀유지의 의무통지 통지 개량기술의 취급 통지 계약변경 해약 양도 준거법 계약종료의 효과

제5장

기술이전계약 유형별 모델 계약서

제1절 기술창출형 계약

1. 공동연구계약

공동연구계약서

○○○ (이하 『갑』이라 한다.)과 □□□ (이하 『을』이라 한다.)은 다음 사실에 의거하여 ○○의 제조장치 개발을 공동으로 하는 것에 관하여 다음과 같이 합의하고 본 계약을 체결한다.

(1) 갑은 오랜 기간 ○○의 제조판매를 하고 있어 이 업무와 관련하여 ○○의 제조장치 개발을 의도하고 있다.

(2) 을은 ○○의 제조장치에 관한 독자의 기술과 경험을 가지고 있어 갑으로부터 갑이 기획하는 ○○의 새로운 제조장치의 개발연구에 이 기술과 경험을 갖고 협력할 것이 요청되었고 갑의 요망에 따름으로써 자신의 업무확대를 꾀하기 위하여 갑에게 협력하는 것을 희망하고 있다.

제1조 (목적) 갑 및 을은 서로 협력하여 ○○제조장치의 개발연구 (이하 『본 연구』라 한다.)를 한다.

제2조 (연구의 분담) 을은 주로 ○○제조장치의 시제품 제작 · 개량을 분담하고 갑은 주로 을이 시작한 ○○제조장치의 평가 및 사용면에서의 연구 · 조사 등을 분담한다.

제3조 (연구비의 분담) 갑과 을은 제2조에 의거하여 각각 자기가 분담한 연구에 소요되는 비용을 분담한다. 다만 본 연구를 수행함에 있어 어느 한쪽 당사자에게 현저한 부담이 되는 비용 및 분담이 명확하지 않은 비용에 대해서는 양자가 협의하여 정한다.

제4조 (제3자에의 위탁) 갑과 을은 제2조에 정하는 자기의 연구분담의 일부 또는 전부를 상대방의 문서에 의한 동의를 얻은 경우에 한하여 제3자에게 위탁할 수 있다.

제5조 (자료 · 정보의 교환) ① 갑과 을은 본 계약의 기간 중 각자가 보유하고 있으며, 본 연구의 수행에 필요한 자료 · 정보를 상호 개시한다. 다만 제3자와의 계약에 의하여 비밀유지의무를 지고 있는 것은 그러하지 아니하다.

② 갑 및 을은 전항에 의하여 상대방으로부터 개시된 자료 · 정보를 본 연구의 목적에만 사용하고 그 외의 목적으로 사용하지 않는다.

제6조 (연구자의 파견) 갑과 을은 상대방의 요구에 의하여 본 연구를 담당할 상대방 연구자의 질

문에 응하며 또한 가능한 범위 내에서 본 연구에 필요한 기술지도를 하기 위하여 상대방에 연구자를 파견한다.

제7조 (시설의 이용) 당사자의 어느 한쪽이 본 연구 수행을 위하여 상대방 연구시설의 일부를 사용할 필요가 있어 신청한 때에는, 상대방은 그 신청을 부당하게 거부하지 않는다. 이러한 경우 사용조건에 대해서는 당사자가 협의하여 정한다.

제8조 (진척 보고) 갑과 을은 본 계약의 유효기간 중 정기적으로 모임을 갖고 본 연구의 진척상황에 대하여 보고를 하고, 모임의 결과에 대해서는 의사록을 작성하여 갑과 을이 이에 서명 · 날인한다.

제9조 (제3자와의 공동연구의 제한) 갑과 을은 상대방의 문서에 의한 동의없이 본 연구와 동일한 연구를 제3자와 공동으로 행하거나 제3자로부터 수탁 받아서는 아니된다.

제10조 (성과 및 그 귀속) ① 본 연구의 성과란 본 연구에 의해 얻어진 성과 중 본 연구의 목적에 직접적으로 관계되는 발명 · 고안 · 디자인 · 컴퓨터 소프트웨어 · 노하우 등 모든 기술적 성과를 말한다.
② 갑과 을은 제1항에 정하는 본 연구의 성과를 원칙적으로 공유한다. 다만, 갑 또는 을이 상대방으로부터 제공된 자료 · 정보 기타 상대방으로부터의 조언 · 원조 · 협력에 의하지 않고 단독으로 이룩한 성과는 그 당사자에게 귀속된다.

제11조 (산업재산권의 귀속) ① 갑과 을은 제10조 제2항의 규정에 의거하여, 갑 · 을 공유의 성과에 대하여 특허 · 실용신안 · 디자인 등의 산업재산권을 받을 권리 및 당해 권리에 의거하여 취득되는 산업재산권(이하 『본건 산업재산권』이라 한다.)을 공유한다.
② 갑은 전항에 규정하는 갑 · 을 공유의 성과에 관한 본건 산업재산권의 출원절차를 진행하고, 을은 이에 협력한다.
③ 제10조 제2항의 규정에 의거하여 단독소유에 관계되는 성과에 대해서는, 그 성과가 귀속하는 명의인이 산업재산권의 출원을 하고, 그 절차를 수행할 수 있다. 다만, 출원신청을 할 때에는 당해출원서류의 복사본을 상대방에게 제출하여 당해 서류중에 상대방의 비밀정보가 포함되어 있는지의 여부에 대하여 상대방의 사전심사와 승낙을 얻어야 한다.

제12조 (산업재산권의 유지 · 보전) ① 갑과 을은 제11조 제1항에 의거한 본건 산업재산권의 출원 및 유지 · 보전에 관해서는 상호 협력하도록 하며 그에 소용되는 비용은 지분비율에 따라 부담한다.
② 갑과 을은 제11조 제1항에 의거한 본건 산업재산권의 출원 및 유지 · 보전에 대해서는 자기의 책임과 비용으로 이를 유지 · 보전하도록 한다. 다만, 당해 산업재산권을 포기하거나 제3자에게 양도하고자 할 때에는 상대방에게 그 취지를 통지하고 상대방이 1개월 이내에 그 양수를 신청하

지 않을 경우에는 이를 포기 또는 제3자에게 양도할 수 있다.

제13조 (권리침해) 갑과 을은 본건 산업재산권을 제3자가 권리침해한 경우에는 협력하여 그 해결을 도모하도록 하며 이에 소요되는 비용은 갑과 을이 협의하여 정한다.

제14조 (개량발명) 갑 또는 을은 본 계약의 유효기간 만료 후 ○년간에 본 연구의 성과에 관련되는 ○○제조장치에 관하여 개량을 행한 때에는, 지체없이 그 내용을 상대방에게 통지하여 그 귀속 및 취급에 대하여 갑과 을이 협의하여 정한다.

제15조 (연구성과의 발표) 갑 또는 을은 본 연구의 성과를 제3자에게 개시 또는 외부에 발표하고자 할 때에는, 그 내용 · 시기 · 방법 등에 대하여 사전에 문서로써 상대방에게 통지하고 그 동의를 얻어야 한다.

제16조 (성과의 실시) ① 갑은 본 연구의 성과에 의거하는 ○○제조장치 (이하 본 장치라 한다.)를 원칙적으로 을로부터 구입한다. 다만, 납기 · 가격 · 품질 등에 특별한 이유가 있을 때에는 갑과 을이 협의한 다음 갑은 을 이외의 제3자로부터 본 장치를 도입할 수 있다.
② 을은 갑 및 갑이 지정하는 자 이외의 제3자에 대하여 본 장치를 판매하고자 할 때에는, 사전에 갑의 문서에 의한 동의를 얻어야 한다. 다만 갑은 갑의 본 장치 사용개시 후 5년을 경과한 때에는 원칙적으로 을의 제3자에 대한 판매에 동의한다.
③ 을은 제2항의 규정에 따라 갑의 동의를 얻고 본 장치를 갑 및 갑이 지정하는 자 이외의 제3자에 대하여 판매한 경우에는, 갑에 대하여 다음 실시료를 지불하도록 하며, 그 지불방법에 대해서는 별도로 협의하여 정한다.

1. 등록된 본건 산업재산권이 있는 경우: 본 장치의 판매가격의 ○%
2. 그외의 경우: 본 장치의 판매가격의 ○%

제17조 (단독권리의 취급) 갑과 을은 본 연구 전 및 제10조의 단독성과에 의거하여 단독명의로 출원하여 취득한 산업재산권에 대하여, 상대방으로부터 본 연구의 성과 실시를 목적으로 실시허락 신청이 있을 때에는 이에 응하도록 하며, 그 조건에 대해서는 별도로 협의하여 정한다.

제18조 (제3자에의 실시허락) ① 갑과 을은 본 연구의 성과 및 본건 산업재산권에 대하여 제3자에게 실시허락할 경우에는 양자가 협의하여 허락의 가부 및 그 조건을 정한다.
② 갑과 을은 전항의 규정에 따라 실시허락을 받은 제3자가 본 연구의 성과 및 산업재산권을 실시할 경우, 당해 제3자 및 그 사용자가 불가결한 산업재산권을 소유하고 있는 경우에는 당해 산업재산권에 대해서도 실시허락 하도록 하고, 그 조건에 대해서는 별도로 협의한다.

제19조 (보증) 본 계약의 어느 한쪽의 당사자도 본 계약에 의거한 상대방 당사자에 의한 제품의 제조 · 사용 및 판매가 제3자가 소유하는 특허를 침해하지 않는다는 것을 보증하지 않으며, 또한

상대방 당사자가 당해 당사자의 『특허』, 『기술정보』, 『프로그램』, 『개량』, 『이미 보유하고 있는 정보』 또는 『이미 보유하고 있는 특허』를 사용함에 있어서는 어떠한 것에 대해서도 품질 · 이익 또는 제조비를 보증하지 않으며 나아가 이러한 사용에 의해 야기될 수 있는 손해 · 손상 또는 인적 상해에 대해서 책임을 지지 않는다.

제20조 (비밀유지) 갑과 을은 상대방으로부터 개시된 자료 · 정보 및 본 연구의 성과 및 본 계약과 관련하여 알게 된 상대방의 기술상 · 경영상의 모든 비밀을 유지하도록 만전의 조치를 강구해야 하며, 사전에 상대방의 서면에 의한 동의를 얻은 경우를 제외하고, 이를 제3자에게 누설 또는 개시해서는 아니된다. 다만, 다음 각호의 어느 하나에 해당하는 것은 그러하지 아니하다.

1. 상대방으로부터 지득하기 이전에 이미 소유하고 있던 것.
2. 상대방으로부터 지득하기 이전에 이미 공지된 것.
3. 상대방으로부터 지득한 후에 자기의 책임에 속하지 않는 이유에 의해 공지된 것.
4. 정당한 권한을 가지는 제3자로부터 비밀유지의무를 수반하지 않고 알게 된 것.
5. 제18조의 규정에 의거하여 본 연구 성과를 제3자에게 실시허락할 경우 혹은 본 장치를 합리적으로 판매할 경우 부득이하게 개시되는 것.

제21조 (연구종료시의 조치) ① 갑과 을은 본 연구 종료 후 본 연구비로 구입한 기기 · 장치 등의 소유 또는 거래에 대해서는 협의한 다음 결정한다.
② 제5조에 의해 제공된 정보 · 자료는 제공자의 소유에 속하고, 본 계약이 종료된 때에는 즉시 이를 제공자에게 반환하도록 한다.

제22조 (계약해지) ① 갑과 을은 상대방이 본 계약사항을 위반하거나, 상대방과 공동연구가 불가능하다고 판단되는 사유가 발생한 경우에는 상대방에게 그 취지를 통지하고, 상대방으로부터 최고 후 14일 이내에 시정되지 않을 때에는 본 계약을 해약할 수 있다.
② 갑과 을은 제1항의 경우 이외에 누구의 책임에도 귀속되지 않는 이유에 의하여 본 계약을 계속하기 어려운 특별한 사정이 생긴 경우에는 양자 협의 후 본 계약을 해지할 수 있다.

제23조 (손해배상) 갑 또는 을은 자기 또는 종업원의 불법행위에 의하여 상대방에게 손해를 준 때 그로 인하여 발생한 손해를 배상한다.

제24조 (계약의 양도) 본 계약의 어느 한쪽 당사자도 상대방 상대자의 문서에 의한 사전 동의 없이 제3자에게 본 계약 또는 본 계약이 정하는 권리 및 의무의 전부 또는 일부를 제3자에게 양도 또는 이전해서는 아니된다.

제25조 (계약의 변경) 본 계약의 변경은 각 당사자가 정당한 권한을 가지는 것이 서명날인된 문서에 의하도록 하며, 변경의 효력은 당해 문서에서 특별 규정을 두지 않는 한 그 문서에 서명날인된 날에 발생한다.

제26조 (통지) ① 갑과 을은 본 계약에 관한 모든 통지를 문서에 의해 본 계약서에 기재된 당사자의 주소로 하도록 한다.
② 제1항의 통지는 본 계약에 특별한 규정이 있는 경우를 제외하고 상대방에게 도달한 날에 그 효력이 발생한다.

제27조 (계약유효기간) ① 본 계약의 유효기간은 20 년 월 일까지로 한다. 다만 이 계약기간은 갑과 을의 협의 하에 서면에 의한 확인에 의하여 동일조건으로 연장할 수 있다.
② 전항의 규정에 상관없이 제15조 『연구성과의 발표』, 제16조 『성과의 실시』, 제17조 『단독권리의 취급』, 제18조 『제3자로의 실시허락』, 제20조 『비밀유지의 규정』은 본 계약 기간만료일로부터 10년간 그 효력을 가진다. 단, 제12조 『산업재산권의 유지 · 보전』, 제13조 『권리침해』의 규정은 본건 산업재산권의 존속기간 중에는 그 효력을 가진다.

제28조 (협의) 본 계약에 규정이 없는 사항 또는 본 계약의 해석에 의문이 생긴 때에는 갑과 을은 성의를 갖고 협의하여 이를 처리한다.

본 계약의 성립을 보증하기 위해 본서 2통을 작성하여 갑과 을이 서명날인한 다음 각자 1통을 보유한다.

20 년 월 일
서울특별시 영등포구 여의도동 번지
갑 ○○주식회사
대표이사역 ○ ○ ○ (인)

서울특별시 영등포구 신길동 번지
을 □□주식회사
대표이사역 ○ ○ ○ (인)

2. 연구위탁계약

연구위탁계약에는 의뢰자가 다른 기업에 연구위탁을 하는 경우, 연구소에 연구위탁을 하는 경우, 대학에 연구위탁을 하는 경우를 나누어 살펴볼 수 있다. 첫 번째 계약서는 기업과 기업 간의 연구위탁계약서의 예시이며, 두 번째 계약서는 기업과 연구소 간의 계약서의 예시이고, 세 번째는 기업 등이 대학에 연구용역을 위한 계약서 예시이다.

가. 연구위탁계약서 1

연구위탁계약서

○○주식회사 (이하 『갑』이라 한다.)는 ☆☆☆☆에 관한 몇년간의 경험과 최신 기술을 보유하고 ◇◇의 기업화를 추진하고 있는데 이에 필요한 □□□에 대하여 전문메이커의 협력을 구하고 있다.
△△주식회사 (이하 『을』이라 한다.)는 □□□의 전문메이커로서 업계에 주지되어 있고, 갑에게 협력할 용의가 있다.
이에 따라 갑은 을에 대하여 아래와 같이 ◇◇용 □□□의 기술개발을 위탁한다.

제1조 (연구제목 · 목적 · 내용) 갑은 아래의 연구 (이하 『본 연구』라 한다.)를 을에게 위탁하고 을은 이를 수탁한다.
(제목) ◇◇용 □□□의 개발연구
(목적) ◇◇를 자동조업하기에 적당한 □□□를 개발하고 이를 상품화한다.
(내용) 을은 갑이 제시한 첨부서류 1의 사양을 만족시키는 □□□의 시제품을 제작하고 다시 이를 상품화하기 위한 기술을 확립한다.

제2조 (연구비용 · 기간 · 담당부문) 을은 본 연구를 다음 조건에서 실시한다.
(연구비용) 일금○○○○○원
(연구기간) 20　년 월 일부터 ○년간
(연구담당부문) ○○사업부 ○○부

제3조 (비용의 지불) 갑은 전조에 정하는 연구비를 20　년　월　일까지, ____ 은행 ____ 지점의 을명의의 보통예금 계좌번호 ________ 에 입금하도록 하며, 을은 이유여하를 불문하고 이를 반환하지 않는 것으로 한다. 다만, 부득이한 사유로 인하여 을이 수탁을 중지하거나 연기하는 경우에는, 불필요하게 된 금액의 범위 내에서 그 전부 또는 일부를 갑에게 반환할 수 있다.

제4조 (비용의 정산) ① 을은 본 연구 종료 후 신속히 연구비의 지출을 기재한 정산서를 작성하고 필요한 영수증과 함께 갑에게 제출한다.
② 갑과 을은 전항의 지출이 제2조에 정하는 연구비를 초과할 경우, 그 초과액의 부담에 대해서는 상호 협의하여 결정한다.

제5조 (위탁의 중지) 갑은 본 계약의 연구위탁을 일방적으로 중지할 수 없다.

제6조 (수탁의 중지) ① 을은 천재지변, 기타 을의 책임에 의하지 않는 부득이한 사유로 인하여 본 연구의 계속이 곤란해진 때에는 본 연구의 중지 또는 중단을 갑에게 신고하고 갑과 을이 협

의한 후 본 계약의 해제 또는 일부 변경을 하도록 한다.
② 을은 전항의 규정에 따라 본 계약을 해제할 때에는 제3조 단서의 규정에 의하여 연구비의 일부를 갑에게 반환하도록 한다.

제7조 (연구기자재의 취급) ① 갑은 본 연구에 필요한 ○○를 을에게 무상으로 대여하도록 하며, 을은 그 반입 및 설치비용과 철거 및 반출비용을 부담한다.
② 갑은 본 연구의 비용에 의해 을이 취득 또는 제작한 기기 · 장치 등의 소유권을 가지고, 을은 본 연구의 기간중에 이것들을 선량한 관리자의 주의로써 관리하여야 한다.
③ 갑은 본 연구 종료 후 자기의 비용으로 전항의 기기 · 장치 등을 인수한다. 다만, 인수를 희망하지 않을 경우 을에게 이들의 처분을 의뢰, 처분에 소요된 비용과의 차액을 수령한다.

제8조 (정보제공) ① 갑은 을이 본 연구의 수행에 유용한 기술정보를 요구한 경우, 자기가 소유하거나 자기가 입수할 수 있는 기술정보를 을에게 제공하도록 한다. 다만, 제3자와의 계약에 의하여 개시가 제한되어 있는 것은 그러하지 아니하다.
② 을은 전항에 이하여 갑으로부터 제공된 기술을 본 연구의 목적 이외에 사용해서는 아니된다. 다만, 제공시에 공지된 것 및 제공 후에 공지된 것은 그러하지 아니하다.

제9조 (비밀유지) 갑과 을은 본 계약의 존속기간 및 연구기간 종료 후 ○년간 본 계약에 의거하여 상대로부터 지득한 모든 기술적 · 영업적 정보 및 자료를 비밀로 유지하도록 하며, 이를 위한 만전의 조치를 강구한다. 다만, 다음 각호의 1에 해당하는 것은 제외한다.

1. 상대방으로부터 제공 또는 개시를 받기 이전에 이미 자기가 보유하고 있던 것, 또는 공지된 것임을 입증할 수 있는 것
2. 상대방으로부터 제공 또는 개시를 받은 후 자기의 책임에 의하지 않고 공지된 것
3. 갑 · 을 간의 협의에 의해 비밀유지의 대상으로 하지 않는다고 한 것

제10조 (제3자로부터의 수탁금지) 을은 갑의 문서에 의한 동의 없이 본 연구와 동일 또는 직접 관련이 있는 연구를 제3자로부터 수탁하거나 제3자와 공동으로 행해서는 아니된다.

제11조 (성과의 보고) ① 을은 본 연구의 종료후 신속히 본 연구의 경과 및 결과를 기재한 보고서 ○통을 갑이 지시하는 양식에 따라 작성하여 을에게 제출하여야 한다.
② 갑은 필요가 있을 때에는 을에게 본 연구의 중간보고를 요청할 수 있다.

제12조 (성공여부의 인정) 갑은 제11조의 규정에 따라 제출된 보고서 및 시제품을 검토하고 본 연구의 목적 및 제1조의 사양에 의거하여 본 연구의 성공여부를 결정한다.

제13조 (성공하지 못한 경우) ① 제12조의 규정에 따라 성공하지 못했다고 결정된 경우, 갑은 을에게 이미 지불한 비용의 반환을 청구하지 않도록 하며, 을은 제4조의 규정에 의한 비용정산에

서 연구비가 초과된 경우라도 갑에게 그 초과액을 청구하지 않는다.
② 갑과 을은 성공하지 못한 경우, 본 연구에 의해 얻어진 기술지식 · 발명 · 고안 및 이에 의거한 산업재산권의 취급을 상호 협의에 의하여 정한다.

제14조 (성과의 귀속) 본 연구의 성과(본 연구의 목적에 직접 관계되는 발명 · 고안 · 디자인 및 노하우로써 본 연구의 목적을 달성한 것을 말한다. 이하 같음)는 갑에게 귀속된다.

제15조 (성과의 발표) ① 을은 본 연구의 내용 및 성과를 원칙적으로 제3자에게 발표해서는 아니된다.
② 제1항의 규정에도 불구하고 을이 발표를 희망하여 발표지, 발표이유, 발표시기 및 발표내용을 기재한 문서로 갑에게 승낙을 구하고 갑이 이를 인정한 때에는, 을은 그 인정된 범위 내에서 연구성과 등을 발표할 수 있다.
③ 제1항 및 제2항의 규정에도 불구하고 제품화, 출원공개 등에 의해 공지되게 된 것은 그러하지 아니하다.

제16조 (성과의 실시) ① 갑은 본 연구의 성과를 무상으로 실시할 수 있다.
② 을이 본 연구의 성과를 실시할 경우에는 갑의 문서에 의한 사전승낙을 구하고 대가 등의 조건에 대하여 상호 협의하여 정한다.

제17조 (산업재산권의 귀속) ① 갑은 본 연구의 목적에 직접 관계하는 발명, 고안 또는 디자인의 창작(이하 『본 발명 등』이라 한다.)에 대하여 특허, 실용신안등록 또는 디자인등록(이하 『특허 등』이라 한다.)을 받을 권리를 단독으로 소유한다.
② 을은 본 연구의 목적에 직접 관계되지 않는 발명, 고안 또는 디자인의 창작(이하 『관련발명 등』이라 한다.)에 대하여 특허 등을 받을 권리를 단독으로 소유한다.
③ 을은 갑이 행한 본 출원에 필요한 기술적 사항에 대해서 갑의 요구가 있을 경우에는 적극 협력한다.

제18조 (당사자에 의한 본 발명 등의 실시) ① 을은 갑을 위하여 본 발명 등을 실시할 경우 무상으로 실시할 수 있다.
② 전항 이외의 본 발명 등의 실시를 을이 희망할 경우, 갑은 원칙적으로 이를 수락하도록 하며, 실시료 등의 조건에 대해서는 갑과 을이 협의 하에 별도로 정하도록 한다.

제19조 (당사자에 의한 관련발명등의 실시) 제17조 제2항에 따라 을의 단독소유로 된 관련발명 등의 실시를 갑이 희망할 경우, 을은 원칙적으로 이를 허락하도록 하며, 실시료 등의 조건에 대해서는 갑과 을이 협의하여 별도로 정하도록 한다.

제20조 (제3자의 실시허락) ① 갑은 제3자에게 본 발명 등의 실시를 허락할 경우 사전에 을에게

통지한다.
② 을은 제3자에게 관련발명 등의 실시를 허락할 경우 서전에 갑에게 통지한다.

제21조 (연구의 변경) ① 갑 또는 을은 본 연구의 진척에 따라 본 연구의 내용을 변경할 필요가 생긴 경우, 상대방과의 협의에 의하여 변경할 수 있다.
② 제1항에 따른 변경으로 연구비용이 부족한 경우에는 갑이 을에게 추가지급하며, 추가 연구비용이 남는 경우에는 을이 갑에게 반환하도록 한다.

제22조 (해약 · 변경) 갑 또는 을은 사정변경에 의해 본 계약을 해제 또는 변경하고자 할 때에는 1개월의 예고기간을 갖고 상대방에게 문서로 통지하고 상대방의 동의를 얻어야 한다.

본 계약 체결의 증거로서 본서 2통을 작성하여 갑과 을이 서명날인한 다음 각 1통을 보관한다.

20 년 월 일
서울특별시 영등포구 ○○동 번지
갑 ○○주식회사
대표이사 ○ ○ ○ (인)

서울특별시 도봉구 ○○동 번지
을 △△ 주식회사
대표이사 ○ ○ ○ (인)

나. 연구위탁계약서 2

연구위탁계약서

○○주식회사를 "갑"으로 하고 재단법인◇◇연구소를 "을"로 하며, 갑 · 을간에 □□기술에 대한 연구위탁에 대하여 다음과 같이 계약을 체결한다.

제1조 (연구위탁의 범위) 갑과 을은 다음과 같은 연구과제를 위탁하고 을은 이를 수탁한다.
위탁범위: □□기술(□□기술에 대한 상세한 설명은 별첨과 같다.)

제2조 (대가의 지급) ① 제1조의 연구업무에 필요한 경비는 갑은 을에게 금 ________ 원을 매월 지급하기로 한다.

② 전항의 지불은 20 년 월 일 최초지급을 하기로 한다.

제3조 (계획서 제출) 제1조에서 연구를 을이 담당함에 있어 을은 갑에게 그 연구진행 방법 등에 관하여 미리 그 계획서을 제출하도록 한다.

제4조 (연구진행 보고) 매월 1회 갑은 을에 대하여 연구진행사항 등에 관한 연구진행보고를 갑과 을이 추후 협의한 장소에서 하기로 한다.

제5조 (경비제공 및 설비의 제공) ① 을이 연구수행에 있어 제2조에 정한 것 이외 별도의 경비가 필요한 경우에는 을은 갑에게 설명을 하고 신청을 한다. 갑이 이를 인정하는 경우에는 추가경비를 지급할 수 있다.
② 연구수행에 있어 갑이 소유하고 있는 설비 또는 소모품을 을이 사용할 필요가 있는 경우에는 을은 갑에게 신청하고, 갑은 을에게 무상으로 대여 또는 제공할 수 있다.
③ 을은 갑으로부터 대여 받은 설비에 대해서 관리책임을 부담한다.

제6조 (연구성과의 제공) 을은 본 계약에 근거한 연구성과를 문서, 자료 등을 정리하여 본 계약 종료 후 3개월 이내에 을은 갑에게 전부 제공하여야 한다.

제7조 (지적재산권) ① 본 계약에 의한 발명, 고안, 노하우 등의 모든 연구성과는 을에게 귀속하는 것으로 하고, 을은 이에 의하여 얻은 산업재산권 등을 받을 권리가 있을 때는 갑은 그 권리에 대해서 전용실시권 설정을 할 수 있다.
② 전항에 설정조건 등에 대해서는 갑 · 을 쌍방 협의에 의하여 정한다.

제8조 (정보의 공표 및 비밀유지) ① 본 계약 도중에 연구와 관련된 정보 및 본 계약의 성과는 갑 · 을이 협의하여 상호 문서로서 확인한 후에 공표한다.
② 본 계약의 수행중에 알게 된 상대방의 정보는 갑 · 을 모두 제3자에게 누설시키지 않는다. 단, 이미 공지가 된 정보에 대해서는 그러하지 아니하다.

제9조 (제3자와의 계약 및 재위탁) ① 을은 본 계약과 같은 내용의 계약을 제3자와 계약체결해서는 아니되며, 이 계약을 체결 하는 경우에는 갑 · 을 공동으로 하여야 한다.
② 을은 수탁받은 연구를 갑의 문서에 의하여 승인받지 아니하고 제3자에게 재위탁할 수 없다.

제10조 (계약의 해지) ① 갑과 을은 다음 각호에 해당할 때는 이 계약의 전부 또는 일부를 해지할 수 있다.

1. 을이 정당한 이유없이 연구기간 내에 이 계약을 이행이 불가능한 경우라고 갑이 인정하는 경우
2. 갑이 부담하는 연구비의 지급을 해태한 경우

3. 갑 또는 을의 책임이 없음에도 불구하고 상대방에게 계약해지를 신청한 경우

제11조 (계약의 해석) 이 계약에서 정하지 않은 사항 또는 각 조문에 의문이 있는 경우에는 갑과 을은 성의를 가지고 성실히 협의하여 원만히 해결하여야 한다.

제12조 (계약기간) ① 본 계약기간은 계약체결 일로부터 1년으로 한다. 단, 제7조 각항에 관해서는 협의하여 정하는 기간까지, 제8조에 대해서는 5년간, 제9조에 대해서는 종료 후 2년간 유효하다.
② 본 계약을 연장할 필요성이 있다고 갑 · 을 쌍방이 인정한 경우에는 계약종료 1개월 전까지 갑 · 을의 합의가 필요하다.

본 계약 체결의 증거로서 계약서 2통을 작성하여 갑과 을이 서명날인 한 다음 각 1통을 보관한다.

20 년 월 일

갑 ○○주식회사
대표이사 ○ ○ ○ (인)
서울특별시 도봉구 ○○동 번지

을 재단법인△△ 연구소
대표이사 ○ ○ ○ (인)
대전광역시 대덕구 ○○동 번지

다. 연구위탁계약서 3

연구용역계약서[1)]

____________________ (이하 "갑"이라 한다.)와 ○○대학교산학협력단(이하 "을"이라 한다.)는 "연구과제명" (연구책임자: _______, A대학 A학부)에 관한 "연구"(이하 "연구"라 한다.)에 관하여 다음과 같이 계약을 체결한다.

제1조 (목적) 본 계약의 목적은 별첨 연구계획서의 연구목적과 같다.

1) 본 계약서는 한양대학교 산학협력단(http://research.hanyang.ac.kr)의 표준 계약서 중의 일부이다.

제2조 (범위) 본 계약의 범위는 별첨 연구계획서의 연구범위와 같고, “을”이 연구 완료 후 “갑”에게 제공하는 연구결과는 연구목표에 기술되어 있는 사항에 한한다.

제3조 (기간) 본 계약의 기간은 20 년 월 일부터 20 년 월 일까지 _____ 개월로 하며, “갑”과 “을” 쌍방의 합의에 의하여 연장할 수 있다.

제4조 (연구비) 본 연구에 소요되는 연구비는 금 _________ 원정(_________)으로써, “갑”은 다음과 같이 “을”에게 지급한다.

1. 선급금(40%): 원정. (20 년 월 일까지)
2. 중도금(30%): 원정. (20 년 월 일까지)
3. 잔 금(30%): 원정. (20 년 월 일까지)

제5조 (연구보고서 제출) “을”은 연구가 완료된 후 1개월 이내에 본 연구결과에 관한 최종보고서 ____ 부를 “갑”에게 제출하여야 한다. 다만, 연구 중간보고서는 양자 합의에 의하여 제출할 수 있다.

제6조 (연구결과의 귀속) 본 연구결과(노하우 및 본 연구결과로 기대되는 특허권 포함)는 그 성질상 “을”의 과학기술축적에 따른 결과로 보아 “을”의 소유로 하되, 그 기술에 대하여 “갑”은 우선실시권을 갖는다.

제7조 (기술의 실시) ① “을”은 “갑”에게 제6조의 기술을 실시하도록 하는 경우에는 “전용실시권”을 원칙으로 하되 상호 합의하에 “통상실시권”을 제시할 수 있다. 기술실시 및 기술료 지불에 대하여는 상호신의 아래 새로운 기술실시 계약을 체결한다.
② “을”은 제3자에 우선하여 “갑”에게 기술실시에 관한 계약체결을 제안하여야 한다.
③ “갑”이 1개월 이내에 그러한 제안을 수락하지 아니하는 경우 “을”은 제3자와 기술실시계약을 체결할 수 있다. 이때 제3자와의 기술실시 계약조건을 “갑”에게 제시한 조건보다 더 유리한 조건을 제시할 수 없다. 단, 통상실시의 경우에는 제외한다.

제8조 (신의성실 및 상호협조) ① “갑”과 “을”은 신의를 가지고 본 계약의 각 조항을 성실히 이행하여야 한다.
② “을”은 전 연구과정을 통하여 “갑”의 요청이 있을 때에는 수시로 연구내용에 관하여 “갑”과 협의하여야 하며, “갑” 또한 본 연구와 관련하여 필요한 사항을 “을”에게 적극 협조하여야 한다.
③ “갑”이 연구수행에 필요한 인력, 재료, 기자재 및 시설 등을 출자하는 경우에는 “을”의 제반 규정을 준수하여야 한다.

제9조 (비밀보장) “갑”과 “을”은 상호 상대방의 승인 없이는 본 연구와 관련하여 취득한 상대방의 비밀을 외부에 공개 또는 제공하지 아니한다. 다만, 이 조항은 상호 일반적인 기업활동이나 연구활동에 대하여는 적용되지 아니한다.

제10조 (연구결과 발생되는 물품의 귀속) ① 본 연구결과로 발생하는 시제품은 "갑"의 소유로 하고, 발생기자재 및 연구시설은 "을"의 소유로 한다.
② "갑"은 제1항의 시제품을 별도의 약정이 없는 한 연구 완료일로부터 3개월 이내에 인수하여야 하며, 동 기간 내에 인수하지 않을 경우에는 "을"은 1개월 이상의 기간을 정하여 이의 인수를 최고하고, "갑"이 그 기간 내에 인수하지 아니한 때에는 그 소유권을 포기한 것으로 본다.
③ "갑"이 제1항의 시제품을 인수하는 경우에 동 시제품에 부과되는 제세공과와 인수비용은 별도로 "갑"이 부담하여야 한다.

제11조 (명칭사용) "갑"은 본 연구로 취득한 정보를 "을"의 사전 서면 승인없이 본 연구의 목적과 무관하게 광고, 판매촉진, 기타 선전의 목적 및 쟁송상의 자료로 사용할 수 없으며, 또한 상기의 목적으로 "을"의 명칭을 암시하거나 사용하여서는 아니된다.

제12조 (권리양도의 제한) "갑"과 "을"은 상호 상대방의 동의없이 본 계약에 의하여 취득되는 제반권리를 제3자에게 제공하거나 양도할 수 없다.

제13조 (보호) "갑"은 연구과정에서 본 연구와 관련하여 불가피하게 발생하는 담보책임, 소송, 고소로부터 "을"을 보호할 책임을 진다. 단, "을"의 고의적인 불법행위로 일어난 경우에는 보호의 책임을 면할 수 있다.

제14조 (계약의 해지) ① "을"이 본 연구를 수행할 능력이 없다고 인정될 경우, "갑"은 1개월 이상의 기간을 정하여 "을"에게 해지의 의사를 통보하여 협의한 후 본 계약을 해지할 수 있다.
② "갑"이 본 계약을 위배하여 원활한 연구수행이 극히 곤란하다고 인정되는 경우 "을"은 1개월 이상의 기간을 정하여 "갑"에게 이의 개선을 최고한 후 그 기간 내에 현저한 개선사실이 없는 경우에는 본 계약을 해지할 수 있다.
③ 본조 제1항 및 제2항에 의하여 계약이 해지될 경우에는 "을"은 해지된 날로부터 1개월 이내에 해지시까지의 연구비 집행정산서 및 해지시까지의 연구보고서를 "갑"에게 제출하고, 연구비의 미집행분에 한하여 "갑"에게 반환한다.
④ 기타 해지에 필요한 사항은 "갑"과 "을" 쌍방의 합의에 의한다.

제15조 (중재) 계약기간중 또는 계약종료 후 본 계약의 해석 또는 계약의 효력, 또는 권리와 의무에 대하여 양자간의 분쟁이 발생했을때에는 그 분쟁은 대한상사중재원의 중재에 의해 해결한다.

제16조 (계약의 변경) "갑"과 "을"은 서면합의에 의하여 본 계약의 내용을 변경할 수 있다.

제17조 (계약의 효력) 본 계약은 쌍방이 서명 날인한 날로부터 유효하다.

제18조 (해석) 본 계약에 명기되지 아니한 사항 및 본 계약의 해석상 이의가 있을 때에는 쌍방의

합의 또는 통상의 관행에 따른다.

본 계약서는 2통을 작성하여 기명 날인(또는 서명)하고 "갑"과 "을"이 각각 1부씩 보관한다.

별 첨: 연구계획서 1부

20 년 월 일

"갑"
주 소:
성 명: (인)

"을(기관명 ㅇㅇ대학교 산학협력단)"
주 소:
대표자: (직인)
연구책임자: (인)

3. 공동출원계약

특허공동출원계약서

○○○(이하 『갑』이라 한다)과 □□□(이하 『을』이라 한다.)은 발명의 명칭 「○○의 제조방법」(특허출원번호 제○○○○호)의 발명(이하 『본 발명』이라 한다.) 을 공동으로 특허출원함에 있어서 다음과 같이 본 계약을 체결한다.

제1조 (권리의 지분) 갑 및 을은 본 발명에 관한 특허를 받을 권리를 공유하며 그 지분을 갑 · 을 각각 50%로 한다.

제2조 (출원 및 제절차) ① 갑은 본 발명의 특허출원 절차, 특허 등록까지의 제반 절차 및 특허가 등록된 경우의 권리 유지 · 보전에 관한 절차를 행한다. 다만, 특허청에 제반 서류를 제출할 때에는 사전에 을과 협의한다.
② 갑은 본 발명의 특허출원이 등록될 수 있도록 노력하며, 을은 이에 적극적으로 협력한다.

제3조 (실시) 갑과 을은 각각 본 발명 및 본 발명에 의하여 취득되는 특허권을 무상으로 실시할

수 있다.

제4조 (실시허락) ① 갑과 을은 본 발명에 의하여 취득되는 특허권에 대하여 제3자에게 실시허락할 경우에는 그 가부 및 조건을 상호 협의한 다음 결정한다.
② 갑과 을은 제3자로부터 발생하는 실시료를 50 : 50으로 배분한다.

제5조 (제3자와의 분쟁 등) 갑과 을은 본 발명의 특허출원 또는 특허권에 관하여 제3자로부터 특허이의신청, 심판 또는 소송 등을 제기당한 경우 상호 협력하여 대처하도록 한다.

제6조 (발명보상) 갑과 을은 본 발명의 발명자에 대한 보상을 각각 본인 회사에 속하는 발명자에 대해서만 본인회사 소정의 규정에 의거하여 하도록 한다.

제7조 (외국출원) 갑과 을은 본 발명에 대하여 국외출원을 할 경우에 그 취급에 대하여 별도로 협의하여 정하도록 한다.

제8조 (관련 발명 등) 갑과 을은 본 발명에 관련되는 발명 또는 고안 (이하 『관련발명 등』이라 한다.)을 하고 이에 대하여 특허 또는 실용신안을 출원하고자 할 때에는, 사전에 상대방에게 그 내용을 문서로 통지하도록 하고 그 귀속에 대하여 협의하도록 한다.

제9조 (비용부담) 갑과 을은 제2조 및 제5조에 따라 발생하는 비용에 대하여 1/2씩 부담한다.

제10조 (비밀유지) 갑과 을은 본 발명의 내용에 관하여 출원공개된 경우 또는 제3자의 공표에 의해 공지된 경우를 제외하고 제3자에게 공지해서는 아니된다.

제11조 (계약유효기간) 본 계약의 유효기간에는 20 년 월 일부터 본 발명에 의거하여 얻은 특허권의 존속기간 만료일까지로 한다. 다만 다음 각호의 1에 해당할 때에는 그 해당하는 날에 종료한다.

1. 본 발명의 특허출원이 취하(취하된 것으로 간주되는 경우를 포함)되거나 무효로 된 때
2. 본 발명에 관하여 거절해야 한다는 취지의 결정 또는 심결이 확정된 때
3. 본 발명에 의거하여 얻은 특허의 무효심결이 확정된 때
4. 갑 또는 을이 본 발명에 의하여 취득한 특허권의 지분을 포기한 때

제12조 (협의) 갑과 을은 본 계약에 규정이 없는 사항 또는 본 계약의 규정에 의문이 생긴 경우에는 상호 선의와 신뢰로써 협의한 다음 처리한다.

본 계약의 성립을 입증하기 위하여 본 계약서 2통을 작성하고 갑과 을이 서명날인한 다음 1통씩 보유한다.

20 년 월 일

서울특별시 영등포구 ○○동 ○○번지
갑 ○○주식회사
대표이사 ○ ○ ○ (인)

서울특별시 도봉구 ○○동 ○○번지
을 △△ 주식회사
대표이사 ○ ○ ○ (인)

4. 직무발명보상규정

○○주식회사 직무발명보상규정[2)]

20 년 월 일 제정

제1장 총 칙

제1조 (목적) 본 규정은 발명진흥법에 근거하여, ○○주식회사 (이하"회사"라 한다.)의 종업원이 창작한 발명을 보호 · 장려하여 종업원의 직무에 관한 연구개발의욕을 고취시키고, 이로 인하여 창출된 지식재산권을 합리적으로 관리 · 활용함을 목적으로 한다.

제2조 (용어의 정의) 본 규정에서 사용하는 용어의 정의는 다음과 같다.
1. "발명"이란, 다음 각목에 열거하는 것을 말한다.
   가. 특허법 제2조 제1호의 발명
   나. 실용신안법 제2조 제1호의 고안
2. "직무발명"이란, 종업원, 법인의 임원(이하 "종업원"이라 한다.)이 그 직무에 관하여 발명한 것이 성질상 사용자 · 법인(이하 "사용자"라 한다.)의 업무범위에 속하고 그 발명을 하게 된 행위가 종업원등의 현재 또는 과거의 직무에 속하는 발명을 말한다.
3. "자유발명"이란, 다음 각목에 열거하는 것으로 특허를 받을 수 있는 권리가 발명자에게 귀속되는 발명을 말한다.
   가. 제2호의 규정에 의한 직무발명 이외의 발명
   나. 제5조 제2항의 규정에 의해 회사가 승계하지 않기로 결정한 발명

2) 특허청, 「기업 직무발명보상규정 표준모델」, 2011. 12, 21~26면.

다. 제6조제2항의 규정에 의한 기간 내에 승계여부를 통지하지 않은 발명

4. "발명자"란, 직무발명을 한 종업원등을 말한다.
5. "종업원"이란, 회사와 민법상 고용계약에 의한 종업원, 법인의 임원뿐만 아니라, 노무를 사실상 회사에 제공하는 자를 말한다.
6. "출원유보"라 함은 회사가 직무발명에 대한 권리를 승계한 후 출원하지 아니하거나, 출원을 포기 또는 취하하는 것을 말한다.
7. "특허관리전담부서"라 함은 사용자등에서 지식재산권에 관한 기획 · 조사 및 관리 등의 업무를 담당하는 부서를 말한다.

제3조 (권리의 승계) ① 종업원이 발명한 직무발명에 대한 권리(외국에 특허출원을 할 수 있는 권리를 포함한다.)는 회사가 이를 승계한다. 다만, 제5조 제1항 및 제2항의 규정에 따라 직무발명에 해당되지 않는다고 결정한 경우, 직무발명에 대한 권리를 회사가 승계하지 않는다고 결정한 경우 또는 제6조 제2항에 의해 제5조 제3항의 규정에 의한 기간 내에 승계여부를 통지하지 아니한 경우에는 그러하지 아니하다.

② 종업원이 종업원이외의 자와 공동으로 직무발명을 한 경우는 종업원이 갖는 그 직무발명에 대한 권리의 해당지분을 회사가 승계한다. 다만, 제5조 제2항의 규정에 따라 직무발명에 대한 권리를 회사가 승계하지 않는다고 결정한 경우 또는 제6조 제2항에 해당하는 경우에는 그러하지 아니하다.

제2장 발명의 신고 및 승계여부의 통지

제4조 (발명의 신고) ① 종업원이 직무와 관련된 발명을 완성한 때에는 지체없이 다음 각 호의 서류를 소속 부서장 또는 연구기관의 장을 거쳐 특허관리전담부서에 제출하여야 한다. 다만, 2인 이상의 종업원이 공동으로 한 발명인 경우에는 공동으로 제출하여야 한다.

1. 발명신고서
2. 양도증
3. 발명의 내용 설명서
4. 선행기술 조사서(외국 출원의 경우에 한함)

② 제1항의 규정에 의한 신고(전자적 방법에 의한 신고를 포함한다.)가 있는 경우에 특허관리전담부서장은 즉시 그 발명신고서에 수령일자를 기입하고 날인한 후 사본을 발명자에게 교부하여야 한다.

제5조 (심의 및 승계여부의 통지) ① 특허관리전담부서장은 제4조 제1항의 규정에 의한 신고가 있는 경우에는 제9조의 규정에 의한 직무발명심의위원회로 하여금 해당 발명에 관한 사항을 심의하게 하고, 심의결과를 토대로 그 발명이 직무발명에 해당하는지 여부를 결정한다. 이 경우 직무발명심의위원회는 발명평가기준에 따라 심의를 하여야 한다.

② 특허관리전담부서장은 제1항의 규정에 의하여 직무발명에 해당된다고 결정한 때에는 그 직무

발명에 대한 권리의 승계여부를 결정한다.
③ 특허관리전담부서장은 제1항 및 제2항의 규정에 의하여 권리의 승계결정을 한 때에는 이를 대표이사에게 보고하고, 그 결정의 내용을 발명신고서가 제출된 날부터 4월 이내에 그 발명을 한 종업원과 소속 부서장 또는 연구기관의 장에게 문서로 통지하여야 한다.

제6조 (승계시점 등) ① 특허관리전담부서장이 제5조 제3항의 규정에 의한 기간 내에 그 직무발명에 대한 권리의 승계의사를 통지한 때에는 그때부터 그 직무발명에 대한 권리는 회사에 승계된 것으로 본다.
② 특허관리전담부서장이 제5조 제3항의 규정에 의한 기간 내에 승계여부를 통지하지 아니한 경우에는 회사가 그 직무발명에 대한 권리의 승계를 포기한 것으로 본다. 이 경우 회사는 그 발명을 한 종업원의 동의를 얻지 아니하고는 통상실시권을 가질 수 없다.

제7조 (이의신청) ① 발명자는 다음 각 호의 1에 해당하는 경우에 제5조 제3항의 규정에 의한 통지를 받은 날 또는 제15조 제1항의 규정에 의한 보상금을 지급받은 날부터 30일 이내에 특허관리전담부서에 문서로 그 이유를 기재하여 이의신청을 할 수 있다.
1. 제5조 제1항 또는 제2항의 규정에 의한 결정에 이의가 있는 경우
2. 제15조 제1항의 규정에 의하여 지급된 보상금에 이의가 있는 경우
② 특허관리전담부서장은 제1항의 규정에 의한 이의신청이 있는 경우에 이의신청한 발명자(이하 "이의신청인"이라 한다.)와 직무발명심의위원회의 의견을 들은 후 이의신청의 수용 여부를 결정한다.
③ 특허관리전담부서장은 제2항의 규정에 의한 결정을 그 이유와 함께 이의신청일부터 30일 이내에 이의신청인과 소속 부서장 또는 연구기관의 장에게 문서로 통지하여야 한다.
④ 이의신청인은 제3항의 규정에 의한 결정에 불복이 있는 경우에 발명진흥법 제18조의 규정에 의한 산업재산권분쟁조정위원회에 조정신청을 할 수 있다.

제8조 (자유발명의 양도) ① 발명자는 제2조제3호가목에 해당하는 발명이라도 그 발명에 대한 권리를 회사에 양도할 수 있다.
② 발명자가 제1항의 규정에 따라 권리를 양도하고자 할 경우에는 제4조에 규정에 따른 신고를 하여야 한다.
③ 이 경우 특허관리전담부서장은 직무발명심의위원회의 심의를 거쳐 그 발명에 대한 권리의 양수여부를 결정하고, 그 결과를 신청인에게 통지하여야 한다.
④ 제1항의 규정에 따라 발명을 승계한 경우 본 규정에 의해 정해지는 보상기준을 준용한다.

제3장 직무발명심의위원회

제9조 (직무발명심의위원회의 설치) 회사는 직무발명에 대한 사항을 심의하기 위하여 직무발명심의위원회(이하 "위원회"라 한다.)를 둔다.

제10조 (위원회의 구성) ① 위원회는 위원장 · 부위원장 · 약간명의 위원 및 간사로 구성한다.
② 위원은 특허관리전담부서의 임직원 및 소속부서장, 종업원 대표 중에서 회사의 대표이사가 임명하고, 필요시 외부전문가를 위원으로 위촉할 수 있다.
③ 위원장은 특허관리전담부서장이 하며, 간사는 특허관리전담부서의 직원으로 한다.

제11조 (위원회의 심의사항) 위원회는 다음 각 호의 사항을 심의 · 결정한다.

1. 제4조 제1항의 규정에 따라 신고된 발명의 직무발명 해당 여부
2. 직무발명에 대한 권리의 승계 여부
3. 직무발명의 출원(해외출원 포함), 등록 여부
4. 제7조 제1항의 규정에 따른 이의신청의 수용 여부
5. 제13조 제4항의 규정에 따른 출원의 취하 · 포기, 권리의 유지 · 포기 등의 여부
6. 직무발명에 대한 권리의 양도 · 실시허여 · 기술이전 또는 기타 처분에 관한 사항
7. 제8조의 규정에 의한 권리의 양수 여부
8. 제15조 제3항의 규정에 의한 보상금액 · 지급기준 · 산정방식 · 지급시기 등에 관한 사항
9. 본 규정의 적용에 관한 사항
10. 기타 대표이사 또는 위원장이 필요하다고 인정하여 위원회에 부의한 사항

제12조 (위원회의 운영) ① 위원회는 위원장이 소집한다.
② 위원회는 위원 과반수의 출석으로 개의하고 출석위원 과반수의 찬성으로 의결한다. 다만, 가부 동수인 경우 위원장이 결정한다.
③ 위원이 해당 발명의 발명자인 경우, 그 위원은 그 발명에 관한 심의에서 제척되며 위원 총수에 산입하지 아니한다.
④ 위원장은 직무발명과 관련한 사항을 심의 · 의결함에 있어 필요하다고 인정할 때에는 발명자 또는 관계자를 출석시켜 의견을 청취할 수 있다.
⑤ 간사는 회의의 요지를 회의록에 기록하여야 한다.

제4장 출원 및 비용부담

제13조 (출원 등) ① 회사가 발명자로부터 특허를 받을 수 있는 권리를 승계한 직무발명("제8조의 규정에 의한 자유발명"을 포함한다. 이하 본조에서 같다.)에 대해서는 회사 명의로 지체없이 특허출원을 하며, 특허관리전담부서장은 그 사실을 발명자와 소속 부서장 또는 연구기관의 장에게 문서로 통지하여야 한다.
② 제1항의 규정에도 불구하고 회사가 그 직무발명을 비밀로 유지하는 것이 적합하다고 판단한 경우에는 직무발명심의위원회의 심의를 거쳐 출원하지 아니할 수 있다.
③ 제2항의 규정에 의하여 출원하지 아니할 경우에는 그 이유를 발명자와 소속 부서장 또는 연구기관의 장에게 문서로 통지하여야 한다.
④ 회사는 직무발명에 관하여 필요하다고 판단될 경우, 위원회의 심의를 거쳐 출원의 취하 · 포

기, 권리의 유지 · 포기 등의 조치를 취할 수 있다.

제14조 (비용부담) ① 회사는 직무발명에 대한 출원 및 권리유지에 소요되는 비용을 부담한다. 다만, 회사 외부로부터 연구비를 지원받은 과제 결과물에 의하여 도출된 발명으로 당해 과제 관련규정 또는 별도의 약정이 있는 경우에는 그에 따른다.
② 제1항의 규정에도 불구하고 제3조 제2항의 규정에 의하여 종업원 이외의 자와 공동으로 완성한 직무발명에 대한 출원과 권리유지에 소요되는 비용 및 사무에 관해서는 그 발명에 대한 지분 및 별도의 계약이 있는 경우 그에 따른다.

제5장 보 상

제15조 (보상금의 지급) ① 회사는 직무발명에 대한 권리를 승계한 때에는 발명진흥법 제15조 제1항의 규정에 따라 발명자에게 다음 각 호의 보상금을 지급한다.

1. 출원보상금: 직무발명이 출원되었을 때 지급하는 보상금
2. 등록보상금: 직무발명이 등록되었을 때 지급하는 보상금
3. 실시 · 처분보상금: 직무발명에 대한 권리의 직접실시, 양도 또는 실시허여 등의 처분으로 인하여 수익금이 발생하였을 경우 지급하는 보상금
4. 출원유보 보상금: 제16조의 규정에 의하여 출원을 유보하는 경우 및 출원을 취하 · 포기할 경우 지급하는 보상금

② 회사는 제1항의 규정에 의한 보상금을 지급함에 있어서 보상금에 상당하는 승진 · 승급 · 연수 등의 비금전적 보상을 고려할 수 있다.
③ 제1항의 규정에 의한 보상금 · 지급기준 · 산정방식 · 지급시기 등의 세부사항은 발명진흥법 제15조 제2항 및 제3항을 고려하여 직무발명보상금산정기준세칙에서 별도로 정한다.

제16조 (공동발명자의 보상) 제15조의 규정에 의한 보상에 있어서 그 직무발명의 발명자가 2인 이상일 경우에는 제4조 제1항의 규정에 의하여 신고한 지분에 따라 배분하는 것을 원칙으로 한다. 다만, 신고서에 지분이 기재되어 있지 아니한 경우에는 지분은 균등한 것으로 본다.

제17조 (퇴직 또는 사망시의 보상) ① 발명자가 퇴직 또는 사망한 경우에도 발명자가 지급받을 수 있는 보상금을 지급한다. 다만, 발명자가 사망하였을 경우에는 지급받을 수 있는 보상금을 상속인에게 지급한다.
② 퇴직자 또는 그 상속인은 주소 및 연락처의 변동사항이 발생한 때에는 지체 없이 그 사실을 회사에 통지하여야 한다.

제18조 (보상금의 불반환) 발명자 또는 상속인이 제15조 제1항의 규정에 의하여 이미 지급받은 보상금은 그 직무발명에 대한 권리가 무효로 된 경우에도 이를 반환하지 아니한다. 다만, 그 권리가 특허법 제33조 제1항의 본문규정에 의한 이유로 무효가 된 경우에는 그러하지 아니하다.

제6장 보 칙

제19조 (비밀유지의무) ① 발명자, 발명과 관계된 자, 위원회의 위원은 회사가 그 직무발명을 출원할 때까지 그 발명의 내용에 관한 비밀을 유지하여야 한다. 다만, 제5조 제2항의 규정에 따라 회사가 승계하지 아니하기로 확정된 때에는 그러하지 아니하다.
② 제1항 단서의 규정에 의해 회사가 승계하지 아니하기로 확정되어 당해 직무발명에 대한 권리가 발명자에게 귀속되었다 하더라도 발명과 관계된 자, 위원회의 위원은 발명자가 그 직무발명을 출원할 때까지 그 발명의 내용에 관한 비밀을 유지하여야 한다.
③ 제1항 및 제2항의 규정은 발명자, 발명과 관계된 자, 위원회의 위원이 회사를 퇴직한 후에도 적용한다.

제20조 (출원의 제한 등) 발명자는 제5조 제3항의 규정에 의한 통지를 받을 때까지 그 직무발명을 자기명의로 출원하거나, 그 직무발명에 대한 권리를 제3자에게 양도해서는 아니된다.

제21조 (손해배상) 발명자가 제4조 제1항의 신고의무를 위반하거나, 제19조 및 제20조의 규정에 위반한 경우에는 그로 인해 회사가 입은 손해를 배상하여야 한다.

제22조 (협력의무) 발명자는 출원 · 심사 · 심판 · 소송 · 기타 처분 또는 실시를 위하여 회사가 필요로 하는 경우에는 이에 협력할 의무가 있다. 다만, 회사를 상대로 다투는 경우에는 그러하지 아니하다.

제23조 (퇴직 후의 취급) 종업원이 퇴직 등을 한 경우에 있어서도 그 발명이 직무발명에 해당하는 경우, 그 취급은 본 규정에 의한다.

제24조 (준용 및 적용범위) ① 본 규정은 디자인권, 컴퓨터프로그램, 저작권, 반도체집적회로의 배치 설계에 관한 권리 및 기타 신지식재산권에 관하여 준용한다.
② 종업원이 발명한 직무발명에 대해서는 법령이나 기타 계약에 의하여 따로 정한 경우를 제외하고는 본 규정을 따른다.

부 칙

제1조 (시행시기) 이 규정은 20 년 월 일부터 종업원의 신고가 있는 직무발명에 대해서 시행한다.
제2조 (경과조치) 개정 전 규정에 의하여 회사가 승계한 직무발명에 대한 권리는 종전의 규정에 의하여 승계된 권리로 본다.

제2절 기술양도형 계약

1. 특허권양도계약

특허권양도계약서

특허권이 있는 기술의 특허권자인 ○○○(이하 『갑』이라 한다.)과 □□□(이하 『을』이라 한다.)은 갑이 소유하는 특허권, 실용신안권 및 특허를 받을 권리의 양도에 관하여 다음과 같이 계약을 체결한다.

제1조 (대상특허권 등) 갑은 다음에 열거하는 특허권, 실용신안권 및 특허를 받을 권리를 을에게 양도한다.

1. 특허 제○○○○호 발명의 명칭 「○○○○」
2. 특허 제○○○○호 발명의 명칭 「○○○○의 제조방법」
3. 실용신안등록 제○○○○호 고안의 명칭 「○○○○장치」
4. 특허출원 제○○○○호 발명의 명칭 「△△△△」

제2조 (등록절차 및 비용의 분담) ① 갑은 다음에 열거하는 서류를 20 년 월 일까지 을에게 교부한다.

1. 양도증서 각 1통
2. 갑에게 관계되는 등기부등(초)본 1통
3. 단독신청승낙서 전조 제1호 내지 제3호에 관계되는 것 각 1통

② 을은 이전등록 및 명의변경에 소요되는 비용을 부담한다.

제3조 (대가 및 그 지불방법) ① 을은 제1조 제1호 내지 제4호에 정하는 권리의 양도의 대가로서 일금 ○○○○○원을 갑에게 지불한다.

② 을은 전항에 정하는 대가를 20 년 월 일까지 ○○은행 ○○지점 계좌번호 ○○○○○○인 갑의 구좌에 입금시킨다.

제4조 (권리유지의무) 갑은 제2조에 정하는 서류를 을에게 교부하고 을이 이를 수령하기까지 제1조 제1호 내지 제3호에 정하는 권리를 유지할 의무를 지며, 또한 을이 제1조 제4호에 정한 권리

에 관계되는 명의변경 절차를 완료하기까지 당해 권리를 유지할 의무를 진다.

제5조 (비밀유지) 갑과 을은 제1조 제4호에 관계되는 발명이 출원공개되기까지 당해 발명을 제3자에게 공개해서는 아니된다.

본 계약 체결의 증거로서 본서 2통을 작성하고 갑과 을이 서명날인한 후 각 1통을 보관한다.

20 년 월 일

서울특별시 영등포구 ○○동 ○○번지
갑 ○○주식회사
대표이사 ○ ○ ○ (인)

서울특별시 도봉구 ○○동 ○○번지
을 △△ 주식회사
대표이사 ○○○ (인)

2. 특허기술양도계약

특허기술양도계약서

○○주식회사를 "갑"으로 하고 ◇◇주식회사 "을"로 하고, 갑 · 을 간에 갑이 보유한 특허 제○○○○호를 을에게 양도함에 있어 다음과 같이 계약을 체결한다.

제1조 (특허기술의 양도) 갑이 보유한 특허의 권리로 설정된 아래의 특허권을 을에게 양도한다.
1. 특허번호: 제○○○○호
2. 발명의 명칭 :
3. 발명자:
4. 특허권자:

제2조 (특허기술의 양도 범위) 갑은 을에게 제1조의 특허권을 양도한다.

제3조 (특허기술의 양도 대가의 지급) 을은 갑에게 제1조에 의한 본 특허기술을 양도하는 대가로 금 ________ 원을 지급한다.

제4조 (특허기술 등록 절차 서류) ① 갑은 첨부의 특허청 소정의 이전등록서류를 작성하고 서명, 날인한 후에 을에게 교부하여야 한다.
② 을은 갑으로부터 제1항의 서류를 교부받은 후에 제2조의 양도대금을 지급한다.
③ 특허청의 이전등록 비용은 을이 부담한다.
④ 제1항의 특허청 이전등록서류의 불비가 있는 경우에는 갑 · 을 상호간에 해당 불비사항을 정정하는 데 협력하여야 한다.

제5조 (대가의 불반환) 제4조 제2항에 의해 을이 갑에게 지급한 대가는 본건 특허의 이전등록불능에 하자가 존재하지 않는 이상 어떠한 이유에 있어서도 갑에게 그 비용의 반환을 청구할 수 없다.

제6조 (특허료) ① 본건 특허에 관하여 갑이 이미 지불한 특허등록료에 대해서는 갑은 을에게 그 비용을 청구할 수 없다.
② 을은 본건 특허등록료에 대해서 갑이 지불한 연도의 다음연도부터는 을이 지불하여야 한다.

제7조 (개량발명) 을이 제1조에서 정한 특허에 기초한 새로운 발명을 하거나 기술을 개발한 경우 이러한 개량발명에 대해서는 갑과 을이 협의 하에 그 귀속을 결정하기로 하되, 합의가 이루어지지 않을 경우에는 갑과 을의 공유로 한다. 만약 이러한 개량발명에 대해 특허권 등을 출원하고자 하는 경우 그 비용부담은 갑과 을의 공동부담으로 한다.

제8조 (계약의 해지) 갑 · 을은 본 계약상의 중대한 의무를 이행하지 아니하거나 본 계약을 이행함에 있어 중대한 협조사항을 이행하지 아니한 경우 ○○일 이내에 이행을 최고하며, 최고 후에도 이행하지 아니한 경우에는 상대방에 의한 서면 통지로 본 계약을 해지할 수 있다.

제9조 (계약의 기간 및 변경) ① 본 계약의 기간은 본 특허등록 이전신청서를 특허청으로부터 을이 받아 그 사본을 갑에게 제출한 때에 종료된다.
② 본 계약의 일부 또는 전부를 변경할 필요가 있는 경우에는 갑과 을의 서면합의에 의하여서만 이를 변경할 수 있으며, 그 변경내용은 변경한 날 그 다음 날부터 효력을 발생한다.

제10조 (분쟁해결) 본 계약과 관련하여 갑, 을 쌍방의 의무이행과 관련하여 분쟁이 발생하는 경우 갑과 을은 이를 상호 협의하여 원만히 해결토록 노력하여야 하며, 이러한 분쟁이나 이견이 해결되지 않은 경우에는 ○○법원을 제1심 관할법원으로 한다.

제11조 (계약의 효력) 본 계약의 효력은 갑을 쌍방이 서명 날인한 날부터 유효하다.

본 계약의 체결을 증명하기 위하여 본 계약서 2통을 작성하여 양 당사자가 각 기명 날인한 후 각 1통씩 보유하기로 한다.

첨부: 1. 갑, 을의 법인인감증명서 각 1부
2. 갑, 을의 사업자등록증 사본 각 1부
3. 특허 제○○○○호 이전등록신청서 1부
4. 양도증서 1부

20 년 월 일

서울특별시 영등포구 ○○동 ○○번지
갑 ○○주식회사
대표이사 ○○○ (인)

경기도 의정부시 ○○동 ○○번지
을 △△ 주식회사
대표이사 ○○○ (인)

3. 기술 및 노하우 이전 계약

기술 · 노하우 이전 계약서

○○주식회사(이하 "갑"이라 한다.)와 □□주식회사(이하 "을"이라 한다.)는 갑의 기술 및 노하우를 을에게 이전하기 위해 다음과 같이 계약을 체결한다.

제1조 (정의) 본 계약서에서 사용되는 다음 각호에 기재되어 있는 용어의 정의는 각각 다음과 같은 의미를 가진다.

1. "○○에 관한 기술"이란 ○○(구체적인 기술에 관해서는 "별첨1"과 같다.)을 말한다.
2. "허락기술 · 노하우"란 갑이 개발하여 보유하고 있는 ○○관련 기술 및 노하우를 총칭하는 것(특허 출원 유무와는 무관)으로서 본조 제1호에 관한 기술을 말한다.
3. "기술정보"란 본 계약에 따라 갑으로부터 제공된 ○○에 관한 정보를 말한다.
4. "허락제품"이라 함은 "허락기술 · 노하우"를 사용하여 생산되는 모든 제품(또는 장치, 설비 등)을 말하고, 중간체 또는 원료를 생산, 판매하는 경우 그 중간체나 원료를 말한다.
5. "실시"란 허락제품을 제조, 수입, 수출, 사용, 전시하는 것을 유 · 무상에 관계없이 양도하거나 대여하는 것을 말한다.
6. "성과"란 본 계약에 의거하여 기술이전 기간 중에 갑 · 을이 공동으로 하거나 갑 또는 을이

단독으로 행한 개량기술 또는 제조기술을 말한다.
7. "생산개시"라 함은 을이 "계약기술"을 이용하여 "계약제품"을 최초로 생산한 것을 말하며, 그 해당일을 "생산개시일"이라 한다.

제2조 (기술 · 노하우의 이전내용) ① 갑은 을에게 다음의 기술 및 노하우를 이전한다.
1. 기술이전의 제목
2. 기술이전 내용 및 범위

② 갑은 을에게 다음과 같은 기술의 정보제공의 의무를 부담한다.
1. 갑이 연구개발 중인 ○○제품의 기술에 관한 정보
2. 제3자가 제1호와 관련된 기술에 관한 정보(갑이 이를 알고 있는 경우에 한한다.)
3. ○○제품의 제조기술에 관한 정보

제3조 (기술 · 노하우 이전의 실시) ① 갑은 을에 대하여 본 기술 · 노하우 이전에 필요하다고 갑이 판단한 기술정보를 제공한다.
② 기술 · 노하우 지도는 본 계약기간 중에 있어서 갑이 지정하는 시기에 을이 지정한 다음의 장소에서 행한다.
장소: 서울특별시 ○○구 ○○동 ○○번지 ○○주식회사 ○○개발 연구소
③ 을은 을의 책임과 비용부담으로 갑이 제공한 기술정보에 관하여 시제품 제작 및 시험을 한다.
④ 갑은 본조의 기술지도를 갑으로부터 받는 제3자가 있는 경우에는 그 제3자에 대한 기술지도도 함께 할 수 있다.
⑤ 을은 계약기술 · 노하우의 실질적인 이전을 위해 필요한 범위 내에서 갑의 기술자 · 피용자가 직접 을을 방문하여 교육을 해 줄 것을 요청할 수 있다. 이 경우 갑은 (　　)개월에 (　　)시간까지는 자신의 기술자 · 피용자를 (　　)명의 범위 내에서 을에게 무상으로 파견하여 교육하여야 하며, 위 시간을 초과하는 범위는 을이 그 비용(여행비, 숙박비, 체제 경비)을 부담하여야 한다.

제4조 (계약기간) 본 계약의 유효기간은 20　년　월　일로부터 20　년　월　일까지로 한다. 단, 본 계약 만료 1개월 전까지 당사자 일방이 계약기간의 연장을 원하는 경우에는 양 당사자는 협의하여 본 계약을 연장할 수 있다.

제5조 (기술 · 노하우 이전 대가) ① 본 계약에 의거하여 기술이전대가에 대해서 을은 갑에 대하여 금 ________ 원 및 그에 상응하는 부가가치세 ________ 원을 지급한다.
② 을은 전항에 지급액 합계 금 ________ 원을 20　년　월　일까지 다음의 갑의 은행계좌로 이체하여야 한다.
계좌번호: (　　　　　은행)
예금주:

제6조 (기술정보의 취급) ① 을은 사전에 갑의 서면에 의한 승낙없이 갑으로부터 제공된 기술정

보를 본 계약이 목적으로 하는 기술이전에 필요한 범위 이외는 사용할 수 없다.
② 갑이 제1항의 기술정보를 을에게 제공하는 경우에는 갑이 제공한 기술임을 표시하여야 한다.

제7조 (비밀유지) ① 을은 "계약기술 · 노하우"가 제3자에게 제공하거나 누설하면 아니된다. 다만, 다음 각 호에 해당하는 경우에는 그러하지 아니하다.

1. 갑이 제공하기 이전에 이미 공지된 것
2. 갑으로부터 제공되기 이전에 이미 자기가 소유하고 있는 것
3. 갑으로부터 서면에 의해 동의를 얻은 것
4. 갑으로부터 제공된 후에 자기의 책임에 의하지 아니하고 공지된 것
5. 정당한 권한이 있는 자가 제3자로부터 비밀유지의무를 가하지 않아 합법적으로 취득한 경우

② 갑 및 을은 본조의 의무를 각자의 종업원, 위탁업체 그 밖의 필요한 자에게도 준수하도록 하여야 하며, 이를 위해 적절한 수단을 강구하여야 한다.

제8조 (담당기술자의 성명 등의 통지) 갑과 을은 본 계약의 체결 후 즉시, 본 기술이전을 담당하는 각 당사자의 담당기술자의 성명 및 직책명을 상대방에게 통지하여야 한다. 담당기술자가 변경되는 경우에도 상대방에게 통지하여야 한다.

제9조 (담당기술자의 의무) 을의 담당기술자는 갑의 지시 하에 갑의 장소에서 갑의 "설비사용 및 관리 규칙"에 따라 제3조 제2항의 기술지도를 하여야 한다.

제10조 (진행상황 보고) ① 갑은 본 기술이전을 원활하게 수행하기 위하여 본 계약기간 중 필요에 따라 을에게 을의 업무진행사항을 서면으로 보고하게 할 수 있다.
② 을은 본 계약이 종료한 경우는 즉시 본 기술이전 결과에 대하여 완료보고서를 갑에게 제출하여야 한다.

제11조 (성과의 귀속) 본 계약에 근거하여 기술이전에 의해 갑과 을이 공동으로 수행한 발명 및 기타 성과는 해당 성과에 기여한 공헌도에 따라 지분으로 공유한다. 이 경우에는 갑 또는 을이 해당성과에 관한 특허출원 등을 할 때는 본 계약의 일부로 첨부된 별지 "산업재산권에 관한 협정서"를 상호간에 체결한 후 공동으로 출원하여야 한다.

제12조 (성과의 공표) 갑 및 을은 본 계약에 근거하여 기술이전에 관한 정보를 제3자에게 공표하는 경우에는 사전에 상대방에게 동의를 얻어야 한다.

제13조 (기술의 개량 등) ① 갑이 "계약기술 · 노하우"를 이용하여 산업재산권을 취득하는 경우 을은 본 계약의 내용에 따른 실시권을 갖는다. 다만, 이 경우 특허의 출원, 보정, 등록, 유지, 실시권설정 및 명의이전 등을 위한 서류제출, 절차 등에 대하여 쌍방은 상호 협조하여야 하며, 이에 소요되는 일체의 비용은 갑이 부담한다.

② 을 또는 을의 임원 및 피용자가 “계약기술”의 개량, 확장, 대체 또는 추가 발명에 의한 기술(이하 “개량기술”이라 한다.)을 적용하거나, 이를 근거로 새로운 산업재산권을 취득하고자 할 경우 을은 사전에 갑에게 통보하여 상호 협의하여 추진하여야 하며, 취득된 산업재산권은 쌍방의 공동소유로 한다. 특약이 없는 한 “개량기술”의 실시 역시 본 계약에 의하여 실시되는 것으로 보며 본 계약은 계속 유효하다.

제14조 (신의성실의 의무) 본 계약이 목적하는 바를 상호 충족시키기에 필요한 제반사항에 대하여 갑은 신의와 성실을 다하여 을에게 적극 협조하여야 하며, 을 또한 본 계약을 성실히 이행하여야 한다.

제15조 (면책) ① 갑은 을에 의한 “계약기술 · 노하우”의 실시가 제3자의 특허권 기타 산업재산권을 침해하지 않는 것을 보증하는 것은 아니다. 또한 “계약기술”의 실시에 의해 을에게 발생한 제3자에 대한 기술료의 지불을 포함하여 (을)의 어떠한 손실에 대해서도 갑은 책임을 지지 않는다.
② 제3자가 “계약기술 · 노하우”을 침해하거나 침해하려 하고 있는 것을 안 때에는 갑과 을은 상호간에 그 사실을 통보하여 상호이익을 위해 협력한다.
③ 을이 직접 또는 간접으로 “계약기술 · 노하우”의 효력을 다투는 경우에는 갑은 본 계약을 해지할 수 있다.

제17조 (계약의 변경) 본 계약의 내용은 갑과 을의 서면합의에 의하여서만 유효하게 변경될 수 있다.

제18조 (계약의 해지) ① 갑은 다음 각호의 경우에 30일의 기한을 두고 을에게 그 이행을 서면으로 최고할 수 있으며, 위 기한이 경과한 후에도 그 하자가 치유되지 않는 경우 갑은 을에 대한 서면통지로써 본 계약을 해지할 수 있다. 이 경우 갑은 기지급 받은 금액을 반환하지 아니하며, 을은 갑으로부터 제공받은 기술자료(별도로 복제자료를 보관하고 있을 경우 그 복제자료도 포함)를 갑에 반환하고 본 계약상의 모든 권리를 포기하여야 한다.

1. 통보기한 내에 “생산개시일”을 통보하지 아니하거나, “생산개시일” 전이라도 을이 생산을 포기한 것으로 인정되는 경우
2. “생산개시일”이후 을이 조업중단 등으로 실시할 수 없다고 인정되는 경우
3. 을이 제5조에 따른 실시료를 정당한 이유없이 지급하지 아니할 경우
4. 기타 본 계약상의 의무를 위반하여 본 계약의 목적달성이 불가능하다고 객관적으로 판단되는 경우

② 을은 갑이 본 계약상의 의무를 위반할 경우 30일의 기한을 두고 갑에게 그 이행을 서면으로 최고할 수 있으며, 위 기한이 경과한 후에도 그 하자가 치유되지 않는 경우 을은 갑에 대한 서면통지로써 본 계약을 해지할 수 있다.
③ 본 계약이 해지되었을 경우, 을은 스스로 또는 제3자로 하여금 “계약기술 · 노하우”를 실시토록 하거나 “계약제품”을 생산토록 해서는 안된다.

제19조 (손해배상) 본 계약상의 의무를 위반한 당사자는 상대방에게 그로 인한 손해를 배상하여야 한다.

제17조 (통지) 을이 본 계약체결 후 법인의 주소 등 중요사항을 변경하였을 경우에는 이를 지체없이 갑에게 통보하여야 하며, 그 불이행으로 인한 갑의 착오는 을의 항변으로부터 면책된다.

제18조 (분쟁해결) 본 계약과 관련하여 혹은 쌍방의 의무이행과 관련하여 분쟁이나 이견이 발생하는 경우 갑과 을은 이를 상호 협의하여 원만히 해결토록 노력하여야 하며, 이러한 분쟁이나 이견이 해결되지 않은 경우에는 대한상사중재원의 중재로 해결한다.

본 계약의 체결을 증명하기 위하여 본 계약서 2통을 작성하여 양 당사자가 각 기명 날인한 후 각 1통씩 보유하기로 한다.

20 년 월 일

서울특별시 서초구 ○○동 ○○번지
갑 ○○주식회사
대표이사 ○ ○ ○ (인)

경기도 동두천시 ○○동 ○○번지
을 △△ 주식회사
대표이사 ○ ○ ○ (인)

4. 합병 계약

합병계약서[3)]

○○주식회사를 갑, ○○○주식회사를 을로 하여, 갑과 을은 △△주식회사(이하 새로운 회사라 한다.)를 설립하기로 하고, 갑 · 을간에 다음과 같은 계약을 체결한다.

제1조 (합병과 새로운 회사의 설립) 갑과 을은 합병하여 새로운 회사를 설립하며, 갑과 을은 해산하기로 한다.

3) 이 계약서는 로앤비 사이트(www.lawnb.com)에 있는 신설합병계약서를 수정한 것이다.

제2조 (새로운 회사) 합병에 의하여 설립되는 새로운 회사의 목적, 상호, 발행주식의 총수, 지적재산(특허, 실용신안, 디자인, 상표, 노하우 등), 액면주식 1주의 금액 및 본점 소재지는 다음과 같다.

1. 목적
   (1) ○○제조
   (2) ○○판매
   (3) 전 항을 대체하는 부대사업
2. 상호: △△주식회사
3. 지적재산
   (1) 특허: ○○건
   (2) 실용신안: ○○건
   (3) 디자인: ○○건
   (4) 상표: ○○건
   (5) 노하우: ○○건
   (6) 기타: ○○건
3. 발행하는 주식의 총수: ○○○주
4. 액면주식 1주의 금액: ○○○원
5. 발행주식의 종류 및 수량: 보통주식 ○○○주
6. 위 주식을 양도할 때에는 이사회의 승인을 얻어야 한다.
7. 본점의 소재지는 ○○시(市)로 한다.

제3조 (합병비율) 새로운 회사는 합병에 있어서 액면금 ○○○원의 보통주식 ○○○주를 발행하고, 이를 합병기일 현재 갑 · 을의 최종 주주에 대하여 소유하고 있는 액면금 ○○○원의 보통주식 1주에 대하여 1주의 비율로 교부한다.

제4조 (자본액) 새로운 회사의 자본액은 금 ○○○원으로, 준비금은 금 ○○○원으로 한다. 단, 준비금은 합병기일의 갑 · 을의 재산상태에 의하여 갑 · 을 협의하에 변경할 수 있다.

제5조 (지적재산) 갑의 지적재산 ○○건, 을의 지적재산 ○○건을 현물출자한다.

제6조 (합병기일) 합병기일은 20 년 월 일로 한다. 단, 합병기일 전에 합병에 필요한 절차를 완료할 수 없을 때에는 갑 · 을 대표자의 협의에 의하여 연기할 수 있다.

제7조 (자산의 인수) ① 갑 · 을은 20 년 월 일 현재의 재산목록 및 대차대조표를 기초로 하여 이후 합병기일까지 사이의 수지를 가감하고 합병기일에 순자산 ○천만원 이상에 해당하는 갑 · 을이 각 소유하는 자산(지식재산을 포함), 부채 및 권리의무 일체를 새로운 회사가 인수한다.

② 갑 · 을은 20 년 월 일 이후 합병기일에 이르기까지 순자산의 증감에 중대한 영향을 미치는 자산, 부채 및 권리의무에 변동이 생겼을 때에는 별도계산서를 첨부하여 그 내용을 지체 없이 상대방에게 명시하여야 한다.

제8조 (이익금처분) ① 갑 · 을은 이 계약 체결 후 합병기일에 이르기까지 선량한 관리자의 주의로 업무를 집행하며, 또한 재산 일체를 관리하고 그 재산의 처분, 채무부담, 특별한 지출, 기타 중요한 사항에 대하여는 사전에 상대방에게 통지하여야 한다.
② 갑 · 을은 언제든지 상대방의 장부 · 서류를 감사하고 그 업무사항을 조사할 수 있다.

제9조 (이익의 귀속) 합병기일 이후에 생긴 갑 · 을의 이익은 모두 새로운 회사에 귀속하며 제2조에 의하여 발행한 주식에 대한 배당은 새로운 회사 설립등기일부터 기산한다.

제10조 (종업원의 인수) 합병기일 현재의 갑 · 을 종업원은 새로운 회사에 인계하며, 근속년수는 전후통산 한다.

제11조 (주주총회의 의결) 갑 · 을 양 회사는 20 년 월 일, 각 주주총회를 소집하여 본 계약의 승인 및 그 실행에 필요한 사항에 대한 결의를 한다.

제12조 (설립위원) 갑 · 을은 새로운 회사를 설립함에 있어서 정관작성, 기타 필요한 행위를 하기 위하여 각 2명의 설립위원을 선임한다.

제13조 (창립총회의 개최) 새로운 회사의 창립총회는 20 년 월 일 개최하며, 갑 · 을은 그 기일 전에 합병에 관한 모든 절차를 완료해야 한다.

제14조 (계약의 변경) 본 계약체결일로부터 합병기일에 이르는 사이에 천재지변 기타 갑 또는 을의 재산, 경영상태에 중대한 변동이 생긴 때에는 갑 · 을은 협의하여 합병조건을 변경하거나 또는 본 계약을 해제할 수 있다.

제15조 (협의사항) 본 계약에 정하지 않는 합병에 관하여 필요한 사항은 갑 · 을 대표자의 협의를 거쳐 정한다.

제16조 (효력의 발생시기) 본 계약은 갑 · 을 양 회사의 주주총회에서 승인결의 후 합병의 등기를 함으로써 그 효력이 발생한다.

위 계약을 증명하기 위하여 본 계약서 2통을 작성하고 각자 서명 · 날인한 후 각각 1통씩 보관한다.

20 년 월 일

「갑」 ○○주식회사

서울시 ○○구 ○○동 ○번지
대표이사 ○ ○ ○

「을」 ○○○주식회사

서울시 ○○구 ○○동 ○번지
대표이사 ○ ○ ○

5. 신탁 계약

특허권 관리 · 처분 신탁계약서(유동화용)[4)]

[갑](본점/주사무소 소재지 _________ . 이하 '당초위탁자'라 한다.)과 [을](본점/주사무소 소재지 _______ . 이하 '수탁자'라 한다.)은 당초위탁자가 보유하는 특허권 등을 수탁자에게 신탁하는 데 대해서 20 년 월 일자로 다음과 같이 계약을 체결한다.

제1조 신탁의 목적 등

1. 당초위탁자는 별지 1 기재 특허권(이하 개별 또는 총칭하여 '신탁특허권'이라 한다.) 및 동산(이하 '신탁동산'이라 한다.)을 이 계약에 따라 설정되는 신탁의 수익권에 대한 수익자(이하 '수익자'라 한다.)를 위해 관리할 목적으로 수탁자에게 신탁하고, 수탁자는 이를 인수한다.
2. 당초위탁자는 제1항에 의한 신탁에 의해 취득한 수익권을 [ ](이하 '당초양수인'이라 한다.)에 대해서 이 계약의 효력발생일자로 양도한다.

제2조 특허권의 이전등록

1. 당초위탁자는 년 월 일(이하 '등록신청일'이라 한다.)에 수탁자에 대해서 신탁특허권을 신탁하고, 그 효력은 신탁특허권의 신탁에 의한 이전등록 및 신탁등록의 등록일(이하 '효력발생일'이라 한다.)에 발생한다.
2. 수탁자는 등록신청일에 신탁특허권의 이전등록신청 및 신탁등록신청을 하기로 한다. 당초위탁자는 특허법(대한민국 및 외국의 특허법을 포함한다. 이하 같다.)에 의하여 신탁특허권을 당초

4) 이 계약서는 財団法人 知的財産研究所, 「知的財産の信託制度導入に係る実務的諸問題の調査研究報告書」, 2003에 수록되어 있는 모범계약서를 번역한 것이다.

위탁자로부터 수탁자에게 이전등록 및 신탁등록 신청을 하는 데 있어 그 절차를 수탁자가 행할 수 있도록 이 계약체결과 동시에 필요한 소정 양식에 따른 양도증서, 단독신청승낙서 등 모든 필요서류를 당초위탁자의 비용부담으로 필요한 부수를 작성하여 수탁자에게 교부하기로 한다. 당초위탁자는 수탁자가 등록신청일에 특허청(대한민국 및 외국의 특허청을 포함한다. 이하 같다.)에서 신탁특허권을 당초위탁자로부터 수탁자에게 이전등록 및 신탁등록 신청절차를 밟을 수 있도록 필요한 협력을 다하기로 한다.

3. 신탁특허권을 당초위탁자로부터 수탁자에게 이전등록 및 신탁등록 절차를 진행하는 데 필요한 제세공과 및 비용은 특허인지세 및 대리인 수수료를 포함하여 수탁자가 부담한다.

제3조 수익자

이 계약에 따라 설정되는 신탁의 당초의 수익자는 당초위탁자로 한다. 당초위탁자로부터 이러한 수익권을 이 계약에서 인정되는 방법에 따라 양수한 자 또는 당초위탁자의 지위를 포괄승계한 자는 수익자가 된다.

제4조 신탁기간

1. 이 신탁의 기간(이하 '신탁기간'이라 한다.)은 효력발생일로부터   년   월   일까지로 한다. 다만 해당일 전에 신탁특허권 또는 그 일부가 무효가 되거나 권리가 소멸한 경우 당해 신탁특허권에 대해서는 이 신탁은 종료하는 것으로 한다.

2. 수익자와 수탁자가 합의한 경우 신탁기간을 연장할 수 있다.

제5조 금전의 추가신탁 등

1. 위탁자(당초위탁자가 수익권을 [   ](이하 '당초양수인'이라 한다.)에게 양도할 때까지는 당초위탁자를 '위탁자'라 하고, 수익권이 양도된 후는 당초위탁자로부터 이 계약상의 위탁자 지위를 승계한 당초양수인을 '위탁자'라 한다. 이하 같다.)는 제1조의 신탁목적을 달성하기 위해 필요한 비용에 충당하기 위해 수탁자에 대해서 그 승낙을 얻어 금전을 추가로 신탁할 수 있다.

2. 당초위탁자는 신탁재산에 귀속되는 금전이 제16조의 제비용 및 제19조의 신탁보수에 부족함을 이유로 당해 부족금액이나 제16조의 제비용 또는 제19조의 신탁보수에 충당할 금전을 지불할 것을 수탁자로부터 청구받은 경우에는, 수탁자로부터 이러한 청구서를 받고 나서 3영업일 이내에 청구서에 기재된 금액을 지불하거나 추가로 신탁한다.

3. 이 신탁이 종료했을 때 수탁자는 수탁받은 금전을 신탁종료 시점에서의 운용형태에 따라 제21조 제2항에 정한 바에 따라 수익자에게 교부한다.

제6조 수익권

1. 수익자는 수탁자의 서면에 의한 승낙이 없으면 수익권에 대해 제3자에게 양도, 담보설정 기타의 처분을 할 수 없다.

2. 수익권의 양도 또는 승계를 받은 자는 위탁자의 권리 및 의무와 함께 수익자의 지위를 승계하며, 수익권을 양도 또는 승계시킨 위탁자는 이 계약상의 의무로부터 면제되고 이 계약상의 당

초위탁자 및 수익자의 지위로부터 이탈한다. 다만, 제2조, 제7조, 제11조, 제17조 제2항 및 제27조에 정한 당초위탁자의 고유한 의무는 수익자가 변경된 경우에도 아무런 변경 없이 종전대로 당초위탁자가 그 의무를 이행하기로 한다.
3. 수탁자는 수익권을 증명하기 위해 수익권증서를 작성하여 수익자에게 교부한다.
4. 수익자는 수익권을 분할할 수 없다.

제7조 위탁자의 사실표명 및 보증

위탁자는 수탁자에 대해서 별지 2 기재 사항이 이 계약체결일 및 효력발생일에 진실하고 정확함을 표명하고 보증하기로 한다. 위탁자는 이 조에서 표명 및 보증된 사항이 진실하고 정확하지 않음이 판명된 경우 그것을 원인으로 하여 수탁자, 수익자 또는 신탁재산에 생긴 손해, 손실 또는 비용(변호사 비용 기타의 비용을 포함한다. 이하 같다.)에 대해서 즉각 배상할 책임을 지고, 수탁자는 이 조에서 표명 및 보증된 사항이 사실과 다름이 판명된 경우 그것을 원인으로 하여 위탁자, 수익자 또는 신탁재산에 생긴 일체의 손해, 손실 또는 비용에 대해서 면책되며, 수탁자에게 손해, 손실 또는 비용이 발생한 경우에는 위탁자에게 즉각 배상을 청구하거나 또는 신탁재산에서 변제받거나 또는 수익자에게 청구할 수 있다.

제8조 수탁자의 사실표명 및 보증

수탁자는 이 계약체결일에 별지 3 기재사항이 진실하고 정확함을 표명 및 보증한다. 수탁자는 이 조의 표명 및 보증이 진실하고 정확하지 않음이 판명된 경우 그것을 원인으로 하여 위탁자, 수익자 또는 신탁재산에 생긴 손해, 손실 또는 비용에 대해서 이를 즉각 배상할 책임을 진다.

제9조 관리방법

1. 수탁자는 다음과 같은 방법으로 신탁특허권 및 신탁동산을 관리한다.
   (1) 신탁특허권의 전부 또는 일부에 관하여 수익자가 지정하는 자에 대해서, 수익자가 지정하는 조건으로 신탁특허권에 대해 통상실시권 또는 전용실시권을 설정하고 그 대가를 받는다.
   (2) 수익자의 지시에 따라 신탁특허권의 보존, 이용 또는 개량행위(이하에 열거하는 사항을 포함하며, 그에 한정되지 않는다.)를 한다. 만일, 위탁자에 의한 지시가 있는 경우에는 그에 따르기로 한다.
      (i) 특허 연차등록료의 지불
      (ii) 무효심판에서의 방어 및 정정심판의 청구
   (3) 신탁동산의 복제물을 작성하여 제1호에 정한 실시권 피허락자에게 이를 매각하거나 대여한다.
2. 수탁자는 자기의 비용과 책임으로 그 사무의 일부를 수탁자가 선임하는 자에게 위탁할 수 있다.
3. 수탁자는 제1항에서 정한 것을 제외하고는 수익자의 지시가 없는 한 신탁재산의 부담이 되는 금전차입, 신탁특허권 또는 신탁동산의 양도, 담보제공 기타 일체의 처분행위를 해서는 안된다.
4. 수익자는 수탁자에 대한 지시를 [ ](이하 '에셋매니저'라 한다.)에게 위탁할 수 있으며,

수탁자는 미리 이를 승낙한다.

5. 수탁자는 제3자로부터의 통지 또는 클레임(경미한 것을 제외한다.), 행정관청의 통지 · 지도 · 요청, 법적 조치 등을 받은 경우, 그밖에 신탁재산의 관리, 운용 및 처분에 관한 중요한 사항을 안 경우에는 그 사실을 지체없이 수익자에게 통지하기로 한다.

제9조의2 기존의 라이선스계약

수탁자는 기존의 별지 4 기재 라이선스계약에 대해 위탁자의 지시에 따라 처리하기로 한다.

제10조 신탁재산의 처분

수탁자는 수익자의 지시에 의해서만 신탁특허권 및 신탁동산을 매각 기타 방법으로 처분할 수 있다. 다만, 신탁특허권 및 신탁동산의 매각에 있어서는 다음의 모든 조건이 충족되지 않는 한 수탁자는 수익자의 지시에 따를 것을 요구하지 않기로 한다.

(1) 다음 중 하나의 방법으로 매각할 것

(i) 수탁자가 매수인에 대해서 하자담보책임을 지지 않는 방법.

(ii) 수탁자가 부담하는 하자담보책임을 수탁자가 상당하다고 인정하는 제3자에게 병존적으로 인수시키고, 당해 채무인수에 의해 생긴 연대채무의 내부비율에 대해 수탁자를 제로, 병존적 인수인을 전부로 하는 방법.

(iii) 수탁자의 하자담보책임 기타 신탁특허권 및 신탁동산의 처분에 관한 계약에 기초하여 수탁자의 책임 또는 손해를 전보하는 보험을 드는 방법. 다만, 이 경우 보험료 및 보험 가입을 위해 필요한 비용은 신탁재산의 부담으로 하며, 또한 당해 보험에 의해 전보되지 않는 부분(보험금 상한을 초과하는 부분, 면책금액 및 축소전보특약에 의해 보험금 급부가 제한되는 부분을 포함하나 그에 한정되지 않는다.)은 전호와 같은 방법에 의해 수탁자가 상당하다고 인정하는 제3자에게 병존적으로 채무를 인수시켜야 한다.

(iv) 기타 수탁자가 상당하다고 인정하는 방법

(2) 수익자의 지시에 따른 처분이 당초양수인, 라이선시 등 사이에서 신탁특허권 및 신탁동산과 관련하여 체결된 제계약에 위반하지 않을 것.

제11조 신탁재산의 하자

1. 위탁자는 신탁기간 중 및 신탁종료 후에도 신탁특허권 또는 신탁동산에 대해서 숨겨진 하자가 있음을 원인으로 하여 신탁재산, 수익자 또는 수탁자에게 생긴 손해, 손실 또는 비용에 대해서 이를 배상할 책임을 진다.

2. 수탁자는 신탁기간 중 및 신탁종료 후에 신탁특허권 또는 신탁동산에 대해서 숨겨진 하자가 있음이 판명된 경우에는 이에 대해 선량한 관리자의 주의로 관리한 경우에 한하여 이러한 하자를 원인으로 하여 위탁자, 수익자 또는 신탁재산에 생긴 일체의 손해, 손실 또는 비용에 대해서 면책된다.

제12조 선관주의의무

1. 수탁자는 신탁특허권의 관리 기타 신탁사무에 대해서 선량한 관리자의 주의로 처리해야 한다.
2. 수탁자는 신탁사무의 이행에 있어서 수익자에 대한 충실의무를 진다.
3. 수탁자는 이 계약상의 신탁재산을 수탁자의 고유재산 또는 다른 신탁재산과 분리하여 관리해야만 한다. 다만 이 계약상의 신탁재산과 이 계약과 수익자가 동일한 다른 신탁계약상의 신탁재산에 관해서 수탁자가 분리관리를 할 필요가 없다는 취지의 합의를 수익자와 수탁자 사이에서 하는 것은 무방하다.
4. 수탁자는 신탁재산의 멸실, 감가, 수익의 감소 기타 손해에 관해 고의 또는 중대한 과실이 없는 한 책임을 지지 않는다.

제13조 소송 등

1. 수탁자는 신탁특허권 또는 신탁동산의 관리에 관한 분쟁 기타 신탁재산에 관하여 원고로서 소송이나 심판을 제기할 필요가 생겼을 때는 위탁자 또는 수익자의 승낙을 얻어 변호사(변리사) 비용 및 소송비용을 신탁재산의 부담으로 하여 소송이나 심판을 제기할 수 있다. 다만, 긴급한 필요가 있다고 수탁자가 판단하는 때는 이러한 승낙을 얻지 않아도 되며, 수탁자는 이러한 소송이나 심판을 제기해야 할 사실을 인식한 경우 그 취지를 위탁자에게 통지해야만 하지만, 소송이나 심판을 제기할 의무를 지는 것은 아니다.
2. 수탁자는 위탁자 또는 수익자의 지시에 따라 소송이나 심판을 제기하는 경우 위탁자 또는 수익자가 지시하는 변호사(변리사) 비용 및 소송(심판) 비용을 신탁재산의 부담으로 하고, 소송(심판)에 관한 사항을 위탁자 또는 수익자가 지정하는 변호사(변리사)에게 위임한다.
3. 수탁자가 신탁재산의 수탁자로서 소송이나 심판의 상대방이 되는 경우에 수탁자는 다음 각호의 절차에 따라 선정되거나 또는 스스로 선정한 변호사(변리사)에게 소송(심판)과 관련된 사항을 위임하기로 한다. 이 경우 변호사(변리사) 비용 및 소송(심판) 비용은 신탁재산의 부담으로 한다.
   (1) 수탁자는 당해 소장이나 심판청구서의 송달을 받고 나서 3영업일 이내에 위탁자에 대해서 당해 소송(심판)이 제기되었다는 사실을 통지한다.
   (2) 위탁자 또는 수익자는 위 통지를 받고 나서 5영업일 이내에 수탁자에 대해서 당해 소송(심판)과 관련된 사항을 위임할 변호사(변리사)를 지정한다.
   (3) 위탁자 또는 수익자로부터 위 지시가 기한 내에 이루어지지 않는 경우 수탁자는 자기의 재량에 따라 당해 소송(심판)과 관련된 사항을 위임할 변호사(변리사)를 선정할 수 있다.
4. 위 제1항 내지 제3항에 규정한 변호사(변리사) 비용 기타 소송(심판)의 수행에 관한 일체의 비용을 신탁재산으로부터 지불하는 것이 곤란한 경우, 수탁자는 위탁자에 대해서 제4조에 따라 당해 비용 상당액의 금전을 추가신탁 또는 지불할 것을 청구할 수 있다.

제14조 정보제공

1. 위탁자는 수탁자로부터 요구를 받은 경우 지체없이 수탁자 또는 수탁자로부터 허락을 받은 자로서 수탁자가 지정하는 자에 대하여, 수탁자 또는 수탁자로부터 허락을 받은 자에 의한 신탁특허권에 관계된 특허발명의 실시에 유용하다고 수탁자가 합리적으로 판단하는 도면, 사양서, 자

료 기타 일체의 기술정보를 무상으로 제공하기로 한다.
2. 위탁자는 전항 규정의 기술정보 외에 신탁특허권에 관한, (i) 무효심판등의 청구나 제기 또는 이러한 청구나 제기가 이루어질 우려, (ii) 신탁특허권에 대한 무효의 주장 또는 이러한 주장이 제기될 우려, 또는 (iii) 제3자에 의한 신탁특허권의 침해 또는 그 우려에 관한 정보, 기타 수탁자에게 유용하다고 위탁자가 합리적으로 판단하는 신탁특허권에 관한 정보를 안 경우 그러한 정보를 즉각 수탁자에게 통지하기로 한다.

제15조 신탁원본
신탁특허권, 신탁동산, 제4조 제1항에 의해 신탁된 금전 기타 신탁특허권 및 신탁동산의 대위물과 이에 준하는 자산 및 채무를 신탁원본으로 한다.

제16조 신탁수익
신탁특허권 및 신탁동산으로부터 생기는 실시료, 공익비, 신탁재산에 속하는 금전의 운용에 의해서 생기는 이익 및 이에 준하는 것은 신탁수익으로 한다.

제17조 비용부담
신탁특허권에 관한 특허료 기타 신탁사무의 처리에 필요한 제비용은 위탁자의 부담으로 한다. 다만 수탁자는 이들 제비용을 신탁재산으로부터 지불하는 것으로 하며, 신탁재산으로부터 지불할 수 없는 경우에는 지불할 때마다 수익자에게 청구하거나 혹은 미리 예치금을 예탁하도록 청구할 수 있다. 수탁자가 신탁사무를 처리하는 데 있어 중과실 없이 입은 손해에 대해서도 마찬가지로 한다.

제18조 적립금
1. 수탁자는 신탁특허권의 보전 등의 비용에 충당하기 위해 수탁자가 필요하다고 인정하는 범위에서 수탁자가 적당하다고 인정하는 방법으로 신탁수익의 일부를 적립할 수 있다.
2. 전항의 적립금은 그 목적을 위해 수탁자가 필요하다고 인정할 때는 이를 깨서 그 지불에 충당할 수 있다.

제19조 신탁의 계산 및 수익의 교부
1. 이 신탁의 계산기일은 매월 말일 및 신탁종료의 때로 하며, 수탁자는 계산기일에 당해 계산기간의 수지계산서를 작성하여 수익자에게 보고한다.
2. 수탁자는 제15조에 정한 신탁의 수익에서 제비용등(별도 수탁자 및 당초 양수인이 정한 바에 따라 제비용등을 지불하기 위해 당해 계산기일에 적립해야 할 적립금의 액을 포함한다.)을 공제한 것을 각 계산기일의 다음 은행영업일에 수익자에게 금전으로 교부한다. 신탁종료일에는 수익권증서와 교환으로 제22조 제2항에 규정하는 방법에 의해 신탁재산을 교부한다.

제20조 신탁보수

위탁자는 각 계산기일 및 신탁종료일에 수탁자에 대하여 보수로서 금 ________ 원을 지급한다. 수탁자는 이러한 보수를 신탁재산 중에서 인출하거나 또는 수익자에게 청구할 수 있다.

제21조 신탁계약의 해제

1. 수탁자 또는 수익자는 상대방 당사자에게 다음의 각호에 정하는 사유가 생긴 경우에는 그 상대방 당사자에게 서면으로 통지함으로써 이 계약을 해약할 수 있다. 다만 상대방 당사자에 대한 손해배상 청구를 방해하지는 않는다.
   (1) 이 계약 또는 이 계약과 관련하여 체결한 계약의 각 조항에 위한하는 중대한 사유가 생기거나 또는 이 계약 성립시에 존재하던 것이 발견되고, 또한 상대방 당사자로부터 서면에 의한 통지를 수령한 날로부터 30영업일이 경과했음에도 불구하고 이러한 위반사유가 치유되지 않는 경우
   (2) 지급정지 또는 파산, 회사정리절차개시, 민사회생절차개시 혹은 특별청산개시의 신청이 된 경우
   (3) 어음교환소의 거래정지처분이 있는 경우
   (4) 가압류, 압류명령의 통지가 있고 30영업일 이내에 이러한 가압류, 압류명령이 해제되지 않는 경우
   (5) 수탁자 또는 수익자가 상대방 당사자의 동의를 필요로 하는 경우에 당해 상대방 당사자가 합리적인 이유 없이 그 동의를 유보한 경우로서, 30영업일이 경과했음에도 불구하고 이러한 동의가 이루어지지 않는 경우
   (6) 불가항력 사유에 의해 신탁동산의 일부가 멸실 또는 훼손되고, (A) 당해 멸실 혹은 훼손으로부터 6개월 이내에 복구를 하는 것이 (i) 불가능(사회통념상 현저히 곤란한 경우를 포함한다.)하다고 당해 멸실 또는 훼손으로부터 3개월 이내에 판단되거나, 또는 (ii) 가능하다고 위 기간 내에 판단되지 못한 경우, (B) 이 계약을 존속시키는 것이 불가능하거나 극히 곤란하다고 객관적이고 합리적으로 인정되는 경우
2. 수탁자 또는 수익자는 다음 각호에 정하는 사유가 발생한 경우에는 당해 상대방 당사자에 대하여 서면에 의한 통지를 함으로써 이 계약을 해약할 수 있다. 이 항에 의한 해약의 경우 양 당사자는 상호간에 손해배상의 책임을 지지 않기로 한다.
   (1) 수익자로부터 수탁자에 대하여 수익권 양도의 승낙에 대한 청구가 있었는데 수익자와 수탁자의 합의가 이루어지지 않는 경우 또는 수익권의 양수인과 수탁자의 합의(신탁계약의 변경 또는 합의해약이나 신탁보수의 변경에 관한 합의를 포함하며, 그에 한정되지 않는다.)가 이루어지지 않는 경우
   (2) 수익권에 설정된 질권 또는 양도담보가 실행된 경우
3. 수익자는 위 2항의 경우 외에 효력발생일 이후 이 계약의 기간만료일 전에 수탁자에 대하여 90일 전에 서면에 의한 통지를 행함으로써 이 계약의 전부를 해약할 수 있다. 다만, 수탁자가 이러한 통지를 받은 경우에 대해서도 본조 제6항의 규정을 적용하기로 한다.
4. 수익자가 이 계약에 따라 계약의 해약 또는 신탁의 종료를 할 수 있는 경우, 수익자는 이 계

약의 해약 또는 신탁의 종료를 하지 않고 수탁자를 변경하여 이 계약을 수익자가 지정하는 새로운 수탁자(이하 '신수탁자'라 한다.)에게 승계시킬 수 있다. 이 경우 이 신탁의 수탁자로서의 지위 및 권리의무는 모두 신수탁자에게 승계되나, 수탁자는 수탁자의 변경 이전에 자신의 귀책으로 인하여 발생한 의무 및 책임에서 면제되는 것은 아니다. 수탁자는 수탁자의 변경 후 지체없이 제21조에 준해서 신탁원본을 신수탁자에게 교부해야 한다.

5. 제1항의 (1)부터 (5)의 각 사유에 해당하는 사유로 이 계약이 해약 또는 신수탁자에게 승계된 경우, 수익자 또는 신수탁자에 대해서 신탁재산을 이관하기 위해 필요로 되는 비용은 각 사유에 해당하는 자의 부담으로 한다.

6. 수탁자는 본조의 규정에 기초하여 이 계약을 해약하는 경우 신탁특허권 및 신탁동산의 처분 기타 사무의 완료가 신탁의 종료를 위해 필요하고 또 상응한 기간을 요하는 경우, 수탁자는 수익자와 협의하여 신탁기간이 종료하는 달로부터 3개월 이내의 합리적인 범위 내에서 신탁기간을 연장할 수 있는 것으로 한다.

제22조 신탁의 종료 및 신탁재산의 교부

1. 이 계약은 신탁기간의 종료 또는 전조에 규정된 계약의 해약에 의해 종료하며, 그 날을 신탁종료일로 한다.

2. 신탁이 종료했을 때 수탁자는 최종계산을 행하고 그에 따라 수익자의 승인을 얻은 다음 신탁종료일부터 5영업일 이내에 수익권증서와 교환으로 신탁재산을 현상대로 다음의 방법에 따라 수익자에게 교부한다.

(1) 금전이 있는 경우는 다음의 순서에 따라 처리한다.

(i) 신탁재산으로부터 지불되지 않고 미지급 상태인 제비용의 지불

(ii) 최종 계산기간에 이 순수익으로부터 지불되지 않은 자본적 지출필요액

(iii) 그래도 남는 것이 있을 경우에는 수익자에게 전액 교부한다.

(2) 신탁특허권에 대해서는 수익자에게로 특허권 이전등록을 신청한다.

(3) 신탁특허권 이외의 자산은 현상대로 교부한다.

(4) 수탁자가 라이선시와의 사이에 체결하고 있는 라이선스계약(그 체결일이 이 계약체결일 전인지를 불문한다.)은 수익자가 승계한다. 당해 라이선스계약에 관계된 채무도 수익자가 승계하며, 수탁자는 그 책임을 면한다. 이 경우 제4조에 규정한 추가 신탁된 금전의 전부 또는 일부와 상계할 수 있다. 수탁자의 면책에 대해서 라이선시의 동의를 얻지 못할 경우 다음항 본문의 규정을 준용한다.

(5) 이 계약이 종료되었을 때 계약상 채무가 수탁자에게 잔존하는 경우 채무의 기한에 관계없이 그 채무의 변제에 충당하기 위한 적립금으로서 수탁자는 신탁재산에 속하는 금전에서 그 자금을 유보하고, 나아가 부족액이 있을 경우에는 수익자가 그 자금을 수탁자에게 예탁한다. 다만, 채권자의 동의를 얻어 수익자가 차입금 채무 기타 채무를 승계하며, 수탁자가 면책된 경우에는 그 한도에서는 없다.

3. 수탁자는 전항에 정한 방법에 의해 채무의 정산, 채무상당액에 해당하는 금전의 유보를 할 수 없는 경우 또는 수익자가 수탁자의 채무를 면책적으로 인수하는 데 대해서 채권자의 동의를 얻

지 못하는 경우에는, 당해 채무의 완제까지 합리적 범위 내의 신탁재산을 유치할 수 있다. 수탁자는 위 채무가 합리적인 기간 내에 변제되지 않는 경우 합리적인 방법 및 가액으로 유치한 신탁재산의 일부 또는 전부를 매각하고 그 매각대금으로 전항의 채무를 정산하거나 당해 채무의 변제에 필요한 자금을 유보하고 그 나머지를 수익자에게 교부한다.
4. 신탁종료에 관한 비용 및 신탁종료 후에 지불할 필요가 있는 비용은 모두 수익자의 부담으로 하며, 수탁자는 수익자에게 청구하거나 신탁재산에서 충당할 수 있다. 이 경우에는 제4조의 규정을 준용한다.
5. 수익자는 본조 제3항에 정한 신탁원본을 교부받는 자로서 수익자 대신에 제3자를 지정할 수 있다. 이 경우 수탁자는 수익자의 서면에 의한 지시에 따라 이러한 제3자에 대한 지불 또는 인도를 하기로 한다.

제23조 계약의 변경
이 계약의 규정은 수탁자 및 수익자의 서면에 의한 합의에 의해 변경, 수정 또는 보충할 수 있다.

제24조 인감의 제출
1. 수익자는 수탁자에게 각각의 인감을 제출해야 한다.
2. 수탁자가 전항의 제출인감과 영수증 기타의 서류에 날인된 인영을 대조하여 선량한 관리자로서의 주의를 하여 확인하고 신탁원본 또는 신탁수익의 교부 기타 처리를 했을 때는 인장의 도용, 위조, 변조 기타 부정한 사용에 의해 발생한 손해에 대해서 수탁자는 면책된다.

제25조 제출사항
1. 위탁자, 수익자 또는 그 승계인은 다음 각호에 든 경우에는 지체없이 그 사실을 서면으로 수탁자에게 제출하고 소정의 절차를 취해야 한다.
  (1) 신탁계약서, 수익권증서 또는 제출인장을 분실했을 때
  (2) 위탁자, 수익자 또는 그 대표자나 대리인의 주소, 이름, 명칭, 조직 또는 행위능력에 변경이 생겼거나, 사망했거나, 또는 제출인감을 변경하고자 할 때
  (3) 기타 이 계약에 관하여 중요하다고 인정되는 사항이 생겼을 때
2. 수탁자는 전항의 제출이 지연됨으로써 생긴 일체의 손해에 대해서 그 책임을 지지 않는다.
3. 제1항의 제출을 게을리함으로써 수탁자가 보낸 통지 등이 연착하거나 도착하지 않는 경우에는 통상 도달할 시간에 도달한 것으로 간주하고 위탁자, 수익자 및 그 승계인은 이의를 제기하지 않는다.

제26조 지시 등의 방법
이 계약의 각 조항에 정한 지시, 청구, 통지, 제출, 승낙(이 계약에서 미리 승낙한 경우는 제외한다.) 및 합의는 모두 서면으로 해야 한다.

제27조 비밀준수의무

수익권의 양수인을 포함한 모든 당사자는 위탁자, 수익자 및 수탁자 이외의 제3자(변호사, 변리사, 회계사, 세무사 기타 전문가로서 법률상 또는 계약상 이 조에 정한 것과 동등하거나 그 이상의 비밀준수의무를 지고 있는 제3자를 제외한다.)에 대해서 이 계약의 다른 당사자에 관한 비공지의 정보를 법률상 또는 재판절차상 요구되는 경우(이 경우 당해 요구의 목적범위 내에서만 사용되도록 필요하고 합리적인 조치를 강구해야 한다.)를 제외하고, 다른 당사자의 서면에 의한 사전 동의 없이 공개해서는 안되며, 또한 이 계약상 필요한 경우 이외의 목적을 위해 사용해서는 안된다. 동의를 얻고 공개하는 경우에는 당해 공개대상자에게 이 계약에 정하는 것과 동등한 비밀준수의무를 부과하기로 한다.

제28조 인지세의 부담

이 계약에 과세되는 인지세는 위탁자 및 수탁자가 각각 그 보관하는 부분에 대해 각각 부담한다.

제29조 준거법 및 합의관할

이 계약은 대한민국법에 준거하여 그에 따라 해석된다. 이 계약에 관해서 다툼이 생긴 경우에는 서울중앙지방법원을 합의관할로 한다.

이 계약의 체결을 증명하기 위해 계약서 2부를 작성하여 위탁자 및 수탁자 쌍방이 서명 또는 기명날인한 후 1통씩 보관한다.

20 년 월 일

위탁자: (인)

수탁자: (인)

6. 기술거래 중개 계약

기술거래 중개 계약서

○○사(이하 “갑”이라 한다.)와 ◇◇기술이전조직 (이하 “을”이라 한다.)은 아래와 같이 기술거래 중개 계약을 체결한다.

제1조 (계약의 목적) 본 계약은 제2조의 거래 목적물에 대한 기술거래(양도, 전용 · 통상 실시권 허용 등 방식을 불문하며, 이하 “당해거래”라 한다.)에 관하여 “갑”이 “을”을 기술거래자문기관으로 선임하여, 갑의 기술이 실제적으로 거래될 수 있도록 필요한 상호간의 역할과 제반 사항을 규정함을 목적으로 한다.

제2조 (거래 목적물) 본 계약에 의한 기술거래 목적물은 “갑”에게 사실상 법률상의 정당한 처분권이 있는 아래의 특허기술(또는 노하우)을 말한다.

1. 특허번호:
2. 발명의 명칭:
3. 발명자:
4. 특허권자:

제3조 (계약기간) 본 계약의 유효기간은 본 계약 체결일로부터 ○○월로 한다. 단, 필요시 쌍방의 서면합의에 의해 계약을 연장할 수 있다.

제4조 (“갑”의 정보제공 및 보장) “갑”은 제1조의 목적물에 대한 변동이나 제한, 기타 본 계약에 따라 “을”이 업무를 수행하는데 영향을 주는 중요한 사항이 발생한 경우 이를 “을”에게 즉시 통지하여야 한다.

제5조 (역할분담 및 상호협력) ① “을”은 “갑”의 거래목적 기술의 거래가 성사될 수 있도록 신의성실의 원칙에 따라, 다음과 같은 업무를 수행하는데 최선의 노력을 다하여야 한다.

1. 본 계약상 거래 목적 기술의 시장동향 및 수요조사
2. 본 계약상 거래 목적 기술의 잠재적 고객(Potential Licensee)에 대한 홍보
3. 잠재적 고객의 조사, 발굴 및 접촉
4. 기술료, 계약기간, 실시지역 등 주요 조건의 초기단계 제시
5. 잠재적 고객의 기본적 요구조건 파악
6. 기타 기술거래 성사에 필요하다고 인정되어 갑이 요구하는 사항

② “을”은 본 계약의 목적을 효율적으로 달성하기 위하여 필요하다고 판단할 경우는 “을”의 동

의를 얻어 그의 업무의 일부를 제3자에게 위탁할 수 있다.
③ "갑"은 "을"이 효율적인 기술거래 용역수행상 필요하다고 판단하여 요구하는 일체의 정보나 자료 등을 자신이 입수 가능한 한도 내에서 "을"에게 적극적으로 제공하여야 한다.

제6조 (수임료 및 성공보수) ① "갑"은 본 계약상 기술거래 중개 용역수행의 착수금으로서, 일금 ________ 원(VAT별도)을 본 계약체결일로부터 30일 이내에 "을"에게 지급하기로 한다.
② "을"의 용역수행의 결과로서 본 계약기간 중에 "갑"의 거래 목적물이 본 계약서상의 거래성사로 이어질 때 "갑"은 "을"에게 당해 기술거래의 계약체결로부터 7일 이내에 현금으로 다음의 성공보수 중 적은 금액을 지급하여야 한다.

1. 상기 제1항 착수금의 5배 금액
2. 당해 기술거래의 선불금 또는 저액기술료 총액의 20%

③ "을"의 용역수행결과로서 본 계약의 종료일로부터 2년 이내에 종전의 당해 기술거래가 성사될 경우, "갑"은 "을"에게 당해 기술거래의 계약체결일로부터 7일 이내에 상기 제2항의 성공보수의 50%를 현금으로 지급하기로 한다. 단, 당해 성사의 계약체결이 종전 계약기간중의 용역수행결과임을 "을"이 증명하는 것을 조건으로 한다.

제7조 (비밀유지) "갑"과 "을"은 상대방으로부터 취득 인지한 정보나 자료 등을 본 계약 목적 이외의 방법으로 제3자에게 공개하거나 누설하여서는 아니된다. 그럼에도 불구하고 "을"은 본 계약의 목적 수행상 필요하다고 판단한 경우 "갑"에게 사전 통고 후 정보나 자료 등을 제3자에게 제공할 수 있다.

제8조 (계약해지) 당사자의 일방에게 다음 각 호에 해당되는 일이 발생한 경우, 그 상대방은 즉시 본 계약을 해지할 수 있다.

1. 본 계약에 대한 중대한 계약 위반이 발생한 경우
2. 거래성사(공)시 기술매도자 및 매수자가 발행, 배서, 보증한 은행지급 약속어음이나 당좌수표가 부도 또는 거래 정지된 경우
3. 일방 당사자가 파산, 화의, 법정관리 신청 등을 당하거나 한 경우
4. 체납처분을 당하거나 주요 재산에 압류, 경매 신청이 된 경우
5. 관련법령의 개폐, 기타의 사유로 본 계약상 목적을 달성할 수 없는 경우

제9조 (손해배상 및 면책 등) ① 본 계약을 이행하는 과정에서 "갑" 또는 "을"에게 손해가 발생한 경우, 쌍방은 그의 고의 또는 중대한 과실로 인한 경우를 제외하고는 상대방에 대하여 배상할 책임을 지지 아니한다.
② "을"은 본 계약과 관련하여 "갑"과 본 계약상 목적 기술의 수요자 당사자 간에 발생하는 분쟁에 대해 어떠한 민 형사상의 책임도 지지 아니한다.

제10조 (분쟁해결) 본 계약과 관련하여 혹은 쌍방의 의무이행과 관련하여 분쟁이나 이견이 발생

하는 경우 갑과 을은 이를 상호 협의하여 원만히 해결토록 노력하여야 하며, 이러한 분쟁이나 이견이 해결되지 않은 경우에는 ○○법원 또는 대한상사중재원에 의한 중재에 의한다.

"갑"과 "을"은 본 계약의 성립을 증명하고 성실한 이행을 보증하기 위하여 계약서 2부를 작성, 기명날인을 한 후 각각 1부씩 보관한다.

「갑」 ○○주식회사

서울시 ○○구 ○○동 ○번지
대표이사 ○ ○ ○

「을」 ◇◇기술이전조직

서울시 ○○구 ○○동 ○번지
대표 ○ ○ ○

7. 기술이전컨설팅 계약

기술이전컨설팅 계약서[5)]

○○회사(이하 "갑"이라 한다.)와 ◇◇컨설팅 회사(이하 "을"이라 한다.)는, 갑이 보유하고 있는 ○○기술, 특허권, 노하우(이하 "계약기술"이라 한다.)의 사업화를 위하여 다음과 같이 계약을 체결한다.

제1조 (목적) 갑은 계약기술을 보유하고 있고 나아가 이러한 계약기술의 도입을 희망하는 자에게 이를 이전하기 위한 자문 및 중개에 관한 계약을 을과 체결하였는바, 이에 보다 효율적인 기술이전중개의 실현을 위하여 필요한 전문용역을 을에게 의뢰하고 이에 관한 갑과 을의 구체적인 권리 · 의무를 규정하기 위하여 본 계약을 체결하기로 한다.

제2조 (이전희망 계약기술의 특정) 갑이 이전을 희망하는 계약기술의 구체적인 내용은 별첨 1과 같다. 을은 이전희망 계약기술의 내용이 불분명할 경우 또는 관련하여 의문이 있는 경우는 수시로 갑에게 이를 문의하여 그 구체적인 내용을 특정할 수 있다. 계약기술 내용의 불특정으로 인한 위험부담은 갑에게 있다.

5) 본 계약서는, 한국산업기술진흥원, 「기술이전 업무매뉴얼 및 표준계약서Ⅱ」, 2010, 83면에 게재된 계약서를 수정 · 보완한 것이다.

제3조 (용역제공) ① 갑은 을에게 계약기술에 대한 기술성, 사업성, 가치평가 등 별첨 2에서 상세히 규정한 내용의 컨설팅을 의뢰하며, 이에 대해 을은 자신의 전문 역량을 발휘하여 갑의 의뢰 내용에 부합하는 컨설팅 보고서(사업계획서)를 본 계약 체결일로부터 (   )월 이내에 갑에게 제출하여야 한다.
② 을은 갑의 요청에 따라 (   )회에 걸쳐 중간 보고서를 갑에게 제출하여야 한다. 갑은 을로부터 제출받은 중간 보고서를 검토하여 (   )일 내에 검토 의견을 제시하여야 한다.
③ 을은 제2항에 따라 갑으로부터 받은 검토 의견을 참작하여 최종 보고서를 제1항의 기간 내에 제출하여야 한다. 다만 갑의 검토 의견을 참작할지 여부는 을이 신의성실의 원칙과 자신의 전문적인 판단에 따라 독자적으로 결정하도록 한다. 갑은 을이 제출하는 최종 보고서에 대해 거래관행과 신의성실의 원칙에 위배되게 부당한 이유를 들어 그 납품을 거절하거나 이의를 제기하지 않는다.

제4조 (용역대가 및 보수 등) ① 갑은 을의 제3조 용역제공의 대가로 금 ________ 원을 보수로 지급하기로 한다. 위 보수의 지급방법은 선금(계약 체결시 지불)을 원칙으로 하되 갑과 을이 협의 하에 별도로 정할 수 있다.
② 제1항에서 기술한 보수 이외에 갑은 제3조 용역제공과 관련하여 을이 지출한 실제 발생비용(예컨대 출장비, 식대, 교통비, 통신비, 인쇄비, 대외지급수수료 등)을 실비로 정산 및 보상하기로 한다. 단, 을은 위와 같은 비경상비용의 발생이 예상되는 경우 원칙적으로 사전에 갑의 동의를 얻어야 한다.

제5조 (면책) 을은 갑의 이익을 위하여 효율적인 계약기술 이전 및 이에 따른 제반 효과를 극대화하기 위해 상기 용역을 제공하는 것으로서, 위 용역에 따른 갑의 결정 및 판단은 순전히 갑의 책임 아래 이루어진 것으로 하고, 판단 및 결정의 모든 결과에 대한 책임은 갑에게 귀속한다.

제6조 (상호협조) 을은 제3조 소정의 용역 제공과 관련된 업무연락 사항을 수시로 갑에게 보고하여야 하며, 갑은 을이 위 용역을 제공함에 있어 갑에게 요청하는 정보나 자료를 적극적으로 제공하는 등 상호 신의성실로써 협조한다.

제7조 (비밀유지의무) 본건 관련 모든 자료 및 정보는 갑이 을에게 의뢰한 용역 수행의 목적으로만 사용되어야 하고, 갑과 을은 그에 따른 비밀을 유지하여야 한다. 본 계약서상의 비밀 준수를 요하는 관련 자료의 범위에는 본 계약에 따라 제공된 문서 · 자료를 포함한다.

제8조 (계약의 해지) ① 갑 또는 을은 상대방이 본 계약을 위반하는 경우 ○○일 이상의 상당한 기간을 정하여 그 이행을 서면으로 최고하고, 그러함에도 상대방이 그 이행을 하지 아니하는 경우 본 계약을 해지할 수 있다. 그러나 본 계약 체결 후 어느 일방이 본 계약상의 의무를 위반하여 더 이상 본 계약의 목적을 달성할 수 없다고 객관적으로 판단되는 경우에 한해 계약 일방 당사자의 통보로 본 계약을 해지할 수 있다.

② 본 계약이 해지되는 경우에도 을의 귀책사유로 본 계약이 해지되는 것이 아닌 한 을은 자신이 갑으로부터 지급받은 일체의 보수(대가)나 비용을 반환할 책임을 지지 않는다.
③ 본 계약이 적법하게 해지되는 경우 그 때까지 작성된 보고서와 관련한 저작권은 (   )에게 있다.

제9조 (불가항력) 본 계약의 어느 일방도 본 계약을 이행함에 있어 천재지변 또는 불가항력으로 발생하거나 기타 일방의 고의, 과실 또는 태만에 의하지 아니한 하자로 인하여 발생한 여하한 성격의 손실 또는 손해에 대하여도 그 일방은 상대방에게 책임을 지지 아니한다.

제10조 (분쟁해결) 본 계약과 관련하여 혹은 쌍방의 의무이행과 관련하여 분쟁이나 이견이 발생하는 경우 갑과 을은 이를 상호 협의하여 원만히 해결토록 노력하여야 하며, 이러한 분쟁이나 이견이 해결되지 않은 경우에는 ○○법원 또는 대한상사중재원의 중재에 의하여 처리한다.

제11조 (계약의 효력) 본 계약의 효력은 쌍방이 서명 또는 기명 날인한 날(계약체결일)부터 유효하고, 용역수행 최종보고서가 갑에게 유효하게 접수되는 시점에서 종료한다.

제12조 (해석) 본 계약에 명기되지 아니하거나 본 계약상의 해석상 이의가 있는 사항에 대하여는 쌍방의 합의에 의하여 결정한다.

본 계약의 체결을 증명하기 위하여 본 계약서 2통을 작성하여 양 당사자가 각 기명 날인을 한 후 각각 1통씩 보유하기로 한다.

20 년 월 일

「갑」 ○○주식회사
서울시 ○○구 ○○동 ○번지
대표이사 ○ ○ ○ (인)

「을」 ◇◇컨설팅회사
서울시 ○○구 ○○동 ○번지
대표 ○ ○ ○ (인)

제3절 기술대여형 계약

1. 특허실시허락계약

가. 특허실시허락계약서

특허실시허락계약서

○○○(이하 『갑』이라 한다.)과 □□□(이하 『을』이라 한다.)은 갑이 소유하는 특허 제○○호, 발명의 명칭 『△△장치』(이하 『본 특허권』이라 한다.)에 대하여 다음과 같이 계약한다.

제1조 (실시권의 허락) 갑은 을에 대하여 을이 본 특허권을 실시한 제품을 제조, 판매 기타의 처분을 하기 위한 본 특허권에 관계되는 통상실시권을 허락한다. 이 통상실시권은 비독점적, 양도불가, 재실시허락 권한이 없는 것으로 하며 담보에 제공할 수 없는 것으로 한다.

제2조 (실시료) 을은 본 특허권을 실시한 제품 (이하 『본 제품』이라 한다.)을 판매할 때에는 본 제품 판매가격의 ○○%에 상당하는 금액을 실시료로서 갑에게 지불하도록 한다. 다만 을이 본 제품을 자신이 업으로서 사용할 경우는 그 사용개시시에 본 제품을 판매한 것으로 간주한다.

제3조 (실시권의 설정등록) 갑은 을이 자기의 비용으로 본 계약에 의해 허락된 실시권의 설정등록을 하는 것에 동의하고, 을의 청구에 따라 이에 필요한 서류를 무상으로 을에게 제공하도록 한다.

제4조 (실시보고 및 실시료의 지불) ① 을은 매년 3월 31일 및 9월 30일부터 1개월 이내에 그전 6개월간의 본 제품의 판매수량, 판매가격 및 실시료를 기재한 실시보고서를 갑에게 송부하도록 한다.
② 을은 전항의 기간내에 본 제품을 판매한 사실이 없을 때에는 그 취지를 기재한 서면을 전항의 실시보고서에 대신하여 갑에게 송부하도록 한다.
③ 을은 제1항의 실시보고서의 제출기한 경과 후 30일 이내에 실시보고서에 기재된 실시료를 현금으로 갑에게 지불한다.
④ 을이 전항에 규정하는 지불기한까지 실시료를 지불하지 않았을 경우에는 그 실시료가 지불될

때까지의 기간에 대하여 연 ○○%의 이율로 계산한 연체금을 지불한다.

제5조 (지불완료한 실시료) 갑은 을이 본 계약에 의거하여 갑에게 이미 지불한 금액을, 본 특허권의 무효, 본 계약의 해약 기타 어떠한 이유가 있을 경우라도 을에게 반환하지 않는다.

제6조 (장부열람) 을은 갑으로부터 요청받은 때에는 본 특허권의 실시에 관한 장부, 전표 기타 물건을 갑의 열람에 제공하도록 한다.

제7조 (실시상의 책임) 갑은 본 특허권의 실시에 관한 기술상, 경제상 기타 모든 사항에 대하여 을 또는 제3자에 대하여 어떤 책임도 지지 않는다. 다만, 본 특허권 실시에 관하여 제3자로부터 그가 소유하는 권리의 침해를 이유로 하는 소송 기타 분쟁이 생긴 경우에는 을의 청구에 따라 갑은 당해분쟁의 해결에 유용한 자료의 제공 기타 원조를 을에게 한다.

제8조 (실시료 감액 또는 해약) 을은 본 특허권의 유효성에 대하여 의문이 생긴 때에는 제2조에 규정하는 실시료의 감액 또는 본 계약의 해약에 대하여 갑과 협의할 수 있다.

제9조 (침해의 배제) 을은 제3자가 본 특허권을 침해하거나 침해하고자 한다는 것을 안 때에는 즉시 갑에게 통지하여 침해의 배제 또는 예방에 대하여 갑에게 협력하도록 한다.

제10조 (특허표시) ① 을은 본 제품 또는 그 포장에 특허표시를 붙이도록 한다.
② 을은 갑의 사전동의를 얻은 경우에는 본 제품에 관하여 갑의 실시허락에 관계되는 제품이라는 취지의 표시를 할 수 있다.

제11조 (계약유효기간) 본 계약의 유효기간은 본 계약체결일부터 본 특허권의 소멸일까지로 한다.

제12조 (협의) 본 계약에 규정이 없는 사항 혹은 본 계약의 해석에 대하여 의문이 생긴 때에는 그때마다 갑과 을이 협의한 다음에 정한다.

본 계약의 증거로서 본서 2통을 작성하여 갑과 을이 서명날인한 다음 각 1통을 보관한다.

20 년 월 일

서울특별시 ○○구 ○○동 ○○번지
갑 ○○주식회사
대표이사 ○ ○ ○ (인)

부산광역시 ○○구 ○○동 ○○번지

을 △△ 주식회사
대표이사 ○ ○ ○ (인)

나. 전용실시권 허락계약서

특허권 전용실시권 허락계약서[6)]

○○주식회사(이하 「갑」이라고 한다.)와 △△주식회사(이하 「을」이라고 한다.)는 갑이 가지는 특허 제××××호 발명의 명칭 「　　　　」(이하 「본 특허권」이라고 한다.)에 관하여 다음과 같이 계약을 체결한다.

제1조 (권리의 허락) ① 갑은 본 특허권에 관하여 그 범위 전부에 걸친 전용실시권을 을에게 허락한다.
② 을이 제3자에 통상실시권을 허락하는 경우에는 갑에게 사전의 문서에 의한 허락을 얻어야 한다.

제2조 (설정 등록) 을은 을의 비용으로 전조에 근거하여 허락된 전용실시권의 설정 등록을 하며, 갑은 이에 필요한 자료를 무상으로 을에게 제공하고 설정 등록에 협력한다.

제3조 (대가 및 지불 방법) 본 계약 제1조에 정한 전용실시권의 허락의 대가로서 을은 갑에게 다음에 정한 이니셜[7)] 및 실시료에 소비세를 갑이 지정한 은행 계좌에 지급한다. 은행 수수료는 을의 부담으로 한다.

1. 이니셜 금 ________ 원
   지급기일 본 계약체결의 날부터 ○○일 이내
2. 실시료 매년 3월 31일 및 9월 30일의 6개월간에 판매한 본 특허권에 근거한 제품(이하 「본 제품」이라고 한다.)의 판매 가격의 ○○%
   지급기일 매년 3월 31일 및 9월 30일의 ○○일 이내

제4조 (실시보고) ① 을은 매년 3월 31일 및 9월 30일에 앞서는 6개월간에 판매한 본 제품의 형식, 단가, 판매 수량, 판매처, 총 판매액, 실시료 및 소비세를 기재한 실시 보고서를 매년 3월 31일 및 9월 30일 이내에 갑에게 송부하여야 한다.

6) 이 계약서는 独立行政法人工業所有権情報・研修館, 『知っておきたい特許契約の基礎知識』, 2010. 9. 121~123頁에 있는 "特許専用実施契約"을 보완한 것이다.
7) 이니셜이란 "이니셜 페이먼트(Initial Payment)"를 지칭하는 것이며, 실시료의 발생과는 관련 없이 별개로 특허권자에게 지급되는 금액을 말한다.

② 을은 해당 기간에 본 제품의 판매 실적이 없는 경우에도 취지를 기재한 보고서를 갑에게 송부하여야 한다.

제5조 (장부 열람) 본 계약 기간 중 및 본 계약 종료 후 2년간 을은 갑으로부터 요청이 있는 때에는 본 제품의 실시료를 확정하기 위해 필요한 장부 · 전표 그 밖의 서류를 갑의 열람에 제공하여야 한다.

제6조 (대가의 불반환) 본 계약에 근거하여 을로부터 갑에게 지불된 대가는 어떠한 사유에 의한 경우에도 을에게 반환하지 않는다. 단, 명확한 계산착오의 경우를 제외한다.

제7조 (보증) 갑은 본 계약에 근거한 본 제품의 제조 · 판매로부터 생기는 을의 어떠한 손해에 대해서도 책임을 지지 않는다.

제8조 (침해의 배제) 을은 제3자가 본 특허권을 침해하거나 침해하려고 하는 것을 안 때에는 즉시 그 취지를 갑에게 통지하고, 을의 비용과 책임으로 침해의 배제 또는 예방을 하며, 갑은 이에 필요한 자료를 무상으로 을에게 제공한다.

제9조 (특허 표시) 을은 본 제품에 특허 표시를 한다.

제10조 (계약해제) ① 갑 및 을은 신의성실로써 본 계약을 이행하고 갑 또는 을이 본 계약에 위반하여 상대방에 손해를 끼친 경우에는 그 손해배상의 책임을 진다.
② 갑 및 을은 상대방이 본 계약에 위반이 발생하여 서면에 의한 최고 후 ○○일을 경과해도 해당 위반이 시정되지 않는 경우에는 본 계약을 해제할 수 있다.

제11조 (계약기간) 본 계약의 유효 기간은 본 계약체결일로부터 본 특허권의 소멸일까지로 한다.

제12조 (협의) 갑 및 을은 본 계약에 규정이 없는 사항 또는 해석에 의문 있는 사항에 대해서는 신의성실의 원칙에 따라 갑 · 을이 상호 협의하여 해결한다.

본 계약서는 갑 · 을이 계약서에 서명 날인함으로써 유효하고 이를 증명하기 위해 계약서 2통을 작성하고 각각 서명 날인하여 1통씩 보관한다.

20 년 월 일

(주소)
갑 ○○주식회사
대표이사 ○○○ (인)

(주소)
을 △△주식회사
대표이사 ○○○ (인)

다. 통상실시권 허락계약서

특허권 통상실시권 허락계약서

○○○○주식회사(이하 「갑」이라고 한다.)와 ○○○○주식회사(이하 「을」이라고 한다.)는 특허권에 관한 통상실시권의 허락에 대하여 다음과 같이 계약을 체결한다.

제1조 (특허권의 표시) 갑은 갑이 가지는 아래의 특허권(이하 「본 특허권」이라고 한다.)에 대하여 을에게 통상실시권을 허락하고 을은 본 계약에 따라 본 특허권에 관계된 발명(이하 「본 특허 발명」이라고 한다.)을 실시한다.

특허권 등록 번호: 제○○○○호
발명의 명칭: ○○○○발명
특허권자:

제2조 (허락의 범위) 을이 본 특허권을 실시하는 권리의 범위는 다음과 같다.
1. 실시 지역: 대한민국 전역
2. 실시 기간: 20 년 월 일부터 20 년 월 일까지
3. 실시 범위: 생산 및 판매

제3조 (실시료) ① 을은 본 특허 발명의 실시료로서 본 특허 발명을 실시하여 생산한 ○○○○(이하 「본 상품」이라고 한다.)에 관하여 을의 공장 출하 가격의 ○○% 상당액을 갑에게 지급한다.
② 을은 공장에서 출하한 본 상품의 수량 및 금액 및 전항 기재된 요율에 의하여 산출한 실시료를 매월 ○○일에 마감 집계한 실시 보고서를 작성하여 다음달 ○○일까지 갑에게 제출하며, 을은 실시 보고서에 기재한 실시료를 마감 월의 익월말까지 전액 현금으로 갑이 지정한 은행 계좌로 지급한다.
③ 을은 실시료의 지급에 있어 부가가치세 상당액을 실시료와 동시에 갑에게 지급하며, 또한, 부가가치세 상당액은 전항에 의한 실시료의 지급과 동시에 지급한다.

제4조 (노하우 · 기술 정보의 제공) ① 갑은 을이 본 특허 발명을 실시함에 있어서 필요로 한 노하우, 기술정보 등을 을에 대하여 제공 · 개시하며, 또한 을의 요구에 따라 기술 지도를 한다.

② 전항의 기술지도에 있어 필요한 교통비 등의 실비는 을의 부담으로 한다.

제5조 (권리양도 · 재허락 · 도급) 을은 갑의 서면에 의한 사전 승낙없이 본 계약에 근거한 실시권의 전부 또는 일부를 제3자에 양도 또는 제3자에 재허락해서는 아니된다.

제6조 (장부 · 감사) 을은 본 상품의 생산, 판매에 대한 장부를 작성하여 그 상황을 항상 명확하게 하여야 한다. 을은 갑의 청구가 있을 때는 이 장부를 언제라도 갑 또는 그 지정한 자에게 열람 · 감사시켜야 한다.

제7조 (개량발명) 을이 본 특허 발명의 개량발명, 개량고안을 하여 특허권 또는 실용신안권을 취득하는 경우에는 을은 갑에 대하여 이 특허권 또는 실용신안권에 관하여 제2조에 규정한 것과 동일한 범위에 관하여 무상으로 통상실시권을 허락한다.

제8조 (침해) 을은 제3자가 본 특허권을 침해하거나 침해하려고 하는 것을 안 때에는 즉시 그 취지를 갑에게 통지하고, 을의 비용과 책임으로 침해의 배제 또는 예방을 하며, 갑은 이에 필요한 자료를 무상으로 을에게 제공한다.

제9조 (통상실시권의 등록) 을은 본 계약에 근거한 통상실시권을 특허청에 설정 등록할 수 있다. 이 경우 을은 자기의 비용으로 등록 절차를 밟으며, 갑은 설정 등록 신청에 필요한 서류의 제공 등 해당 등록 절차에 필요한 협력을 한다.

제10조 (비밀유지) 갑 및 을은 상호 본 계약에 근거하여 지득한 상대방의 업무상의 정보의 비밀을 유지할 의무를 부담하며, 이하의 각호에 해당한 정보를 제외하고는 제3자에 누설 또는 개시하여서는 안된다.

1. 상대방으로부터 서면에 의한 사전의 동의를 얻은 정보
2. 본 계약에 근거하여 상대방으로부터 기술 정보의 제공을 받기 이전부터 갖고 있던 정보
3. 공지인 정보 또는 상대방이 스스로 정당하게 공표한 정보
4. 갑 또는 을이 제삼자로부터 정당하게 입수한 정보
5. 상대방의 업무상의 정보를 이용하지 않고 독자적으로 개발한 정보

제11조 (계약해제) ① 갑 또는 을이 본 계약에 근거할 의무의 이행을 소홀히 할 때는 본 계약의 각 조항에 근거하여 상대방에 그 이행을 최고하며, 최고 후 30일 이내에 동 상대방이 이행하지 않을 때는 갑 또는 을은 본 계약의 전부를 해제할 수 있으며, 상대방에 손해배상을 청구할 수 있다.

② 상대방에게 다음 각호에 해당하는 사유가 발생했을 경우, 갑 및 을은 최고 등의 절차 없이 즉시, 본 계약을 해제할 수 있다.

1. 감독관청으로부터 영업의 취소 · 정지 등의 처분을 받은 때

2. 수표, 어음이 부도 처리를 받는 등 지불 정지 상태에 이르렀을 경우
3. 압류, 가압류, 가처분, 경매 또는 강제집행 신청을 받은 경우
4. 합병, 파산, 화의, 정리 혹은 회사 갱생 절차 개시 신청을 받거나, 또는 스스로 이와 같은 신청을 한 경우
5. 기타 당사자 간의 신뢰관계를 상당히 해치는 등 본 계약을 지속시키기 어려운 중대한 사유가 발생한 경우

제12조 (유효 기간) 본 계약의 유효 기간은 계약체결의 날부터 ○년간으로 한다. 단, 해당 기간 만료일의 ○개월전까지 갑 또는 을으로부터 각 상대방에 대하여 서면에 의한 특별한 신청이 없는 경우에는 1년간 갱신된다.

제13조 (계약 종료시의 조치) 본 계약이 종료된 경우에 을이 본 특허 발명을 실시하고 생산한 본 상품 또는 그 장치를 갖고 있을 때는 을은 해당 본 상품 및 장치의 명세를 갑에게 보고하고 그 처분에 관해서는 갑의 지시에 따른다.

제14조 (협의) 본 계약에 정함이 없는 사항 또는 해석에 대해 의문 또는 분쟁이 생긴 사항에 관해서는 양자 신의성실의 원칙에 따라 협의한 후 해결한다.

본 계약서는 갑, 을이 계약서에 서명 날인함으로써 유효하고 이를 증명하기 위해 계약서 2통을 작성하고 각각 서명 날인하여 1통씩 보관한다.

20 년 월 일

"갑"
주소:
성명: ㊞

"을"
주소:
성명: ㊞

라. 독점적 통상실시권 허락계약서

특허권 독점적 통상실시권 허락계약서

주식회사○○○○(이하 "갑"이라고 한다.)와 주식회사○○○○(이하 "을"이라고 한다.)는 갑이 게재한 정보 No. ○○○○(○○ 기술이전센터 발행)의 등록번호○○－○○로 기재되어 있는 「○○○○○○」를 을이 사업화하기를 원하고 있어 그 실시를 위한 라이선스를 허락하기 위하여 본 계약을 체결한다.

제1조 (정의) 본 계약서에 있어 용어의 정의는 다음과 같다.

1. "본건 특허"란 갑이 보유한 이하의 특허를 말한다.
   특허 제○○○○○○○호
   발명의 명칭: ○○○○
2. "본건 제품"이란 본건 특허를 이용하고 제조된 ○○○장치를 말한다.
3. "본건 노하우"란 갑이 보유한 본건 제품의 제조, 조립, 판매 및 사용과 관계된 유형 또는 무형의 모든 정보 및 지식을 말하며, 미공개 특허명세서를 포함한다.

제2조 (실시허락) ① 갑은 을에 대하여 본건 특허에 근거하여 제4조에 규정한 대가를 제5조에 규정한 방법에 의하여 지급하는 것을 조건으로, 본 계약체결의 날부터 20 년 월 일까지의 기간동안 대한민국 내에서 본건 제품을 제조 · 판매등의 실시를 행하기 위한 독점적 통상실시권을 허락한다.
② 본 실시권은 독점적 통상실시권이므로 을은 본건 특허를 제3자에게 양도할 수 없고, 담보로도 제공할 수 없으며, 갑의 사전 서면승인 없이 제3자에게 재실시하지도 못한다.

제3조 (개량발명) 을은 본건 특허에 관련된 발명(이하 "개량발명"이라고 한다.)에 관하여 특허출원을 하려고 한 경우는 갑에 대하여 서면으로 그 내용을 통지하며 그 취급에 대해서는 갑과 협의한다.

제4조 (대가) 을은 제2조에 정한 독점적 통상실시권 허락의 대가로서 다음 각호의 금액을 갑에게 지급한다.

1. 계약일시금으로서 금 ________ 원
2. 실시료로서 전호의 금액과는 별도로 본건 제품의 정가 판매가격의 ○%에 상당한 금액. 단, 본호의 금 ________ 원이 금 ________ 원을 초과하지 못한 경우에는 최저 실시료로서 금 ________ 원을 지급한다.

제5조 (대가의 지불 방법) ① 을은 갑에 대하여 제 4 조에 규정한 금액에 제세공과금 상당액을 가산한 금액을 아래의 방법으로 갑이 지정한 은행계좌로 지급하며, 은행수수료는 을의 부담으로

한다.

1. 제4조 제1호의 대가는 본 계약체결 후 30일 이내에 지급한다.
2. 제4조 제2호의 대가는 매년의 연도 말일로써 종료한 1년간에 발생한 실시료를 연도 말일로부터 30일 이내에 지급한다.

② 을은 갑에 대하여 각 연도의 연도 말일부터 2주 이내에 각 연도에 있어서 본건 제품의 판매 가격 및 판매 수량을 판매처마다 구분하여 서면으로 보고하여야 한다.

제6조 (자료의 열람) ① 을은 본건 제품의 판매 실적에 관한 자료 · 데이터 등을 각 연도 종료 후 3년간 보관한다.
② 갑 및 그 대리인은 을의 업무 시간 내에 을의 관계 부서에서 전항의 자료 · 데이터 등을 열람하고 복사할 수 있으며 을은 이것에 협력할 의무를 갖는다.

제7조 (특허 표시) 을은 대상 상품 또는 그 포장에 특허 표시를 하여야 한다.

제8조 (보증 및 침해에 대한 면책) ① 갑은 을에 대하여 실시허락에 관계된 본건 특허의 유효성에 관하여 아무런 보증도 하지 않는다.
② 을의 실시에 관계된 본건 제품이 제3자의 특허를 침해되는 경우에 을이 그 비용 및 책임으로 이에 대처하며, 갑은 일체의 책임을 면한다.

제9조 (성실 의무) 갑은 본건 특허가 소멸되지 않도록 특허료 등을 성실히 납부하며, 을은 본건 제품의 사업화에 관하여 성실히 진행한다.

제10조 (유효 기간) 본 계약은 계약 체결일로부터 20 　년 　월 　일까지로 한다. 유효 기간 만료의 일 1개월 전까지 서면에 의한 별도의 제의가 없는 경우 본 계약은 2년간 연장된다.

제11조 (해제) ① 갑 또는 을이 본 계약에 근거할 의무의 이행을 소홀히 할 때는 본 계약의 각 조항에 근거하여 상대방에 그 이행을 최고하며, 최고 후 30일 이내에 동 상대방이 이행하지 않을 때는 갑 또는 을은 본 계약의 전부를 해제할 수 있으며, 상대방에 손해배상을 청구할 수 있다.
② 상대방에게 다음 각호에 해당하는 사유가 발생했을 경우, 갑 및 을은 최고 등의 절차 없이 즉시, 본 계약을 해제할 수 있다.

1. 감독관청으로부터 영업의 취소, 정지등의 처분을 받은 때
2. 수표, 어음이 부도 처리를 받는 등 지불 정지 상태에 이르렀을 경우
3. 압류, 가압류, 가처분, 경매 또는 강제집행 신청을 받은 경우
4. 합병, 파산, 화의, 정리 혹은 회사 갱생 절차 개시 신청을 받거나, 또는 스스로 이와 같은 신청을 한 경우
5. 기타 당사자 간의 신뢰관계를 상당히 해치는 등 본 계약을 지속시키기 어려운 중대한 사유가 발생한 경우

제12조 (존속 조항) 본 계약이 종료된 경우라도 제6조 (자료의 열람), 제8조 (보증 및 침해에 대한 면책), 제13조 (완전 합의) 및 제14조 (합의 관할법원)의 각 규정은 유효하게 존속한다.

제13조 (완전 합의) 갑 및 을은 본 계약이 본 계약체결의 목적에 관한 갑 및 을의 사이의 완전한 합의를 규정한 것이고, 본 계약 이전 양당사자 간에 체결되었던 모든 합의사항에 우선하여 최종 합의를 구성한다.

제14조 (합의 관할법원) 본 계약에 관한 소송에 관해서는 ○○지방법원을 제1심의 관할법원으로 한다.

제15조 (협의) 갑과 을은 본 계약에 정하여진 각 조항을 신의에 따라 성실히 이행하며, 본 계약에 정한 사항 및 본 계약의 각 조항의 해석에 이의가 있을시 갑과 을은 성의를 다하여 협의하여 해결하도록 한다.

제16조 (양도) 갑과 을은 상대방의 사전의 서면으로의 동의를 없이 본 계약 또는 본 계약에서 발생하는 권리 또는 의무의 전부 또는 일부를 제3자에 양도 · 이전 또는 담보로 제공해서는 아니된다.

본 계약서는 갑 · 을이 계약서에 서명 날인함으로써 유효하고 이를 증명하기 위해 계약서 2통을 작성하고 각각 서명 날인하여 1통씩 보관한다.

20 년 월 일

"갑" ○○주식회사
주소:
대표이사: ㊞

"을" ○○주식회사
주소:
대표이사: ㊞

2. 특허 및 노하우 실시계약

특허 · 노하우 실시허락계약서

○○주식회사 (이하 『갑』이라 한다.)와 주식회사△△ (이하 『을』이라 한다.)는 갑의 개발에 관계되는 □□제품에 관한 특허 및 제조기술의 실시허락에 대하여 다음과 같이 계약한다.

제1조 (정의) 본 계약에서 다음의 용어는 각각의 정의에 따르는 것으로 한다.

1. 『본건특허』란 갑의 명의에 관계되는 다음의 특허를 말한다.
   가. 발명의 명칭: 『○○○』
      특허번호: 제○○○호
   나. 발명의 명칭: 『○○의 제조방법』
      특허번호: 제○○○호
2. 『기술정보』란 ○○제품의 제조에 필요한 모든 기술정보, 자료, 도면 등으로써 본 계약체결일 이전에 갑이 취득하여 소유하는 것으로 별표 1에 기재된 것을 말한다.
3. 『제품』이란 『본건특허』 및 『기술정보』에 의거하여 제조된 ○○을 말한다.

제2조 (실시허락) ① 갑은 을에 대하여 『본건특허』 및 『기술정보』에 의거하여 본 계약 존속기간 중 한국 내에서 『제품』을 제조 및 판매하는 비독점적 실시권을 허락한다.
② 을은 전항에 정하는 실시권에 의거하여 제3자에게 재실시권을 허락할 수 없다.
③ 을은 『본건특허』에 대하여 통상실시권을 설정등록할 경우 자기비용으로 행하며, 갑은 이 경우 을에게 협력한다.

제3조 (대가) ① 을은 전조 제1항에 의거한 『본건특허』 및 『기술정보』의 실시권허락 대가의 계약금으로서 20　년　월　일까지 일금 ○○만원을 갑에게 지불한다.
② 을은 갑에게 제2조에 정하는 실시권 허락의 대가로서 을이 제조하여 판매하는 『제품』 1개당 ○○원의 실시료를 지불한다. 다만 『본건특허』의 어느 것이 소멸 또는 무효로 확정된 경우에는 『제품』 1개당 ○○원의 실시료를 지불한다.
③ 을은 매년 3월 및 9월 말일까지 전항의 규정에 의해 지불의무가 발생한 실시료를 매년 4월 및 10월 말일까지 현금으로 갑에게 지불한다.

제4조 (보고 · 장부의 준비) 을은 본 계약에 의해 지불해야 할 실시료의 기준이 되는 정확한 기록을 해두고, 실시료를 지불할 때마다 판매한 『제품』의 수량 및 이에 대한 실시료액을 명기한 보고서를 갑에게 송부한다.

제5조 (기술정보의 개시) 갑은 제3조 제1항에 정하는 계약금 수령후 2개월 이내에 별지 1에 기재한 『기술정보』 각 3부를 을에게 제공한다.

제6조 (비밀유지, 유용금지) ① 을은 본 계약에 의거하여 갑이 제공한 『기술정보』를 『제품』의 제조, 판매에만 이용한다.
② 을은 갑이 제공한 『기술정보』를 본 계약의 존속기간중 및 계약종료 후 ○년간 비밀로 한다. 다만 이미 공지된 사항 및 계약체결일 전에 을이 알고 있던 사항에 대해서는 그러하지 아니하다.

제7조 (개량기술) ① 갑과 을은 계약체결일보다 뒤에 『제품』 및 『제품』의 제조에 관하여 『본건 특허』 또는 『기술정보』에 의거하여 개량기술을 개발한 경우에는 상대방에게 통지하여 개량기술의 실시허락에 대하여 협의한다.
② 갑 및 을은 전항의 개량기술에 대하여 특허출원 또는 실용신안등록을 한 경우에는 신속히 상대방에게 그 내용을 통보하고 상대방이 희망할 때에는 협의에 의해 정한 조건으로 비독점적 실시권을 허락한다.

제8조 (품질보증) 갑은 을이 『기술정보』에 의거하여 『제품』을 제조하는 한 『제품』의 품질 및 원료에 대한 제품의 비율이 별지 2에 정하는 조건을 만족시킬 것을 을에게 보증한다.

제9조 (특허보증) 갑은 을의 『제품』의 제조, 판매행위가 제3자의 특허권 등을 침해한 경우에도 침해에 관한 일체의 책임을 지지 않는다. 다만 갑은 제3자가 을에 대하여 침해소송을 제기한 경우로써 을이 비용을 부담할 때에는 을의 방어에 협력한다.

제10조 (계약유효기간) 본 계약의 유효기간은 20　 년　 월　 일부터 20　 년　 월　 일까지로 한다. 다만 갑 및 을의 협의에 의하여 연장할 수 있다.

제11조 (해약) ① 갑 또는 을은 상대방이 본 계약에 위반한 경우 그 시정을 최고하고 최고후 30일 이내에 상대방이 당해 위반을 시정하지 않을 때에는 본 계약을 해약할 수 있다.
② 제1항의 해약은 손해배상의 청구를 방해하지 않는다.

제12조 (분쟁해결, 협의) ① 갑과 을은 본 계약과 관련하여 갑 · 을간에 발생하는 모든 분쟁을 대한상사중재원의 중재규칙에 따라 이 규칙에 의거한 중재인의 중재판단에 의해 해결한다.
② 갑과 을은 본 계약에 규정이 없는 사항 또는 본 계약의 조항에 의문이 있는 사항에 대해서는 상호협조의 정신으로 협의한 다음 이를 처리한다.

본 계약서는 갑 · 을이 계약서에 서명 날인함으로써 유효하고 이를 증명하기 위해 계약서 2통을 작성하고 각각 서명 날인하여 1통씩 보관한다.

20 년 월 일

"갑" ○○주식회사
주소:
대표이사: ㊞

"을" ○○주식회사
주소:
대표이사: ㊞

3. 크로스 라이선스 계약

가. 크로스 라이선싱 계약서

크로스 라이선싱 계약서

○○주식회사(이하 '갑'이라 한다.)와 ○○회사(이하 '을'이라 한다.)는 각자가 보유한 특허권에 근거하여 통상실시권을 상호 실시허락 하는 것 및 이에 부수한 사항에 관하여 다음과 같이 계약을 체결한다.

제1조 (특허권) ① 갑은 갑이 소유하고 있는 다음에 표시한 특허권에 근거하여 을에 대해 통상실시권을 허락한다.
특허등록번호: 제0000호
발명의 명칭:
특허권자:
② 을은 을이 소유하고 있는 다음에 표시한 특허권에 근거하여 갑에 대해 통상실시권을 허락한다.
특허등록번호: 제0000호
발명의 명칭:
특허권자:
③ 제1항 및 제2항에서 규정한 특허를 "본건 특허"라 한다.

제2조 (실시권의 범위) 제1조에 의해 갑을 상호에게 허락한 통상실시권의 범위는 대한민국 전 지역 본건특허 존속기간의 전 기간으로 한다.

제3조 (실시권의 대가) 갑을 상호에게 허락한 제2조의 통상실시권에 대한 대가는 상호간에 지급하지 않는다.

제4조 (실시권의 설정등록) ① 갑과 을은 상대방의 기술에 대해 실시권을 설정 등록하고자 하는 경우 상대방은 특별한 사정이 없는 한 이에 동의하기로 한다. 이 경우 상대방은 실시권을 설정 등록하고자 하는 자에게 필요한 서류를 무상으로 제공하여야 한다.
② 갑과 을은 각자가 통상실시 허락된 실시권을 본 계약 체결 후 즉시 각자에게 경비를 부담하여 등록할 수 있다.

제5조 (보고의무) 갑 또는 을이 본건의 특허에 근거하여 통상실시권 또는 전용실시권을 제3자에게 허락 또는 설정할 때에는 즉시 상대방에게 보고하여야 한다.

제6조 (관련 발명의 취급) ① 갑 또는 을이 본건 특허의 실시에 있어 필요한 새로운 발명 또는 고안을 한 경우에는 상대방에게 통지하여야 한다.
② 제1항의 경우에는 본 계약에서 정한 사항은 적용하지 아니하며, 갑 · 을 별도의 협의에 의하여 그 취급을 따로 정한다.
③ 계약 당사자가 상대방으로부터 실시권을 부여받은 기술에 기초한 새로운 발명을 하거나 기술을 개발한 경우 이러한 개량발명에 대해서는 갑과 을이 협의하여 그 귀속을 결정하기로 하되, 합의가 이루어지지 않을 경우에는 갑과 을의 공유로 한다. 만약 이러한 개량발명에 대해 특허권 등을 출원하고자 하는 경우 그 비용부담은 갑과 을의 공동부담으로 한다.

제7조 (부쟁의무) 갑과 을은 본건 특허에 대하여 자신 또는 제3자로 하여금 그 무효를 주장해서는 아니된다.

제8조 (협력의무) ① 갑과 을은 본건특허에 관해 제3자로 하여금 무효심판이 제기되는 경우에는 그 취지를 각 상대방에게 통지하고, 상대방은 그에 대처에 협력하여야 한다.
② 갑과 을은 본건 특허에 관하여 특허권 침해가 발생한 경우에는 이를 상대방에게 통지하고 상대방은 침해배제에 협력하여야 한다.
③ 제1항 및 제2항의 처리에 있어 경비가 필요한 경우 경비부담은 각 특허권자가 지불한다.

제9조 (기간) 본 계약의 기간은 특허권의 존속기간 및 소멸할 때까지로 한다.

제10조 (계약의 해지 등) ① 다음 각호에 해당하는 사유가 발생시 타방당사자는 ○○일의 기간을 정하여 위반 당사자에게 그 시정을 요구할 수 있고, 그 기간 내에 시정이 이루어지지 않는 경우에는 서면으로 본 계약을 해지할 수 있는 권한을 가지며, 그에 따른 손해의 배상을 청구할 수 있다.
1. 계약 당사자가 상대방에게 본건 기술의 실시 행위를 완료했음에도 불구하고 그 상대방이

○○일 이내에 실시를 포기한 경우 또는 명백히 이를 포기한 것으로 볼 수 있는 경우

2. 계약 당사자 중 일방이 조업을 중단하여 상당기간 동안 본건 기술을 사용한 조업이 재기될 가능성이 없다고 객관적으로 인정되는 경우
3. 계약 당사자 중 일방이 본건 기술의 실시권을 성실히 부여하지 않은 경우
4. 계약당사자 중 일방이 본 계약상의 의무를 위반하여 본 계약의 목적을 달성하기 어렵다고 객관적으로 판단되는 경우

② 계약 당사자 중 일방이 본건기술을 실시하는 과정에서 경제성, 상업성이 없다고 판단하여 본 계약의 목적을 달성하는 것이 어렵다고 확정적으로 판단한 경우 그 당사자는 계약을 해지할 수 있다.

③ 계약 당사자 중 일방이 해산 · 청산 · 파산 · 지급불능 등의 사유로 인하여 그 사업을 계속할 수 없는 경우 타방 당사자의 일방적인 통보에 의해 본 계약에 의한 상호 실시권은 소멸한다.

제11조 (분쟁해결) 본 계약과 관련하여 혹은 쌍방의 의무이행과 관련하여 분쟁이나 이견이 발생하는 경우 갑과 을은 이를 상호 협의하여 원만히 해결토록 노력하여야 하며, 이러한 분쟁이나 이견이 해결되지 않은 경우에는 ○○법원을 제1심 관할법원으로 한다.

제12조 (협의사항) 본 계약에 정함이 없는 사항 및 본 계약의 해석에 의문이 있는 경우에는 갑, 을이 협의에 의한다.

본 계약의 체결을 증명하기 위하여 본 계약서 2통을 작성하여 양 당사자가 각 기명 날인한 후 각 1통씩 보유하기로 한다.

20 년 월 일

"갑" ○○주식회사
주소:
대표이사: ㊞

"을" ○○주식회사
주소:
대표이사: ㊞

나. 패키지 크로스라이선스 계약서

패키지 크로스라이선스 계약서

○○○ (이하 『갑』이라 한다.)와 △△△ (이하 『을』이라 한다.)은 ☆☆기술에 관한 연구개발성과를 각각 산업재산권으로서 보유하고 있다. 갑 및 을은 이들 산업재산권의 상호이용을 도모하는 것이 쌍방의 이익이라는 이해 하에 상호 특허의 실시허락에 동의하고 다음과 같이 계약을 체결한다.

제1조 (정의) 본 계약에 사용되는 다음 용어는 여기에 정하는 의미를 갖는다.

1. 『갑 특허』란 갑이 연구개발하고 그 성과로서 소유하는 특허 및 특허출원으로써 별표○에 정하는 것을 말한다.
2. 『을 특허』란 을이 연구개발하고 그 성과로서 소유하는 특허 및 실용신안등록으로써 별표○에 정하는 것을 말한다.

제2조 (실시허락) ① 갑은 을에게 『갑 특허』에 관하여 비독점적 통상실시권을 허락한다.
② 을은 갑에게 『을 특허』에 관하여 비독점적 통상실시권을 허락한다.

제3조 (실시권의 설정등록) 갑과 을은 각각 자기의 비용으로 본 계약에 의거한 실시허락을 받은 『을 특허』 및 『갑 특허』의 통상실시권 설정등록을 할 수 있도록 하며 등록시에는 상대방은 이에 협력한다.

제4조 (대가) 갑과 을은 제2조에 의거하여 갑과 을이 상대방에게 허락한 권리에 대해서는 상호 대가를 징수하지 않는다.

제5조 (권리보전) ① 갑과 을은 각각 『갑 특허』 및 『을 특허』에 관하여 그 권리를 포기한 자가 있을 경우에는 사전에 그 취지를 상대에게 통지하도록 하며 상대방의 요망에 따라 무상으로 그 권리를 양도한다.
② 갑과 을은 각각 『갑 특허』 및 『을 특허』에 관하여 제3자에게 그 권리를 양도하는 자 또는 전용실시권을 설정하는 자가 있을 경우에는 사전에 서면으로 상대방에게 통지한다.

제6조 (침해배제) ① 갑 또는 을은 각각 『을 특허』 및 『갑 특허』에 관하여 제3자의 침해를 발견한 경우에는 신속히 상대방에게 통지한다.
② 갑과 을은 각각 상대방으로부터 제3자의 침해사실을 통지받은 경우에는 상대방과 협력하여 당해 침해의 배제에 대처한다.

제7조 (개량발명) ① 갑과 을은 각각 『을 특허』 및 『갑 특허』에 의거한 개량발명 및 고안에 대해

서는 독자적으로 특허출원 또는 실용신안등록출원을 할 수 있다.
② 갑과 을은 제1항에 의거한 특허출원 또는 실용신안등록출원을 한 때에는 신속히 상대방에게 통지하도록 하며, 상대방의 요구가 있을 때에는 상호 협의로 정한 조건에 따라 비독점적 통상실시권을 허락한다.

제8조 (비밀유지) 갑과 을은 본 계약에 정하는 경우 및 사전에 상대방의 동의를 얻은 경우를 제외하고 본 계약의 내용 및 본 계약의 체결 · 이행과 관련하여 상대로부터 지득한 업무상의 비밀에 대하여 제3자에게 개시해서는 아니된다.

제9조 (변경 · 해지) ① 본 계약에 정하는 사항에 관하여 갑 · 을 어느 일방이 계약 내용의 변경을 신청한 때에는, 상대방은 이에 응하고 쌍방이 협의한 다음 합의에 달한 때에는 그 사항에 대하여 변경할 수 있다.
② 갑 또는 을은 상대방이 본 계약에 규정하는 의무를 이행하지 않을 때에는 ○○일의 최고기간을 둔 문서에 의한 사전통지를 하며, 이에 의해서도 의무가 이행되지 않을 경우에는 본 계약을 해지할 수 있다.

제10조 (계약유효기간) 본 계약의 유효기간은 20 년 월 일부터 『갑 특허』 및 『을 특허』의 존속기간 만료일 중 더 늦은 날까지로 한다. 다만 제9조 제2항에 의해 본 계약이 해지된 경우에는 그러하지 아니하다.

제11조 (협의) 본 계약에 정하는 사항 또는 본 계약에 관한 의문은 갑과 을이 신의 · 성실로써 협의한 후 해결하도록 한다.

본 계약서는 갑 · 을이 계약서에 서명 날인함으로써 유효하고 이를 증명하기 위해 계약서 2통을 작성하고 각각 서명 날인하여 1통씩 보관한다.

20 년 월 일

"갑" ○○주식회사
주소:
대표이사: ㊞

"을" ○○주식회사
주소:
대표이사: ㊞

4. 도급실시 계약

도급실시 계약서

○○○ (이하 『갑』이라 한다.) 과 △△△ (이하 『을』이라 한다.)은 아래와 같이 도급실시계약을 체결한다.

제1조 (도급의 확인) 갑은 본 계약서 말미 별표의 작업을 을에 대하여 주문하고 을은 이를 수탁한다.

제2조 (작업내용) 본 계약에 의거한 작업 (이하 『작업』이라 한다.)의 내용은 본 계약서 말미에 첨부하는 사양서 및 별도 을이 서면에 의해 지시하는 바에 의하도록 한다.

제3조 (신의성실) 갑과 을은 서로 협력하여 신의성실의 원칙에 의거하여 계약을 이행하도록 한다.

제4조 (의문의 취급) ① 을은 갑의 사양서 및 작업지시에 대하여 의문이 있거나 적당하지 않다고 인정한 때에는 원칙으로서 서면으로 즉시 갑에게 통지하고 그 지시를 요구하여야 한다.
② 갑은 제1항의 을의 의문에 대하여 원칙으로서 서면으로 지시하도록 한다.

제5조 (하도급의 금지) ① 을은 본 계약의 전부 또는 일부의 이행을 제3자에게 하도급하여서는 아니된다. 다만 사전에 갑의 서면에 의한 승인을 얻은 때에는 그러하지 아니하다.
② 을은 제1항 단서에 의해 하도급를 인정한 경우에는 하도급인의 행위에 대하여 모든 책임을 져야 한다.

제6조 (권리의무의 승계금지) 을은 본 계약에서 발생하는 권리 · 의무의 전부 또는 일부를 제3자에게 양도해서는 아니된다. 다만 사전에 갑의 서면에 의한 승인을 받은 때에는 그러하지 아니하다.

제7조 (비밀의 유지의무 · 유용금지) ① 을은 본 계약의 체결 및 이행에 관하여 알게된 갑의 생산, 판매, 기술, 설비 기타 사업상 비밀을 제3자에게 개시 또는 누설해서는 아니된다.
② 을은 갑이 제공한 도면, 사양서, 자료, 정보 및 노하우 등을 본 계약의 목적 외에 이용하거나 제3자에게 이용하게 해서는 아니된다. 다만 사전에 갑의 서면에 의한 승인을 받은 때에는 그러하지 아니하다.
③ 을은 을의 종업원(하도급인 및 그 종업원을 포함한다. 이하 같음)이 제1항 및 제2항에 정하는

금지행위를 하지 않도록 충분한 지도감독을 하여야 한다.
④ 을은 갑이 비밀유지를 위하여 특별히 지정하는 정보에 관해서는 특히 비밀유지에 주의하는 동시에, 갑의 지시에 따라 을의 종업원에 대하여 계약서를 제출하게 하는 등 만전의 조치를 강구하여야 한다.

제8조 (특허침해보증) ① 을은 갑의 작업사양, 도면, 작업표준 기타 자료에 기재된 내용 또는 갑과의 작업논의에 의해 결정된 기술내용, 혹은 갑의 지시에 의하지 않고 을이 지시하는 작업내용에 관하여 제3자의 특허권 등이 있을 때에는 사전에 갑의에게 그 내용을 통지하여야 한다.
② 을은 본 계약의 이행에 관하여 제3자로부터 특허권 등의 침해소송 기타 분쟁이 생긴 때에는 을의 책임 하에 이를 해결하도록 한다. 다만 갑의 지시에 따른 것에 기인하는 분쟁에 대해서는 그러하지 아니하다.

제9조 (발명등의 출원) ① 을은 을의 종업원이 본 계약에 의거한 작업에 관하여 발명 등을 한 경우로써 을의 종업원만의 발명일 때 또는 갑의 종업권과의 공동발명일 때 어느 경우에나, 즉시 그 내용을 갑에게 통지하고 출원 여부 및 충원인 등에 대해 갑과 협의하도록 한다.
② 을은 제1항의 발명 등에 대하여 사전의 서면에 의한 갑의 승낙을 얻지 않고 다음 각호에 정하는 행위를 해서는 아니된다.

1. 특허(실용신안 및 디자인을 포함한다. 이하 같음)를 받을 권리 및 특허권 등을 제3자에게 양도하는 것.
2. 발명 등에 관한 내용을 공표하는 것.

제10조 (을의 특허권 등의 취급) ① 을은 본 계약 이행시에 을의 종업원이 갑의 설계 또는 특허권 등을 이용하는 개량발명 등을 하고 을이 그 개량발명 등에 관해 특허권 등을 받은 때에는 갑에 대하여 무상 실시권을 허락하도록 한다.
② 을의 종업원이 본 계약에 의거한 작업에 관하여 발명 등을 하고 그 발명 등에 관하여 특허권 등을 얻은 경우에 갑이 그 실시허락의 알선을 을에게 신청한 때에는 을은 이에 응하도록 한다.

제11조 (검사 및 수령) ① 을은 본 계약에 의거한 작업이 완료된 때에는 즉시 갑에게 통지하여야 한다.
② 갑은 전항의 통지를 받은 때에는 지체없이 검사를 하고 그 결과 적당하다고 인정되는 것을 합격으로 수령하도록 한다.

제12조 (청구대금의 지불) 갑은 갑이 수령한 작업에 관하여 그 청구대금을 원칙적으로 매월말로 마감하고 지불일을 익월의 ○일로 한다.

제13조 (갑의 계약해지권) 갑은 다음 각호의 1에 해당하게 된 때에는 본 계약의 전부 또는 일부

를 해지하고 갑이 입은 손해배상을 을에게 청구할 수 있다.

1. 을이 본 계약을 위반한 때
2. 을이 어음교환소로부터 경고 또는 부도처분을 받은 때
3. 을이 감독관청으로부터 영업 취소 · 정지 등의 처분을 받은 때
4. 을이 해산결의를 한 때
5. 기타 을이 본 계약작업의 수행능력이 없어졌다고 갑이 인정한 때

제14조 (을의 계약해약권) 을은 갑이 본 계약에 위반하여 계약이행을 불능으로 한 때에는 본 계약의 전부 또는 일부를 해약하고 을이 입은 손해배상을 갑에게 청구할 수 있다.

제15조 (계약의 유효기간) 본 계약의 유효기간은 20 년 월 일부터 20 년 월 일까지로 한다.

제16조 (협의사항) 갑과 을은 본 계약에 규정이 없는 사항 및 본 계약의 규정에 관하여 의문이 있는 사항에 대해서 갑과 을이 협의한 다음 이를 정하도록 한다.

본 계약서는 갑 · 을이 계약서에 서명 날인함으로써 유효하고 이를 증명하기 위해 계약서 2통을 작성하고 각각 서명 날인하여 1통씩 보관한다.

20 년 월 일

"갑" ○○주식회사
주소:
대표이사: ㊞

"을" ○○주식회사
주소:
대표이사: ㊞

제4절 서비스제공계약

1. 기술자문계약[8)]

기술자문계약서

(주) ○○○○ 대표이사 ○○○(이하 "갑"이라 한다.)와 ○○대학교 산학협력단(자문책임자: ○○○학과 ○○○교수)(이하 "을"이라 한다.)는 다음과 같이 기술자문계약을 체결한다.

제1조 (계약의 목적) 본 계약은 "갑"이 "을"에게 "○○○○○○에 관한 기술자문"(이하"기술자문"이라 한다.)을 의뢰하고 "을"이 이를 수행함에 필요한 제반 사항을 규정하는 것을 목적으로 한다.

제2조 (자문내용) ① 기술자문의 주요내용은 다음과 같다.
가. ○○○○○○
나. ○○○○○○
다. ○○○○○○
② 기타 구체적인 기술자문의 내용은 "갑"과 "을의 합의에 따라 별도로 정할 수 있다.

제3조 (계약기간) 본 계약의 기간은 20 년 월 일부터 20 년 월 일까지로 하며, 쌍방의 합의로 기간을 연장할 수 있다.

제4조 (기술자문 조건) ① 기술자문은 매(주/달) ○요일 총○○회, 매회○시간 "갑"이 지정한 장소에서 수행하는 것으로 한다.
② "갑"은 계약기간 중 "을"의 사전 동의를 구하고 "을"을 방문하여 필요한 기술자문을 요청할 수 있으며, "갑"이 연구수행 중 "을"에게 기술자문을 구하는 경우 "을"은 이에 성실히 응해야 한다.
③ 기술자문의 수행과 관련하여 자문책임자의 국내 및 해외 출장이 필요한 경우 자문책임자의

8) 본 서식은 경북대학교 산학협력단에서 제공된 서식을 수정 보완한 것임. http://iac.flash21.com/_pds/index.php?menu=6&sub=4&div=20&W=view&view_Number=105&no=93&Tid=pds01&page=3

본 업무에 지장을 초래하지 않는 한 "을"과 자문책임자는 "갑"의 요청에 따라 출장에 응하여야 하며, 이에 따른 경비는 "갑"의 내부 규정에 따라 "갑"이 부담한다.
④ "을"은 기술자문을 수행하기 위하여 "갑"의 사업장을 출입하는 경우 "갑"의 제반 내부 규정을 성실히 준수하여야 한다.

제5조 (기술자문비) ① "갑"은 "을"에게 기술자문비로 총액 ________ 만원정(₩ ________)을 다음과 같이 지급한다.
1차: 계약체결 후 청구서 접수일로부터 15일 이내 일금 ________ 만원정(₩ ________)
2차: 계약기간 개월 경과 후 청구서 접수일로부터 15일 이내 일금 ________ 만원정 (₩ ________)
② 제3조에 의해 자문 기간이 연장되어 추가 비용이 필요한 경우 협의를 통하여 제1항의 기술자문비와 별도로 "갑"이 "을"에게 지급하기로 한다.

제6조 (결과의 귀속) ① 본 계약을 통해 얻은 기술, 정보, 노하우 및 이를 직·간접적으로 응용하여 취득한 지식재산권을 포함한 기술자문 결과에 대한 모든 권리는 "갑"과 "을"의 공동 소유로 하며, 지식재산권 출원·등록시 "갑"과 "을"은 공동 출원인이 된다.
② "갑"은 제1항의 지식재산권을 출원함에 있어 필요한 제반 비용을 부담하며, "을"은 제1항의 지식재산권을 출원·등록함에 있어서 필요한 서류제출 등의 제반 절차에 최대한 협조하여야 한다.

제7조 (비밀유지) ① "을"은 본 계약과 관련하여 "갑"이 제공한 일체의 자료, 아이디어 등 기술자문 수행 중에 취득한 "갑"의 영업 비밀 또는 기술정보를 본 계약의 목적에 한하여 사용하여야 하고, "갑"의 사전 서면 승인 없이는 제3자에게 누설해서는 아니되며, 본 항의 의무는 본 계약의 기간 만료 또는 해지 후에도 계속하여 유효하다.
② "을"은 "갑"의 기술자문의 제반 결과물에 관한 정보를 계약기간 및 본 계약 종료 후 ( )년간 "갑"의 사전 서면 동의 없이 제3자에게 제공하거나 누설할 수 없다. 단, 노하우에 대하여는 제1항의 규정을 적용한다.
③ "을"이 기술자문의 학술적인 성과를 학회지, 논문 등으로 발표하고자 하는 경우 반드시 "갑"의 사전 서면 동의를 얻어야 하되, "갑"은 법률적, 사업적, 지식재산권적 문제 등이 없는 한 이에 협조하여야 하며, "을"은 "갑"의 요청이 있는 경우 "갑"을 공동 발표자로 한다.

제8조 (명칭사용) "갑"과 "을"은 광고, 판매촉진, 기타 선전의 목적 또는 기술자문의 수행 사실 인용목적으로 상대방의 상호 또는 상표 등 명칭을 사용하고자 할 경우에는 상대방의 서면동의를 얻어야 한다.

제9조 (계약의 해지) ① "갑"은 다음 사유가 발생하는 경우 "을"에 대한 서면 통지로 본 계약을 해지할 수 있다.
1. "을"이 본 계약을 위반하고 그 시정을 요청하는 "갑"의 통지를 받은 날로부터 3주 내에 이

를 시정하지 않는 경우

2. 자문책임자의 사망 · 사고 · 소속변경, 기타 사유로 인하여 기술자문의 완수가 어렵다고 판단되는 경우

② "갑"의 불가피한 사정으로 인하여 본 계약을 해지하여야 하는 경우 "갑"은 3주간의 기간을 정하여 "을"에게 이를 통보하여 상호 협의한 후 본 계약을 해지할 수 있다.

③ "갑"이 본 계약을 위반하여 원활한 기술자문의 수행이 극히 곤란하다고 판단될 경우 "을"은 3주간의 기간을 정하여 "을"에게 그 시점을 최고할 수 있으며, 이 기간 내에 시정하지 않을 경우에는 본 계약을 해지할 수 있다.

④ 본 계약이 기간 만료하거나 해지되는 경우에 "을"은 해지일로부터 2주 이내에 계약과 관련하여 "갑"이 제공한 일체의 자료, 아이디어 및 기술자문 수행 중에 취득한 정보 및 제반 기술적 성과를 "갑"에게 반환 · 제출하는 동시에 해지시까지의 기술자문비 집행 정산서 및 보고서를 "갑"에게 제출하고 해지시까지의 기술자문비를 정산하되, 해지시까지 발생한 결과물의 귀속은 제6조에 따른다.

⑤ 기타 계약의 해지에 관한 사항은 "갑"과 "을"의 합의에 의한다.

제10조 (계약의 변경) 본 계약의 변경은 "갑"과 "을"의 서면 합의에 의한다.

제11조 (신의성실) "갑"과 "을"은 본 계약을 수행함에 있어서 최대한의 신의와 성실로써 임하여야 한다.

제12조 (양도의 제한) "갑"과 "을"은 상대방의 사전 서면 동의 없이 본 계약상의 권리 또는 의무를 제3자에게 양도할 수 없다.

제13조 (계약의 해석) ① 본 계약에 명시되지 아니한 사항 및 본 계약의 해석상 이의가 있을 경우 쌍방의 합의로 결정한다.

② 기본 계약서와 계획서의 내용이 상충하는 경우, 기본 계약서의 규정이 우선하는 것으로 한다.

제14조 (분쟁의 해결) 본 계약의 내용과 관련한 일체의 분쟁은 산업재산권분쟁조정위원회의 조정에 따르며, 중재에 의해서도 분쟁이 원만히 해결되지 않는 경우 본 계약에 관한 소송의 관할은 "을"의 주소지 법원으로 한다.

제15조 (완전합의) 본 계약 체결 건의 기술자문에 관한 "갑"과 "을"의 구두 또는 서면상의 합의로서 본 계약의 규정에 반하는 사항은 그 효력이 없는 것으로 본다.

"갑"과 "을"은 본 계약의 증명을 위하여 계약서 2부를 작성하여 기명, 날인한 후 각각 1부씩 보관한다.

20 년 월 일

"갑"	"을"
(주)○○○○○○	○○대학교 산학협력단
○○시 ○○구 ○○○ ○○	○○시 ○○구 ○○○ ○○
대표이사 ○ ○ ○ (인)	단 장 ○ ○ ○ (인)

2. 기술지도위촉계약

기술지도위촉계약서

○○연구소를 "갑"으로 하고 ○○주식회사를 "을"로 하며, 갑과 을 간에 기술지도에 관한 계약을 체결한다.

제1조 (기술지도의 범위) ① 을은 갑에 대하여 다음과 같은 업무범위에 관하여 기술지도를 위촉하고 갑은 이를 수탁한다.

업무명:

기술지도 범위:

② 전항의 업무는 갑 또는 을이 지정한 장소에서 필요한 경우 수시로 한다.

제2조 (비용의 지급) ① 을은 갑에게 전조의 업무수행에 필요한 경비로써 월 금 ______ 원을 매월 말일에 지급한다.

② 갑이 그 업무수행에 있어 갑의 직원을 을의 장소 또는 을이 지정하는 장소에 파견하는 경우에는 갑의 출장여비규정에 근거하여 그 파견원의 출장비를 지급한다.

③ 제1항 및 제2항 이외에 갑의 업무수행에 있어 특히 필요한 경비가 있는 경우에는 별도의 협정에 의하여 을이 이를 부담한다.

제3조 (지적재산권의 귀속) 제1조의 업무에 근거하여 발생한 노하우 및 산업재산권에 관한 권리의 귀속 및 취급에 대해서는 별도로 협약을 체결한다.

제4조 (비밀유지) 갑과 을은 본 계약의 이행에 의하여 지득한 상대방의 업무상의 비밀을 제3자에게 누설하여서는 아니된다.

제5조 (계약의 효력) 이 계약기간은 계약체결일로부터 ○년으로 한다. 단 기간만료 1개월까지 갑

또는 을 누구라도 별도의 의사표시가 없는 경우에는 자동 갱신된다.

본 계약서는 갑, 을이 계약서에 서명 날인함으로써 유효하고 이를 증명하기 위해 계약서 2통을 작성하고 각각 서명 날인하여 1통씩 보관한다.

20 년 월 일

"갑" ○○연구소
주소:
연구소장: ㊞

"을" ○○주식회사
주소:
대표이사: ㊞

3. 기술인력 지원계약

기술인력 지원계약서[9)]

○○회사(라이선서: 기술제공 회사)(이하 "갑"이라 함)와 ○○회사(라이선시: 기술도입 회사)(이하 "을"이라 함)은 다음과 같이 계약을 체결한다.

다 음

제1조 (계약의 목적) 갑과 을은 20 년 월 일 체결한 ○○계약(이하 '대상 계약'이라 함) 중 갑의 을에 대한 기술자료 및 기술인력 지원과 관련된 사항을 정하기 위해 본 계약을 체결한다.

제2조 (기술자료 제공) ① 갑은 대상계약에서 을에게 허여한 기술(이하 '계약기술'이라 함)의 라이선스를 위해 본 계약 체결일 현재 갑이 보유하는 다음의 자료 및 정보를 을에게 제공한다.

1. 을이 적절한 공장 및 설비를 설치하는데 필요한 설계상의 조언 및 기타 협조, 특히 적절한 공장을 설치할 수 있도록 하기 위한 설비기구, 설비의 명세서, 공정도면, 위치 및 기타 자료
2. 계약기술에 의한 제품의 형태, 시방서, 설계도를 포함한 계약제품제조와 관련된 일반적인

9) 이 계약서는 인천 기술이전센터의 자료를 참고하여 보완한 것이다.
http://ittc.or.kr/sub/data/law_data_view.asp?id=7&page=1&search_word=all&search_string=

제작정보 및 원료의 명세서, 계약제품의 부분품, 주조, 비품을 포함한 계약제품 제조과정의 명세서

3. 시험기구, 시험절차와 기타 품질관리방법에 관련된 정보를 포함한 가동시험 및 작동자료
4. 갑과 을의 임 · 직원들의 상호 방문을 통한 개인 접촉 또는 서면을 통한 요청에 의해 제공되어야 하는 상기 정보들의 해석과 이해에 필요한 기타정보

② 자료의 제공형태는 문서를 원칙으로 하고, 문서로 제공하기 어려운 특별한 사정이 있는 경우에는 갑과 을의 협의 하에 CD나 기타 USB 등 저장매체에 의해 제공할 수 있다.

제3조 (기술인력 제공) ① 갑은 제2조 소정의 자료 및 정보 제공과 별도로 계약기술의 완전한 라이선싱을 위해 본 계약 체결일로부터 (　)일 이내의 기간 내에 을의 요구시에 최대 (　)주간(1주에 5일, 1일 8시간 작업, 토 · 일요일 휴무기준)의 기간에 걸쳐 (　)명의 엔지니어를 별도의 비용청구 없이 을에 파견한다.

② 위 1항 소정의 기간과 비용을 추가하는 엔지니어의 파견에 따르는 비용부담은 원칙적으로 을이 지기로 하되, 갑과 을의 협의 하에 이를 조정할 수 있다.

③ 필요한 경우 갑은 을의 요청에 따라 별도의 교육프로그램을 수립하여 정기적으로 계약기술에 관한 최신동향 등을 을에게 제공하여야 한다.

제4조 (갑의 공장 · 연구실에서의 기술습득) ① 대상계약 기간 동안 갑은 5명 이내의 을의 기술진으로 하여금 갑의 계약기술 습득을 위해 갑의 (　　)소재 공장(또는 연구실)을 방문토록 허용하며, 갑의 비용부담으로 갑의 계약기술 공개를 돕기 위해 갑의 전문 엔지니어를 통해 을의 기술진을 교육하여야 한다.

② 위 기술습득과 관련하여 을의 기술진에게 발생하는 모든 비용은 을이 부담한다.

제5조 (기타 기술지원) 갑은 계약 기간 중 다음 사항에 대한 을의 서면요구가 있을 경우, 다음 각호의 범위 내에서는 별도의 비용청구 없이 을에게 기술적 조력을 제공한다. 다만 다음 각호의 범위를 초과하는 을의 요청으로 갑에게 발생한 비용 부분에 대해서는 갑이 증빙하여 이를 청구하는 경우 을은 그 비용을 지급해 주어야 한다.

1. 갑은 계약기술에 따른 ________ 에 관한 을의 질의에 대하여 월 (　)회의 범위에서 서면으로 답변하여야 한다.
2. 갑은 계약기술 관련을 기술자 및 관련 직원들과 분기에 (　)회 이상 회의를 하여야 한다.
3. 갑은 자신이 보유하고 있는 분석장비의 범위 내에서 1년에 (　)회 이상 ________ 에 대한 테스트 서비스 및 이에 대한 보고서를 제공하여야 한다.
4. 갑은 해당제품에 한하여 을이 요구하는 사항에 대해 을이 만족할 때까지 충분한 기술지원을 하여야 한다(다만 그 범위는 합리적인 범위로 제한된다). 단, 을의 행위로 계약기술이 을 이외의 장소 또는 사람에게 누설되었을 시에는 을은 갑에게 이에 상응하는 보상을 하여야 한다.
5. 을은 제품 제작시에 갑의 동의 없이 임의로 제품을 변형할 수 없으며, 갑의 동의에 의해

제품의 일부를 변형하였을 시에도 변형된 기술에 의한 권리는 갑이 가지도록 한다.

6. 제품 제작시 을의 요구에 의해 지정된 날짜 이외에 추가적인 회의 및 갑의 인원이 필요한 경우에는 합리적인 범위 내에서 을은 이를 갑에게 요청할 수 있으며, 갑은 이러한 요청을 거절하지 못한다.
7. 제품 제작시 갑의 요구에 의해 지정된 날짜 이외에 추가적인 회의 및 을의 인원이 필요한 경우에는 을이 이를 요청할 수 있으며, 갑은 이를 부당하게 거절하지 못한다.
8. 제품 납품시 시운전 기간 중에는 을이 모든 시운전을 수행하여야 한다. 다만 갑은 을의 요청 시에 (   )명의 인원을 상주시키며 시운전에 적극 협력하여야 한다.
9. 시운전기간 또는 정상운전기간 중에 발생하는 제품의 하자는 을이 책임지도록 한다.
10. 갑의 지시대로 제작된 제품에 한해서 효율에 대한 성능보장은 갑이 보장하도록 한다. 단, 갑의 지시와 다른 부품 등의 사용에 의한 성능 미달 및 하자에 대해서는 을이 책임을 진다.

제6조 (불가항력) 본 계약의 어느 일방도 본 계약을 이행함에 있어 천재지변 또는 불가항력으로 발생하거나 기타 일방의 고의 · 과실 또는 태만에 의하지 아니한 하자로 인하여 발생한 어떠한 손실 또는 손해에 대하여도 그 일방은 상대방에게 책임을 지지 아니한다.

제7조 (분쟁해결) 본 계약과 관련하여 혹은 쌍방의 의무이행과 관련하여 분쟁이나 이견이 발생하는 경우 갑과 을은 이를 상호 협의하여 원만히 해결토록 노력하여야 하며, 이러한 분쟁이나 이견이 해결되지 않은 경우에는 ○○법원을 제1심 관할법원으로 한다.

제8조 (계약의 효력) 본 계약의 효력은 쌍방이 서명 날인한 날부터 유효하다.

제9조 (해석) 본 계약에 명기되지 아니하거나 본 계약상의 해석상 이의가 있는 사항에 대하여는 쌍방의 합의에 의하여 결정한다.

제10조 (입회중개인) 본 계약은 재단법인 (   )기술이전센터가 입회 · 중개하였다. 따라서 재단법인 (   )기술이전센터는 본 계약이 정상적으로 체결되었음을 보증하며, 그 체결과정에 그 어떤 기망 · 착오 · 의사표시의 불일치가 없었음을 확인한다.

본 계약의 체결을 증명하기 위하여 본 계약서 2통을 작성하여 양 당사자가 각 기명 날인한 후 각 1통씩 보유하기로 한다.

첨부: 1. 갑과 을의 법인인감증명서 1부.
2. 갑과 을의 사업자등록증 사본 1부.

20 년 월 일

"갑" ○○주식회사
주소:
대표이사: ㊞

"을" ○○주식회사
주소:
대표이사: ㊞

"입회중개인"
재단법인 ( )기술이전센터 ㊞

4. 기술자파견계약

기술자파견계약서

○○주식회사(이하 "갑"이라 한다.)와 ○○주식회사(이하 "을"이라 한다.)는 갑의 사원 김○○(이하 "본인"이라 한다.)의 파견에 대하여 다음과 같이 계약을 체결한다.

제1조 (목적) 갑은 을의 업무운영을 협력, 원조하기 위하여 본인을 파견한다.

제2조 (파견기간) 파견기간은 20 년 월 일부터 20 년 월 일까지 1년으로 한다. 단, 갑·을 및 본인의 협의 후에 파견기간을 갱신할 수 있다.

제3조 (업무의 책임) 파견기간 중 본인은 을의 지휘를 받아 업무에 종사하고 그 실시한 업무의 경과에 대해서는 을이 일체의 책임을 진다.

제4조 (취업규칙) 본인은 파견기간 중 을의 취업규칙에 따라 근무한다.

제5조 (급여 등의 비용부담) 본인의 급여, 상여금 등 및 기타 비용은 을의 회사규정에 따른다.

제6조 (비밀유지) 본인이 파견기간 중 습득한 을의 기업정보 일체를 타인에게 누설하지 아니한다. 특히 갑은 이를 의도적으로 이용하거나 타인에게 누설하지 않을 것을 약속한다. 만약 본인 또는 갑이 본조에 위반하여 발생한 을의 손해에 대해서는 갑·을 합의에 의해 처리한다.

제7조 (기타) 본인의 매월 근무사항에 대하여 을이 갑에게 매월 말일에 보고한다.

제8조 (계약기간) 이 계약기간은 20 년 월 일부로 파견기간을 종료한다.

제9조 (계약의 해석) 본 계약에 명기되지 아니하거나 본 계약상의 해석상 이의가 있는 사항에 대하여는 3자간의 합의에 의하여 결정한다.

본 계약서는 갑, 을이 계약서에 서명 날인함으로써 유효하고 이를 증명하기 위해 계약서 3통을 작성하고 서명 날인하여 각각 1통씩 보관한다.

20 년 월 일

"갑" ○○주식회사
주소:
대표이사: ㊞

"을" ○○주식회사
주소:
대표이사: ㊞

본인
주소:
성명: ㊞

제5절 기술유출방지를 위한 계약

1. 비밀유지서약

가. 비밀유지서약서

비밀유지서약서

○○주식회사
○○○귀하

○○주식회사
○ ○ ○ (인)

당사는 당사의 종업원○○○가 귀사의 ○○제조공장 ○○공정을 견학할 수 있게 해 주심에 있어서, 다음 사항을 준수하여 귀사에 조금도 폐를 끼치지 않을 것임을 서약합니다.

다 음

1. 당사는 공장견학시에 귀사가 당사에 제공하고 지정한 일체의 기밀(이하 『본 기밀』이라 한다.)을 형식을 불문하고 제3자에게 누설하지 않겠습니다.
2. 본 기밀은 귀사의 승낙없이는 일체 사용하지 않겠습니다.
3. 필요최소한의 범위의 당사 종업원에게는 본 기밀을 알게 하겠습니다만, 견학을 한 종업원 및 본 기밀에 관여한 종업원에 대하여, 재직중 및 퇴직후도 본 서약서의 취지와 같은 취지의 의무를 서약하게 하겠습니다.
4. 당사의 종업원이 귀사의 _______ 공정을 견학한 사실도 비밀에 부치겠습니다.
5. 당사, 당사의 종업원 또는 당사의 종업원이었던 자가 본 계약 사항의 일부를 위반한 행위를 한 경우에는, 당사는 모든 책임을 지고 귀사가 입게 된 일체의 손해를 배상하겠습니다.

20 년 월 일

나. 영업비밀보호서약서[10)]

영업비밀보호서약서

나는 OOOO주식회사(이하 "회사"라고 한다.)에 재직할 때(휴직기간을 포함) 회사의 영업비밀 등의 보호와 관련하여 다음과 같이 서약합니다.

나는 재직 중에 회사의 공공연히 알려져 있지 아니하고 독립된 경제적 가치를 가지는 것으로서, 상당한 노력에 의하여 비밀로 유지된 생산방법, 판매방법, 그 밖에 영업활동에 유용한 기술상 또는 경영상의 정보(이하 "영업비밀"이라고 한다.)보호와 관련한 회사의 각종 규정을 준수하고, 이에 대하여 책임을 집니다.

나는 회사의 영업비밀에 대하여 지정된 업무에 사용하는 경우는 제외하고는 어떠한 이유로도 사용 또는 회사내외의 제3자에게 누설 또는 공개하지 않겠습니다(단, 회사로부터 사전에 서면에 따른 동의가 있는 경우, 회사의 영업비밀보호 관련 규정에 따라 허용된 경우는 제외).

나는 접근허가를 받지 않은 정보와 시설 등에는 절대로 접근하지 않으며, 회사의 보안규정 및 지침, 정책 등을 반드시 준수하겠습니다.

나는 회사의 영업비밀에 대하여 지정된 업무에 사용하는 경우를 제외하고는 복사, 녹음, 촬영 및 기타의 방법으로 복제를 일체 하지 않으며, 이에 대하여 어떠한 형태의 복제물도 개인적으로 보유하지 않겠습니다(단, 회사로부터 사전에 서면에 따른 동의가 있는 경우, 회사의 영업비밀보호 관련 규정에 따라 허용된 경우는 제외).

나는 회사에 손해를 끼칠 우려가 있는 기술, 기타 정보의 유출방지를 위하여 회사의 메일통제 및 검열에 동의합니다.

나는 재직 중에 업무와 관련하여 독자적 또는 타인과 함께 작성, 개발, 설계, 고안한 기술, 정보, 이에 준하는 산출물에 관한 소유권이 회사에 있음을 인정합니다.

나는 재직중에 지득한 영업비밀이 누설될 수 있는 동종 또는 유사한 기업의 직원으로 겸직하거나 자문 또는 이에 유사한 협력을 하지 않으며, 이러한 상황이 발생할 우려가 있는 경우 회사와 사전에 협의하겠습니다.

나는 퇴직 후에도 재직 중에 지득한 영업비밀을 회사의 사전 동의 없이 어떠한 방법으로도 제3

10) JETRO, 「韓国進出のための知的財産経営マニュアル」, 2012, 174~175頁.

자에게 누설하거나 공개하지 않겠습니다.

나는 재직 중 또는 퇴직 후에도 회사가 나의 담당업무와 관련한 권리의 법적 조치를 취할 경우 회사에 적극적으로 협력하겠습니다.

나는 이들의 사항을 성실히 준수하고, 상기서약사항을 위반하여 회사에 손해를 입힐 경우에는 부정경쟁방지 및 영업비밀보호에 관한 법률, 사규(社規) 및 기타 관련 법령에 따른 조치를 감수하는 것은 물론 회사에 대하여 손해배상과 모든 민사상 · 형사상의 책임을 질 것을 서약합니다.

20　　년　　월　　일

상기내용을 확인하며 서명합니다.

소 속:
주민등록번호:
성 명:

○○○○주식회사

2. 비밀유지계약

가. 비밀유지계약서 1

비밀유지계약서

○○주식회사(이하 『갑』이라 한다.)와 □□주식회사(이하 『을』이라 한다.)은 ☆☆☆기술의 장래성 검토 (이하 『본 검토』라 한다.)를 공동연구 여부를 결정하기 위하여 상호 기술적 지식과 견해를 개시함에 있어서 다음과 같이 계약을 체결한다.

제1조 (비밀유지) 갑 및 을은 ☆☆☆기술에 관하여 상호 개시한 기술정보 및 상호 접촉교류에 의하여 알게 된 상대방의 기업비밀(이하 『비밀정보』라 한다.)을, 상대방의 사전의 문서에 의한 승낙 없이 제3자에게 누설해서는 아니된다. 다만, 다음의 것은 비밀유지 대상에서 제외한다.
1. 개시를 받을 때 이미 자신이 소유하거나 제3자로부터 입수한 것
2. 개시를 받을 때 이미 공지 또는 공용이 된 것

3. 개시를 받은 후 갑 · 을 각각의 책임에 의하지 아니하고 공지 또는 공용이 된 것

제2조 (비밀정보의 이용) 갑 및 을은 비밀정보를 상대방의 승낙없이 본 검토 이외의 목적에 사용해서는 아니된다.

제3조 (별도 계약의 체결) 갑 및 을은 본 계약에 의거한 기술의 개시결과 공동연구를 필요로 할 경우 새로이 공동연구계약을 체결하도록 한다.

제4조 (자료 등의 반환) 갑 및 을이 검토의 결과 공동연구에 이르지 못한 경우에는, 본 계약의 종료 후 곧바로 비밀정보에 관계되는 서류(복사 및 복제한 것을 포함한다.)를 상대방에게 반환한다.

제5조 (계약의 유효기간) 본 계약의 유효기간은 20 년 월 일부터 20 년 월 일까지로 한다.

제6조 (협의) 본 계약에 규정이 없는 서류 또는 의문이 생긴 사항은 갑과 을이 협의한 다음 결정한다.

본 계약서는 갑, 을이 계약서에 서명 날인함으로써 유효하고 이를 증명하기 위해 계약서 2통을 작성하고 각각 서명 날인하여 1통씩 보관한다.

20 년 월 일

"갑" ○○주식회사
주소:
대표이사: ㊞

"을" ○○주식회사
주소:
대표이사: ㊞

나. 비밀유지계약서 2

비밀유지계약서

○○주식회사(이하 『갑』이라 한다.)와 □□주식회사(이하 『을』이라 한다.)는 갑이 을에 대하여 제시하는 ☆☆☆시제품 (이하 『시제품』이라 한다.)의 도면 및 사양서에 근거하여 그 제작비의 견적

을 산정함에 있어 본 시제품에 관한 기술의 비밀유지에 대하여 다음과 같이 계약을 체결한다.

제1조 (비밀유지) 을은 본 시제품에 관한 기술, 갑의 영업정보 및 갑의 사업장에 방문했을 때 얻은 갑의 기업비밀(이하 『기업비밀』이라 한다.)을, 갑의 사전의 문서에 의한 승낙을 받지 아니하고 제3자에게 누설해서는 아니된다. 다만, 다음은 기업비밀 대상에서 제외한다.

1. 갑이 개시한 때 이미 을 자신이 소유하고 있거나 제3자로부터 입수한 것
2. 갑이 개시한 때 이미 공지 또는 공용이 된 것
3. 갑이 개시한 후 을의 책임에 의하지 아니하고 공지 또는 공용이 된 것

제2조 (이용범위) 을은 갑의 비밀정보를 갑의 승낙없이 제작비 견적 이외의 목적에 사용해서는 아니된다.

제3조 (자료 등의 반환) 본 계약이 종료한 때에는 을은 갑으로부터 수령한 일체의 서류 · 자료를 갑에게 반환한다.

제4조 (손해배상) 을은 갑의 승낙없이 갑의 비밀정보를 제3자에게 누설한 때에는, 갑에 대하여 약정손해금으로서 일금 ○○○○원을 지불한다.

제5조 (계약의 유효기간) 본 계약의 유효기간은 20 년 월 일부터 20 년 월 일까지로 한다.

제6조 (협의) 본 계약에 규정이 없는 서류 또는 의문이 생긴 사항은 갑과 을이 협의한 다음 결정한다.

본 계약서는 갑, 을이 계약서에 서명 날인함으로써 유효하고 이를 증명하기 위해 계약서 2통을 작성하고 각각 서명 날인하여 1통씩 보관한다.

20 년 월 일

"갑" ○○주식회사
주소:
대표이사: ㊞

"을" □□주식회사
주소:
대표이사: ㊞

3. 노하우실시허락계약

노하우실시허락계약서

○○○(이하 『갑』이라 한다.)은 □□(화학물질)의 기업화를 목적으로 연구개발을 계속해 온 결과 □□의 제품화 기술을 완성하여 이에 관한 노하우를 소유하고 있다. 한편 △△△(이하 『을』이라 한다.)은 갑이 소유하는 상기 노하우를 실시하여 □□를 제조, 판매할 것을 희망하고 있다. 갑과 을은 상기 목적을 달성하기 위하여 다음과 같이 계약한다.

제1조 (정의) 본 계약에서 다음 각호에 열거하는 용어의 의의는, 따로 특별한 규정이 없는 한 당해 각호가 정하는 바에 따른다.

1. 본제품: 『본 제품』은 화학구조식 X로 나타내는 □□(화학물질명)을 말한다.
2. 기술정보: 『기술정보』란 『본 제품』 또는 『본 제품』의 제조, 판매 혹은 사용에 관한 모든 지식, 경험과 기타 정보로써 적어도 이하의 것을 포함한다.
   가. 『본 제품』의 물성, 성분조성표 및 분석법
   나. 제조과정설명서
   다. 표준배양조건(사용균주, 배양지조성, 배양방법 등)
   라. 정제방법
   마. 제조플랜트설계자료
   바. 물질수지, 에너지수지
   사. 기기리스트, 기기사양, 파이프사양
   아. 운전순서
   자. 배수처리시스템
   차. 원료규격, 품질관리순서
   카. 독성에 관한 시험결과
   타. 시장개발에 관한 정보, 연구성과
3. 노하우: 『노하우』란 『본 제품』 또는 『본 제품』의 제조, 판매 혹은 사용과 관련하여 제1조 제2호에 정의되어 있는 『기술정보』 및 서비스로써 갑이 현재 소유하고 또한 본 계약기간 중에 취득한 것을 말한다.
4. 주요부품 판매가격: 『주요부품 판매가격』이란 『본 제품』의 총판매가격에서 포장비, 운송비, 보험료를 뺀 것을 말한다.
5. 개량기술: 『개량기술』이란 『본 제품』의 기본적 화학구조를 바꾸지 않고 『본 제품』의 안전성, 결정성(結晶性) 등의 물성(物性)의 개량 및 『본 제품』이 제조에서 제조비용을 감소시키는 모든 것을 말한다.

제2조 (실시허락) ① 갑은 을에 대하여 『노하우』에 의거하여 『본 제품』을 제조 · 판매할 비독점적 권리를 허락한다.
② 을은 전항 실시권에 대하여 제3자에게 재실시 허락해서는 아니된다.

제3조 (실시허락의 범위) 전 제2조에 의해 전해지는 실시권의 범위는 다음과 같다.
1. 제조: 한국 내
2. 판매: 한국 내 및 미국, 캐나다를 제외한 전 지역으로의 수출

제4조 (노하우의 개시) ① 갑은 20 년 월 일까지 을의 본사소재지 또는 상호 동의할 수 있는 장소에서, 그 시점에서 갑이 소유하는 『노하우』를 문서로써 을에게 개시한다.
② 갑은 을의 요구에 의거하여 또한 갑이 적당하다고 생각할 경우 다음의 서비스를 제공한다.
1. 갑은 『노하우』의 개시 및 실시시에 을에게 조언을 하기 위한 지도요원으로서 기술자 ○명을 파견한다. 다만 기술자의 파견은 계약체결일 이후 1년 이내에서는 ○회 이내, 그 후는 매년 ○회 이내로 하며, 그 지도기간은 각각 ○일 이내로 한다. 을은 이와 관련한 갑의 기술자의 일당, 여비 및 체재비를 부담하도록 하며 그 금액 및 지불방법은 별도로 협의하여 정한다.
2. 갑은 을의 기술자를 일정 기간동안 갑의 공장에 수용하여 『본 제품』의 제조 및 검사 등에 관한 훈련을 행한다. 다만 이러한 기술자의 갑의 기업내에서의 전체 실습기간은 본 계약체결후 1년이내로 하며 이 동안 매월 2명 이내로 한다.
③ 을은 기술자를 파견하기 적어도 30일전까지 문서로 파견자의 성명, 자격, 이력 및 예정체재기간을 갑에게 연락한다. 이러한 경우 갑은 신속히 그 수탁에 대하여 응답하도록 하며 혹시 수탁할 수 없을 때에는 그 대체안을 제시한다. 이 때 기술자의 여비 및 기타 일체의 비용은 을이 부담하고 지불한다.

제5조 (대가의 산정 및 지불방법) 을은 본 계약에 의해 허락된 『노하우』의 실시에 의거한 대가로서 본 계약기간 중에 갑에게 다음의 금액을 지불한다.
1. 계약금
본 계약체결 후 30일 이내에 일금 ○○○만원을 현금으로 지불한다.
2. 실시료
매년 6월 30일 및 12월 30일까지의 각각의 6개월간에 판매한 『본 제품』에 대하여 그 『주요부품 판매가격』의 ○%에 해당하는 금액을 각각 6월 30일 및 12월 31부터 ○일이내에 현금으로 지불한다.
3. 최저실시료
을이 지불하는 최저실시료의 총액이 ○○○만원에 달하지 않을 때에는, 을은 그 부족액을 12월 31일부터 ○일이내에 갑에게 지불한다. 다만 최저실시료의 지불은 본 계약체결 후 ○년간에 한정된다.

제6조 (대가의 연체) 을은 제5조에 정하는 지불기한내에 실시료 등의 대가를 지불하지 않을 때

에는 갑에 대하여 지불기한 후 날마다 0.05%의 비율로 연체이자를 지불한다.

제7조 (대가의 불반환) 본 계약에 의거하여 을로부터 갑에게 지불된 실시료는 어떠한 이유에 의한 경우에도 반환되지 않는다.

제8조 (대가의 변경) ① 제5조에서 정하는 대가중 실시료는 경제사정 기타 현저한 변화가 생긴 때에는 갑과 을이 협의하여 변경할 수 있다.
② 본 계약체결 후 을이 『노하우』가 공지된 것임을 알고, 또 을의 책임에 의하지 아니하는 이유로 공지된 경우에는 이 취지를 갑에게 통지하고 갑이 이를 확인한 때에는 그때 이후 을의 실시료 지불은 갑과의 협의에 의해 감면된다. 다만 이 경우에도 계약금 및 최저실시료의 지불은 감면되지 않는다.

제9조 (비밀유지) ① 을은 갑으로부터 제공된 『노하우』에 대하여 그 비밀을 준수하도록 한다. 다만 이하의 경우에는 제외된다.

1. 갑으로부터 제공된 때 이미 공지된 것
2. 갑으로 제공된 후 을의 책임에 의하지 아니하고 공지된 것
3. 갑으로부터 제공되기 전에 을이 스스로 개발하거나 제3자로부터 입수한 것

② 을은 『노하우』를, 본 계약의 의거한 플랜트의 설계, 건설 및 운전시에 합리적으로 필요한 범위 내에서 제3자에게 개시할 수 있다. 다만 을은 이러한 제3자가 본 계약에 의해 을이 지는 것과 똑같은 범위 내에서 『노하우』에 관한 비밀유지의 의무를 지도록 한다.

제10조 (노하우의 유용금지) 을은 본 계약에 의거하여 갑으로부터 개시된 『노하우』를 본 계약이 인정하는 『본 제품』의 제조이외의 목적에 사용해서는 아니된다.

제11조 (개량기술) ① 갑 및 을은 본 계약기간중 『개량기술』을 얻은 때에는 즉시 그 상세한 내용을 상대방에게 통지하고 무상으로 이를 사용하게 한다.
② 제1항의 을의 개량기술에 대하여 을이 특허출원하고자 할 때에는 사전에 갑의 문서에 의한 동의를 필요로 한다.

제12조 (노하우의 보증) 갑은 본 계약에 의거하여 제공하는 『노하우』에 대하여 을이 입은 어떠한 손해에 대해서도 책임을 지지 아니하며, 또한 을의 『본 제품』의 제조 · 판매에서 발생하는 제3자가 을에게 주장하는 손해배상 청구에 대해서도 책임을 지지 않는 것으로 한다.

제13조 (제3자 권리의 침해) 갑은 을의 『노하우』의 실시가 제3자의 산업재산권 실시를 필요로 하지 않음을 보증하는 것은 아니다. 다만 을이 제3자의 권리실시가 필요하다고 인정한 경우에는 을은 당해 제3자와 직접교섭하여 당해권리의 실시권을 취득하도록 한다. 이 경우 갑은 을과 협의한 다음 제5조 제2호 및 제3호에 정하는 실시료를 50%의 범위 내에서 감액한다.

제14조 (보고, 장부열람) ① 을은 본 계약 발효일 이후 제조한 『본 제품』의 제조 · 판매에 대하여 기록한 관계장부를 비치해 두도록 하며, 매년 6월 30일 및 12월 31일부터 20일 이내에 그전 6개월간의 『본 제품』의 판매수량, 『주요부품 판매가격』, 실시료를 명기한 보고서를 갑에게 송부하도록 한다.
② 갑은 필요한 경우에는 갑 또는 갑이 지정하고 을이 승낙한 대리인으로 하여금 제1항의 관계장부를 열람하게 할 수 있다.

제15조 (계약의 양도) 갑은 어떠한 경우에도 본 계약에서 발생하는 권리 또는 의무의 전부 또는 일부를 제3자에게 양도해서는 아니된다. 다만 합병에 의한 경우에는 그러하지 아니하다.

제16조 (해지) 갑 또는 을의 어느 일방이 본 계약의 일부분을 준수하지 않을 경우에는, 갑 또는 을은 상대방에게 그 이행을 최고하고 최고후 ○일 이내에 이를 시정하지 않을 때에는 본 계약을 해지할 수 있다.

제17조 (계약유효기간) 본 계약의 유효기간은 본 계약 체결일에 효력이 발생하며 제16조에 의해 해지된 경우를 제외하고 체결일로부터 ○년간으로 한다. 다만 제9조의 비밀유지기간은 계약만료의 경우에는 만료일부터 ○년간, 을의 책임에 의해 중도해지한 경우에는 해지일로부터 ○년간으로 한다.

제18조 (계약종료후의 조치) 본 계약기간 만료 후인 경우에는 을은 갑으로부터 제출된 『노하우』를 이후 실시료를 지불하지 않고 계속하여 사용할 수 있다. 다만 제16조에 의거한 을의 책임에 의해 해약된 경우에는 을은 『노하우』 및 여기에서 파생되는 『개량기술』에 의거한 『본 제품』의 제조 · 판매를 즉시 중단하고 갑이 제출한 모든 『기술정보』를 갑에게 반환하도록 하며 이들의 복제물도 보유해서는 아니된다.

제19조 (협의) 갑 및 을은 신의성실의 원칙에 따라 본 계약의 조건을 이행하도록 하며 본 계약에 규정이 없는 사항 또는 해석에 의문이 있는 사항에 대해서는 갑과 을이 협의한 다음 이를 해결하도록 한다.

본 계약서는 갑 · 을이 계약서에 서명 날인함으로써 유효하고 이를 증명하기 위해 계약서 2통을 작성하고 각각 서명 날인하여 1통씩 보관한다.

20 년 월 일

"갑" ○○주식회사
주소:
대표이사: ㊞

"을" △△주식회사
주소:
대표이사: ㊞

4. 옵션계약

옵션계약서는 기술을 일정기간 이용한 후 계약이 체결되므로, 기술을 이용하지 않기로 한 경우에는 비밀유지 보장이 중요하다.

가. 실시예약계약서

실시예약계약서

○○주식회사(이하 『갑』이라 한다.)와 □□주식회사(이하 『을』이라 한다.)는 갑이 20 년 월 일부터 제조에 관한 기술개발을 하고 본 기술개발에 관한 특허출원 및 기술정보(이하 『본 기술』이라 한다.)를 소유하고 있을 것, 을이 본 기술의 실시를 희망하고 있음을 상호 인식하여 을의 본 기술 평가를 위하여 갑이 이러한 본 기술을 을에게 개시하고, 을은 갑에 대하여 본 기술의 실시를 예약함에 있어 다음과 같이 계약한다.

제1조 (정의) 갑 및 을은 본 계약서에서 다음 용어는 아래 정의에 따를 것임을 확인한다.
1. 특허출원이란, 갑의 명의로 이루어진 다음의 특허출원을 말한다.
   출원번호: 20 년 특허 제○○○○호
   출원일 : 20 년 월 일
   발명의 명칭: 「○○, 그 제조방법 및 ○○○를 함유하는 살균제」
2. 기술정보란, 갑이 소유하는 ○○제조 및 ○○○를 함유하는 살균제에 관한 정보를 말하며 적어도 다음의 것을 포함하는 것으로 한다.
   가. ○○제조에 관한 프로다이어그램
   나. ○○제조에 관한 물질수지
   다. ○○제조에 관한 상정기기리스트
   라. 제품○○의 구성
   마. 제품 ○○의 분석방법 검토서
   바. 제품 ○○의 시장조사보고서
   사. 제제 ○○를 함유하는 살균제 조합방법

아. "사"에 기재한 제제의 피부시험결과 보고서

제2조 (예약완결권) 갑은 을에게 본 계약서에 첨부되어 있는 부속서류 A○○호 「○○, 그 제조방법 및 그것을 함유하는 살균제와 ○○에 관한 기술정보의 실시허락계약서」에 기재되어 있는 권리의 예약을 행하거나 서명에 의하여 이러한 권리 부여를 받아야 한다는 의사표시를 하여 이 계약을 완결할 수 있다.

제3조 (제3자에 대한 예약권의 부여) 갑은 을 이외의 제3자에 대하여 을에게 행한 예약계약과 동등한 계약을 행할 권리를 보류한다.

제4조 (개시정보) 갑은 을에게 제1조에 규정하는 특허출원명세서 및 기술정보를 개시한다.

제5조 (개시방법) 갑은 제7조에 규정하는 예약료를 을로부터의 수령후 ____ 일 이내에 제1조에 규정하는 특허출원명세서 및 기술정보를 기재한 서면을 을에게 인도하여야 한다.

제6조 (기술원조) 을은 갑에 대하여 ○○제품 분석기술의 습득에 관하여 기술자파견을 요청할 수 있다. 다만 그 여비 및 갑에서 사원에게 지불되는 통상 체재비를 부담하도록 한다.

제7조 (대가와 그 반환) ① 을은 갑에 대하여 본 계약체결일부터 ○○일 이내에 갑이 지정하는 ○○은행 ○○지점 계좌번호에 일금 ○○○○원을 예약료로서 입금시켜야 한다.
② 갑은 어떠한 경우에도 제1항의 예약료를 을에게 반환하지 않는다.

제8조 (비밀유지) 을은 본 계약의 기간중 및 제2조에 규정하는 실시허락계약서에 기재되어 있는 권리를 부여받지 않는다고 의사표시를 한 경우에도 갑으로부터 사전에 서면에 의한 허락을 받지 않고 갑으로부터 개시받은 제1조에 규정하는 특허출원명세서 및 기술정보에 기재된 내용을 제3자에게 개시해서는 아니된다. 다만 다음의 것을 제외한다.

1. 갑으로부터 제공되기 이전에 공지된 것
2. 갑으로부터 제공되기 이전에 을이 스스로 개발하거나 정당한 제3자로부터 입수하였음을 입증할 수 있는 것
3. 갑으로부터 개시된 후 을의 책임에 의하지 않고 공지된 것
4. 갑으로부터 제공된 후 정당한 제3자로부터 입수한 것임을 입증할 수 있는 것

제9조 (유용금지) 을은 본 계약에 의거하여 갑으로부터 개시를 받은 특허출원 및 기술정보를 본 기술을 평가하는 목적 이외에 사용해서는 아니된다.

제10조 (특허권의 유효성) 갑은 을이 제1조에 규정하는 특허출원에 대해 그 유효성이 문제될 경우 본 계약을 해제할 수 있다.

제11조 (예약기한) 갑과 을은 제2조에 규정하는 예약기한을 20 년 월 일까지로 하는 것에 동의하고, 을은 당해 기한까지 동조에 규정하는 실시계약 체결의사의 유무를 서면으로 또한 등기속달로써 갑에게 발송하여야 한다.

제12조 (실시허락계약) 제2조 및 제11조에 규정하는 실시계약의 기본조건은 다음과 같다.

1. 실시권의 종류: 독점적 비양도적 통상실시권
2. 실시권의 범위: 한국내
3. 실시권의 기간: 계약체결일로부터 ○○년
4. 실시료: 계약금으로서 일금 ○○○○원
   제품○○의 순판매가격의 ○%

제13조 (개량기술의 취급) 을이 갑으로부터 개시받은 특허출원 및 기술정보를 근거로 새로운 발명을 행한 때에는 신속히 갑에게 서면으로 통지하도록 하며, 갑이 그 특허출원을 승인한 때에는 갑과 을은 공동으로 그 특허출원을 행하도록 한다.

제14조 (종료 및 종료후의 조치) ① 을이 제11조에 규정하는 기한 내에 제11조에 규정하는 실시계약체결의 의사가 없음을 갑에게 통지한 때는 제8조의 비밀유지에 관한 규정을 제외하고 본 계약은 종료한다.
② 을은 제1항에 규정하는 경우 신속히 갑으로부터 개시를 받은 특허출원명세서 및 기술정보를 기재한 서면과 여기에서 얻어진 복제물을 갑에게 반환하여야 한다.
③ 을은 제1항에 규정하는 경우 갑으로부터 개시받은 특허출원 및 기술정보를 사용해서는 아니된다.

제15조 (분쟁처리) 갑 및 을은 본 계약에 관하여 발생하는 모든 분쟁을 대한상사중재원의 중재에 의하여 처리하는데 동의한다.

제16조 (신의성실) 갑과 을은 신의성실의 원칙에 따라 본 계약의 모든 규정을 준수하고 본 계약에 관하여 당사자간에 발생하는 사건으로 본 계약에 정하는 것 또는 해석에 의문이 있는 사항에 대해서는 양당사자의 협의에 의해 우호적으로 해결하도록 한다.

제17조 (완전한 합의) 갑과 을은 본 계약 체결일 이전에 상호간에 주고받은 본 계약에 관한 모든 통신, 문서, 각서, 구두약속보다 본 계약이 우선한다.

제18조 (일부 무효) 갑과 을은 본 계약의 어떤 조항이 법령, 고시, 국제조약 등의 현재 또는 장래의 해석에 위반되는 것으로 된 때에는 당해 조항은 무효로 하며, 당사자를 구속하지 않는 것으로 한다. 다만 이 경우 당해 위반조항 이외의 조항은 그대로 효력을 가지는 것으로 한다.

본 계약서는 갑, 을이 계약서에 서명 날인함으로써 유효하고 이를 증명하기 위해 계약서 2통을 작성하고 각각 서명 날인하여 1통씩 보관한다.

20 년 월 일

"갑" ○○주식회사
주소:
대표이사: ㊞

"을" □□주식회사
주소:
대표이사: ㊞

나. 옵션계약서

옵션계약서[11)]

○○주식회사(이하 「갑」라고 한다.)와 ○○주식회사(이하 「을」라고 한다.)는 갑이 소유한 ○○기술에 관한 특허 및 노하우의 을에 대한 실시 허락의 예약에 대하여 다음과 같이 계약을 체결한다.

제1조 (정의) 본 계약에 있어서 용어의 정의는 다음과 같다.

1. "본건 특허"란 갑의 출원에 관계된 다음을 특허를 말한다.
   특허번호: ○○-○○○○호(출원일: ○○년○○월○○일)
   발명의 명칭 「○○○○○○○○」
2. "본건 노하우"란 본 계약에 근거하여 갑으로부터 을에게 개시된 일체의 기술적인 정보를 말하여 다음의 것을 포함한다.
   가. 설계서
   나. 제작도면
   다. 시방서
   라. 시험 성적서
   마. 샘플
3. "옵션 기간"이란 본 계약체결의 날부터 1년간을 말한다. 단, 이러한 기간은 제2조에 의하여

11) 이 계약서는 独立行政法人工業所有権情報 · 研修館, 前掲書. 114~116頁에 있는 "オプション契約書"를 참고하여 수정 · 보완한 것이다.

부여된 옵션이 을에 의하여 행사된 날 또는 본 계약에 근거한 옵션을 행사하지 않는다는 취지의 통지를 을이 한 날로 종료한 것으로 한다.

제2조 (옵션의 부여) 갑은 옵션 기간 중 을에 대하여 본 계약서에 첨부의 「○○○○에 관한 실시허락 계약서」에 정한 제반 규정에 근거하여 을이 ○○○장치를 제조, 판매, 사용 그 밖의 처분에 관한 실시권을 취득할 수 있는 옵션을 부여하는 것으로 한다.

제3조 (제3자에 대한 옵션의 부여) 갑은 제3자에 대하여 을에 대한 옵션과 동등의 계약을 체결할 수 있는 권리를 유보하는 것으로 한다.

제4조 (개시) 갑은 본 계약체결 후 10일 이내에 본건 특허의 출원 서류 및 본 계약에 따라 을이 옵션을 행사여부에 대한 정확한 평가와 판단을 하기 위해 필요한 본건 노하우에 관한 자료를 개시하기로 한다.

제5조 (대가) ① 제2조에 의한 옵션 부여에 대한 대가는 금 _______ 원으로 하여, 을은 제4조에 근거한 기술 자료의 수령 후 30일 이내에 갑이 지정한 은행계좌로 지급한다.
② 을은 갑에게 지불한 전항의 대가에 관하여 어떠한 사유에 의한 경우도 반환을 요구하지 않는다.

제6조 (옵션의 행사) ① 을은 옵션 기간중에 제2조에 정한 실시권을 취득하기로 결정한 경우에는 갑에게 서면으로 통지하고, 「○○○에 관한 실시허락 계약서」를 갑과의 사이에서 체결한다.
② 을이 옵션 기간중에 제2조에 정한 실시권을 취득하지 않는다는 취지의 통지를 서면에 의하여 갑에 대하여 한 경우 또는 옵션 기간 종료 전에 갑에 대하여 어떠한 의사표시도 하지 않았던 경우에는 을은 본 계약에 근거하여 갑으로부터 개시된 기술 자료를 갑에게 반환하고 갑으로부터 개시된 기술 자료에 관한 평가 결과를 갑에게 보고하기로 한다.

제7조 (비밀유지) ① 을은 본 계약에 근거하여 갑으로부터 개시된 기술 자료를 본 계약의 목적만으로 사용하며 그 밖의 목적에 사용해는 안된다. 본 규정은 제6조 제2호의 경우 본 계약 종료 후 ○○년간 효력을 갖는다.
② 을은 본 계약에 근거하여 갑으로부터 개시된 기술 자료를 갑의 동의를 얻은 임원 및 종업원에만 개시할 수 있는 것으로 하며 다른 제3자에게 개시해서는 안된다.
③ 제1항 및 제2항의 규정은 다음에는 적용되지 않는다.

1. 갑으로부터 개시되기 전에 공지된 것
2. 갑으로부터 개시되기 전에 을이 스스로 개발하거나 정당한 제3자로부터 을이 입수한 것
3. 갑으로부터 개시된 후 을의 귀책사유 없이 공지되는 것
4. 갑으로부터 개시된 후 을이 정당한 제3자로부터 입수한 것

제8조 (계약해지) ① 을이 본 계약에 정할 의무를 이행하지 않을 때 갑은 ○○일의 기간을 정하여 위반 당사자에게 그 시정을 요구할 수 있고, 그 기간 내에 시정이 이루어지지 않는 경우에는 서면으로 본 계약을 해지할 수 있는 권한을 가지며, 그에 따른 손해의 배상을 청구할 수 있다.
② 을의 파산, 지급불능, 해산, 합병 등의 경우에는 갑은 을에 대한 통지로써 본 계약을 종료할 수 있다.

제9조 (통지) 본 계약에 근거한 각 통지는 다음 수신인에 대하여 서면으로 하며, 모든 통지는 발신일로부터 효력이 생기는 것으로 한다.
갑: ○○○ 부장
을: ○○○ 부장

제10조 (양도) 을은 본 계약에 근거한 권리에 관하여 갑의 사전의 서면에 의한 승낙 없이 어떠한 방법에 의해서도 제3자에 양도해서는 안된다.

제11조 (계약기간) 본 계약은 제8조의 규정에 의하여 조기에 종료한 경우를 제외하고는 본 계약 체결일로부터 옵션 기간 종료일까지 유효하다.

제12조 (협의) 갑과 을은 본 계약에 규정이 없는 사항 또는 해석에 의문이 있는 경우 신의성실의 원칙에 따라 갑과 을이 상호 협의하여 해결한다.

본 계약서는 갑 · 을이 계약서에 서명 날인함으로써 유효하고 이를 증명하기 위해 계약서 2통을 작성하고 각각 서명 날인하여 1통씩 보관한다.

20 년 월 일

"갑" ○○주식회사
주소:
대표이사: ㊞

"을" ○○주식회사
주소:
대표이사: ㊞

5. 경업금지계약

경업금지계약서

○○○주식회사(이하 「갑」이라고 한다.)와 ○○○(이하 「을」이라고 한다.)는 아래와 같이 경업금지계약을 체결한다.

제1조 (경업금지) 을은 갑에 대하여, 20 년 월 일부터 20 년 월 일까지 경쟁적 또는 경업적 행위를 방지하기 위하여 다음 사항을 준수하기로 한다.

1. 갑과 경쟁 관계에 있는 사업자에게 취업하거나 임원으로 취임하지 않을 것.
2. 갑과 경쟁 관계에 있는 사업자의 협력기업에 취업하거나 임원으로 취임하지 않을 것
3. 갑과 경쟁 관계에 있는 사업을 을이 개업 또는 설립하지 않을 것
4. 갑의 종업원에 대하여 갑과 경쟁 관계에 있는 사업자에게의 취업 알선, 소개 등을 하지 않을 것

제2조 (경업금지의 대가) 갑은 을이 전조의 경업금지의무를 준수하는 대가로 금○○○○원을 을에게 지급하며, 을은 이를 수령한다.

제3조 (경업금지 위반시 조치) ① 을이 제1조 각호의 사항에 위반한 경우에는 갑은 을에 대하여 전조의 대가의 반환을 청구할 수 있다.
② 갑이 을의 경업행위에 의하여 손해를 입은 경우에는 갑은 을에 대하여 그 배상을 청구할 수 있다.

본 계약서는 갑, 을이 계약서에 서명 날인함으로써 유효하고 이를 증명하기 위해 계약서 2통을 작성하고 각각 서명 날인하여 1통씩 보관한다.

20 년 월 일

"갑" ○○주식회사
주소:
대표이사: ㊞

"을"
주소:
성명: ㊞

6. 고용계약

고용계약서

본인○○○(이하 “갑”이라 한다.)은 ○○○연구소(이하 “을”이라 한다.)과 다음 사항에 동의하여 근로계약을 체결한다.

제1조 (고용조건) “을”은 “갑”과 다음 각 호의 조건으로 고용하고 “갑”은 이를 수락하여 본 근로계약서의 모든 사항에 동의한다.

1. “갑”의 직급은 ○○(급)으로 한다.
2. “갑”의 부서는 ○○부(센터, 실) ○○팀으로 한다
3. “갑”의 계약기간, 근무일 및 근무시간은 다음과 같다.
   - 계약기간: 년 월 일 ~ 년 월 일 (연장시는 계약서 재작성)
   - 근 무 일: 매주 요일 (주 시간)
   - 근무시간: 주 시간
4. “갑”의 급여는 월 ______ 원으로 하며 급여지급 방법은 “을”의 관련규정 ______ 에서 정하는 바에 따른다.
5. “갑”의 휴게시간, 휴일 및 휴가에 대하여는 관계법령 및 연구소 규칙에 따른다.
6. 기타 “갑”의 직무내용은 다음과 같으며, 기타 직무수행 및 복무 등은 “을”의 정하는 바에 따른다.

   직무내용 :

제2조 (지적재산권 관련 권리 및 의무) ① “갑”이 “을”에 재직중 본 계약의 이행으로 인해 발생되는 지적재산권(특허권, 실용신안권, 디자인권, 상표권, 저작권, 컴퓨터프로그램 등, 이하 “지적재산권”이라 한다.)에 대한 모든 권리는 “을”의 소유로 하며, “을”은 연구소 규칙에서 정하는 바에 따라 보상을 지급할 수 있다.
② “갑”은 “을”의 요청이 있을 경우에는 국내외에서 지적재산권을 취득하는데 필요로 하는 도면, 자료 등 일체의 서류를 “을” 또는 “을”이 지정하는 대리인을 통하여 작성, 제출하고 필요한 협조를 하여야 한다. 이 경우 소요되는 비용은 “을”이 부담한다.
③ “갑”은 본 계약상 양도의무가 없는 모든 지적재산권 사항을 이면에 명기하여야 하며, 입사 전에 발명한 것으로서 본인이 본 계약의 적용받지 않기를 원하는 출원되지 아니한 발명사항의 목록과 이들에 대한 개요를 기술하며, 이러한 기술사항이 사실과 위배되지 아니하고 누락사항이 없음을 서약한다. “을”은 이면에 기록된 발명사항에 대하여는 여하한 권리도 요구할 수 없다
④ “을”은 출원으로 인하여 보안상 또는 기밀의 누설로 중대한 불이익을 초래할 우려가 있다고 인정한 때에는 “갑”이 지적재산권을 출원하는 것을 일정기간 제한하거나 보류하게 할 수 있다.

이 경우 "을"은 "갑"에게 연구소 규칙에서 정하는 보상을 지급할 수 있다

제3조 (비밀유지) "갑"은 "을"에 재직 중은 물론 퇴직 후에도 연구소에서 지득한 모든 기밀사항을 "을"의 승인 없이 제3자에게 누설하지 아니한다.

제4조 (기술정보 유출금지) "갑"은 재직중은 물론 퇴직후 ○년이내 직무상 창작에 해당하는 것을 지적재산권 출원(신고)하고자 할 경우에는 반드시 "을"의 사전 승인을 받을 것이며, "을"의 승인 없이 도안, 청사진, 연구자료, 정보 등 "을"의 업무와 관련되는 모든 사항을 소지하거나 유출하지 아니한다.

제5조 (손해배상 의무) "갑"은 "을"에 재직중 및 퇴직후 고의 또는 중대한 과실로 인하여 "을"에 손해를 입혔을 경우에는 그 손해액에 대해 배상의 책임을 진다.

제6조 (해석) "갑"과 "을"은 본 계약에서 정하지 아니한 제반사항은 관계법령 및 "을"의 제규정에서 정하는 바에 의하며, 본 계약 작성 이후 법률 및 연구소 규칙 개정이 있을 경우에는 변경되는 내용에 따른다.

본 계약서는 2부를 작성하여 쌍방이 서명 날인하고 각 1부씩 소지한다.

년 월 일

갑 (피고용인)
성 명 (인)
주 소

을 (고용인)
연구소장 (인)
○○ 연구소

제6장

기술이전에 따른 문제

제1절 기술유출의 위험과 대책

1. 기술유출의 위험

기술이전에는 기술유출의 위험도 따른다는 것을 항상 염두하여야 한다. 예를 들면 합작회사설립에 따라 상호 기술을 이용하면서 자연스럽게 기술유출이 있을 수 있으며, 공장 및 연구소설립에 따라 해외기술자 파견 및 기술습득과정에서 기술이 유출될 위험도 있다. 또한 OEM에 의하여 해외에 불가피하게 생산방식을 알려줌에 따라 기술이 유출될 위험도 있다. 따라서 앞에서 언급한 바와 같이[1] 기술을 이전하는 기업의 위험을 방지하기 위해서는 기술이 유출되지 않도록 비밀유지서약서 등을 받거나, 애초에 기술이 유용되지 않도록 핵심기술 등은 공개하지 않는 등의 전략이 필요하다.

2. 기술유출에 따른 대책

가. 기술유출 전의 대책

기술이 유출되기 전에는 영업비밀을 지키겠다는 서약서 등을 준비할 필요가 있다. 또한 경업금지계약과 함께 비밀유지계약을 별도로 체결하도록 한다. 특히 퇴직자의 경우에 경쟁업체에 취업하는 경우가 발생할 수 있으므로 기술이전을 받는 기업 등의 퇴직자에 대한 이직 제한 및 비밀유지의무를 부과하도록 할 필요가 있다. 또한 회사에 보안관리규정을 두어 이를 준수할 수 있도록 철저한 교육을 통한 기술유출 방지를 위한 예방조치가 필요하다. 이는 부정경쟁방지 및 영업비밀보호에 관한 법률상의 영업비밀의 요건 중의 하나인 비밀관리성과도 관련이 있다. 즉, 법률상 영업비밀이 되기 위해서는 영업비밀보유자가 그 정보를 "비밀로 유지하고 관리하는 데 상당한 노력"을 기울일 것이 요구된다. 단순히 비밀유

1) 제2장 제3절 기술이전계약과 산업보안 참조.

지에 대한 서약 또는 각서만 받은 경우에는 종업원에 대한 일반적인 영업비밀 누설금지를 정한 것에 지나지 않는다.[2)]

채용시, 재직중, 퇴직시 기술유출을 위하여 유의해야 할 사항은 다음과 같다.[3)]

(1) 채용시 보안 관리

채용시에는 먼저 "보안서약서"를 작성할 필요가 있다. 서약서에는 재직 중 지득한 회사 기밀을 누설하는 경우 손해배상은 물론 민 · 형사상 책임을 지겠다는 내용을 명기한다. 또한 재직 중 작성 · 개발한 논문 · 특허 등 지식재산권의 소유권이 회사 소유임을 명기하고, 영업비밀의 무단사용으로 인한 법적 분쟁여지를 사전에 차단한다.

그 다음 보안업무 규정 또는 지침, 사내 · 외 발생 보안사고 사례 등 중점교육 등 "보안 교육 실시"를 통하여 보안에 대한 경각심을 제고한다. 보안교육 종료 후에는 확인란에 본인서명을 받거나 수료증을 발급함으로써 재직 또는 퇴직 후, 회사기밀 누설로 인한 법적 분쟁시 회사 기밀을 보호하기 위한 회사의 노력을 입증하는 증거로 사용한다.

(2) 재직중 보안 관리

핵심인력의 경우 정기면담을 실시하여 금전적 문제 · 근무여건 등 애로사항을

---

2) 대법원 2010.7.15. 선고 2008도9066 판결.
「부정경쟁방지 및 영업비밀보호에 관한 법률」 제2조 제2호의 '영업비밀'이란 공연히 알려져 있지 아니하고 독립된 경제적 가치를 가지는 것으로서, 상당한 노력에 의하여 비밀로 유지된 생산방법, 판매방법, 그 밖에 영업활동에 유용한 기술상 또는 경영상의 정보를 말하는 것인바, 여기서 '상당한 노력에 의하여 비밀로 유지된다'는 것은 그 정보가 비밀이라고 인식될 수 있는 표시를 하거나 고지를 하고, 그 정보에 접근할 수 있는 대상자나 접근 방법을 제한하거나 그 정보에 접근한 자에게 비밀준수의무를 부과하는 등 객관적으로 그 정보가 비밀로 유지 · 관리되고 있다는 사실이 인식 가능한 상태인 것을 말한다(대법원 2008. 7. 10. 선고 2008도3435 판결 참조). 원심판결 이유에 의하면, 원심은, 피고인들이 공소외 주식회사에 입사할 때 영업비밀을 공개하거나 누설하지 않겠다는 내용의 서약서를 작성하였고, 피고인 1의 경우 퇴사할 때 회사의 업무를 수행하면서 취득한 제품의 소스코드 등 기업비밀은 회사의 소중한 자산임을 인지하고 사무실 외로 반출하지 않았음을 확인한다는 내용의 기업비밀보호 서약서를 작성하기는 하였으나, 공소외 주식회사가 프로그램파일의 비밀을 유지함에 필요한 별다른 보안장치나 보안관리규정을 두고 있지 않았고 중요도에 따라 프로그램파일을 분류하거나 대외비 또는 기밀자료라는 특별한 표시를 하지도 않았던 점, 연구원들은 회사의 파일서버에 자유롭게 접근할 수 있어서 파일서버 내에 저장된 정보를 별다른 제한 없이 열람 · 복사할 수 있었고 복사된 저장매체도 언제든지 반출할 수 있었던 점 등에 비추어, 이 사건 각 프로그램파일은 상당한 노력에 의하여 비밀로 유지되었다고 보기 어려우므로 영업비밀에 해당하지 않는다.

3) 이하의 내용은, 대한변리사회 부설 지식재산연구소, 「중소기업을 위한 지식재산 관리 매뉴얼」, 특허청, 2006. 3, 135~138면 참조.

파악, 경쟁업체로의 전직을 사전 차단한다. 중요 프로젝트 참여, 성과급 지급 기회 등을 이용하여, 보안서약서를 작성한다. 핵심사업 · 기술개발 참여 직원에 대해서는 인사카드에 동 내용을 기록하고 퇴직시 "경업금지계약서"를 작성하도록 한다. 경업금지계약서에는 경업을 금지하는 업종 · 영업 비밀을 구체적으로 명기해야 되는데, 이 때 인사기록 카드의 기재내용을 참고하면 효과적이다.

보안교육을 지속적으로 실시하며, 보안교육과 함께 임직원의 보안의식을 제고하고 경각심을 일깨우는 방법으로 정기 · 불시 보안점검을 실시하는 것이 좋다. 보안부서에서는 평상시 보안관리 요령을 정리 · 배포하도록 하여 정기 보안점검시에는 이를 잘 이행하고 있는지 여부를 확인하고, 불시점검시 가장 문제가 되는 분야를 중점 점검한다. 보안점검 결과 우수자에 대해서는 포상 등을 통해 격려하고, 규정 미준수 등 규정 위반자에 대해서는 적절한 불이익을 부과함으로써 경각심을 제고하고 유도한다.

(3) 퇴직시 보안 관리

개인 PC 패스워드 및 ID는 삭제한다. 중요자료 외부유출 방지를 위해 출입증, 디스켓, 연구노트 등 지급물품은 환수하고 반출물품을 검색한다. 영업비밀 보유자 등 핵심인력이 경쟁업종 취업 금지 기간 중 경쟁업체로 전직할 경우, 관련법규에 의해 처벌받는다는 사실을 고지하고 퇴직서약서에 동 내용을 명기한다. 영업비밀 보유자에 대해서는 "경업금지계약서"를 작성하게 한다. 퇴직자가 보유한 영업비밀을 고려, 경업금지 업종 · 분야를 구체적으로 한정해야 향후 영업비밀 누설로 인한 법적 대응시 유리함에 유의하여야 한다. 경업금지 기간은 업종, 제품의 라이프 사이클, 특허출원 상황 등을 통계적으로 정리하여, 합리적으로 결정한다.

나. 기술유출 후의 대책

여러 가지 노력에도 불구하고 재직 중에 경쟁 회사에 이직하지 않을 것과 경업금지, 퇴직 후 비밀유지 등 계약을 하였다고 하여도, 퇴직 후 이를 지키지 않고 경쟁회사를 차리거나 경쟁회사에 취업하는 경우가 많다. 이와같이 계약을 위반한 경우 비밀유지준수의 경고가 효과가 있다. 퇴직자에 의하여 영업비밀 유출이 우려되는 경우에는 경고장 등[4]을 보내는 것이 효과 있다. 경고문서는 이후 분쟁 발생 시에 유리한 증거로 되기 때문에 내용증명 우편으로 발송한다.

그럼에도 불구하고 시정되지 않을 시에는 서약서나 계약서에 근거 또는 부정경쟁방지 및 영업비밀보호법 등에 근거하여 민 · 형사상 소송을 제기하거나 중재 등의 계약이 있을 시에는 이를 통하여 분쟁을 해결한다.

4) 퇴직자에 대한 경고장, 경쟁기업에 대한 협력요청서 예시는 본서 46~47면 참조.

제2절 기술이전에 따른 규제

기술이전계약도 계약이므로 원칙적으로 계약자유의 원칙에 따라 그 대상과 내용 등에 대하여 자유롭게 계약을 할 수 있다. 그러나 「산업기술의 유출방지 및 보호에 관한 법률」, 「대외무역법」이나 「독점규제 및 공정거래에 관한 법률」 등에 의하여 공적(公的)인 규제를 받기도 한다.

1. 산업기술의 유출방지 및 보호에 관한 법률상의 규제

「산업기술의 유출방지 및 보호에 관한 법률」에는 그 기술의 중요성 때문에 국내외 시장에서 차지하는 기술적 · 경제적 가치가 높거나 관련 산업의 성장잠재력이 높아 해외로 유출될 경우에 국가의 안전보장 및 국민경제 발전에 중대한 악영향을 줄 우려가 있는 기술인 "국가핵심기술"의 수출, 국가핵심기술을 보유하는 대상기관의 해외인수 · 합병 등에 대하여 일정한 규제를 하고 있다.

법 제11조에서는 국가핵심기술의 수출과 관련하여 규정하고 있다. 국가로부터 연구개발비를 지원받아 개발한 국가핵심기술을 보유한 대상기관이 해당국가핵심기술을 외국기업 등에 매각 또는 이전 등의 방법으로 수출하고자 하는 경우에는 지식경제부장관의 승인을 얻어야 한다. 지식경제부장관은 승인신청에 대하여 국가핵심기술의 수출에 따른 국가안보 및 국민경제적 파급효과 등을 검토하여 관계중앙행정기관의 장과 협의한 후 위원회의 심의를 거쳐 승인할 수 있다. 승인대상 외의 국가핵심기술을 보유 · 관리하고 있는 대상기관이 국가핵심기술의 수출을 하고자 하는 경우에는 지식경제부장관에게 사전에 신고를 하여야 한다. 지식경제부장관은 신고대상인 국가핵심기술의 수출이 국가안보에 심각한 영향을 줄 수 있다고 판단하는 경우에는 관계중앙행정기관의 장과 협의한 후 위원회의 심의를 거쳐 국가핵심기술의 수출중지 · 수출금지 · 원상회복 등의 조치를 명할 수 있다. 신고대상 국가핵심기술의 수출을 하고자 하는 자는 해당국가핵심기술이 국가안보와 관련되는지 여부에 대하여 지식경제부장관에게 사전검토를 신청할 수 있다. 지식경제부장관은 국가핵심기술을 보유한 대상기관이 승인을 얻지 아니하거나 부정한 방법으로 승인을 얻어 국가핵심기술의 수출을 한 경우 또는 신고대상 국가핵심기술을 신고하지 아니하거나 허위로 신고하고 국가핵심기술의 수출을 한 경우에는 정보수사기관의 장에게 조사를 의뢰하고, 조사결과를 위원회에 보고한 후 위원회의 심의를 거쳐 해당국가핵심기술의 수출중지 · 수출금지 · 원상회복 등의 조치를 명령할 수 있다.

법 제11조의2에서는 국가핵심기술을 보유하는 대상기관의 해외인수 · 합병등에 대하여 규정하고 있다. 국가로부터 연구개발비를 지원받아 개발한 국가핵심기술을 보유한 대상기관이 대통령령으로 정하는 해외 인수 · 합병, 합작투자 등 외국인투자를 진행하려는 경우에는 지식경제부장관에게 미리 신고하여야 한다. 대상기관은 대통령령으로 정하는 외국인에 의하여 해외인수 · 합병등이 진행되는 것을 알게 된 경우 지체 없이 지식경제부장관에게 신고하여야 한다. 지식경제부장관은 국가핵심기술의 유출이 국가안보에 심각한 영향을 줄 수 있다고 판단하는 경우에는 관계 중앙행정기관의 장과 협의한 후 위원회의 심의를 거쳐 해외인수 · 합병등에 대하여 중지 · 금지 · 원상회복 등의 조치를 명할 수 있다. 지식경제부장관은 국가핵심기술을 보유한 대상기관이 제1항 및 제2항에 따른 신고를 하지 아니하거나 거짓이나 그 밖의 부정한 방법으로 신고를 하고서 해외인수 · 합병등을 한 경우에는 정보수사기관의 장에게 조사를 의뢰하고, 조사결과를 위원회에 보고한 후 위원회의 심의를 거쳐 해당 해외인수 · 합병등에 대하여 중지 · 금지 등 필요한 조치를 명할 수 있다.

한편, 산업기술을 보유한 기업 · 연구기관 · 전문기관 · 대학 등의 임직원 및 이 법에 따른 지정 · 사전검토 · 조사 · 접수 · 상담 · 연구개발 및 분쟁조정 등의 업무를 수행하는 자에 대한 비밀유지의무를 부과하고 있으며(제34조), 이를 위반한 자에 대하여 5년 이하의 징역이나 10년 이하의 자격정지 또는 5천만원 이하의 벌금에 처하도록 규정하고 있다(제36조).

2. 대외무역법상의 규제

「대외무역법」은 대외무역을 진흥하고 공정한 거래 질서를 확립하여 국제수지의 균형과 통상의 확대를 도모함으로써 국민 경제를 발전시키기 위하여 제정되었다. 우리나라의 무역은 헌법에 따라 체결·공포된 무역에 관한 조약과 일반적으로 승인된 국제법규에서 정하는 바에 따라 자유롭고 공정한 무역을 조장함을 원칙으로 한다(제3조). 그러나 전략물자의 수출에 대해서는 지식경제부장관의 허가사항으로 제한이 있다.

즉, 지식경제부장관은 관계 행정기관의 장과 협의하여 대통령령으로 정하는 다자간 국제수출통제체제의 원칙에 따라 국제평화 및 안전유지와 국가안보를 위하여 수출허가 등 제한이 필요한 물품 등을 지정하여 고시하며, 지정·고시된 물품 등(이하 "전략물자"라 한다)을 수출하려는 자는 대통령령으로 정하는 바에 따라 지식경제부장관이나 관계 행정기관의 장의 허가(이하 "수출허가"라 한다)를 받아야 한다(제19조). 또한 전략물자의 수출입통제업무와 관련된 공무원 등은 전략물자 수출입통제업무의 수행과정에서 알게 된 영업상 비밀을 그 업체의 동의 없이 외부에 누설하여서는 아니 된다(제27조).

3. 지식재산권의 부당한 행사에 대한 심사지침상의 규제[5)]

공정거래위원회는 지식재산권 행사에 대하여 「독점규제 및 공정거래에 관한 법률」 적용의 일반 원칙과 구체적 심사기준을 제시하여 법 집행의 일관성과 예측가능성을 높이고 공정한 거래관행을 촉진하기 위하여 "지식재산권의 부당한 행사에 대한 심사지침"을 고시하고 있다. 그 중에서 실시허락과 관련된 내용은 다음과 같다.

5) 이하의 내용은 지식재산권의 부당한 행사에 대한 심사지침(공정거래위원회 예규 제80호) 12~20면 참고.

가. 실시허락의 대가

혁신적인 기술 개발을 통한 특허 취득 과정에는 통상 상당한 연구개발 기간과 비용, 투자위험이 수반된다. 이러한 특성으로 인해 특허권자는 추가적인 실시허락으로 발생하는 비용이 크지 않음에도 불구하고, 특허 취득 과정에 이미 지출한 비용을 회수하기 위해 높은 실시료를 부과하는 경우가 많다. 특허권자가 이룩한 기술적 성과에 대해 정당한 보상을 제공하고 새로운 기술혁신을 유도할 필요가 있다는 점에서, 일반적으로 이러한 실시료 부과 행위는 특허권에 의한 정당한 권리 행사로 볼 수 있다. 그러나 다음과 같이 실시허락의 대가를 부당하게 요구하여 관련 시장의 공정한 거래를 저해할 우려가 있는 행위는 특허권의 정당한 권리 범위를 벗어난 것으로 판단할 수 있다.

다만 일정한 행위가 법 제3조의2의 시장지배적지위남용 금지, 제19조의 부당한 공동행위 금지, 제23조의 불공정거래행위의 금지 등에 위반되는지는 각 조항에 규정된 별도의 위법성 성립요건을 종합적으로 고려하여 결정한다.

① 부당하게 다른 사업자와 공동으로 실시료를 결정 · 유지 또는 변경하는 행위

② 통상적인 거래관행에 비추어 볼 때 현저히 불합리한 수준의 실시료를 부과하는 행위

③ 부당하게 거래상대방 등에 따라 실시료를 차별적으로 부과하는 행위

④ 부당하게 실시허락된 기술을 사용하지 않은 부분까지 포함하여 실시료를 부과하는 행위[6)]

⑤ 부당하게 특허권 소멸이후의 기간까지 포함하여 실시료를 부과하는 행위

⑥ 실시료 산정방식을 계약서에 명시하지 않고 특허권자가 실시료 산정방식을 일방적으로 결정 또는 변경할 수 있도록 하는 행위

6) 특히 경쟁사업자의 기술이 사용된 부분까지 포함하여 실시료를 산정하는 행위는 경쟁사업자의 기술 이용에 따른 비용을 인상시키고, 그 기술에 대한 수요를 감소시킬 수 있다는 점에서 부당한 행위로 판단될 가능성이 크다. 단, 실시수량 측정상의 한계 등으로 인해, 실시료 산정을 위한 불가피한 방법으로 인정되는 경우에는 제외될 수 있다.

나. 실시허락의 거절

혁신적 발명에 대한 정당한 보상을 제공하고 새로운 기술 개발을 촉진하기 위하여, 특허제도는 특허권자에게 해당 발명 실시에 대한 배타적 독점권을 부여하고 있다. 따라서 일반적으로 특허권자가 자신의 권리보장을 위해 합리적인 범위에서 실시허락을 거절하는 행위는 특허권에 의한 정당한 권리 행사로 볼 수 있다. 그러나 다음과 같이 실시허락을 부당하게 거절하여 관련 시장의 공정한 거래를 저해할 우려가 있는 행위는 특허권의 정당한 권리범위를 벗어난 것으로 판단할 수 있다.

실시허락 거절에는 직접 실시허락을 거절하는 경우뿐만 아니라 제3자에게 실시허락을 거절하도록 하는 행위, 명시적인 실시허락의 거절뿐만 아니라 거래가 사실상 또는 경제적으로 불가능할 정도로 부당한 가격이나 조건을 제시하여 실시허락 거절과 동일한 효과를 발생시키는 행위, 공급거절과 구입거절, 거래개시의 거절과 거래계속의 거절이 모두 포함된다.

다만 일정한 행위가 법 제3조의2의 시장지배적지위남용 금지, 제19조의 부당한 공동행위 금지, 제23조의 불공정거래행위의 금지 등에 위반되는지는 각 조항에 규정된 별도의 위법성 성립요건을 종합적으로 고려하여 결정한다.

① 정당한 이유 없이 자기와 경쟁관계에 있는 다른 사업자와 공동으로 특정사업자에 대하여 실시허락을 거절하는 행위

② 부당하게 특정사업자에 대하여 실시허락을 거절하는 행위[7)]

③ 특허권자가 부과한 부당한 조건을 수용하지 않는다는 이유로 실시허락을 거절하는 등 다른 부당한 행위의 실효성을 확보하기 위하여 실시허락을 거절하는 행위

---

7) 특히 거래거절의 목적이 관련 시장의 경쟁제한과 관련되는 경우, 실시허락이 거절된 기술이 사업활동에 필수적인 요소인 경우, 해당 기술의 대체거래선을 확보하기 어려운 경우, 기술표준과 같이 관련 시장에서 해당 기술이 미치는 영향력이 상당한 경우, 자신이 해당 기술을 실시할 의도가 없음에도 불구하고 실시허락을 거절하여 관련 기술의 이용을 과도하게 저해하는 경우에는 부당한 것으로 판단될 가능성이 크다.

다. 실시범위의 제한

특허권자는 정당한 범위에서 실시허락을 거절할 수 있을 뿐만 아니라, 다른 사업자에게 특허발명의 이용 범위를 한정하여 부분적으로 실시를 허락할 수도 있다. 이러한 실시범위의 제한은 실시허락을 거절하려는 특허권자의 기술 거래를 촉진할 수 있다는 점에서 친(親)경쟁적인 효과를 발생시킬 수 있다. 따라서 일반적으로 특허권자가 자신의 권리보장을 위해 합리적인 범위에서 실시수량, 지역, 기간 등을 제한하여 실시허락하는 행위는 특허권에 의한 정당한 권리 행사로 볼 수 있다. 그러나 다음과 같이 실시권의 범위를 부당하게 제한하여 관련 시장의 공정한 거래를 저해할 우려가 있는 행위는 특허권의 정당한 권리범위를 벗어난 것으로 판단할 수 있다.

다만 일정한 행위가 법 제3조의2의 시장지배적지위남용 금지, 제19조의 부당한 공동행위 금지, 제23조의 불공정거래행위의 금지 등에 위반되는지는 각 조항에 규정된 별도의 위법성 성립요건을 종합적으로 고려하여 결정한다.

① 실시허락과 연관된 상품(이하 "계약상품") 또는 기술(이하 "계약기술")과 관련된 실시수량, 지역, 기간 등을 제한하면서 특허권자와 실시권자가 거래수량, 거래지역, 그 밖의 거래조건에 부당하게 합의하는 행위

② 계약상품 또는 계약기술과 관련된 실시수량, 지역, 기간 등을 제한함으로써 부당하게 관련 시장의 공급량을 조절하는 행위

③ 부당하게 거래상대방 등에 따라 계약상품 또는 계약기술과 관련된 실시수량, 지역, 기간 등을 차별적으로 제한하는 행위

라. 실시허락시 부당한 조건의 부과

특허권자는 특허발명의 이용 범위를 한정하여 부분적으로 실시를 허락하는 한편, 실시권의 범위 설정과 직접적으로 연관되지 않는 다른 조건을 함께 부과하여 보다 효율적으로 자신의 특허권을 보장받을 수 있다. 일반적으로 특허권자가 해당 특허발명의 효과적 구현, 계약상품의 안전성 제고, 기술의 유용 방지 등을 위해 합리적인 범위에서 실시허락시 조건을 부과하는 행위는 특허권에 의한 정

당한 권리행사로 볼 수 있다. 그러나 실시허락시 다음과 같이 부당하게 조건을 부과하여 관련 시장의 공정한 거래를 저해할 우려가 있는 행위는 특허권의 정당한 권리범위를 벗어난 것으로 판단할 수 있다.

실시허락시 특허권자가 조건을 부과하는 행위의 부당성을 판단할 때는 해당 특허발명과 부과된 조건의 관련성 즉 부과된 조건이 해당 특허발명의 실시를 위해 필수적인지 여부, 해당 조건이 관련 기술의 이용을 촉진하는 데 기여하는지 여부, 해당 조건에 대한 특허권의 소진 여부 등을 중요하게 고려해야 한다.

일반적으로 특허권자 또는 특허권자로부터 정당한 권한을 부여받은 자가 계약상품을 판매하면, 일단 판매된 계약상품에 대한 특허권자의 권리는 소진된다고 볼 수 있다. 만약 특허권자가 판매한 상품의 재판매와 관련된 조건을 부과하는 등 특허권이 소진된 영역에서 사업활동을 제한하는 조건을 부과한다면 이는 특허권의 정당한 권리범위를 벗어난 행위로 판단할 수 있다. 마찬가지로 특허권 만료 이후까지 실시권자에게 조건을 부과하는 행위, 해당 특허권과 무관한 분야에 대해 조건을 부과하는 행위 또한 특허권의 정당한 권리행사로 보기 어렵다.

다만 일정한 행위가 법 제3조의2의 시장지배적지위남용 금지, 제19조의 부당한 공동행위 금지, 제23조의 불공정거래행위의 금지, 제26조의 사업자단체의 금지행위, 제29조의 재판매가격유지행위의 제한 등에 위반되는지는 각 조항에 규정된 별도의 위법성 성립요건을 종합적으로 고려하여 결정한다.

① 계약상품 가격의 제한

부당하게 계약상품의 판매가격 또는 재판매 가격을 제한하는 행위

[참고] 계약상품 재판매시 최저가격을 제한하는 행위는 위법한 것으로 본다.

② 원재료 등의 구매상대방 제한

부당하게 계약상품 생산에 필요한 원재료, 부품, 생산설비 등을 특허권자 또는 특허권자가 지정하는 자로부터 구입하도록 하는 행위

[참고] 단, 계약상품의 품질이나 성능의 보증을 위해 불가피하게 원재료 등의 구매상대방을 제한하는 경우는 제외될 수 있다.

③ 계약상품의 판매상대방 제한

부당하게 실시권자가 계약상품을 판매(재판매)할 수 있는 거래상대방 또는 판

매(재판매)할 수 없는 거래상대방을 지정하는 행위

[참고] 단, 특허권자의 권리보장을 위한 합리적 범위에서 계약상품의 종류나 실시지역 · 기간 등을 한정하여 실시허락을 함으로써 불가피하게 계약상품의 거래상대방이 제한되는 경우에는 제외될 수 있다.

④ 경쟁상품 또는 경쟁기술의 거래 제한

부당하게 계약상품을 대체할 수 있는 경쟁상품이나 계약기술을 대체할 수 있는 경쟁기술을 거래하는 것을 제한하는 행위

[참고] 단, 경쟁상품 또는 경쟁기술을 함께 거래함에 따라 특허권자의 영업비밀이 경쟁사업자 등 제3자에게 공개되거나 누설되는 위험을 막기 위해 불가피한 수단으로 인정되고, 그 제한의 정도가 특허권자의 권리보장을 위한 최소한에 그치는 경우에는 제외될 수 있다.

⑤ 끼워팔기

부당하게 해당 특허발명의 실시를 위해 직접 필요하지 않은 상품 또는 기술을 함께 구입하도록 하는 행위

⑥ 부쟁의무 부과

무효인 특허의 존속 등을 위하여 부당하게 실시권자가 관련 특허의 효력을 다투는 것을 금지하는 행위

[참고] 단, 해당 특허권의 침해 사실을 특허권자에게 통지하도록 하는 경우, 특허 관련 소송을 대행하도록 하거나 특허권자가 소송을 수행하는 데 협력하도록 하는 경우에는 제외될 수 있다.

⑦ 기술개량과 연구 활동의 제한

(가) 계약상품 또는 계약기술의 개량, 이와 관련된 연구 활동을 부당하게 제한하는 행위

(나) 계약상품 또는 계약기술과 관련하여 실시권자가 독자적으로 취득한 지식과 경험, 기술적 성과를 부당하게 특허권자에게 제공하도록 하는 행위

[참고] 단, 계약기술 등과 관련하여 실시권자가 이룩한 성과를 특허권자가 상호 대등한 조건으로 교환하거나 정당한 대가를 지불하고 취득하는 경우, 계약상품 또는 계약기술의 성능 보증이나 특허권자의 영업비밀 보호를 위해 불가피하게 기술개량을

제한하는 경우에는 제외될 수 있다.

⑧ 권리 소멸 후 이용 제한

특허권이 소멸된 후에 실시권자가 해당 특허발명을 실시하는 것을 제한하는 행위

⑨ 계약해지 또는 분쟁시의 규정

(가) 계약해지 또는 분쟁에 대한 중재규칙, 중재기관, 적용법률 등을 거래당사자 중 일방에게 불리하게 규정하는 행위

(나) 실시료 지급불능 이외의 사유로 특허권자가 적절한 유예기간을 부여하지 않고 일방적으로 계약을 해지할 수 있도록 하는 행위

제3절 연구개발에 따른 권리귀속 문제

기술이전 계약을 체결할 때는 그 기술의 귀속처를 정확히 알고 계약 상대방을 결정하여야 한다. 연구개발의 결과물의 권리귀속과 관련하여서는 크게 개발자인 개인에게 귀속되는 경우, 기업체에 귀속되는 경우, 국가에 귀속되는 경우로 나누어 정리할 수 있다.

1. 개인에게 귀속되는 경우

발명 등 지적재산의 창작은 사실행위(事實行爲)로서 그 지적재산권은 창작자 · 개발자에게 귀속되는 것이 원칙이다. 그러나 정부, 기업 등 발주기관이이 연구개발 결과물에 대한 소유권뿐만 아니라 지적재산권에 대해서도 이를 계약강제 등의 방법으로 귀속시키고 있어 문제되고 있다.

과학기술기본법에서도 국가연구개발사업의 결과물은 국가연구개발사업에 참여하는 연구형태와 비중, 연구개발결과물의 유형 등을 고려하여 "연구기관 등의 소유"로 한다고 하고 있다(제11조의3 제1항). 즉, 연구개발 결과물은 원칙적으로 연구기관 등의 소유가 원칙이며, 국가에 귀속되는 경우는 예외적인 경우라는 것이다. 이와 관련하여서는 "국가연구개발사업의 관리 등에 관한 규정"에도 관련 조문이 있다.[8)]

---

8) 국가연구개발사업의 관리 등에 관한 규정 제20조 (연구개발결과물의 소유) ① 국가연구개발사업의 수행 과정에서 얻어지는 연구기자재, 연구시설 · 장비, 시작품(試作品) 및 연구노트 등 유형적 결과물은 협약으로 정하는 바에 따라 주관연구기관(세부과제의 경우에는 협동연구기관을 말한다)의 소유로 한다. 다만, 공동연구기관, 위탁연구기관 및 참여기업(이하 "참여기관"이라 한다)이 소유의 조건으로 부담한 연구기자재, 연구시설 · 장비는 해당 참여기관의 소유로 할 수 있다.
② 국가연구개발사업의 수행 과정에서 얻어지는 지식재산권, 연구보고서의 판권 등 무형적 결과물은 협약으로 정하는 바에 따라 주관연구기관(세부과제의 경우에는 협동연구기관을 말한다)의 소유로 한다. 다만, 제1호 및 제2호에 해당하는 경우에는 협약으로 정하는 바에 따라 참여기관이 단독으로 소유할 수 있고, 제3호에 해당하는 경우에는 협약으로 정하는 바에 따라 주관연구기관(세부과제의 경우에는 협동연구기관을 말한다)

따라서 국가 등에서 연구개발비를 지급하였다고 하여 곧바로 발주자에게 귀속시키는 것은 지양되어야 할 것이며, 국가안보를 위한 경우, 공익을 위한 경우 등으로 제한하여야 할 것이다.

2. 기업체에 귀속되는 경우

연구개발의 성과물이 기업체에 귀속되는 경우는 주로 직무발명 등과 관련된 경우라고 할 것이다. 앞에서 언급한 것과 같이 발명진흥법에서 직무발명과 관련하여 규정하고 있다. 종업원등은 직무발명에 대하여 특허등을 받을 수 있는 권리나 특허권등을 계약이나 근무규정에 따라 사용자등에게 승계하게 하거나 전용실시권을 설정한 경우에는 정당한 보상을 받을 권리를 가진다(제15조). 직무발명 외의 종업원등의 발명에 대하여 미리 사용자등에게 특허등을 받을 수 있는 권리나 특허권등을 승계시키거나 사용자등을 위하여 전용실시권을 설정하도록 하는 계약이나 근무규정의 조항은 무효이다(제10조 제3항).

한편, 영업비밀의 권리귀속과 관련하여 어떤 기업의 종업원이 업무상으로 기술적 노하우를 개발했을 때, 이 비밀의 귀속이 그 기업인지, 종업원인지가 문제될 수 있다. 특히 이와 관련하여 발명진흥법에는 직무발명 규정에 따라 그 귀속에 대한 규정을 두고 있으나, 부정경쟁방지법은 영업비밀의 귀속주체에 대하여 명문의 규정이 없다. 따라서 이는 당해영업비밀의 성격, 종업원의 비밀개발에 대한 기여도, 비밀의 개발경과, 비밀개발에 지출한 비용의 부담자, 비밀의 귀속과 관련되는 제반사정을 고려하여 개별적으로 판단하게 된다.[9] 즉, 종업원에 의하여 영업비밀이 개발된 경우일지라도 사용자가 종업원을 특정개발업무에 종사하도록 상당정도의 자원을 주고 감독하는 경우에는 종업원에게 그 연구성과의 사용 및 공개를 금지할 수 있을 것이다. 그러나 종업원이 창조 · 혁신 · 개발에 주도

과 참여기관이 공동으로 소유할 수 있다.

1. 참여기관이 자체 개발하거나 주도적으로 개발한 무형적 결과물
2. 주관연구기관 또는 협동연구기관이 연구개발결과물을 소유할 의사가 없는 경우
3. 중앙행정기관의 장이 주관연구기관(세부과제의 경우에는 협동연구기관을 말한다)과 참여기관이 공동으로 소유하는 것이 연구개발결과물의 활용을 위하여 더 효과적이라고 판단하는 경우

9) 정호열, 「부정경쟁방지법론」, 삼지원, 1993, 277면.

권을 갖는 가운데 영업비밀이 발생한 경우에는 종업원도 그 비밀의 사용에 대한 이익을 가지게 된다고 할 것이다. 특히 비밀과 관련하여 사용자의 어떠한 원조도 없을 경우에는 종업원이 당연히 그 비밀에 대한 이용권을 가진다고 할 것이고 노하우는 종업원에게 귀속된다고 할 것이다.[10)]

이 외에도 업무발명 또는 자유발명, 종업원의 노하우인 경우에도 종업원과 기업이 계약을 통하여 양도한 경우에는 당연히 기업체에 귀속된다고 할 것이다.

3. 국가에 귀속 · 수용되는 경우

앞에서 살펴본 바와 같이 기술 등 지식재산의 창작은 사실행위로서 창작자 · 개발자에게 귀속되는 것이 원칙이다. 따라서 국가에게 귀속되는 경우는 예외적인 것으로 연구개발의 결과물이 국가에 귀속되는 경우를 법령에 정하고 있다.

먼저, 과학기술기본법 제11조의3에는 국가연구개발사업결과물의 소유 · 관리 및 활용촉진과 관련하여 규정하고 있다. 즉, 국가연구개발사업의 결과물은 국가연구개발사업에 참여하는 연구형태와 비중, 연구개발결과물의 유형 등을 고려하여 연구기관 등의 소유를 원칙으로 하지만 ① 국가안보상 필요한 경우, ② 연구개발결과물을 공공의 이익을 목적으로 활용하기 위하여 필요한 경우, ③ 연구기관 등이 국외에 소재한 경우, ④ 그 밖에 연구기관 등이 소유하기에 부적합하다고 인정되는 경우에는 국가의 소유로 할 수 있다고 규정하고 있다. 특히, 연구개발결과물을 국가의 소유로 할 경우에는 협약에서 이를 명확히 하여야 한다.[11)]

한편, 국방상 필요한 기술이 개발된 경우에 이의 수용 등과 관련하여 특허법에 관련 규정이 있다. 수용과 관련하여서는 특허를 받을 수 있는 권리의 수용과 특허권의 수용의 두 가지로 나누어볼 수 있다. 특허를 받을 수 있는 권리의 수용과 관련하여 정부는 국방상 필요한 경우에는 외국에의 특허출원을 금지하거나 발명자 · 출원인 및 대리인에게 그 발명을 비밀로 취급하도록 명할 수 있다. 다만, 정부의 허가를 얻은 때에는 외국에 특허출원을 할 수 있다. 특허청장은 비밀

10) 윤선희 · 김지영, 「영업비밀 보호법」, 법문사, 2012, 276면.
11) 국가연구개발사업의 관리 등에 관한 규정 제20조 제3항.

로 분류하여 취급하여야 하는 발명의 선별에 필요한 분류기준을 방위사업청장과 협의하여 정하여야 한다. 정부는 특허출원한 발명이 국방상 필요한 경우에는 특허를 하지 아니할 수 있으며, 전시 · 사변 또는 이에 준하는 비상시에 있어서 국방상 필요한 경우에는 특허를 받을 수 있는 권리를 수용할 수 있다. 외국에의 특허출원 금지 또는 비밀취급에 따른 손실에 대하여는 정부는 정당한 보상금을 지급하여야 하며, 특허하지 아니하거나 수용한 경우에는 정부는 정당한 보상금을 지급하여야 한다. 손실에 대한 보상금을 방위사업청장에게 청구할 수 있으며, 특허출원인이 보상금을 청구하는 경우에는 보상금청구서와 손실을 입증할 수 있는 증거자료를 제출하며, 방위사업청장은 보상금청구를 받은 경우에는 보상액을 결정하여 지급하여야 하며, 필요한 경우에는 특허청장과 협의할 수 있다(특허법 제41조). 특허권의 수용과 관련하여서는 정부는 특허발명이 전시, 사변 또는 이에 준하는 비상시에 있어서 국방상 필요한 때에는 특허권을 수용할 수 있다. 특허권이 수용되는 때에는 그 특허발명에 관한 특허권 외의 권리는 소멸되며, 정부는 특허권을 수용하는 경우에는 특허권자, 전용실시권자 또는 통상실시권자에 대하여 정당한 보상금을 지급하여야 한다(특허법 제106조).

공무원의 직무발명에 대한 권리는 국가나 지방자치단체가 승계하며, 국가나 지방자치단체가 승계한 공무원의 직무발명에 대한 특허권등은 국유나 공유로 한다(발명진흥법 제10조 제2항 전단). 이 경우에도 공무원의 직무발명에는 보상이 필요하며, 이에 대해서는 「공무원 직무발명의 처분 · 관리 및 보상 등에 관한 규정」(이하 "규정"이라 한다.)에서 정하고 있다. 먼저 국가는 직무발명에 대하여 특허를 받을 수 있는 권리 및 특허권을 승계하며(규정 제4조), 특허청장은 국유특허권에 대하여 각 권리마다 50만원을 등록보상금으로 발명자에게 지급하여야 한다(규정 제16조 제1항). 국유특허권 또는 특허출원 중인 직무발명에 대하여 특허를 받을 수 있는 권리를 유상으로 처분한 경우에는 그 처분수입금의 100분의 50에 해당하는 처분보상금을 발명자에게 지급하여야 한다. 그리고 국유특허권 또는 특허출원 중인 직무발명에 대하여 특허를 받을 수 있는 권리를 "무상"으로 처분한 경우에는 이를 유상으로 처분할 경우의 처분수입금에 상당하는 금액의 100분의 50에 해당하는 금액을 처분보상금으로 발명자에게 지급하여야 한다(규정 제17조).

특허청장은 국유특허권 또는 특허출원 중인 직무발명에 대하여 특허를 받을 수 있는 권리를 유상으로 처분한 경우에는 그 처분수입금을 기준으로 하여 기관포상금을 발명기관의 장에게 지급하여야 한다(규정 제18조).

한편, 국 · 공립학교 교직원의 직무발명에 대한 권리는 「기술의 이전 및 사업화 촉진에 관한 법률」 제11조 제1항 후단에 따른 전담조직이 승계하며, 전담조직이 승계한 국 · 공립학교 교직원의 직무발명에 대한 특허권등은 그 전담조직의 소유로 한다(규정 제10조 제2항 후단).

참고문헌

〈국내문헌〉

■ 단행본

국가정보원,「산업보안실무」, 국가정보대학원, 1999.

국가정보원,「산업보안업무편람」, 2002.

김승군,「대학 기술이전전담조직의 발전전략」, 지식재산권연구센터, 2003.

대한변리사회 부설 지식재산연구소,「중소기업을 위한 지식재산 관리 매뉴얼」, 특허청, 2006. 3.

민철구, 송완흡, 박상완,「대학의 연구능력 확충을 위한 연구지원체계의 혁신」, 과학기술정책연구원, 2003.

박종복 · 조윤애 · 류태규,「신성장동력 창출을 위한 기술시장 활성화 방안」, 산업연구원, 2009. 12.

이시윤,「민사소송법」, 박영사, 1999

윤선희,「국제계약법 이론과 실무」, 법률출판사, 1997.

윤선희,「지적재산권법(제13정판)」, 세창출판사, 2012.

윤선희,「특허법(제5판)」, 법문사, 2012

윤선희 · 김지영,「영업비밀보호법」, 법문사, 2012.

임근영,「미국의 지식재산권 정책에 관한 연구」, 한국발명진흥회 지식재산권연구센터, 2003.

특허청,「기업 직무발명보상규정 표준모델」, 2011.

한국산업기술진흥원,「기술이전 업무매뉴얼 및 표준계약서 I」, 2010.

한국산업기술진흥원,「기술이전 업무매뉴얼 및 표준계약서 II」, 2010.

한국산업기술진흥원,「기술이전업무매뉴얼 및 표준계약서 III -기술이전관련 법령-」, 2010.

현재호 · 오재건,「기술이전사업의 전략적 추진에 관한 연구- 출연(연) 보유기술 중소기업 기술 무상양허사업을 중심으로-」, 과학기술정책관리연구소, 1996.

한국산업보안연구학회, 「산업보안학」, 박영사, 2011.

■ 논 문

김경선, 「라이선스契約上 實施權者의 權利保護에 관한 硏究」, 한양대학교 박사학위 논문, 2007. 2

김선정 · 이종률, 「미국, 일본의 기술사업화 관련 정책동향 분석」, POSTECH 산학협력 연구소, 2007.

김해도, "미국대학의 지적재산권 관리체계에 관한 소고", 「지식재산21(제89호)」, 특허청, 2005.

박종복, "한국 기술사업화의 실태와 발전과제- 공공기술을 중심으로 -", 「ISSUE PAPER 2008-233」, 산업연구원, 2008. 2,

신군재 · 김병배, "무역분쟁해결을 위한 각 ADR 방법들의 유용성에 관한 고찰", 국제상학(제18권 3호), 2003. 9, 200면.

양병회, "우리나라 ADR의 현황과 과제", 「디지털재산법연구(제5권제1호)」, 디지털재산법학회, 2006, 286면 참조.

윤선희, "ADR에서의 지적재산권분쟁 - 중재 · 조정 중심으로-", 「중재연구(제13권 제1호)」, 한국중재학회, 2003.

이장희, "技術移轉에 관한 國際法的 硏究: UNCTAD의 技術移轉에 관한 行爲法典과 國際工業所有權保護協約을 中心으로", 국제법학회논총(32권1호), 1987.

조용순, "문화콘텐츠 분야에서의 대체적 분쟁해결에 대한 소고", 「지적재산&정보법연구(제1권 제1호)」, 한양대학교 지적재산정보법 센터, 2009.

〈국외문헌〉

■ 일본문헌

永野周志, 『技術開発の管理と契約の法務』, KYOSEI, 2011.

小林達也, 『技術移転 -歴史からの考察 · アメリカと日本-』, 文真堂, 1986.

谷浦孝雄, 『アジアの工業化と技術移転』, アジア経済研究所, 1990.

石田正泰 監修, 『ライセンシンス契約実務ハンドブック』, 社団法人 発明協会, 2001.

大貫雅晴, 「国際技術ライセンス契約」, 同文舘出版株式会社, 2008.

柴田光蔵, 『法律ラテン語辞典』, 日本評論社, 1985.

野口良光, 『国内実施契約の実務-理論と作成-』, 発明協会, 1985.

土井揮生,『ノウ・ハウ －技術開発と海外企業進出の法律問題－(第4版)』, 社団法人 商事法務研究会, 1969.

五月女正三,『ライセンシング・ビジネス』, 発明協会, 1987

財団法人 知的財産研究所,「知的財産の信託制度導入に係る実務的諸問題の調査研究報告書」, 2003.

独立行政法人工業所有権情報研修館,『知っておきたい特許契約の基礎知識』, 2010. 9.

ライセンス委員会 第2小委員会, "産業界から見た産官学連携への期待",『知財管理』, 日本知的財産権協会, 2001. 7.

上野貴弘, "技術移転と知的財産権巡京都議定書の国際交渉"『知財研』Vol.82, 2010.

田上博道, "我が国における技術移転規制について",『特許研究(No.42)』, 独立行政法人工業所有権情報研修館, 2006, 9.

■ 영미문헌

William Brown, "Who Owns What's in Your Head?", *Fortune*, July 1964.

Wm. E. Souder, Ahmed S. Nashar, Venkatesh Padmanabhan, "A guide to the best technology-transfer practices", *The Journal of Technology Transfer,* Winter-Spring 1990, Volume 15, Issue 1-2.

UNCTAD, *TECHNOLOGY AND INNOVATION REPORT 2011*, UNITED NATIONS PUBLICATION, 2011.

찾아보기

ㄱ

ㄴ

ㄷ

ㄹ

ㅁ

ㅂ

ㅅ

ㅇ

저자 약력

■ 윤선희(尹宣熙)

현 한양대학교 법과대학 및 법학전문대학원 교수
전 동경대학 대학원 법학정치연구과 객원교수
현 (사) 한국산업재산권법학회 회장
현 (사) 지식재산포럼 사무총장
현 (사) 한국중재학회 명예회장(전 회장)
전 (사) 한국디지털지적재산법학회 부회장
전 (사) 한국저작권법학회 부회장
현 (사) 韓國比較私法學會 부회장
현 (사) 문화콘텐츠와 법연구회 회장
현 (사) 한국산업보안연구학회 명예회장(전 회장)
지식경제부 산업기술보호전문위원회 위원장(2009.11~현)
현 국무총리 산업기술보호위원회 민간위원(장관급)
현 국회 입법지원위원
현 인터넷주소분쟁조정위원회 조정위원
현 대한상사중재원 중재인
사법고시, 행정고등고시, 입법고등고시, 변리사시험, 변호사시험 위원 등 역임

》》 저서
無體財産權法概論(譯) (서울, 法經出版社, 1991)
營業秘密概說 (서울, 法經出版社, 1991)
注解 特許法(第2版增補) 上 中山信弘編著 (東京, 青林書院) (共譯) (한빛지적소유권센터, 1994)
知的財産權法(제13판) (서울, 세창출판사, 2012)
知的財産權法(共著) (한빛지적소유권센터, 1996)
국제계약법 이론과 실무(저) (법률출판사, 1997)
特許法 (東京, 弘文堂) 中山信弘著 (共譯) (서울, 법문사, 2001)
산업재산권법원론(저) (법문사, 2002)
실무자를 위한 산업재산권법(저) (특허청, 2002)
특허법 제5판(저) (법문사, 2012)
미래사회와 표준(공동집필) (한국표준협회, 2004, 2007, 2013)
게임분쟁사례집(공동집필) (한국게임산업개발원, 2005)
신특허법론(26명) (공저), (법영사, 2005)
문화콘텐츠계약매뉴얼(집필위원장) (한국문화콘텐츠진흥원, 2006. 2.)
연구윤리(감수) (교육인적자원부, 한국학술진흥재단, 2006)
정보법 판례백선(Ⅰ)(공동집필) 한국정보법학회 편 (박영사, 2006)
상표법(저) (법문사, 2007)
저작권법(편역) (법문사, 2008)
로스쿨 특허법(저) (세창출판사, 2010)
로스쿨 지적재산권법(공저) (법문사, 2010)
두 번째 내 인생을 위한 법학전문대학원 공저 (화서, 2010)
Intellectual Property in Asian Countries: Studies on Infrastructure and Economic Impact(공저) (World Intellectual Property Organization, 2010)

특허의 이해(저) (법문사, 2012)
부정경쟁방지법(공저) (법문사, 2012)
영업비밀보호법(공저) (법문사, 2012)

▪ 조용순(趙容珣)

한양대학교 법학석사
한양대학교 법학박사
한양대, 광운대, 서울시립대, 건국대, 성공회대 강사
조선대학교 겸임교수
한국콘텐츠진흥원 산업분석실 선임연구원

현 한북대학교 특허법률학과 교수
현 (사) 한국산업보안연구학회 출판이사
현 (사) 한국산업재산권법학회 출판이사
현 (사) 한국중재학회 이사

››› **저서**
문화콘텐츠와 저작권, 전략과 문화(2008)
저작권법, 中山信弘(공역) (법문사, 2008)

기술이전계약론

2013년 7월 10일 초판 인쇄
2013년 7월 15일 초판 1쇄 발행

저 자 윤 선 희 · 조 용 순
발행인 배 효 선
발행처 도서출판 法 文 社

주 소 413-756 경기도 파주시 문발동 526-3
등 록 1957. 12. 12 / 제2-76호 (윤)
TEL 031) 955-6500~6 FAX 031) 955-6525
e-mail (영업): bms@bobmunsa.co.kr
(편집): edit66@bobmunsa.co.kr
홈페이지 http://www.bobmunsa.co.kr
조 판 법 문 사 전 산 실

정가 30,000원 ISBN 978-89-18-08937-9